Pletica
Deutsche Geschichte

Deutsche Geschichte

Band 9

Von der Restauration
bis zur Reichsgründung
1815–1871

Herausgegeben von
Heinrich Pleticha

BERTELSMANN
LEXIKON VERLAG

Die Autoren dieses Bandes:
Prof. Dr. Winfried Böhm, Werner Dettelbacher, Manfred Firnkes,
Johannes Glanz, Dr. Udo Haupt, Dr. Horst Hübel,
Dr. Karl Kunze, Dr. Günter Merwald, Dr. Hanswernfried Muth,
Prof. Dr. Heinrich Pleticha, Gerhard Schatt, Wolfgang Weismantel

Zeichnungen und Karten:
Hermann Schäfer

Redaktion: Erhard Bethke
Schlußredaktion: Birgit Willmann
Graphische Gestaltung: Hans Roßdeutscher

Druck und Verarbeitung: Elsnerdruck – Ein Mohndruck-Betrieb
Printed in Germany. ISBN 3-570-03763-0

Inhalt

HANSWERNFRIED MUTH

Die bildende Kunst der Romantik und des Biedermeier · 97

JOHANNES GLANZ

Die Romantik in der Musik · 110

KARL KUNZE

Das Junge Deutschland und die politische Dichtung · 119

HEINRICH PLETICHA

DER »DEUTSCHE BUND« ZUR ZEIT DER REVOLUTION 1848/49 · 169

UDO HAUPT

REAKTION UND NEUORDNUNG · 243

GERHARD SCHATT

Auswanderung und Auswandererschicksale · 298

Ein Wort zu diesem Band

Behandelten die ersten acht Bände unserer Deutschen Geschichte jeweils etwa ein Jahrhundert, so verengen sich nun in den folgenden vier die dargestellten Zeiträume. Der vorliegende neunte Band umfaßt nur knapp sieben Jahrzehnte und reicht von 1815 bis 1871. Diese beiden Jahre markieren als Anfangs- und Endpunkte wichtige Ereignisse der deutschen Geschichte. 1815, das Jahr des »Wiener Kongresses«, ist der Beginn einer neuen Epoche von dreiunddreißig Jahren, die wir gewöhnlich als die »Zeit der Reaktion«, der »Restauration« oder als das »Zeitalter Metternichs« bezeichnen; denn der allmächtige österreichische Staatskanzler Fürst Metternich lenkte nicht nur die Geschicke der habsburgischen Monarchie, sondern beeinflußte auch die Politik des Deutschen Bundes, jenes lockeren staatsrechtlichen Gebildes, das an die Stelle des Heiligen Römischen Reiches getreten war. Dementsprechend ist diesen drei Jahrzehnten mit ihren vielfältigen inneren Spannungen das erste Hauptkapitel dieses Bandes gewidmet.
Die Metternichzeit wurde abrupt beendet durch die Revolution von 1848/49. Da es nicht leicht ist, die verschiedenen politischen Strömungen richtig zu analysieren, die das dramatische Geschehen dieses Revolutionsjahres bestimmten, sucht das zweite Hauptkapitel hier einen gründlichen Überblick zu bieten und zeigt damit schon rein äußerlich vom Umfang her, welches Gewicht dieser großen bürgerlichen Revolution in Deutschland zukommt.
Das dritte Hauptkapitel beschäftigt sich dann schließlich mit den folgenden zwei Jahrzehnten nach dem Zusammenbruch der Revolution, in denen anfangs die reaktionären Kräfte in den einzelnen Bundesstaaten wieder das Übergewicht gewannen, und die dann einmünden in den Entscheidungskampf zwischen Österreich und Preußen um die Vorherrschaft in Deutschland. Mit dem Krieg von 1866 und dem

»Frieden von Nikolsburg« scheidet Österreich aus dem ja sowieso nur noch lockeren deutschen Staatsverband endgültig aus. Damit aber endet auch die Einbeziehung seiner Geschichte in dieser Darstellung, wenn auch die mittelbare Verbindung durch die Bismarcksche Bündnispolitik und die Waffengemeinschaft im Ersten Weltkrieg weiterhin bestehenbleibt. Das Kapitel schließt dann mit der Darstellung des »Deutsch-Französischen Krieges« und der Gründung des neuen deutschen Kaiserreiches im Januar 1871. In diesem Abschnitt spielt der preußische Ministerpräsident Otto von Bismarck schon eine dominierende Rolle. Seiner Politik als Reichskanzler im neuen deutschen Reich wird dann das erste Kapitel des zehnten Bandes der Deutschen Geschichte gewidmet sein.

Den drei genannten Hauptabschnitten sind wieder zehn kleinere Kapitel zugeordnet. »Die Zeit des Biedermeier« will dabei vorwiegend den kulturhistorischen Hintergrund der Jahre nach 1815 beleuchten, weitere Ergänzungen dazu bieten die beiden Kapitel über die Romantik in der bildenden Kunst und der Musik. Ein eigener kleiner Abschnitt beschäftigt sich dann mit der für die damaligen Verhältnisse neuen engeren Verbindung zwischen Politik und Literatur, wie sie sich im »Jungen Deutschland« spiegelt. Fortsetzung dazu und Abschluß des Überblicks über die literarische Entwicklung ist das Kapitel über den »Realismus in der deutschen Dichtung«.

Das Kapitel über Universitäten und Bildungswesen knüpft bewußt an den entsprechenden Abschnitt im sechsten Band an, greift also etwas weiter zurück und zeigt dann die Grundzüge der Entwicklung auf, die in der ersten Hälfte des 19. Jahrhunderts einen Höhepunkt erlebte und die wir in einem entsprechenden Kapitel des zehnten Bandes weiterverfolgen.

Die Jahre nach 1815 waren auch eine Epoche des sozialen Umbruchs in Deutschland, ausgelöst durch die sprunghafte Entwicklung der Naturwissenschaften und die für ganz Europa kennzeichnende »Industrielle Revolution«. Der Prozeß der Industrialisierung vollzog sich in der ersten Hälfte des Jahrhunderts noch verhältnismäßig langsam, führte dann aber zunehmend zu einem wirtschaftlichen und sozialen Strukturwandel. Die Anfänge dieser Entwicklung untersucht ein eigenes Kapitel, ein weiteres beschäftigt sich mit dem Gütertransport und dem Ausbau des Eisenbahnwesens, das nach 1835 erstaunlich rasche Fortschritte machte. In dem Bemühen, in jedem Band ein für die Zeit kennzeichnendes Einzelthema aufzugreifen, wurden diesmal die Schicksale deutscher Auswanderer behandelt, nicht zuletzt, weil in den Jahren nach der mißglückten 48er Revolution besonders viele Deutsche nach Übersee gingen.

Wieder wird die Darstellung ergänzt durch lebendige Texte der Zeit, durch Biographien und Informationskästchen, die für die jeweiligen Vorgänge wichtige Begriffe hervorheben und erläutern. Am Ende eines jeden Kapitels findet der Leser wieder spezielle Literaturhinweise und am Ende des Buches eine Übersicht über allgemeine und weiterführende Literatur.
Die Illustration des Bandes bemüht sich wie die der ganzen Reihe möglichst authentisches Material der angesprochenen Zeit zu bringen.

Herausgeber und Verlag

Sigel: E. B. = Erhard Bethke
W. D. = Werner Dettelbacher
M. F. = Manfred Firnkes
J. G. = Johannes Glanz
H. Hü. = Dr. Horst Hübel
K. K. = Dr. Karl Kunze
G. M. = Dr. Günter Merwald
H. M. = Dr. Hanswernfried Muth
H. P. = Prof. Dr. Heinrich Pleticha
C. R. = Christian Roedig
M. S. = Margarete Schwind
W. W. = Wolfgang Weismantel

K: verweist auf Informationskästchen

Hinter den Herrschernamen werden in der Regel die Regierungsdaten angegeben, hinter sonstigen Namen die Lebensdaten.

Ein Wort zu Bayern: In allen bisherigen Bänden wurde dieses Land, wie es in den behandelten Jahrhunderten Brauch war, mit ai, also Baiern geschrieben. Nun findet unter Ludwig I. seit 25. 10. 1825 die Schreibung Bayern Eingang. Wir folgen dieser Regelung.

Konfrontation mit der Staatsmacht. *Dem des Mordes an Kotzebue überführten Studenten Sand wird das Todesurteil verlesen. Mannheim, 17. Mai 1820. Zeitg. Darstellung.*

MANFRED FIRNKES

»RESTAURATION« UND »VORMÄRZ« REAKTIONÄRE FÜRSTENMACHT UND LIBERALE BÜRGEROPPOSITION 1815–1848

»Wiener Kongreß« und Waterloo – Hoffnungen und Ziele – Freiheit und Nation – Zentralismus und Föderalismus – Der »Deutsche Bund« – Der »Bundestag« – Konkurrierende Mächte Preußen und Österreich – Die »Heilige Allianz« – Liberale, Demokraten, ›Radikale‹ – Kampf um Rechtsstaatlichkeit, Freiheiten, Verfassungen – Erste Revolutionen in den Bundesstaaten – Studenten als Träger freiheitlicher Ideen – »Wartburgfest« – »Allgemeine Deutsche Burschenschaft« – Kotzebues Ermordung – Metternich und die »Karlsbader Beschlüsse« – Unterdrückung der Opposition – Polenbegeisterung – »Hambacher Fest« – »Göttinger Sieben« – »Preußischer« und »Deutscher Zollverein« – Wirtschaftlicher ›Einheitsstaat‹ – Verarmung der Handwerker, Landflucht, Massenarmut – ›Flucht ins Biedermeier‹ – Die Rolle der Universitäten und Schulen – Bildungsideale – Kunst, Musik und Dichtung der Zeit – Das »Junge Deutschland« – Verkehr und Politik – Eisenbahn – Anfänge der Industrialisierung – Soziale Probleme.

Mitten in den »Wiener Kongreß«, den ersten Kongreß, der diplomatische Aktivitäten weniger am Konferenztisch als vielmehr auf rauschenden Bällen und Empfängen entfaltete, platzte im Frühjahr 1815 die Nachricht von der ›Auferstehung‹ Napoleons. Lähmendes Entsetzen legte sich trotz äußerer Gelassenheit auf alle Kongreßteilnehmer. Da hatten sie eben noch, glücklich wie nach einer vorteilhaften Testamentseröffnung, seinen Nachlaß zu sortieren und aufzuteilen begonnen, und nun lebte der Totgeglaubte wieder und mit ihm die Erinnerung an die gräßlichen Kriege der zurückliegenden Jahre, die überall in Europa Wunden geschlagen und Veränderungen größten Ausmaßes bewirkt hatten (siehe Band 8). Wiedererstanden schien mit ihrem Sachwalter Napoleon die Französische Revolution, deren geistig-politische Wirkungen der Kongreß für immer rückgängig machen wollte. Erst nach Napoleons vernichtender Niederlage bei Waterloo 1815 und nach seiner sicheren Verbannung auf die Insel St. Helena starb die Französische Revolution politisch endgültig. Nun erst hatten die Siegermächte freie Hand, das neue nachnapoleonische Europa nach ihrem Ermessen zu gestalten.

Erhofft: eine freiheitliche Verfassung

Die Erwartungen am Beginn dieser neuen Zeit waren groß, die Hoffnungen in allen Ländern weit gespannt, vor allem in Deutschland. Dabei ging es weniger um die territoriale Zukunft. Die war eigentlich seit dem Zugeständnis Österreichs und Preußens im »Vertrag von Teplitz« 1813, den süddeutschen ehemaligen Rheinbundstaaten Bayern, Württemberg und Baden Souveränität und Wahrung ihres Besitzstandes zu garantieren, schon gefallen und blieb nur für den Norden Deutschlands, vor allem für Preußen, noch offen. Viel entscheidender war, welche politische Zukunft der »Wiener Kongreß« für das neue Deutschland finden würde. An Vorstellungen und Vorschlägen fehlte es nicht. In Denkschriften hatte Freiherr vom Stein einer zeitgemäßen Wiederherstellung des alten Reiches mit straffer zentraler Führung das Wort geredet, hatte der preußische Staatsminister von Hardenberg für einen engeren Bundesstaat plädiert. Daß es nicht nur um die Einheit der Nation ging, sondern daß die Bürger in Weiterführung der preußischen Reformen auch an der politischen Willensbildung kraft einer repräsentativen Verfassung zu beteiligen waren, stand für beide außer Frage. In solchen Zielsetzungen trafen sie sich mit all den politischen Kräften, die das Vorbild für Deutschlands Zukunft im revolutionären Frankreich von 1789 sahen, einer einigen, selbstbewußten Nation, die

Rheinbundstaaten

Von Napoleon begründeter Staatenbund von ursprünglich 16 süd- und südwestdeutschen Ländern, die im Sommer 1806 aus dem Reichsverband ausschieden und sich als souverän erklärten. Als Bundesgenossen Napoleons hatten sie Truppenkontingente in seine Armee zu schicken. Dafür Gebietsgewinne und Rangerhöhungen (Herzöge zu Königen etc.). Nach dem Sieg Napoleons über Preußen traten auch Sachsen und Würzburg und schließlich die restlichen mittel- und norddeutschen Kleinstaaten dem Bund bei. 1807 wurde das »Königreich Westfalen« aufgenommen. Nur Kurhessen und Braunschweig blieben neben Preußen und Österreich dem Bund fern, der insgesamt 36 Staaten umfaßte.

es geschafft hatte, alle Standesschranken zu beseitigen, die Macht des Absolutismus zu brechen und Gleichheit und Freiheit aller Bürger in einer »Konstitution« (Verfassung) festzuschreiben. »Freiheit« und »nationale Einheit« waren die Ideale aller Deutschen, die nach dem nationalen Hochgefühl der Befreiungskriege die Erfüllung ihrer Wünsche durch den Kongreß erhofften. Aber seit dem Frieden von Paris am 30. April 1814 waren die Weichen für die zukünftige Gestalt Deutschlands schon gestellt worden, von den Siegern England und Rußland, aber auch von dem Verlierer Frankreich, die ein national geeintes Deutschland im Herzen Europas nicht dulden wollten.

Ein Verband von Teilstaaten statt des erstrebten Nationalstaates

Selbst wenn sich Preußen und Österreich den Vorstellungen Englands, Rußlands und Frankreichs widersetzt hätten, wenn sie für ein – wie auch immer – geeintes Deutschland gestimmt hätten, sie wären sofort in Konflikt miteinander geraten. Österreich hätte eine Vorherrschaft Preußens ebensowenig akzeptiert wie Preußen die Führung eines Gesamtstaates durch Österreich. Dem verhängnisvollen Dualismus Österreich–Preußen und den Eigeninteressen Englands, Rußlands und Frankreichs fiel die Einheit Deutschlands zum Opfer. Abgesehen davon wären auch die größeren Mittelstaaten Bayern, Baden und Württemberg nie bereit gewesen, ihre eben erst gewonnene Souveränität und Rangerhöhung aufzugeben. Wie sollte man sich ein einheitliches Deutschland vorstellen, in dem ferner England durch den Besitz Hannovers, Dänemark durch Schleswig-Holstein und Lauenburg und

Der »Wiener Kongreß« – Basis der »Restauration«

Der »Wiener Kongreß« von 1814/1815 (siehe auch Band 8), an dem neben den fünf Großmächten Österreich, Großbritannien, Preußen, Frankreich und Rußland die Mehrzahl der europäischen Länder teilnahmen, ordnete Europa im Sinne einer Wiederherstellung der alten Fürstenmacht um.
Wichtige territoriale Regelungen: *Preußen erhält Westfalen und die Rheinprovinz, damit das Gebiet des »Ruhrreviers«. – Österreich verliert den belgischen Teil der Niederlande und Vorderösterreich, gewinnt Gebiete in Oberitalien, Dalmatien, Galizien. – Rußland erhält den Kern Polens (»Kongreßpolen«). – Großbritannien bildet Personalunion mit Kgr. Hannover und bleibt im Besitz von Helgoland und Malta. – Frankreichs Grenzen werden garantiert.*
Dadurch Gleichgewicht der Mächte auf der Basis der Fürstenmacht – (Restauration), der Legitimität der herrschenden Dynastien, der Solidarität der Fürsten gegen nationalliberale und republikanische Ideen. Festigung der Fürstenmacht in der »Heiligen Allianz«.
Deutschlands »Neuordnung«: *Statt eines gesamtdeutschen Nationalstaates Weiterbestehen des »Deutschen Dualismus« der Großmächte Preußen und Österreich. Andauernde Zersplitterung der Staatsmacht. Durch die »Bundesakte« vom Juni 1815 Begründung des »Deutschen Bundes« aus 39 Ländern anstelle eines Zentralstaates, Teilhabe ausländischer Fürsten (England-Hannover, Dänemark-Holstein, Niederlande-Luxemburg). Oberste Institution: »Bundestag zu Frankfurt« aus den Gesandten der Länder unter Vorsitz Österreichs, kann zur »Bundesversammlung« erweitert werden. Zur Verteidigung Begründung eines »Bundesheeres«.*

die Niederlande durch Luxemburg einen Platz haben mußten? Unter dem Deckmantel des Rechtes konnten ihre Herrscher die Entwicklung zur deutschen Einheit selbst dann hintertreiben, wenn alle anderen deutschen Staaten einig gewesen wären.
Der Weg zum einheitlichen Nationalstaat war also verbarrikadiert. Es hätte nur eine Möglichkeit gegeben, »die des Schwertes, wenn einer der Staaten alle anderen unterjocht hätte« (Clausewitz), und das konnte der Lage nach nur Preußen oder Österreich sein, die den Waffengang deswegen ein halbes Jahrhundert später tatsächlich antreten sollten.

»Restauration« alter Zustände statt Emanzipation des Volkes

Und wie stand es mit den Ideen der Französischen Revolution von Freiheit, Gleichheit, Konstitution? Der »Wiener Kongreß« gab sich der Meinung hin, das Rad der Geschichte um fünfundzwanzig Jahre zurückdrehen und durch Wiederherstellung (»Restauration«) der alten vorrevolutionären, absolut herrschenden Dynastien jede Verfassungsbewegung und Forderung nach Freiheitsrechten ersticken zu können. Und in der Tat: wenn schon der deutsche Nationalstaat Wunschdenken bleiben mußte, die berechtigten Forderungen aller freiheitlich Denkenden, der »Liberalen«, wären durchaus erfüllbar gewesen. Aber die auf dem Kongreß versammelten Staatsmänner Rußlands, Preußens, Österreichs und Englands wollten nach sechsundzwanzig Revolutionsjahren Ruhe, und die konnte aus ihrer Sicht nicht das System der Revolution geben, sondern nur die absolutistische Herrschaftsmethode der ›guten alten Zeit‹ vor dem Ausbruch des Chaos 1789. Den Ruf der Völker nach Einheit und Freiheit überhörten sie. Wenn es Ideen zu verwirklichen galt, dann die der gottgewollten Ordnung und die der Könige von Gottes Gnaden statt der ›Hirngespinste‹ einer eingeschränkten Monarchie oder gar der Volkssouveränität. Die Ruhe nach dem revolutionären Sturm suchte man und das Gleichgewicht aller europäischen Staaten statt des verhängnisvollen Übergewichtes einer einzelnen Macht.

Der »Deutsche Bund« – Flickenteppich der Fürstentümer statt zentraler Reichsgewalt

Die von dem österreichischen Außenminister Metternich geforderte und durchgesetzte Neuordnung Europas war nach dem tiefen Schock

Legitimität

(lat. legitimus = gesetzlich)

Das Prinzip, nach dem nur solche Herrscher als rechtmäßige, legitime, anerkannt werden sollten, die sich auf die althergebrachten Rechte einer königlichen oder fürstlichen Familie berufen konnten.

Solidarität

(lat. solidus = fest, zuverlässig)

Die Herrscher sollten nach diesem Prinzip ihre Besitzrechte vertraglich geregelt bekommen und sich zu gegenseitiger Unterstützung gegen alle Bedrohung verpflichten.

***Neugliederung Europas nach dem »Wiener Kongreß«.** In Deutschland waren vor allem Preußen, das im Rheinland, in Westfalen und in Mitteldeutschland territoriale Gewinne zu verzeichnen hatte, und Bayern (pfälzische und fränkische Zugewinne) die großen Nutznießer der Neuordnung.*

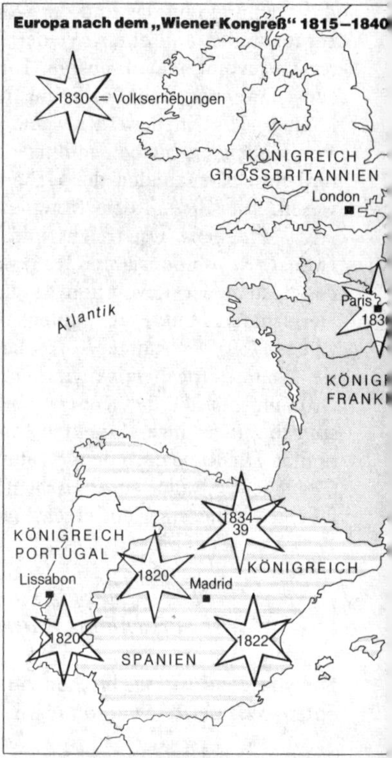

der Revolution nichts anderes als die politische Wiederherstellung der Zeit vor der Französischen Revolution, des »Ancien régime«, unter Wahrung der Prinzipien von »Legitimität« und »Solidarität«. Die nationalen und liberalen Kräfte in Deutschland waren tief enttäuscht. Sollte das der Preis für die ungeheuren Opfer in den Befreiungskriegen sein?

Von dieser »großen, alles belebenden Zeit« war »kaum noch ein Schatten der Erinnerung geblieben. Auf ein vom Jubelton der Erwachten begrüßtes freudestrahlendes Morgenrot war ein trüber, nächtlich düsterer Tag gefolgt.« So gab ein Professor die allgemeine Stimmung nach dem »Wiener Kongreß« wieder. Den Deutschen wurde erst jetzt voll bewußt, daß sie sich, statt in einem Bundesstaat national geeint, in einem Staatenbund zersplitterter souveräner Einzelstaaten als Untertanen wiederfanden.

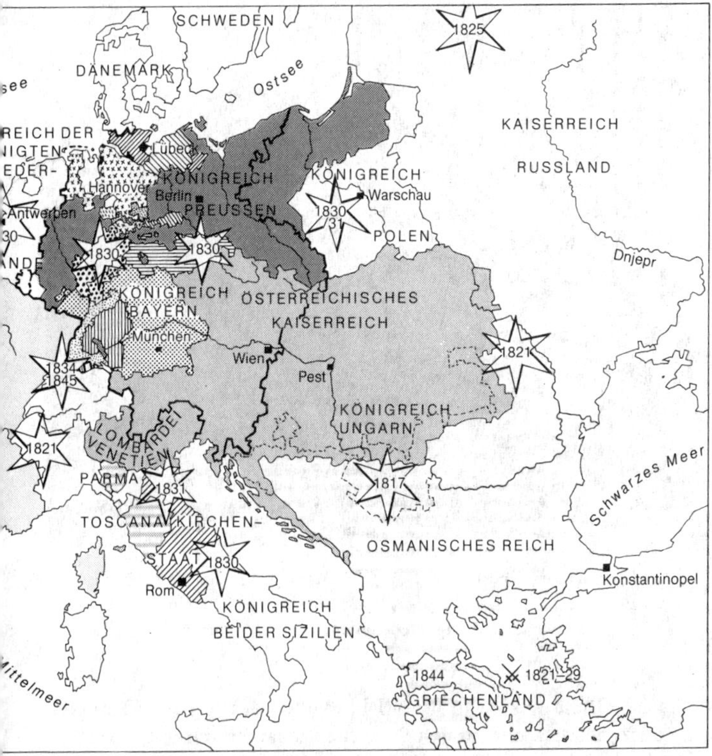

Der »Deutsche Bund« – Rechtliche Fixierung des Endes des »Heiligen Römischen Reiches Deutscher Nation«

Die bestehengebliebenen oder wiederhergestellten (»restaurierten«) deutschen Staaten hatten sich trotz wiederholter Sitzungen nicht über den Entwurf einer Staatenbunds-Verfassung einigen können, auf die sie von England, Rußland und Frankreich festgelegt worden waren. Selbst noch unter dem Drängen des Klemens Wenzel Lothar Fürst von Metternich (* 1773, † 1859), des genialen Kopfes und Organisators des »Wiener Kongresses«, hatte Bayern mit der Unterschrift bis zuletzt gezögert, hatten Baden und Württemberg die »Bundesakte« vom 8. Juni 1815 nicht unterzeichnet, mit der der »Deutsche Bund« als Staatenbund selbständiger deutscher Einzelstaaten aus der Taufe gehoben werden sollte. Die Nebenabsicht der europäischen Fürsten, die

***Die Vertreter der Fürsten unter sich.** Erste Sitzung des »Bundestags« der Gesandten aus den 39 Ländern des Reichs im Thurn und Taxisschen Palais, Frankfurt a. M. 1816. Zeitgenössische Darstellung.*

deutsche »Bundesakte« in die »Schlußakte« des »Wiener Kongresses« aufzunehmen und so den deutschen Staatenbund unter die Aufsicht der europäischen Großmächte zu stellen, wurde so zeitweilig gefährdet. Mit der Unterzeichnung der »Bundesakte« aber wurde die vorläufige Reichsauflösung von 1806 mit der Niederlegung der Kaiserkrone durch Franz II. nun amtlich zum unwiderruflichen Ende des alten Reiches:
Das »Heilige Römische Reich Deutscher Nation« existierte nicht mehr. Die 39 Mitglieder des Bundes, die 35 souveränen Fürsten (unter ihnen der österreichische Kaiser und die Könige von Preußen, Bayern, Sachsen, Hannover und Württemberg) und die 4 Reichsstädte Lübeck, Frankfurt, Hamburg und Bremen waren, »von den Vorteilen überzeugt, welche aus ihrer festen und dauerhaften Verbindung für die Sicherheit und Unabhängigkeit Deutschlands und die Ruhe und das Gleichgewicht Europas hervorgehen würden«, übereingekommen, »sich zu einem beständigen Bunde zu vereinigen« (Artikel 1 der Bundesakte). Sein Zweck war »die Erhaltung der äußeren und inneren Si-

cherheit Deutschlands und der Unabhängigkeit und Unverletzlichkeit der einzelnen deutschen Staaten« (Artikel 2).

Aus der Sicht der Gegner des Bundes bedeuteten diese Bestimmungen nichts anderes als die Niederhaltung und Verfolgung aller liberal und national Gesinnten. Das einzige gesamtdeutsche Organ, das es nunmehr gab, war der »Bundestag«, der unter Österreichs Vorsitz in Frankfurt am Main tagte: ein Gesandtenkongreß der Einzelstaaten ohne irgendeine Vertretung des Volkes.

Für den Kriegsfall wurde seit 1821 ein Bundesheer vorgesehen, bestehend aus Kontingenten der Einzelstaaten, insgesamt 10 Armeekorps mit 300000 Mann. Da der Deutsche Bund aber keinerlei Hoheitsrechte besaß, die militärische Gewalt also ausschließlich bei den jeweiligen Staaten lag, gab es weder gemeinsame Ausbildung noch Ausrüstung. Ein wahres Glück, daß diese ›zusammengeschusterte‹ Armee nie in einem Ernstfall einem ebenso buntscheckigen Oberkommando anvertraut werden mußte.

So war dieses Staaten-Gebilde weder fähig, Außenpolitik zu betreiben, da es keine Minister gab, noch die innere Sicherheit der Staaten zu gewährleisten, da die Zuständigkeiten im Interesse der auf ihre Unabhängigkeit bedachten Fürsten eng begrenzt waren. Die im »Plenum« des »Bundestags« gefaßten Beschlüsse mußten einstimmig sein, und nur bei engem Zusammenwirken der beiden Konkurrenten Österreich und Preußen konnte der laufende Geschäftsbetrieb sinnvoll funktionieren.

Von vornherein war also dieser »Deutsche Bund« die nicht mehr entwicklungsfähige Endstation einer Staatskonstruktion. Mit zwei konkurrierenden Großmächten an der Spitze, mit zugestandener Selbständigkeit seiner Mitgliedstaaten und ohne ein entscheidendes Zentralorgan kam er den partikularistischen (einzelgängerischen) Interessen der Fürsten voll entgegen und erhob zum rechtlich fundierten Zustand,

Plenum

(lat. plenus = voll)

Im »Plenum«, der Vollversammlung des »Bundestages«, die nur sechzehnmal zusammentrat, trafen alle Mitglieder ihre Entscheidungen über gemeinsame Bundesangelegenheiten. Bei Abänderung, Neufassung oder Ergänzung der »Artikel«, des »Bundesgrundgesetzes«, war Einstimmigkeit nötig, Zweidrittelmehrheit erforderten Beschlüsse über Krieg und Frieden. Die eigentlichen Bundesgeschäfte führte der wöchentlich tagende »Engere Rat«, der mit absoluter Mehrheit entschied.

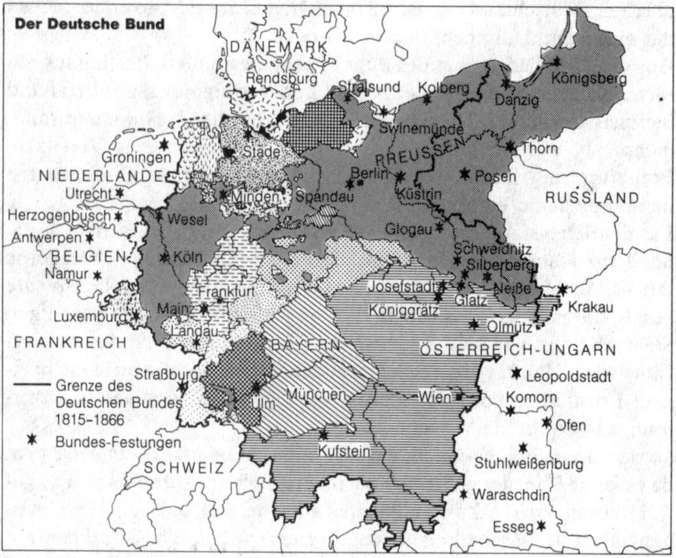

was Deutschland schon ein halbes Jahrtausend vorher war: ein Flikkenteppich selbständiger Herrschaftsgebiete mit einem machtlosen Kaiser an der Spitze.

Mögen auch Historiker in der Aufschlüsselung der Truppenstärken, die in das Bundesheer eingebracht wurden, oder in den genau festgelegten Grenzen oder in der gegenseitigen Beistandsverpflichtung der Mitglieder Verbesserungen gegenüber der alten Reichsverfassung erkennen, in den Augen eines zu Selbstbewußtsein und Vermögen gelangten Bildungsbürgertums war der »Deutsche Bund« nur eine neue Zusammensetzung aus den alten, verrosteten und funktionsunfähigen Teilen. Wenn für nahezu fünfzig Jahre der innere Friede einigermaßen und der äußere völlig gewahrt blieben, dann nicht wegen dieser Verfassung, derentwegen es ja ständig im Volk und im Staat brodelte, sondern aufgrund des ausbalancierten europäischen Gleichgewichtes, in dem der »Deutsche Bund« – das »deutsche Bunt«, wie ihn Gegner verächtlich bezeichneten – keine Waagschale der Macht be- oder entlastete.

Preußen blieb von dieser Zweitrangigkeit schon dank seiner territorialen Gewinne durch den »Wiener Kongreß« verschont (durch Übernahme Westfalens und der Rheinprovinz dehnte es nicht nur flächenmäßig seine Macht aus, sondern gelangte mit dem Ruhrgebiet und

dem Rheinland in den Besitz zukunftsweisender Rohstofflager, Handels- und Fertigungszentren). Und: durch die Gewichtsverlagerung nach Westen bis zum Rhein deckten sich in Zukunft Preußens Interessen und die des übrigen Deutschland weitgehend, während Österreich sich umgekehrt territorial immer mehr aus dem Reich hinausentwikkelte.
Dem starken Auseinanderdriften der beiden Großmächte einerseits, aber auch ihrer eventuell zu engen Tuchfühlung im »Deutschen Bund« andrerseits, verbunden mit der Gefahr europäischer Verwicklungen, sollte neben anderen Zielen die »Heilige Allianz« entgegenwirken.

Die »Heilige Allianz« und die Politik Metternichs, Garanten für das Fortbestehen der restaurativen Ordnung

Am 26. September 1815 hatten sich in Paris Franz I., Kaiser von Österreich, König Friedrich-Wilhelm III. von Preußen und Zar Alexander von Rußland als Initiatoren der »Heiligen Allianz« zusammengefunden, »vereinigt durch die Bande einer wahren und unauflöslichen Brüderlichkeit, indem sie sich als Landsleute ansehen und sich bei jeder Gelegenheit und an jedem Orte Hilfe und Beistand leisten«. Auch die weiteren Sätze aus der Stiftungsurkunde, die in geradezu schwärmerisch-religiösen Worten eine Politik nach den Grundsätzen von Religion, Liebe, Friede und Gerechtigkeit versprechen, können nicht darüber hinwegtäuschen, daß dieses Bündnis, aus dem Gedanken der Solidarität geboren, als Instrument zur Wahrung der dynastischen und gesellschaftlichen Ordnung ganz Europas gedacht war. Die »Wiener Schlußakte« hatte durch diesen Bund ihre quasi-religiöse Weihe erhalten.
Die Zeit nach dem »Wiener Kongreß« 1815 bis zur Revolution im März 1848 bezeichnet man wegen der Wiederherstellung (lat. restauratio) der politischen Ordnung des 18. Jahrhunderts als »Restauration«, im zeitlichen Sinne als »Vormärz«, weil diese dreiunddreißig Jahre in der Märzrevolution 1848 einen – allerdings nur vorübergehenden – Abschluß fanden. Wollte man diese Zeit mit dem Namen einer Person verknüpfen, man müßte sie die »Epoche Metternich« nennen. Fürst Metternich hat diesem Zeitabschnitt mit seinem »System«, das vom natürlichen und gottgewollten Recht des Mächtigen auf Herrschaft ausging, seinen Stempel aufgedrückt und wurde zum beherrschenden Gegenspieler der freiheitlichen deutschen Einheits- und Verfassungsbewegung.

KLEMENS WENZEL LOTHAR
FÜRST VON METTERNICH-WINNEBURG

Am 15. Mai 1773 in Koblenz geboren, ging Metternich nach dem Studium in Straßburg und Mainz 1794 nach Wien und fand 1795 durch die Heirat mit der Enkelin des Fürsten Kaunitz Eingang in die höchsten Kreise.
Hinter »äußerer Anmut, weltmännischer Bildung und einschmeichelnder Liebenswürdigkeit« verbargen sich Verstandesschärfe, kühle Selbstbeherrschung und Menschenkenntnis. Zusammen mit seinen Beziehungen ermöglichten ihm diese Gaben eine rasche Karriere, die ihn von Gesandtendiensten in Dresden und Berlin über Botschaftertätigkeiten in Petersburg (Leningrad) und Paris bis zur Leitung des österreichischen Außenministeriums 1809 führte und 1821 mit der Ernennung zum Staatskanzler ihren Abschluß fand.
Höhepunkt seiner politischen Wirksamkeit war der »Wiener Kongreß«.
Ruhelose Jahre in England, Belgien und auf seinem Schloß Johannisberg im Rheingau folgten auf die Flucht vor der Revolution am 14. März 1848, ehe Metternich 1851 nach Wien zurückkehrte, wo er am 11. Juni 1859 starb.
Kränze der Anerkennung hat die Nachwelt Metternich nicht geflochten: eine Folge der totalen Ablehnung seiner Politik durch bedeutende Historiker seiner Zeit wie Gervinus, Droysen, Treitschke. Verständlich, daß sie aus ihrer nationalen oder liberalen Gesinnung Metternich als den Chefideologen der absolutistischen ›Metternich-Doktrin‹ einseitig verurteilten. Ihr Metternich-Bild zeigt einen prinzipienlosen Lavierer, einen Bremser des Liberalismus, Verächter jedes nationalen Liberalismus, den Erfinder einer Doktrin, in der Begriffe wie Volkssouveränität, Gewaltenteilung und Repräsentation keinen Platz hatten.
In ihrer fortschrittlich-revolutionären Haltung übersahen viele Kritiker Metternichs beharrend-pragmatisches Anliegen: Statt des tief empfundenen Chaos der Revolution wollte er Ordnung in Europa, statt des Übergewichts einer Macht das Gleichgewicht.
(M. F.)

Einheit und Freiheit – Liberale Verfassungsbestrebungen

Ungeachtet ihrer verschiedenen gesellschaftlichen Herkunft, ihrer gegensätzlichen politischen Ansichten und ihrer Methoden, mit denen sie ans Ziel zu gelangen hofften, waren sich die Gegner des bestehenden Metternichschen Systems in der Zielsetzung einig: Die Einheit aller Deutschen in einem Nationalstaat auf parlamentarischer Grundlage mußte erkämpft werden, ohne daß man sich indessen über die Staatsform einig war. Obwohl die Französische Revolution in Deutschland anfangs keine unmittelbaren politischen Folgen gehabt hatte, waren doch von der führenden Schicht des Bürgertums, durch die Aufklärung vorbereitet, die Ideen von Freiheit, Nation, Konstitution, Gewaltenteilung und Volkssouveränität begierig aufgenommen und theoretisch durchdacht worden. Da sich der »Deutsche Bund« unfähig zeigte, die deutsche Frage zu lösen, wollte ein Teil seiner Gegner aus eigener Kraft die Theorie in die Praxis umsetzen. Andere traten den entgegengesetzen Weg in die verklärte Vergangenheit alter Kaiserherrlichkeit und Reichsgröße an und beschworen die kulturelle Einheit Deutschlands in Sprache, Literatur und Geschichte als Ersatz der fehlenden politischen Zusammengehörigkeit. Diese Rückbesinnung konnte vielleicht den vorwärtsdrängenden liberalen und demokratischen Kräften emotionale Hilfestellung leisten, ein Weg in eine erfolgreiche Zukunft war sie nicht.
Ein erster Schritt auf das angestrebte Ziel der Einheit konnte zunächst die Verwirklichung von Konstitutionen (Verfassungen) in den Einzelstaaten des »Deutschen Bundes« sein. Den liberalen Kräften fehlte aber nicht nur jede parlamentarische Übung, es mangelte ihnen auch an einer gut durchdachten, erprobten, auf die Praxis übertragbaren Verfassungsform, die möglichst breite Zustimmung hätte erwarten können. Ansätze allerdings gab es genug. Vor allem in den süddeutschen Staaten erschien eine Fülle staatsrechtlicher Schriften. Denn gerade die Staaten des ehemaligen Rheinbundes konnten ja auf eine kurze, aber fruchtbare Bekanntschaft mit der französischen Verfas-

Konstitution

(lat. constitutio = Verfassung, Grundgesetz)

Deutschland nach dem »Wiener Kongreß« erhoffte eine Repräsentativverfassung: »paktiert« (aufgrund eines Paktes, Vertrages, zwischen König und Volk) und nicht »oktroyiert« (vom König aufgezwungen).

sungswirklichkeit zurückblicken. Der Politiker und Historiker Karl von Rotteck (* 1775, † 1840) sowie der Politiker und Staatsrechtler Karl Theodor Welcker († 1790, † 1869), einflußreiche Liberale, hatten in ihrem Staatslexikon eine Art Grundsatzprogramm entwickelt: Ohne Revolution, auf legalem Weg sollten in den einzelnen souveränen Staaten mittels einer Konstitution die persönlichen und politischen Freiheitsrechte verwirklicht werden: Freiheit und Unverletzlichkeit der Person, des Hauses, Sicherheit des Eigentums, Schutz vor willkürlicher Verhaftung, Religions-, Meinungs-, Rede-, Versammlungs- und Pressefreiheit; Gleichheit vor dem Gesetz, Zugang zu allen Ämtern je nach Befähigung, Wahl- und Stimmrecht und natürlich neben den Freiheitsrechten die Gewaltenteilung, das zweite Merkmal eines »Rechtsstaates«.

Eine gewählte Volksvertretung im modernen Sinne, die Rotteck in der Schrift »Ideen über Landstände« zum erstenmal in Deutschland forderte, sollte als gesetzgebende Kraft (Legislative) in Zusammenarbeit

Konstitutionelle Monarchie

Im Gegensatz zur absoluten Monarchie, in der ein Herrscher, losgelöst (von lat. absolutus = gelöst) von allen Gesetzen, selbst das Gesetz verkörpert, der nächste Entwicklungsschritt zu einer Monarchie, die durch eine Konstitution (siehe Seite 29) eingeschränkt ist. Der Herrscher bleibt nach dem Grundsatz des »monarchischen Prinzips« (Seite 21) alleiniger Träger der Staatsgewalt, bindet sich aber in der Ausübung an nur ihm verantwortliche Minister und gesteht den Repräsentanten (Abgeordneten) Mitwirkung bei der Gesetzgebung und die Bewilligung des Staatshaushaltes zu.

Parlamentarische Monarchie

Im Unterschied zur konstitutionellen Monarchie eine Verfassungsform, in der das Volk bzw. das Parlament nicht nur an der Gesetzgebung wie in der konstitutionellen Monarchie, sondern auch an der Bildung der Regierung mitwirkt: Der Monarch kann seine Minister nicht mehr frei wählen, da sie jetzt des Vertrauens des Parlamentes bedürfen. Entzieht dieses der Regierung, dem aus der stärksten Parlamentsfraktion berufenen Regierungschef und den von ihm ausgewählten Ministern, durch ein Mißtrauensvotum die Regierungsgrundlage, muß sie zurücktreten. Somit ist nicht mehr der König, sondern die Volksvertretung Inhaber der Staatsgewalt.

mit dem Monarchen gebunden sein durch das Veto bzw. das Auflösungsrecht der ausführenden Gewalt (Exekutive) des Königs. Der König seinerseits blieb durch die Gesetzeszustimmung und die Verwaltungsüberprüfung seitens der Volksvertretung kontrollierbar, während die richterliche Gewalt (Judikative) allein auf den Gesetzen beruhen sollte.
Was dem Liberalismus als Verfassungsform letztlich vorschwebte, war eine »konstitutionelle Monarchie«. Das bestehende Königtum sollte nicht abgeschafft, sondern ihm nur der absolute Charakter durch die Bindung an eine repräsentative Verfassung genommen werden.

›Radikale‹ Demokraten und Republikaner – Das Ziel: Herrschaft des Volkes in einer Republik

Dem radikalen Flügel der Liberalen waren diese Ziele zu konservativ. Notfalls durch Revolution erstrebte er nicht bloß die repräsentative Vertretung des Volkes, sondern die Herrschaft des Volkes in einer Republik. Nicht so sehr die politische als vielmehr die soziale Gleichheit, die Gleichberechtigung des Volkes als Mehrheit der sozial Benachteiligten und die gerechte Wahrung ihrer Interessen in einem reinen »Volksstaat« waren die Anliegen dieser »Republikaner«. Konsequent weitergedacht, barg die Einseitigkeit dieses Volksbegriffes, der das Recht der Mehrheit über das Recht des einzelnen setzte, die Gefahr äußerster Radikalität, vor der in der Tat die Systemveränderer, die unter dem Eindruck französischer Theorien ›frühsozialistische‹ Ideen verbreiteten, nicht zurückschreckten. Da sie in Deutschland verfolgt wurden, nicht zuletzt, weil sie mit ihren Forderungen nach Beseitigung von Eigentums-, Klassen- und Bildungsvorteilen auch bei Kleinbürgern, Handwerkern und Arbeitern Anklang fanden, betrieben diese radikalen Gruppen ihre politische Einflußnahme vielfach als Emigranten vom Ausland aus.
Alle Gruppierungen trafen sich in der totalen Ablehnung der bestehenden politischen Verhältnisse. Parteien in unserem Sinne mit einem

Imperatives Mandat
(lat. imperare = befehlen; lat. mandare = beauftragen)

Im Gegensatz zum freien Auftrag ein weisungsgebundener Auftrag. Der Abgeordnete ist durch seine Wähler an bestimmte Weisungen gebunden.

verbindlichen Parteiprogramm und einem durchstrukturierten Apparat von Funktionären bildeten sie noch nicht. Keiner Parteidisziplin unterworfen, verstanden sie sich als Repräsentanten des ganzen Volkes, als unabhängig vom Wähler und auch vom König, nur an ihr Gewissen gebunden, nicht an ein »imperatives Mandat«, das im alten Ständestaat die Einzelstände ihren Vertretern abverlangt hatten.

Die politische Realität in den deutschen Staaten: Verfassungsgefälle von Süden nach Norden

Der berühmte Artikel 13 der »Deutschen Bundesakte«, der als einziger die Souveränität der Bundesstaaten beschränkt hatte, lautete: »In allen Bundesstaaten wird eine landständische Verfassung stattfinden.« Stände gab es aber z. B. in den ehemaligen Rheinbundstaaten längst nicht mehr. So war diese Formulierung ebenso dehnbar wie unbestimmt. Den Liberalen war sie die Verheißung einer Repräsentativverfassung (siehe *K, unten*) mit vom Gesamtvolk gewählten, nur dem Gewissen verantwortlichen Vertretern. Die restaurativen Kräfte, voran Metternichs Berater Friedrich von Gentz, interpretierten den Artikel als Wiederherstellung der alten Ständeversammlung Adel–Geistlichkeit–Bürger, da das »fremdländische Repräsentativsystem auf dem revolutionären Wahne der Volkssouveränität und Rechtsgleichheit fuße« und dem König nicht untergeordnet, sondern gleichberechtigt gegenübertrete.
Es ist erstaunlich, daß trotz der Verteufelung dieses Verfassungsverständnisses durch Metternichs Sprecher die süddeutschen Staaten als einzige die Verfassungszusage der »Bundesakte« etwa im Sinne der Liberalen einlösten und im Solidaritätsprinzip (siehe *K Seite 21*) Metternichs einen ersten feinen Riß herbeiführten. Vollends unverständlich wird der Vorgang, wenn man weiß, daß alle Fürsten sich mit Händen und Füßen gegen die Aufnahme des Artikels 13 in die »Bundesakte« gewehrt hatten.

Repräsentativverfassung

Eine Staatsverfassung, in der das Volk, weil es nicht in seiner Gesamtheit am Staat mitwirken kann, durch Repräsentanten (gewählte Abgeordnete, Volksvertreter) und nicht durch Interessenvertreter der Stände Anteil an der Ausübung der Staatsgewalt hat. Eine solche Verfassung ist auch die der Bundesrepublik Deutschland.

Der Stimmungswandel der süddeutschen Staaten erfolgte letztlich aus opportunistischen Gründen: sie begriffen die Konstitution als ein innenpolitisches Mittel zur Vereinheitlichung ihrer Staatswesen und konnten sie außenpolitisch als Instrument der Annäherung an die konstitutionelle Monarchie Frankreichs, der Gegenmacht zum starken Österreich, gut gebrauchen. Dieses Einheits- und Sicherheitsstreben veranlaßten Nassau 1814, Bayern am 26. 5. 1818, Baden am 22. 8. 1818, Württemberg am 25. 9. 1819 und Hessen-Darmstadt 1820 zur Einführung einer Verfassung. Konstitutionelle Monarchien im vollen Sinne einer gewaltenteilenden, zwischen Herrscher und Volk vereinbarten Verfassung waren sie alle nicht. Einseitig waren sie vom König aufgezwungen, der nur auf dem Gebiet der Gesetzgebung und Finanzen seine bisherigen Rechte einschränkte. Diese Rechte wurden nun einem Parlament, gebildet aus zwei Kammern, übertragen (in der ersten Kammer saßen Adel, Geistlichkeit und höhere Beamte, in der zweiten das gebildete und besitzende Bürgertum), das fortan den Gesetzen zustimmte, ohne die Gesetzesinitiative zu besitzen, und die Steuererhebung und Aufnahme von Staatsschulden bewilligte.
Gegenüber dem Absolutismus waren die Beschränkung der Herrschermacht sowie die Mitwirkung einer Volksvertretung ein kleiner Fortschritt und ein erster Sieg der liberalen Kräfte.
Metternich mußte sich wohl oder übel mit diesen ersten Formen von Repräsentativverfassungen in Süddeutschland abfinden, hat aber schnell, um weiteres Nachgeben der Regenten zu verhindern, im Artikel 57 der »Wiener Schlußakte« vom 15. Mai 1820 für den ganzen »Deutschen Bund« verbindlich festgeschrieben, daß nun das äußerste Maß an Duldung erreicht sei: »Da der ›Deutsche Bund‹, mit Ausnahme der freien Städte, aus souveränen Fürsten besteht, so muß die gesamte Staatsgewalt in dem Oberhaupt des Staates vereinigt bleiben, und der Souverän kann durch eine ständische Verfassung nur in der Ausübung bestimmter Rechte an die Mitwirkung der Stände gebunden werden« (das entspricht dem sogenannten »monarchischen Prinzip«).
Trotz aller kleinstaatlichen Enge hat sich auf der Basis dieser Verfassungen eine bescheidene vorparlamentarische Praxis entwickeln können, die nie mehr das große Ziel einer gesamtdeutschen Volksvertretung in einem einzigen Deutschland aus den Augen verlor.
Die norddeutschen Staaten Oldenburg, Schaumburg-Lippe, Braunschweig, Hannover und die thüringischen Staaten Schwarzburg-Rudolstadt, Sachsen-Coburg-Saalfeld, Sachsen-Meiningen, Sachsen-Hildburghausen waren zur alten Ständevertretung zurückgekehrt, erließen aber später unter dem Eindruck der Julirevolution in Frankreich 1830 ebenfalls neue, konstitutionelle Verfassungen.

Eine kleine Revolution gab es in Braunschweig: Der dortige Herzog wurde verjagt, sein Schloß angezündet. 1832 gewährte der neu eingesetzte Bruder eine Verfassung, in der stärker das mittlere Bürgertum und die Bauern repräsentiert waren. Unruhen der unteren Bevölkerungsschichten führten in Sachsen 1831 und in Hannover zu Verfassungen nach süddeutschem Vorbild.

Balanceakt absolutistischer Herrschaft: Preußen und Österreich

Preußen wie Österreich standen jedem fortschrittlichen Verfassungsdenken völlig fern. Für Österreich mag Metternichs Befürchtung sprechen, daß jede Öffnung zu einer Volksvertretung unabsehbare Konsequenzen in dem Vielvölkerstaat aus Böhmen, Tschechen, Ungarn, Italienern und Dalmatiern haben müsse. Preußen hatte dergleichen Sorgen nicht, und trotzdem sperrte es sich gegen alle Bestrebungen einer »Nationalrepräsentation«. Friedrich Wilhelm III. hatte diese zwar ausdrücklich schon 1813 vor dem »Wiener Kongreß« in der notvollen Zeit der »Befreiungskriege« versprochen, aber immer wieder hinausgeschoben. Schuld daran war auch hier wieder die von Metternich beschworene Gefahr, die enge Verflechtung von Monarchie, konservativem Militär, Beamtenadel und den adeligen Großgrundherren könnte zum Nachteil der Krone reißen.

Österreich mußte andererseits daran interessiert sein, Preußen im absolutistischen Lager zu halten: Mit Recht befürchtete es, Preußen würde durch einen Wechsel zu den Verfassungsstaaten schnell auch zum Kristallisationspunkt der deutschen Einigungsbewegung werden und das mühsam ausgependelte Gleichgewicht zu seinen Gunsten verändern. So hielt sich schließlich auf der Grundlage dieser Überlegungen in beiden Staaten ein streng absolutistisches System. Durch gemeinsam abgestimmte Aktionen der Polizei und durch strenge Zensurbestimmungen deckten sie alles politisch gegensätzliche Leben zu.

Preußen hatte so, ganz im Kielwasser Österreichs segelnd, eine unwiederbringliche Chance vertan, denn im Gegensatz zu Österreich hätte es seine Staatseinheit fördern, die konfessionellen Konflikte zwischen der katholischen und lutherischen Bevölkerung mildern und den Führungsanspruch auf ganz einfache Weise untermauern können. Selbst der alte Haudegen Blücher grollte: »Warum muß Bayern und andere Regenten uns zuvorkommen; man fühlt es ja, daß eine Konstitution gegeben werden muß.« Jeder fühlte es, nur der König nicht. Er vertiefte durch sein ängstliches Zaudern nur den Gegensatz zwischen dem freiheitlich-fortschrittlichen Süden und dem reaktionären Preußen. Noch sein Nachfolger, Friedrich Wilhelm IV., fühlte sich als König von Gottes Gnaden und lehnte deshalb jedes »Verfassungspapier« zwischen sich und »seinem« Volke ab.

Schwarzrotgold und Wartburgfest – Studenten: Träger des National- und Freiheitsgedankens

Die unverständliche Haltung des preußischen Königs war ein schwerer Schlag für alle diejenigen, die opferbereit die Lasten der Freiheitskriege getragen hatten und sich nun um ihren Einsatz betrogen und das nationale Bestreben verraten sahen. Gerade die studentische Jugend hatte in den zurückliegenden Kriegen nicht nur für die Befreiung Preußens und Deutschlands von Napoleon gekämpft, sondern auch für die endgültige Überwindung der Kluft zwischen dem absoluten König und einem ›Untertanenvolk‹. Die preußischen Reformen (siehe auch Band 8) waren ein hoffnungsvoller Ansatz gewesen, es fehlte ihnen als Krönung nur noch die Verfassung.

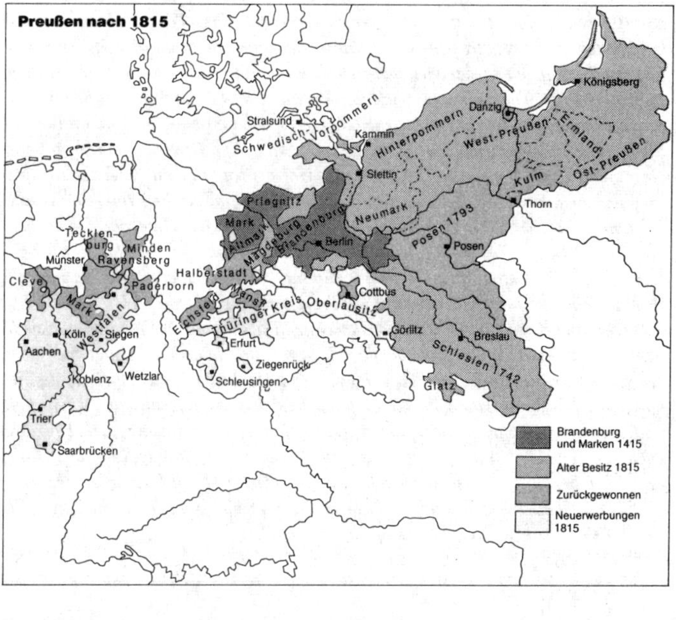

Text der Zeit

Das Wartburgfest 1817
Bericht von Ludwig Oken

Am 19. [in Wirklichkeit der 18. 10.] zogen die auf dem Markt um 9 Uhr versammelten Studenten auf die Burg, die Fahne und Musik voraus. Wir mit ihnen. [. . .] Als alles zur Ruhe gekommen war, hielt ein Student ungefähr diese Rede; über den Zweck der Zusammenkunft der gebildeten Jünglinge aus allen Kreisen und Volksstämmen des deutschen Vaterlandes, über das verkehrte Leben früher, über den Aufschwung und die erfaßte Idee des deutschen Volkes jetzt, über verfehlte und getäuschte Hoffnungen, über die Bestimmung der Studierenden und die gerechten Erwartungen, welche das Vaterland an sie mache, über die Verwaistheit und gar Verfolgtheit der sich den Wissenschaften widmenden Jugend; endlich wie sie selbst bedacht sein müsse, unter sich Ordnung, Regel und Sitte, kurz Burschenbrauch einzuführen, ernstlich und gemeinschaftlich bedacht sein müsse auf die Mittel und Wege, ihrer Bestimmung mit Würde entgegenzugehen, die Blicke des erwachsenen Volkes, das leider nichts mehr zu erreichen vermag, getröstet und aufmunternd auf sie zu lenken, um ihm einst zu werden, was es will, daß sie soll. – Die Anwesenden und wir Männer waren zu Tränen gerührt – aus Scham, daß wir nicht so getan, aus Schmerz, daß wir an solcher Trauer schuld sind, aus Freude über diesen schönen, reinen und klaren Sinn, und unsere Söhne so erzogen zu haben, daß sie einst erringen werden, was wir verscherzten.
Von diesem und jenem wurde noch ein und das andere Ermunternde gesprochen; dann ging man in den Burghof, bis die Tafeln gedeckt wären. Da bildeten sich hier Gruppen, dort Haufen, die gingen, jene standen. Was soeben in einem kirchlichen Akt vorgetragen, wiederholte sich nun im freundlichen, geselligen Kreise. [. . .] In einer der Gruppen wurde ungefähr solchergestalt gesprochen: Liebe Freunde! Diesen Augenblick der Rührung und Stimmung müßt ihr nicht verrauchen lassen. Er kommt nie wieder. Jetzt werdet ihr einig oder niemals. [. . .] Sind die Landsmannschaften abgeschafft? Sind wir Mitglieder einer größeren Gesellschaft? Bilden wir nur auf unserer Universität eine Burschenschaft, oder sind wir zusammen wieder nur Glied der gesamten deutschen Burschenschaft? Haben wir darüber uns verbindlich gemacht? Haben wir Gesetze, Regeln hierüber? [. . .] In die Tasche müßt ihr den Burschen etwas geben. Nur wenige Gesetze, aber mit Worten ausgesprochen, daß alle Studenten eins sind, daß sie alle zu einer einigen Landsmannschaft gehören, der deutschen. [. . .]
Euer Name sei, was ihr allein und ausschließlich seid, nämlich Studentenschaft oder Burschenschaft. Dazu gehört ihr alle und niemand anders. Hütet euch aber, ein Abzeichen zu tragen, und so zur Partei herabzusinken, das bewiese, daß ihr nicht wißt, daß der Stand der Gebildeten in sich den ganzen Staat wiederholt, und also sein Wesen zerstört durch Zersplitterung in Parteien. Auch bewahret euch vor dem Wahn, als wäret ihr es, auf denen Deutschlands Sein und Dauer und Ehre beruhte. Deutschland ruht nur auf sich selbst, auf dem Ganzen. [. . .] Der Staat ist euch jetzt fremd, und nur insofern gehört er euch, als ihr einst wirksame Teile darin werden könnet. [. . .]

Darauf wurde zum Essen geblasen. Es war ein fröhliches. Der Wein stärkte das Gefühl und den guten Vorsatz, der aus jedem Gesicht leuchtete. Es wurden Gesundheiten ausgebracht, die uns aber nicht im Geist des Festes geschienen; daher behielten wir die unsrigen im Herzen. Nach Tische, es mochte 3 Uhr sein, ging der Zug den Berg herunter und mit dem Landsturm freundschaftlichen und gleichen Ranges in die Stadtkirche, wo die Predigt allgemeine Wirkung hervorbrachte. Darauf wurden Turnübungen auf dem Markte angestellt – und darauf wurde es dunkel. – So ist jede Minute in löblicher Tätigkeit zugebracht worden.
Nach 7 Uhr zogen die Studenten, jeder mit einer Fackel, also deren etwa an 600 auf den Berg zu den Siegesfeuern [Zum 4. Jahrestag des Sieges in der Völkerschlacht bei Leipzig], wo der Landsturm schon versammelt war. Oben wurden Lieder gesungen und wieder eine Rede von einem Studenten gehalten, die wir nicht gehört, die aber allgemein als besonders kräftig gerühmt worden ist. Darauf wurde Feuergericht gehalten über folgende Stücke, die zuerst an einer Mistgabel hoch in die Höhe gehalten dem versammelten Volk gezeigt und dann unter Verwünschungen in die Flamme geworfen wurden. Es waren aber die Abgebrannten dieses: ein hessischer Zopf [Militärzopf], ein Ulanenschnürleib, ein österreichischer Korporalstock, [. . .] Haller's »Restauration der Staatswissenschaft«, [. . .] Kotzebues »Geschichte des deutschen Reiches«, [. . .] der »Code Napoléon«. [. . .] Nach 12 Uhr begab man sich zur Ruhe.

Aus der Zeitschrift »Isis« Nr. XI u. XII v. 1817. Der Autor Ludwig Oken (L. Ockenfuß, *1779, †1851) war Naturforscher und Philosoph u. seit 1807 Professor an der Universität Jena.

Bis 1830 blieben dic Studenten die aktivsten Vertreter der Nationalbewegung und versuchten durch den Zusammenschluß zu örtlichen »Burschenschaften« und schließlich zur einheitlichen »Allgemeinen Burschenschaft« überregionale Bedeutung zu gewinnen. Schon im Juni 1815, kurz nach dem Ende des »Wiener Kongresses«, hatte sich die studentisch-akademische Opposition formiert und in Jena die erste Burschenschaft gegründet. Ihr Wahlspruch »Ehre, Freiheit, Vaterland« (Nation) verbreitete sich ebenso schnell über die Einzelstaaten hinweg wie die Farben ihrer Fahne, die vom Lützowschen Freikorps übernommen wurden: Schwarz-Rot-Gold. Sie galten als die Abzeichen des alten Reiches, das 1806 verschwunden war, und als Symbol der jungen national-liberalen Bewegung. 1817 lud die Jenaer Burschenschaft alle Studenten Deutschlands auf die Wartburg ein, um gemeinsam das dreihundertjährige Jubiläum des Thesenanschlags Luthers und die vierjährige Wiederkehr des Tages der Völkerschlacht bei Leipzig zu feiern. Diese Gründe mußte man vorschieben, um bei fehlender Versammlungsfreiheit den eigentlichen Anlaß zu überdecken, die Forderung nach Einheit des Vaterlandes und nach Freiheit durch Einlösung des Verfassungsversprechens in der »Bundesakte«.

Über fünfhundert Delegierte zogen am Morgen des 18. Oktober 1817 hinauf zur Burg und hörten patriotische Reden. Als es Abend wurde, entzündeten sie die Siegesfeuer nach altem Brauch, und in Erinnerung an Luthers Verbrennung der Bannbulle warfen Studenten, einer Anregung »Turnvater« Jahns folgend, 28 reaktionäre Schriften und einen Zopf, Schnürleib und Korporalstock als Zeichen der verhaßten Restauration hinein.

Der Verlauf des Festes wurde so zu einer hochpolitischen Aktion mit weitreichender Wirkung: Die Zeitungen verliehen ihr weite Publizität und ließen für die Ideen der Studenten große Sympathie erkennen. Goethes aufgeschlossener Landesvater, Großherzog Carl-August von

Wartburgfest

Aus der Rede des Theologiestudenten Riemann auf dem Wartburgfest: »Vier Jahre sind seit jener Schlacht vergangen; das deutsche Volk hatte schöne Hoffnungen gefaßt, sie sind alle vereitelt; alles ist anders gekommen. [. . .] Viele wackere Männer sind kleinmütig geworden, ziehen sich zurück vom öffentlichen Leben, das uns so schön zu erblühen versprach. [. . .] Der Geist, der uns hier zusammengeführt, soll uns leiten [. . .], daß uns nicht blenden soll der Glanz des Herrscherthrones, zu reden das starke freie Wort, wenn es Wahrheit und Recht gilt!«

Gewalt gegen Gewalt. *Oben: Hinrichtung des radikalen Burschenschafters Karl Ludwig Sand, der wegen einer angeblichen Denunziation den Schriftsteller Kotzebue ermordet hatte. – Unten: Verbrennung ›reaktionärer Bücher‹ durch Burschenschafter. Wartburg 1817. Kupfer- und Stahlstich der Zeit.*

Sachsen-Weimar-Eisenach (1815–1828), in dessen Land die Wartburg lag, hatte größte Mühe, die unerwünschte Form solcher Pressefreiheit Metternich gegenüber zu vertreten und die aufgebrachten, argwöhnischen Fürsten zu beruhigen. Das Mißtrauen der restaurativen Gegenkräfte war geweckt, nun war deutlich, aus welcher Ecke Gefahr drohte. Studenten und Sympathisanten hatten schon bald mit Verfolgung, im schlimmsten Falle mit Verhaftung oder Gefängnis zu rechnen.

Von der Ermordung Kotzebues zu den »Karlsbader Beschlüssen« – Metternichs restaurative Politik mit Hilfe des Bundes

Im Oktober 1818, ein Jahr nach dem Wartburgfest, hatten sich die Burschenschaften der einzelnen Universitäten in Jena zu einer »Allgemeinen *Deutschen* Burschenschaft« zusammengeschlossen. Die damit vollzogene studentische Einheit Deutschlands sollte vielen kleinmütigen Bürgern, denen es an Entschiedenheit und persönlichem Engagement fehlte, Ermutigung und anspornendes Beispiel sein. Der Begründer der Turnbewegung (»Turnvater«) Friedrich Ludwig Jahn (* 1778, † 1852) und der Dichter und Historiker Ernst Moritz Arndt (* 1769, † 1860), beide seit den Freiheitskriegen gegen Napoleon in hohem Ansehen, hatten auf einen maßvollen politischen Kurs der Studenten gedrängt, der den Fürsten möglichst wenig Angriffspunkte bieten sollte, und damit Erfolg gehabt. Selbst die »Gießener Schwarzen«, eine radikale, den Revolutionsideen von 1789 verschriebene Richtung der akademischen Jugend, unterwarfen sich den Mehrheitsbeschlüssen. Der überwiegende Teil der Burschenschaften billigte nämlich weder den von ihnen geforderten gewaltsamen Sturz der Fürsten noch eine deutsche Einheitsrepublik demokratischen Zuschnitts.

Da erstach am 23. 3. 1819 der Burschenschafter Karl Ludwig Sand aus Wunsiedel, ganz im Sinne der radikalen Minderheit, den russischen Staatsrat Kotzebue in Mannheim, weil er die nationale und liberale Begeisterung der studentischen Jugend sarkastisch abqualifiziert hatte. Sofort witterten die Regierungen eine großangelegte Verschwörung hinter dem Mord eines Einzelgängers. Metternich hatte jetzt den lange gesuchten Vorwand, gegen die ›gefährlichen‹ Burschenschaften insgesamt vorzugehen, und griff energisch durch. Bezeichnenderweise wandte er sich nicht direkt an den Bundestag in Frankfurt, sondern verständigte sich über die Folgemaßnahmen zuerst mit dem Preußenkönig, der unter dem Eindruck des Mannheimer Vorfalles von der Richtigkeit der Metternichschen Warnung vor einer Verfassungseinführung mehr denn je überzeugt war. In der sogenannten »Punktation

Aus den »Karlsbader Beschlüssen« von 1819

§ 1. Es soll bei jeder Universität ein [. . .] landesherrlicher Bevollmächtigter [. . .] angestellt werden. Das Amt dieses Bevollmächtigten soll sein, über die strengste Vollziehung der Gesetze und Disziplinarvorschriften zu wachen, den Geist, in welchem die akademischen Lehrer bei ihren öffentlichen und Privatvorträgen verfahren, sorgfältig zu beobachten [. . .] endlich allem, was zur Beförderung der Sittlichkeit, der guten Ordnung und des Anstandes unter den Studierenden dienen kann, seine unausgesetzte Aufmerksamkeit zu widmen. [. . .]

§ 2. Die Bundesregierungen verpflichten sich gegeneinander, Universitäts- und andere öffentliche Lehrer, die durch erweisliche Abweichung von ihrer Pflicht oder Überschreitung der Grenzen ihres Berufs, durch Mißbrauch ihres rechtmäßigen Einflusses auf die Gemüter der Jugend, durch Verbreitung verderblicher, der öffentlichen Ordnung [. . .] feindseliger oder die Grundlagen der bestehenden Staatseinrichtungen untergrabender Lehren, ihre Unfähigkeit zur Verwaltung des ihnen anvertrauten wichtigen Amtes unverkennbar an den Tag gelegt haben, von den Universitäten und sonstigen Lehranstalten zu entfernen. [. . .] Ein auf solche Weise ausgeschlossener Lehrer darf in keinem anderen Bundesstaate bei irgendeinem öffentlichen Lehrinstitute wieder angestellt werden.

§ 3. Die seit langer Zeit bestehenden Gesetze gegen geheime oder nicht autorisierte Verbindungen auf den Universitäten sollen in ihrer ganzen Kraft und Strenge aufrechterhalten, und insbesondere auf den seit einige Jahre gestifteten, unter dem Namen der allgemeinen Burschenschaften bekannten Verein [. . .] ausgedehnt [. . .] werden. [. . .] Die Regierungen vereinigen sich darüber, daß Individuen, die nach Bekanntmachung des gegenwärtigen Beschlusses erweislich in geheimen oder nicht autorisierten Verbindungen geblieben oder in solche getreten sind, bei keinem öffentlichen Amte zugelassen werden sollen.

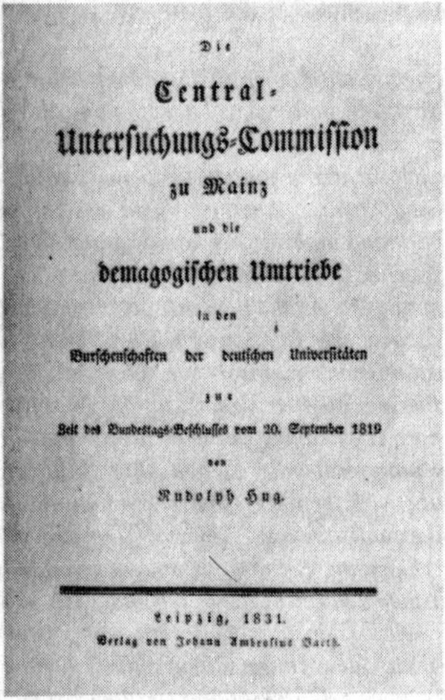

Die

Central-

Untersuchungs-Commission

zu Mainz

und die

demagogischen Umtriebe

in den

Burschenschaften der deutschen Universitäten

zur

Zeit des Bundestags-Beschlusses vom 20. September 1819

von

Rudolph Hug.

Leipzig, 1831.

Verlag von Johann Ambrosius Barth.

Überwachung und Verfolgung. *Das »Wartburgfest« und das Attentat Sands lösten die »Karlsbader Beschlüsse« und die Verfolgung der sogen. »Demagogen« aus. Titel zur »Central-Untersuchungs-Kommission«, Leipzig 1831.*

von Teplitz« am 1. August 1819 verpflichteten sich beide zu gemeinsamen Maßnahmen gegen die Universitäten und die »aufsässige« Presse, und Friedrich Wilhelm III. versprach folgsam, keine »unerträgliche Volksvertretung« einzuführen.

Die wenigen widerstrebenden Einzelstaaten mußten sich dem Druck der beiden tonangebenden Großmächte fügen und deren Verhandlungsergebnisse übernehmen. Nach einer Serie von dreiundzwanzig Ministerkonferenzen (6.–31. August 1819) in Karlsbad waren alle Einzelstaaten auf die »Karlsbader Beschlüsse« eingeschworen. Am stärksten betroffen waren die Studenten. Burschenschaften und Turnvereine wurden verboten, die Universitäten erhielten einen Kurator, einen staatlichen Bevollmächtigten, der nicht nur die aufmüpfigen Studierenden, sondern auch die fortschrittlich denkenden Professoren überwachen mußte. Politische Druckschriften und Bücher wurden von jetzt ab zensiert. Eine »Centraluntersuchungskommission« mit Sitz in Mainz wurde mit der Aufdeckung »revolutionärer Umtriebe und demagogischer Verbindungen« beauftragt (»Demagogenverfolgung«).

Die Aburteilung von Straftätern sollte den Einzelstaaten verbleiben, weil Österreich sich weigerte, dem preußischen Vorschlag eines gemeinsamen Bundesgerichtes zuzustimmen.

Metternich zieht die Schraube an

Da Metternich seine Beschlüsse von den Bundesstaaten so eilfertig und unterwürfig angenommen sah, versuchte er auch noch, die Einzelstaaten auf eine klare Auslegung des umstrittenen Artikels 13 der »Bundesakte« festzulegen. Als »ständische« Verfassungen sollten nur die gelten, »in welchen Mitglieder oder Abgeordnete durch sich selbst bestehender Körperschaften auftreten«, nicht solche also, die auf die Wahl des Gesamtvolkes zurückgehen. Eine Zustimmung zu dieser Interpretation hätte die Umbildung der Verfassungen Bayerns, Württembergs, Badens und aller Kleinstaaten zur Folge gehabt, die bislang Repräsentativverfassungen mit einer Volksvertretung durch Volkswahl gewährt hatten. An ihrem Einspruch scheiterte der großangelegte Versuch Metternichs, diese Verfassungen als unvereinbar mit der Bestimmung des Artikels 13 der »Bundesakte« zu brandmarken und durch das Hintertürchen wieder die alten Ständeverfassungen zur Geltung zu bringen. Metternichs Antwort ist bekannt. In der »Wiener Schlußakte« 1820 bestand er, wenn schon die Parlamente durch Volkswahl bestellt wurden, auf der Wahrung des »monarchischen Prinzips«, dem eindeutigen Vorrang des Herrschers in der Führung des Staates. Die »Karlsbader Beschlüsse« zeigten schnelle Wirkung und blieben bis zur Revolution von 1848 in Kraft. Aber die national-freiheitliche Bewegung war nur auf Zeit abgebremst, nicht vernichtet, obwohl die Zentraluntersuchungskommission in den folgenden zehn Jahren regelrecht Jagd auf Studenten und kritische Nationalisten machte. Und nirgends wurden die Bestimmungen gegen Umsturz und Verschwörung strammer durchgeführt als in Preußen. Manche Maßregeln nannte selbst Metternich »allzu schneidig«, und diese Beurteilung sagte eigentlich alles. Verdiente Männer wie der Theologe Friedrich Ernst Daniel Schleiermacher (* 1768, † 1834), die Politiker Jahn und Arndt wurden verfolgt, der Publizist und Gelehrte Joseph Görres (* 1776, † 1848), der als Herausgeber des heute noch bestehenden »Rheinischen Merkur« Frankreich so sehr wie eine »fünfte Großmacht« befeindet hatte, mußte aus Preußen ausgerechnet ins französische Straßburg flüchten. Mit solchen Verfolgungen und Unterdrückungen, die voll auf der Linie Österreichs lagen, erwies sich Preußen selbst den denkbar schlechtesten und Österreich den besten Dienst. Preußen verscherzte sich

Ironie und Satire – Waffe der Unterdrückten: *»Der Denkerklub«. Die Maulkörbe der Zensur unterbinden die freie Rede. »Wie lange möchte uns das Denken noch erlaubt bleiben?« Karikatur von 1820.*

nicht nur die Sympathien, die es seit den Befreiungskriegen und aufgrund seiner fortschrittlichen Reformen in ganz Deutschland genoß, sondern wurde zum Inbegriff von Militarismus, Junkertum, sturer Bürokratie und Unterdrückung, zum »Totengräber« deutscher Freiheit und gesamtdeutscher Einheit.

Metternich hatte sich auf der ganzen Linie durchgesetzt und alle hoffnungsvollen Ansätze zu größerer Freiheit und nationaler Einheit von Anfang an im Keim erstickt und es sogar fertiggebracht, Preußen, den Konkurrenten Österreichs, auf dem so viele Hoffnungen geruht hatten, zum gehaßten Komplizen zu machen. Ruhe zog ein in Deutschland, doch unter der Oberfläche schwelten die freiheitlichen Ideen weiter – in Deutschland und in den anderen Ländern Europas. Da sie zum gesamteuropäischen Erbe der Französischen Revolution gehörten, durch die Restauration aber gewaltsam am Emporkommen gehindert wurden, brachen sie trotz aller Maßnahmen und Dämpfungsversuche Metternichs immer aufs neue hervor, bald im Süden, im Osten oder schließlich im Herzen Europas.

Die »Heilige Allianz« – Instrument der restaurativen Politik in Europa

Die von Rußland, Österreich und Preußen 1815 als ein ›System‹ solidarischer absolutistischer Mächte gestiftete »Heilige Allianz« war in ihren Grundsätzen ein ungewöhnliches Dokument. Es bestimmte Jesus Christus zum obersten Souverän und die drei Unterzeichner als »Beauftragte der Vorsehung« und als Vertreter des orthodoxen, des evangelischen und des katholischen Glaubens zu »brüderlichen Vorstehern« ihrer Völker, den »drei Zweigen ein und derselben Familie« christlichen Glaubens. Metternich verstand es, dieses seiner Meinung nach »lauttönende Nichts« in der Praxis zu einem Instrument seiner Ordnungsvorstellungen umzufunktionieren und die gegenseitig »bei jeder Gelegenheit und an jedem Orte« versprochene Hilfe als nötige Eingriffe gegen jede renitente Opposition zu interpretieren. Der am Ende der Urkunde ergangenen Einladung zum Beitritt folgten die christlichen Regenten Europas außer dem englischen König und dem Papst. Wie der »Deutsche Bund« in Deutschland, so garantierte die »Heilige Allianz« in Europa Gleichgewicht und Beständigkeit der alten Ordnung. Auf »Kongressen« beschwor Metternich immer wieder die Solidarität der Mitglieder zu gesamteuropäischer Politik gegenüber den Staaten, die wegen ihres gesteigerten National- und Freiheitsempfindens aus dem ›System‹ ausbrechen wollten.
Schon auf dem ersten Kongreß in Aachen 1818 war die von der »Heiligen Allianz« beanspruchte »Oberaufsicht« über die europäische Staatenfamilie festgeschrieben worden. Wer es wagen sollte, am Thron der legitimen Herrscher zu rütteln, wer sie zwingen wollte, freiheitliche Verfassungen gewähren zu müssen, gegen den marschierte die »Ordnungssolidarität« Europas.
Doch die Folgekongresse in Troppau 1820, Laibach 1821 und Verona 1822 zeigten, daß für das Bündnis vor allem England ein immer größerer Unsicherheitsfaktor wurde, weil es Interventionen (direktes oder indirektes Einmischen), wie sie die Allianz in Spanien praktiziert hatte, als Mittel der Politik strikt ablehnte.
Von Spanien war in einer Art Kettenreaktion die Revolution auf Portugal und Italien übergesprungen, hatte zur Vertreibung der legitimen Herrscher geführt und in Italien der Untergrundbewegung für die Einigung der Halbinsel, den »Carbonari« (die Köhler), starken Zulauf beschert. Sollte das Metternichsche System nicht zerbrechen, mußte die Allianz militärisch eingreifen. Französische Truppen erstickten 1823 die letzten Funken der Freiheit in Spanien, Österreicher und Russen sorgten in Italien für Friedhofsruhe.

Europa nach 1815
Die Zeit der »Restauration« in Daten

1815 – 8. 6.	Die »Deutsche Bundesakte« schafft für Deutschland einen Staatenbund, einen losen Zusammenschluß von 39 souveränen Mitgliedern ohne Beteiligung des deutschen Volkes. Einziges gemeinsames Gremium ist der »Bundestag«, ein ständiger Kongreß der Abgesandten der Einzelstaaten unter Führung Österreichs. Durch die Einbeziehung der »Bundesakte« in die Schlußakte des »Wiener Kongresses« wird vertraglich das Ende des Heiligen Römischen Reiches Deutscher Nation besiegelt, die staatliche Zersplitterung Deutschlands abgesichert und von den Großmächten »garantiert«.
1815 – 12. 6.	In Jena wird unter Aufhebung landsmannschaftlicher Verschiedenheiten die »Deutsche Burschenschaft« gegründet. Ihr Wahlspruch lautet: Ehre, Freiheit, Vaterland. Die aus den Freiheitskriegen entlehnten Farben Schwarz-Rot-Gold werden Symbol der Einheitsbewegung und des Widerstandes gegen die Fürsten.
1815 – 26. 9.	Der Kaiser von Österreich, der Zar von Rußland und der König von Preußen gründen in Paris die »Heilige Allianz« gegen jede National- und Verfassungsbewegung.
1817 – 18. 10.	»Wartburgfest« der Burschenschaften, Aufmukken gegen die Politik Metternichs.
1818 – 26. 5.	Bayern erhält eine Verfassung mit 2 Kammern, die das Recht der Steuerbewilligung und Anteil am Gesetzgebungsverfahren besitzen (Baden am 22. 8.).
1818 – 18. 10.	Gründung der »Allgemeinen Deutschen Burschenschaft«. Der Zusammenschluß aller deutschen Burschenschaften führt zur »studentischen Einheit« Deutschlands.
1819 – 23. 3.	Ermordung des russischen Staatsrates Kotzebue durch den Burschenschaftler Sand.
1819 – Ostern	gründet List den »Deutschen Handels- und Gewerbeverein« in Frankfurt zur Überwindung der 39 deutschen Zollsysteme.
1819 – 1. 8.	»Punktation« von Teplitz: Metternich und der

	Preußenkönig einigen sich in einem Vorvertrag auf gemeinsame Aktionen gegen Studenten und »aufrührerische« Presse.
1819 - 20. 9.	»Karlsbader Beschlüsse« des »Deutschen Bundes« gegen alle liberal-nationalen Tendenzen. Errichtung der »Centraluntersuchungskommission« in Mainz.
1821–1829	Griechischer Freiheitskampf gegen die Türken, Sieg einer Nationalbewegung auch über das System Metternich.
1830	»Julirevolution« in Frankreich. Herzog von Orléans wird »Bürgerkönig«. In Deutschland als Folge freiheitliche Verfassungen in Braunschweig, Kurhessen, Sachsen, Hannover.
1830 - November	Polen erhebt sich erfolglos gegen Rußland.
1832 - Mai	»Hambacher Fest«. Politische Demonstration für die Einheit Deutschlands und eine republikanische Verfassung.
1833 - 22. 3.	Vereinigung des »Preußischen Zollverbandes« und des »Süddeutschen Zollvereins«.
1834 - 1. 1.	Inkrafttreten des »Deutschen Zollvereins«.
1837 - 18. 11.	Entlassung der 7 Göttinger Professoren.
1837 - 20. 11.	Kampf des preußischen Staates gegen die Mischehenpraxis der katholischen Kirche (Kölner Kirchenstreit).
1840	Friedrich Wilhelm IV. neuer König von Preußen (bis 1861).
1840	»Rheinkrise«. Die französische Kriegsdrohung schafft ein gesamtdeutsches Nationalgefühl (Lieder: Die Wacht am Rhein · Deutschlandlied 1841 von Hoffmann von Fallersleben gedichtet).
1847 - 12. 9.	»Offenburger Programm« der republikanisch-demokratischen Liberalen.
10. 10.	»Heppenheimer Programm« der gemäßigten Liberalen.
1848–1916	Kaiser Franz Joseph I. von Österreich
1848	Erhebungen in Deutschland, Österreich, Ungarn und Italien.
	Nationalversammlung in der Paulskirche zu Frankfurt a. M. Verkündung von Grundrechten.
1849	Stärkung reaktionärer Kräfte. Aufstände in Sachsen, der Pfalz und Baden. Auflösung der Nationalversammlung.

England hatte der Allianz entgegengearbeitet und Revolutionäre in Portugal und den ehemaligen spanisch-portugiesischen Kolonien Südamerikas im Kampf um ihre Selbständigkeit aktiv unterstützt. Nicht mehr aufzuhalten war das Ausscheren Englands aus dem ›System‹, als die griechische Frage akut wurde, als die seit 1814 operierenden nationalen Geheimbünde (»Hetairien«) Griechenlands die Volkserhebung in Gang brachten. Dieser Freiheitskampf sollte den Zusammenhalt der Allianz in höchstem Maße gefährden. Die Komplikation der Machtinteressen, die aus dieser Volkserhebung resultierte, schien selbst die diplomatische Kunst Metternichs zu übersteigen.

Der griechische Freiheitskampf Erfolg nationalen Freiheitswillens über das Metternichsche ›System‹

Für den österreichischen Staatskanzler lag der Fall klar: Der Aufstand der unter türkischer Herrschaft lebenden Griechen und ihr Kampf um nationale Einheit und Unabhängigkeit (1821–1829) war nichts anderes als ein Teil der gefährlichen europäischen Gesamtströmung, die nicht nur in Deutschland, Spanien, Portugal und Italien unterdrückt werden mußte, sondern um des Prinzips willen auch an den Randgebieten. Folgerichtig verurteilte er den Freiheitskampf der Griechen als Aufruhr gegen den legitimen Herrn, den türkischen Sultan. Mehr noch als die Erhaltung seiner Politik hatte Metternich wohl den an die Türkei angrenzenden Vielvölkerstaat Österreich vor Augen, der, sollte Griechenlands Beispiel Schule machen, in seine Einzelvölker auseinanderbrechen konnte. Da galt es den Anfängen zu wehren.
Unverständlich blieb Metternich die Griechenlandbegeisterung (»Philhellenismus«) Europas und vor allem Deutschlands. Zwar verkannte er nicht, daß sich in dieser progriechischen Begeisterung die selbst zur Ohnmacht verurteilten Freiheitskräfte Europas und Deutschlands abreagierten, doch unterschätzte er völlig die starken inneren Bindungen des humanistisch gebildeten Gesamteuropa an die klassischen Quellen der griechischen Kultur als eines unverzichtbaren Teiles europäischer Identität: Griechenlandvereine bildeten sich wie später die Polenvereine, mit Sach- und Geldspenden unterstützte Europa den Widerstandskampf, Tausende von Freiwilligen meldeten sich, um, wenn schon nicht daheim, dann in Griechenland für die Freiheit und Unabhängigkeit zu kämpfen. England, aus dem der berühmteste Freiwillige kam, Lord Byron, stellte sich sofort auf Griechenlands Seite, während der russische Zar Alexander I. es bei anfängli-

chen Sympathiebeweisen beließ, ehe er sich, durch Metternich bedrängt, wieder auf die Grundsätze der Allianz besinnen mußte.
Die Griechen hatten unterdessen in Epidauros eine Nationalversammlung gebildet und am 27. Januar 1822 ihre Unabhängigkeit erklärt. Die Türken antworteten mit grausamen Verfolgungen, besonders das Massaker auf der Insel Chios ging in die Geschichte ein – und bekamen mit gleicher Münze heimgezahlt. Als sie schließlich von den Griechen in die Defensive gedrängt wurden, griff die ägyptische Flotte in die Kämpfe ein: 1825 eroberte der gefürchtete Ibrahim Pascha, Stiefsohn des ägyptischen Statthalters Mohammed Ali, Vasall und Verbündeter des türkischen Sultans, erfolgreich Platz um Platz zurück. Die Griechen unterstellten sich daraufhin dem Schutz Englands und Frankreichs, was den neuen Zaren Nikolaus I. bewog, nun ebenfalls gegen den Sultan vorzugehen.
Es waren allerdings nicht freiheitlich-idealistische Gesichtspunkte, die Rußland zum Kurswechsel veranlaßten, sondern zugleich die alte russische Türkenfeindschaft und der bis heute unverändert heiße Wunsch nach uneingeschränktem Zugang durch die Meerengen (Dardanellen–Bosporus) zum Mittelmeer.
Ein verstümmelter oder vom englischen Admiral Codrington, einem Philhellenen, absichtlich falsch ausgelegter Befehl führte 1827 bei Navarino zur entscheidenden Seeschlacht, in deren Verlauf das vereinigte englisch-französische Aufgebot rund 80 ägyptisch-türkische Schiffe in den Grund bohrte. Die Türken konnten nun den Krieg nicht mehr gewinnen. Ein Vorstoß Rußlands nach Konstantinopel scheiterte allerdings an England, das nun seine Mittelmeerinteressen durch Rußland gefährdet sah und auf raschen Frieden drängte.
Die Friedensbestimmungen von Adrianopel 1829 brachten dem südlichen Griechenland bis zu einer Linie, die vom Ambrakischen Golf im Westen bis zum Malischen Golf im Osten reichte, die Unabhängigkeit von der Türkei. Aufgrund des »Londoner Protokolls« von 1830 wurde ein Fremder, Prinz Otto von Wittelsbach, Sohn des Philhellenen Ludwig I., König von Bayern, erster Regent des neu geschaffenen Königreiches.
Zum erstenmal hatte sich die begeisterte nationale Bewegung eines Volkes über die kühle Metternich-Politik der »Legitimität« und »Solidarität« (siehe *K Seite 21*) siegreich hinweggesetzt. Der geglückte griechische Aufstand zeigte bald die ihm für Europa innewohnende Sprengkraft, zumal er zeitlich einer neuen Revolutionswelle voranging, die wiederum von Frankreich aus 1830 in schnellem Lauf allen liberal und national engagierten Kräften Belgiens, Deutschlands und Polens Auftrieb gab.

Von der Julirevolution 1830 in Frankreich und Belgien zum »Vormärz« in Deutschland

Wie in Deutschland waren auch in Frankreich Studenten und dort zusätzlich bei fortgeschrittener Industrialisierung die Arbeiter Träger republikanischen Gedankengutes, während das besitzende Bürgertum die Weiterentwicklung der Verfassung zu einer parlamentarischen Monarchie verlangte. König Karl X. von Frankreich dachte in der Verfassungsfrage völlig absolutistisch und hatte die konstitutionelle Verfassung seines Bruders, Ludwigs XVIII., aus dem Jahre 1814 immer weiter eingeschränkt, bis sich der angestaute Unmut Ende Juli 1830 nach der Auflösung der Abgeordnetenkammer durch den König in einer Revolution entlud, die Karl von seinem Thron förmlich hinwegfegte. Zwar wurde nicht die Republik ausgerufen, aber sein Nachfolger, der Herzog von Orleans, Louis Philippe, bekundete schon äußerlich durch Tragen bürgerlicher Kleidung, daß er seine Stellung nicht mehr von Gottes Gnaden verliehen, sondern von einer Verfassung und dem Mehrheitsbeschluß einer Volksvertretung eingeschränkt sah. Dieses Zugeständnis des »Bürgerkönigs« mußte alle liberal Denkenden Europas in der Richtigkeit ihres Strebens bestätigen; ermuntern mußte sie aber vor allem das geglückte Beispiel einer vom größten Teil des Volkes erzwungenen Königsvertreibung.
Ganz unmittelbar wirkten die französischen Vorgänge auf Belgien, das die religiös und politisch ungeliebte, 1815 vollzogene Vereinigung mit Holland zum »Königreich der Niederlande« nie gebilligt hatte. Da die Interessenkonstellation Frankreichs und Englands der Unabhängigkeitsbewegung gewogen war, kam es 1831 nach einem Aufstand in Brüssel zur Unabhängigkeitserklärung und zur Bildung eines Königreichs Belgien mit Nationalkongreß und schließlich zur Schaffung der freiheitlichen Verfassung. König Leopold I. aus dem Hause Sachsen-Coburg wurde zum ersten belgischen König gewählt.

Aufstand in Polen – Begeisterung in Deutschland

Weiter gesteckt waren die Ziele der Polen. Im Gegensatz zu Belgien, dessen Problematik bis heute der nationale Zwiespalt zwischen den ›germanischen‹ Flamen und den ›romanischen‹ Wallonen geblieben ist, erstrebten die Polen, vorangetrieben von *einem* Nationalwillen, die nationale Einheit und Unabhängigkeit von Rußland.
Sie konnten der Sympathien und des Mitgefühls Europas bei ihrem im November 1830 begonnenen Aufstand sicher sein. Alle freiheitlich

Denkenden wünschten damals wie heute diesem tapferen Volk, das in den ständigen Teilungen zwischen Rußland, Österreich und Preußen zwar seine politische Einheit, aber – einig mit seinen führenden Politikern – nie den Glauben an die Wiedervereinigung verloren hatte, den gleichen Erfolg wie Belgiern und Griechen. Die militärische Übermacht der »Heiligen Allianz« vor Augen, konnten die Polen zwar kaum auf direkte Hilfe von außen hoffen, doch weckten die Proteste der übrigen Völker Europas zumindest Hoffnung. Verlassen aber haben sich die Polen letztlich aus bitterer Erfahrung nur auf sich selbst. Wer das als Vermessenheit oder Verkennen der Realität ansieht, erfaßt nicht, daß der Mensch immer wieder für den Wert der Freiheit oder der nationalen Einheit kämpfen wird, auch wenn es gegen alle Vernunft ist. Das damalige liberale Deutschland hatte dieses Anliegen Polens erfühlt und verstanden und voller Mitgefühl den 1830 in Warschau nach vielen russischen Übergriffen losbrechenden Aufstand verfolgt. Die Welle der Begeisterung und die große Zahl von »Polenvereinen« standen in merkwürdigem Gegensatz zur Auffassung etwa Friedrich Wilhelms III. von Preußen, der polnische Aufstand bedrohe die Sicherheit seines Landes und Europas. Erst das Zusammenspiel Preußens und Rußlands, die preußische Flankensicherung in der Provinz Posen, ermöglichte den Russen nach elfmonatigem Kampf im September 1831 die Einnahme Warschaus und führte zum Zusammenbruch des polnischen Aufstandes. Eine radikale Verfolgung aller Nationalgesonnenen setzte ein. Polen wurde weithin russifiziert. Die Patrioten flohen in großer Zahl in den Westen, unter ihnen auch der Komponist Frédéric Chopin. »Polen wäre nicht untergegangen, und diese alte Vormauer Deutschlands und des gesamten mitteleuropäischen Festlandes wäre nicht gefallen, wenn es eine freideutsche Nation und ein machtbegabtes Organ deutscher Nationalgesinnung gegeben hätte« – so der Dichter Ludwig Uhland. Völlig erstickt wurde der polnische Freiheitswille freilich nie. Immer wieder flackerten kleine Aufstände auf, und 1863 kam es zu einer erneuten großen Volkserhebung.

»Vormärz«, »Hambacher Fest« und »Göttinger Sieben« – Aufbegehren in Deutschland

Revolutionäre Entladungen im Gefolge der Julirevolution waren auch in Deutschland vereinzelt zu beobachten. Zu einer Volkserhebung wie in Belgien, Polen oder vorher in Griechenland langte es bei den Deutschen nicht. Das lag nicht nur an den verfassungspolitischen Zuständen etwa der süddeutschen Staaten oder der fehlenden überregionalen

Zusammenarbeit der Opposition, sondern war auch in der Mentalität des Volkes begründet. Hatte doch selbst der in Rußland vernichtend geschlagene Napoleon ungeschützt quer durch Deutschland nach Frankreich zurückkehren können, ohne daß ihm ein Haar gekrümmt worden war. Zwar ging in Braunschweig das Schloß des Herzogs in Flammen auf, zwar erzwang in Kurhessen, Sachsen und Hannover das Volk repräsentative Verfassungen, aber diese Erhebungen behielten lokale Züge. Nur im Südwesten Deutschlands zeigte sich, bedingt durch die Nähe zu Frankreich, so etwas wie eine umfassende Volksbewegung von Studenten, Kleinbürgern, Handwerkern und Bauern. In vorher nie gekannter Eintracht zogen etwa 30000 Menschen aller Stände Ende Mai 1832 hinauf zum Hambacher Schloß bei Neustadt an der Haardt in der Pfalz, um des Jahrestages der bayerischen Verfassung von 1818 zu gedenken. Aber was als Volksfest mit politischem Einschlag geplant war, endete als politische Demonstration und verbale Revolution: »Einst wird kommen der Tag, wo die Zollstöcke und Schlagbäume, wo alle Hoheitszeichen der Trennung und Hemmung und Bedrückung schwinden samt den Konstitutiönchen, die man etlichen mürrischen Kindern [= Einzelstaaten] der großen Familie [= Deutschland] verlieh, wo freie Straßen und freie Ströme den freien Umschwung aller Nationalkräfte besorgen«, verkündete einer der Hauptredner, der Journalist Siebenpfeiffer.

Doch der hohe Schwung der Gedanken in zündenden Reden erzeugte keine Taten. Nicht einmal auf eine feste Organisationsform konnten sich die Teilnehmer des »Hambacher Festes« einigen und machten es dem »Deutschen Bund« leicht, mit entsprechenden Gegenmaßnahmen zu reagieren. Die »Maßregel zur Aufrechterhaltung der gesetzlichen Ruhe und Ordnung in Deutschland« verkündete schärfste Unterdrückung. Metternich ließ die schmalen Rechte der Abgeordneten drastisch einschränken, die Zensur verschärfen, die Rede- und Versammlungsfreiheit aufheben und die Farben Schwarz-Rot-Gold als Symbol der liberalen und demokratischen Opposition verbieten. Die üblen Praktiken der Überwachung ließen Tausende fliehen. Hunderte landeten in Gefängnissen, nur weil sie für Freiheit demonstriert hatten.

Mit diesem restaurativen Rückenwind wagte es Ernst-August von Hannover am 1. 11. 1837 sogar, die vier Jahre alte Repräsentativverfassung außer Kraft zu setzen, weil sie ihm zu fortschrittlich war. Sieben Professoren aus Göttingen (»Göttinger Sieben«) protestierten gegen diesen eindeutigen Verfassungsbruch (Eduard Albrecht, Wilhelm und Jacob Grimm, Wilhelm Weber, Friedrich Dahlmann, Heinrich Ewald und Georg Gervinus). Prompt wurden sie wegen »revolutionärer, hochverräterischer Tendenz« fristlos entlassen. Eine Solidarisierung

RAHEL VARNHAGEN VON ENSE

Als dem jüdischen Juwelenhändler und Bankier Markus Levin am 19. 5. 1771 in Berlin als erstes Kind eine Tochter Rahel geboren wurde, die später eine so bedeutende Rolle im kulturellen Leben Deutschlands spielen sollte, mußte er um die Existenz des zarten Geschöpfes fürchten, das in Baumwolle gehüllt wurde und neben dem Ofen aufwuchs.

Da Jüdinnen keine Schulen besuchen durften, eignete Rahel sich ihre Kenntnisse durch eine ausgebreitete Lektüre selbst an. Um Kontakt zur Gesellschaft zu finden, gründete sie einen »Salon«, einen geselligen Treffpunkt in privater, unbespitzelter Umgebung – in einer bescheidenen Mansarde des Elternhauses. Neben einfachen Bürgern verkehrten bei ihr auch die Brüder A. und W. v. Humboldt und Prinz Louis Ferdinand von Preußen, der sich im Salon zwar als Gleicher unter Gleichen zu geben verstand, aber nicht im Traume daran gedacht hätte, Rahel zur Gegenvisite in sein Palais zu laden. Juden wurden nur auf den Gebieten Wissenschaft, Kunst und Finanz als ebenbürtig anerkannt, sonst aber als Menschen letzter Klasse behandelt. An dieser Infamie scheiterte auch ihre Bindung an Karl Graf Finckenstein.

Im Jahr 1806 fällt der geheime Mittelpunkt ihres Salons, Prinz Louis Ferdinand, bei Saalfeld, wird das Familienvermögen ruiniert. Karl August Varnhagen von Ense, von Adalbert v. Chamisso in den Salon eingeführt, 1809 bei Wagram verwundet, 1814/15 als preußischer Diplomat mit Hardenberg zum »Wiener Kongreß« entsandt, heiratete Rahel, die während des Freiheitskrieges Verwundete in Prag gepflegt hatte und ihm zuliebe zum Protestantismus übergetreten war.

1819 eröffnete sie wieder ihren Salon in Berlin. Heinrich Heine, Bettina von Arnim, Adalbert von Chamisso und Wilhelm von Humboldt waren ihre ›Planeten‹, Friedrich von Gentz und Thomas Carlyle durchziehende ›Kometen‹. Ihr Mann (siehe Porträt oben) veröffentlichte aus ihrem Nachlaß 1834 »Rahel. Ein Buch des Andenkens für ihre Freunde«. *(W. D.)*

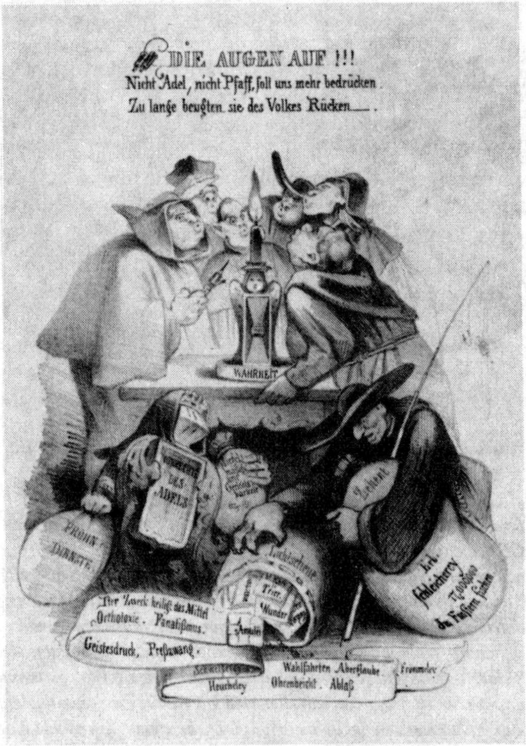

Bedrohtes Licht der Wahrheit.
Satirischer Angriff auf die restaurativen Kräfte und Privilegien der herrschenden Schichten. Lithographie von 1845.

des liberalen Deutschland über alle Grenzen hinweg, ein erstarkter Zusammenhalt der Universitäten und die Bildung eines länderübergreifenden »Göttinger Vereins« zur Unterstützung der Entlassenen waren die Folgen. Der »Deutsche Bund« ließ das illegitime Verhalten des hannoverschen Königs durchgehen und verspielte den letzten Kredit an Autorität, sofern er überhaupt noch eine solche genossen hatte. Die mutigen Professoren und mit ihnen das deutsche Professorentum wurden nun zum Mittelpunkt der liberalen Bewegung und gestalteten in der Revolution von 1848 ganz entscheidend das deutsche Verfassungswesen mit.

Überheblichkeit und Starrsinn: Verfolgung Andersdenkender und »Kölner Kirchenstreit«

Preußen bewegte sich im Göttinger Fall ganz auf der Linie der Restauration. Als Petitionen der gesamten Öffentlichkeit den preußischen Innenminister überschwemmten und unverblümt die abgelehnte Anstellung von Göttinger Professoren in Berlin kritisierten, tat dieser den bornierten, für die damalige preußische Einschätzung des Bürgers bezeichnenden Satz: »Dem Untertanen ziemt es nicht, die Handlungen des Staatsoberhauptes an den Maßstab seiner beschränkten Einsicht anzulegen und sich in dünkelhaftem Übermut ein öffentliches Urteil über die Rechtmäßigkeit derselben anzumaßen.«

Dieselbe starre Haltung und Unfähigkeit, sich in berechtigte Anliegen Andersdenkender hineinversetzen zu können, führte zur Verhaftung der Erzbischöfe von Köln und Posen und zum ersten »Kulturkampf« in Preußens sonst so toleranter Geschichte weit vor Bismarck zum sogenannten »Kölner Kirchenstreit«. Seit Preußen auf dem »Wiener Kongreß« sein Gebiet bis an den Rhein vorgeschoben hatte, hatte es mit dieser territorialen Erweiterung den konfessionellen Gegensatz zwischen dem katholischen Westen und dem lutherischen Osten (vom katholischen Schlesien und Posen abgesehen) geerbt. Eine königliche Kabinettsordre von 1825 riß diese Gegensätze schlagartig auf, als der Staat in die bisherige Kirchenpraxis hineinreden wollte. Als König Friedrich Wilhelm III. die im altpreußischen Gebiet seit 1803 geltende Norm, daß Kinder aus einer Mischehe der Religion des Vaters folgen müßten, ohne Einfühlungsvermögen auch für das katholische Rheinland und Westfalen verfügte, geriet er in Gegensatz zur katholischen Kirche, die bei Mischehen die Sicherstellung der katholischen Kindererziehung verlangte. Staatliche Verfügung stand gegen kirchliches Recht.

Ein Breve (kurzes päpstliches Schreiben) von Papst Pius VIII. im Jahre 1830 bekräftigte den katholischen Standpunkt. Der Zusammenstoß zwischen Staat und Kirche war unvermeidlich, als sich nach dem Tod des Kölner Erzbischofs Graf Spiegel zum Desenberg († 1835), eines sehr konzilianten Kirchenmannes, der Nachfolger Klemens August Droste zu Vischering genau an das Breve hielt. Der preußische Staat antwortete mit Gewalt. Der Erzbischof wurde auf der Festung Minden interniert. Ein ähnliches Schicksal ereilte in gleicher Angelegenheit seinen Amtsbruder Martin von Dunin, den Erzbischof von Posen und Gnesen. Wegen »Hochverrats und Aufwiegelung« wurde ein Prozeß gegen ihn eingeleitet. Nach dem Freispruch ist er 1839 seines Amtes enthoben und zu sechs Monaten Festungshaft in Kolberg verurteilt

Text der Zeit

Politische Lyrik des Vormärz

Der deutsche Zollverein

Hoffmann von Fallersleben

1 *Schwefelhölzer, Fenchel, Bricken,*
Kühe, Käse, Krapp, Papier,
Schinken, Scheren, Stiefel, Wicken,
Wolle, Seife, Gran und Bier;
Pfefferkuchen, Lumpen, Trichter,
Nüsse, Tabak, Gläser, Flachs,
Leder, Salz, Schmalz, Puppen,
Lichter,
Rettich, Rips, Raps, Schnaps,
Lachs, Wachs!

2 *Und ihr andern deutschen Sachen,*
Tausend Dank sei euch gebracht!
Was kein Geist je konnte machen,
Ei, das habet ihr gemacht:
Denn ihr habt ein Band gewunden
Um das deutsche Vaterland
Und die Herzen hat verbunden
Mehr als unser Bund dies Band.

Der deutsche Rhein

Nikolaus Becker

1 *Sie sollen ihn nicht haben,*
Den freien deutschen Rhein,
Ob sie wie gier'ge Raben
Sich heiser danach schrein,

2 *Solang er ruhig wallend*
Sein grünes Kleid noch trägt,
Solang ein Ruder schallend
In seine Woge schlägt.

3 *Sie sollen ihn nicht haben,*
Den freien deutschen Rhein,
Solang sich Herzen laben,
An seinem Feuerwein;

4 *Solang in seinem Strome*
Noch fest die Felsen stehn
Solang sich hohe Dome
In seinem Spiegel sehn.

5 *Sie sollen ihn nicht haben,*
Den freien deutschen Rhein,
Solang dort kühne Knaben
Um schlanke Dirnen frein;

6 *Solang die Flosse hebet*
Ein Fisch auf seinem Grund,
Solang ein Lied noch lebet
In seiner Sänger Mund;

7 *Sie sollen ihn nicht haben,*
Den freien deutschen Rhein,
Bis seine Flut begraben
Des letzten Manns Gebein!

Das Hungerlied

Georg Weerth

1 *Verehrter Herr und König,*
Weißt du die schlimme Geschicht?
Am Montag aßen wir wenig,
Und am Dienstag aßen wir nicht.

2 *Und am Mittwoch mußten wir dar-*
ben,
Und am Donnerstag litten wir Not;
Und ach am Freitag starben
Wir fast den Hungertod!

3 *Drum laß am Samstag backen*
Das Brot fein säuberlich –
Sonst werden wir sonntags packen
Und fressen, o König, dich!

Schwarz-Rot-Gold

Ferdinand Freiligrath

In Kümmernis und Dunkelheit,
Da mußten wir sie bergen!
Nun haben wir sie doch befreit,
Befreit aus ihren Särgen!
Ha, wie das blitzt und rauscht und rollt!
Hurra, du Schwarz, du Rot, du Gold!
Pulver ist schwarz, Blut ist rot,
Golden flackert die Flamme

Das ist das alte Reichspanier.
Das sind die alten Farben!
Darunter haun und holen wir
Uns bald wohl junge Narben!
Denn erst der Anfang ist gemacht,
Noch steht bevor die letzte Schlacht!
Pulver ist schwarz . . .

Das ist noch lang die Freiheit nicht
Wenn man statt mit Patronen,
Mit keiner andren Waffe ficht
Als mit Petitionen!
Du lieber Gott: – Petitioniert!
Parlamentiert, illuminiert
Pulver ist schwarz,
Blut ist rot,
Golden flackert die Flamme

Das ist noch lang die Freiheit nicht
Sein Recht als Gnade nehmen
Von Buben, die zu Recht und Pflicht
Aus Furcht sich nur bequemen
Auch nicht: daß, die ihr gründlich haßt
Ihr dennoch auf den Thronen laßt!
Pulver ist schwarz . . .

Die eine *deutsche Republik*
Die mußt du noch erfliegen
Mußt jeden Strick und Galgenstrick
Dreifarbig noch besiegen!
Das ist der letzte große Strauß –
Flieg aus, du deutsch Panier, flieg aus!
Pulver ist schwarz . . . (gekürzt)

Not bricht Eisen

Ludwig Seeger

Not bricht Eisen! Feige Brut,
Kriecht und duckt euch, gähnt und ruht!
Laßt euch knuten, laßt euch schinden.
Leib und Seel mit Stricken binden
Mit dem Sprüchlein: Not bricht Eisen,
Würzet das Bedientenbrot!
Männer singen andre Weisen:
Eisen, Eisen bricht die Not!

Not bricht Eisen! – Nein, zumal
Faßt das Eisen, faßt den Stahl
Für des Menschen höchste Güter
Eurer Grenzen treue Hüter,
Gegen Teufel und Tyrannen
Steht und wehrt euch bis zum Tod!
Alle kann ein Sprüchlein bannen:
Eisen, Eisen bricht die Not!

Eisen, Eisen bricht die Not!
Was dich fesselt, was dir droht,
Armes Volk von allem Bösen
Kann das Eisen nur erlösen.
Rollt das Rad der Zeit geschwinder,
Flammt der Himmel blutig rot:
Gott bewahr uns Weib und Kinder!
Eisen, Eisen bricht die Not!

worden. »Es war eine sublime Narrheit, daß der Staat, der um die Führung in Deutschland kämpfte, das nun einmal einen hohen Prozentsatz von Katholiken aufwies, ohne Notwendigkeit sich das katholische Deutschland zum Feind machte«, so der Historiker Michael Freund. Als am 7. Juni 1840 Friedrich Wilhelm III. starb, legte sein Nachfolger Friedrich Wilhelm IV. den Streit bei und überließ den katholischen Bischöfen ihre bisherige Mischehenpraxis.

Auf dem Weg zum wirtschaftlichen Zusammenschluß Deutschlands

Ein feineres Gespür für die Erfordernisse der Zeit und größere Flexibilität als im unnötigen Kirchenkampf zeigte Preußen auf dem Gebiet der Wirtschaft. Als Staat war es in seiner Rechtspflege, in der Verwaltung, mit einem funktionsfähigen Beamtenapparat, einem disziplinierten Heer und einem gegliederten, erfolgreichen Schulwesen den übrigen Staaten, auch Österreich, überlegen. Daraus konnte Preußen mit Recht einen Führungsanspruch in Deutschland ableiten. Nur, die Durchsetzung dieses Anspruches, das hatten preußische Staatsmänner wie der Finanzminister Friedrich von Motz (* 1775, † 1830) erkannt, konnte nicht in direkter Auseinandersetzung mit Österreich erfolgen. Der politischen Einheit der Nation mußte die unverfänglichere wirtschaftliche vorausgehen, wie es in erweitertem Rahmen Europa in unseren Tagen immer noch versucht.
Es bleibt das Verdienst Preußens, den Weg zu einem einheitlichen deutschen Wirtschafts- und Handelsgebiet weder über eine unzulängliche Bundesverfassung noch über den inkompetenten Bundestag, sondern geradezu gegen ihn in geduldigen und geschickten Verhandlungen mit den Einzelstaaten gesucht und unbeirrt verfolgt zu haben. Die Grundlagen wirtschaftlichen Aufstiegs hatte es schon längst durch die »Bauernbefreiung« und Einführung der Gewerbefreiheit, durch systematischen Aufbau von Manufakturen und Fabriken gelegt. Das Ruhrgebiet, Teile des mitteldeutschen und das schlesische Kohlenrevier und die landwirtschaftlich intensiver genutzten Gebiete des Ostens waren zusammen mit der Aufgeschlossenheit Preußens für industriellen Fortschritt Garanten eines kontinuierlichen Wirtschaftsaufschwunges.
Schon seit dem 16. 7. 1816 gab es innerhalb der preußischen Länder keine Binnenzölle mehr. 1821 vereinbarten in Dresden die Elbuferstaaten Preußen, Österreich, Sachsen, Hannover, Anhalt, Mecklenburg, Hamburg und Dänemark Zollfreiheit auf der Elbe. Mit dem Bei-

»Geistesgrößen« der Zeit huldigen dem preußischen König Friedrich Wilhelm IV.:
A. v. Humboldt, L. Tieck, F. Schelling, K. Rauch, J. und W. Grimm.
Gemälde von Franz Krüger (Ausschnitt). Berlin, Schloß Monbijou.

tritt Hessen-Darmstadts 1828 zum Zollverband Preußens mit den meisten thüringischen Staaten war ein erster Einbruch des »Preußisch-Hessischen Zollvereins« in den süddeutschen Raum gelungen. Dort hatten auch Bayern und Württemberg ein Jahr zuvor einen Zollverein (»Süddeutscher Zollverein«) geschlossen. Österreichs Versuche, durch Gründung eines »Mitteldeutschen Handelsvereins« im September 1828 (mit Frankfurt, Kurhessen, Braunschweig, Oldenburg, Bremen, Sachsen, Hannover) einer wirtschaftlichen Einigung Deutschlands unter Preußens Führung entgegenzuwirken, verkehrten sich ins Gegenteil.

Am 22. März 1833 vereinigten sich schließlich der »Preußische Zollverband« und der »Süddeutsche Zollverein« und besaßen nunmehr zoll-lose Handelswege von den Alpen bis zur Nord- und Ostsee. Den Vorteilen konnten sich die angrenzenden Länder nicht mehr verschließen: Am 1. Januar 1834 trat der »Deutsche Zollverein« in Kraft. Dem politischen Vielerlei des deutschen Staatenbundes stand die weitgehende wirtschaftliche Einheit eines »Zoll-Bundesstaates« mit 23 Mil-

Stichworte zur Zeit der »Restauration« und des »Vormärz«

Wiederherstellung der Fürstenmacht: Der »Wiener Kongreß« führt zur »Restauration« fürstlicher Macht und zur Zurückdrängung freiheitlicher, liberaler, republikanischer, aber auch national-gesamtdeutscher Bestrebungen. »Legitimität« dynastischer Ansprüche der bestehenden Fürstenhäuser und »Solidarität« der Fürsten untereinander werden zum europäischen Prinzip erhoben, das in die Stiftung der »Heiligen Allianz« der »Herrscher von Gottes Gnaden« gegen alle Freiheitsbestrebungen mündet.
Gleichgewicht der Kräfte in Europa: Durch Garantie von Besitzständen und territoriale Ausgleiche und Arrondierungen sowie Bestätigung von Rechten wird auf dem »Wiener Kongreß« ein Gleichgewicht der europäischen Großmächte Rußland, Preußen, Österreich, Frankreich und England angestrebt.
Unterdrückungsmechanismen: Auf ›Bundesebene‹ werden alle nationalen oder zentralistischen Bestrebungen durch Bildung des »Deutschen Bundes« aus 39 Mitgliedsstaaten, davon 35 Fürstenherrschaften, zu denen auch ausländische zählen, abgeblockt. Das Volk ist nicht in den Entscheidungsgremien vertreten, der Frankfurter »Bundestag« ist ein reiner Kongreß von Gesandten. Die »Karlsbader Beschlüsse« ermöglichen auf Bundesebene die Errichtung einer »Zentraluntersuchungskommission« gegen freiheitliche Bestrebungen, für Verfolgung von Liberalen und Republikanern (»Demagogen«), Pressezensur, Überwachung der Universitäten, Verbot der studentischen Burschenschaft.
Freiheitsbestrebungen: Im Gefolge der Französischen Revolution und der Kämpfe gegen Napoleon entstehen in ganz Europa nationale Bewegungen, die sich aus der Abhängigkeit anderer Staaten, aber durch Volksbeteiligung auch aus der Abhängigkeit der fürstlichen Teilstaaten zu lösen versuchen und Bestätigung freiheitlicher Rechte in geschriebenen Verfassungen erstreben: Besonders Spanien (1820–1822), Italien (1820), Portugal (1821), Griechenland (1821–1829), Paris (1830), Brüssel/Belgien (1830), Polen (1830, 1863) erleben frühe Aufstände und Ent-

lionen Einwohnern unter Führung Preußens gegenüber. Österreich war ausmanövriert, der Weg einer nachfolgenden politischen Einigung war vorgezeichnet. Sie mußte eher »klein-deutsch« (unter Ausschluß Österreichs) als »groß-deutsch« (mit Einbeziehung Gesamtösterreichs) ausfallen, kaum »gesamt-deutsch« (Gebiet des »Deutschen Bundes«), wie es dem Wirtschaftspolitiker Friedrich List (* 1789, † 1846), dem unermüdlichen Streiter für die wirtschaftliche Einigung, vorschwebte.

stehen von Verfassungen. In Deutschland erzwingen Aufstände Verfassungen in Braunschweig, Hannover, Hessen-Kassel, Sachsen (1830/31); das »Hambacher Fest« (1832), getragen von Handwerkern, Bauern, Bürgern, Studenten, wird zum Fanal für Demokratie in ganz Deutschland. Der Verfassungsbruch in Hannover löst den Protest der »Göttinger Sieben« (Professoren) aus.

Parteiungen, ideologische Grundideen: Träger der freiheitlichen Bestrebungen sind neben den Universitäten und Professoren, die aus der Universalität des Geistes Freiheit auch des politisch Handelnden wünschen, die Studenten, die einen nationalen Zusammenschluß aller deutschen Studenten in der »Allgemeinen deutschen Burschenschaft« anstreben und getragen sind vom Geist der Freiheitskämpfe, altdeutsch-nationaler Gesinnung und revolutionären Ideen. Viele ihrer Ideen mobilisieren, andere schaden. Verbreiter revolutionärer Ideen werden Journalisten und engagierte Schriftsteller. Die politischen Kräfte sammeln sich in konservativen Kreisen (monarchistisch, patriarchalisch-ständisch, monarchistisch-konstitutionell), liberalen Zirkeln (konstitutionell, parlamentarisch, individuell-freiheitlich, für freie Wirtschaft und Wahlrecht) und republikanisch-demokratischen Zusammenschlüssen (Herrschaft der Mehrheit des Volkes, Gleichheit aller und allgemeines Wahlrecht).

Wirtschaft und Sozialstruktur: Beginnende Industrialisierung, Ausbau des Fabriksystems, neue technologische Erfindungen und ihre Verbreitung (mechanische Webstühle, Dampfmaschinen, Dampfschiffe, Eisenbahn etc.), Aufblühen der Naturwissenschaften, Reformen, expandierender Handel führen zu Umschichtungen in der Bevölkerung (Landflucht, städtisches Wachstum), zu Bevölkerungszuwachs, Verelendung, sozialen Spannungen. Entstehen eines städtischen Proletariats und Verarmung des Handwerks gehen einher mit Kapitalanhäufung und Industriekonzentration in wenigen Händen. Steigende Produktion erzwingt Niederlegung von Zollgrenzen und Zusammenschluß in großräumigen »Zollvereinen«, Ausbau des Verkehrsnetzes, internationale Freizügigkeit und Kapitalbildung (Banken). Die soziale Not erzwingt neue sozialfürsorgerische Initiativen.

Industrialisierung und soziale Not
Der Vorabend der Märzrevolution von 1848

Das einheitliche Wirtschaftsgebiet garantierte freien Warenverkehr aufgrund eines leistungsstark ausgebauten Verkehrssystems zu Wasser, auf der Straße und Schiene. Die Industrialisierung erfaßte Deutschland, doch der technische Fortschritt zunehmend maschineller Produktion warf erste dunkle Schatten. Die dörflichen »Hand-We-

Elend der schlesischen Weber 1844
Berichtet von Alexander Schneer

Der Erwerb des Webers steigt gegenwärtig im allgemeinen von 10 Sgr. [Silbergroschen; 1 Taler = 30 Silbergroschen = 3 Mark, 1 Sgr. = 12 Pfennig] bis zu 20 Sgr., der des Flachsspinners von 5 bis 12 Sgr., der des Faken oder Putzlespinners von 2 Sgr. bis höchstens 4 und 5 Sgr., bei allen drei Klassen für die Woche berechnet.
Welches schreckenerregende Elend namentlich bei dieser letzten Klasse vorherrscht, davon kann sich selbst die regste Phantasie keinen Begriff machen; alle Schilderungen, welche Tagesblätter und Zeitungen hiervon erhielten, bleiben, wenn man sie für noch so übertrieben halten wollte, weit hinter der Wirklichkeit zurück. Zahlen frappieren! Nun wohl, man wird sich am leichtesten den Zustand denken können, wenn man erwägt, daß für Hunderte, ja Tausende dieser armen Familien der tägliche Erwerb von 9 Pf. bis 1 Sgr. 3 Pf., den Mann, Frau und ein Kind erarbeiten, oft für sechs Köpfe ausreichen soll. [. . .]
Seit sieben Jahren haben sich die Unglücklichen nicht mehr irgendein Kleidungsstück beschaffen können, ihre Bedeckung besteht aus Lumpen, ihre Wohnungen verfallen, da sie die Kosten der Herstellung nicht aufbringen können, die mißratenen Ernten der Kartoffeln, namentlich in den beiden letzten Jahren, haben sie auf die billigeren wilden oder Viehkartoffeln und auf das Schwarz- oder Viehmehl zur Nahrung angewiesen; Fleisch kommt nur bei einigen zu Ostern, Pfingsten und Weihnachten ins Haus, und dann für eine Familie von fünf bis sechs Personen ein halbes Pfund! Schenkt der Bauer ihnen ein Quart Buttermilch oder tauschen sie es gegen Kartoffelschalen bei ihm nach langem Aufsammeln ein, so ist dies ein Festtag. Wenn es zuweilen zu etwas Butter noch ausreicht, so zehrt die ganze Familie an einem Viertelpfund die Woche. Den Kirchenrock haben sie schon lange verkauft oder versetzt; sie schämen sich, in ihren Lumpen zur Kirche zu gehen, und so entbehren sie auch noch des geistigen Trostes bei diesem Elend.
Im letzten Winter hat man von wirklicher Hungersnot unter diesen Armen sprechen können. So sagte mir der 67 Jahre alte Weber Anton Berner [. . .] mit Freudentränen in den Augen: Er hätte bei der mangelnden Arbeit das Glück gehabt, daß in der Nähe zwei Pferde krepiert wären, deren Fleisch ihn, sein Weib Antonie und seine drei Kinder eine Zeitlang erhalten. [. . .] Daß die Weber dazu getrieben werden, von der Schlichte – sauer und stinkig riechender gekochter Stärke – sich zu ernähren, war nach unzweifelhaften Zeugnissen eine nicht seltene Erscheinung. Aus einem wahrheitsliebenden Munde hörte ich von einer Familie, die ich selbst nicht mehr besuchen konnte, welche sechs Jahre verheiratet, nach mehrtägigem Hunger das Stück Brot hervorsuchte, welches sie, dem abergläubischen Gebrauche folgend, bei ihrer Verheiratung im Hause versteckt, damit es ihnen nie an Brot fehle. Dieses sechs Jahre alte verschimmelte Brot war ihnen ein glücklicher Fund, als sie sich an dessen Vorhandensein erinnerten. Kinder von sieben bis acht Jahren, nicht bloß in den Betten nackt liegend, sondern auch in den Stuben dasitzend, ohne selbst nur mit Lumpen bedeckt zu sein, habe ich besonders in Herms-

dorf, Grüßauisch und auch sonst im Landeshuter Kreise bis zur Unzahl gefunden. Und doch versicherten mich alle ortskundigen Personen, daß ich die Not gar nicht mehr in ihrer Furchtbarkeit sehe, weil ich im Mai gekommen war.
(Einzelfälle) Friedersdorf Nr. 79. Häusler David Frommelt, verheiratet. Die Frau ist 38 Jahre alt, sie haben 9 Kinder, ein Kind, 4 Jahre alt, ist kontrakt [bewegungsunfähig] und hat das Bett noch nicht verlassen; das jüngste Kind, 1 Jahr alt, ist gleichfalls rachitisch. Das Haus ist dem Einsturz nah, die Mutter schläft mit den Kindern in der Wohnstube, in welcher auch im Sommer zum Kochen gefeuert wird, ohne daß die Fenster geöffnet werden können. Die verehelichte Frommelt spinnt und verdient noch bei der Menge der Kinder durch ihren angestrengten Fleiß 1 Sgr. 6 Pf. täglich. Der Mann arbeitet den Sommer auf dem Acker und verdient die Woche einen Taler, im Winter ist die Not desto größer. Sie haben grundherrliche Abgaben 4 Tlr., Haussteuer 1 Tlr., Schulgeld jährlich 1 Tlr. 5 Sgr. und die Zinsen von 35 Tlr. Kapital zu 5 Prozent von diesem geringen Erwerbe noch in Abzug zu bringen.
Neuwarnsdorf Nr. 13. Hier fand ich zwei Familien von zusammen 13 Köpfen in einer kleinen Stube. Die Luft war in dem engen und niedrigen Zimmer zum Ersticken, 4 Webstühle und diese Menge von Menschen im geheizten Raume nah aneinander gedrängt! Dabei klagen alle über Kälte.

Aus: »Über die Not der Leinen-Arbeiter« von Alexander Schneer. (Der Autor, * 1806, † 1885, besuchte 1844 als Breslauer Regierungsassessor die Notstandsgebiete und veröffentlichte daraufhin seinen aufsehenerregenden Bericht.)
Gekürzt nach: Kroneberg, L./Schloesser, R.: Weber-Revolte 1844. Köln 1979.

ber« wichen dem mechanischen Webstuhl. Heimarbeit für die großen Firmen führte vielfach zur Verschuldung. Tuche und Stoffe sanken im Preis, die Löhne fielen. Nicht einmal mehr die Mitarbeit der Frau und der Kinder sicherte das Existenzminimum. Nackte Lebensangst und Hungersnot trieben 1844 die schlesischen Weber zum Aufstand. An ihrem erbärmlichen Schicksal änderte sich ebensowenig wie an dem der mittel- und westdeutschen Weber oder vielen anderen entwurzelten Handwerkern. Doch die sozialen Probleme dieser »Armenmasse« von Lohnarbeitern und kleinen Handwerkern im Gefolge des technischen Fortschritts konnte der Staat nicht mehr übersehen.

Die Massenarmut, den »Pauperismus« (lat. pauper = arm), zu verringern, war eine neue, völlig unbekannte Staatsaufgabe geworden. Die Arbeitermassen stellten die soziale Frage von sich aus noch nicht, es fehlte ihnen bis etwa 1850 das Bewußtsein der Zusammengehörigkeit und das Selbstbewußtsein, berechtige Anliegen offen zu vertreten. Ihre Interessen nahmen mit revolutionären Untertönen einstweilen noch die republikanisch-demokratischen Kräfte des südwestdeutschen Liberalismus wahr. Sie verschärften damit den Gegensatz zu den gemäßigten Liberalen vor allem des Mittel- und Niederrheins, die weiterhin auf friedliche Durchsetzung ihrer Ideen von Freiheit, nationaler Einheit und wirtschaftlicher Entfaltung in einer konstitutionellen Monarchie hofften. Zwar einte die sogenannte »Rheinkrise« von 1840 vorübergehend alle Liberalen verschiedener Schattierung, als Frankreich nach dem Scheitern seiner Nahostpolitik am Rhein mit dem Säbel rasselte und den Fluß als Grenze forderte, aber nachdem sich die drohende Kriegswolke verzogen hatte, verstummten die gemeinsam gesungenen patriotischen Lieder wie »Die Wacht am Rhein« oder »Sie sollen ihn nicht haben, den freien deutschen Rhein«.

Enttäuschung machte sich breit, als die Hoffnungen aller Gemäßigten auf einen liberalen Friedrich Wilhelm IV. von Preußen als Vorkämpfer ihrer Anliegen zerstoben. Wie ermutigend waren seine anfänglichen Schritte zu einem liberalen Regiment, die Amnestie der »Demagogen«, die auf sein Betreiben zustandegekommene Aussetzung der »Zentraluntersuchungskommission« des »Deutschen Bundes«, wie deutsch hatte er sich bei der feierlichen Grundsteinlegung zur Vollendung des Kölner Domes 1842 gegeben. Doch spätestens 1847 stieß er mit seiner totalen Absage an eine *konstitutionelle* Monarchie auf dem »Vereinigten Landtag« die monarchisch gesinnten Liberalen vor den Kopf und bestärkte die Republikaner in ihrem Glauben, nur eine Revolution könne jetzt helfen. Am 12. September 1847 versammelten sich unter Führung Friedrich Heckers (* 1811, † 1881) mehrere Hundert Liberale der republikanischen Richtung in Offenburg und verabschiedeten »Die Forderungen des Volkes in Baden«, die im folgenden Revolutionsjahr 1848 unter dem Begriff »Märzforderungen« als Ziele der Erhebung wieder auftauchten. Knapp einen Monat später, am 10. Oktober 1847, trafen sich die gemäßigten Liberalen in Heppenheim. Erneut bekräftigten sie ihre ablehnende Haltung gegenüber einer Reform Deutschlands auf revolutionärem Weg und wünschten die Weiterentwicklung des Zollvereins zu einem deutschen Verein mit einem Parlament zur Seite: Die politischen Kräfte hatten sich am Vorabend der Revolution gruppiert und Heerschau gehalten. Ihre veröffentlichten »Parteiprogramme« erreichten alle Deutschen und entfachten heiße, das politische Bewußtsein voll weckende Diskussionen. Der Anlaß, diese politischen Theorien in die Tat umsetzen zu können, eröffnete allen freiheitlich Gesinnten das neue Jahr 1848. Es mußte, davon war auch Metternich überzeugt, eine Klärung in den das gesamte Deutschland seit dreiunddreißig Jahren bewegenden Fragen der Freiheit und nationalen Einheit bringen.

Literatur

Böckenförde, Ernst W. (Hrsg.): Moderne deutsche Verfassungsgeschichte 1815–1918, Köln/Berlin 1972

Conze, Werner (Hrsg.): Staat und Gesellschaft im deutschen Vormärz 1815–1848, Stuttgart 1962

Herzfeld, Hans: Die moderne Welt 1789–1945, Bd. I: Die Epoche der bürgerlichen Nationalstaaten, Braunschweig 1969

Schieder, Theodor: Staat und Gesellschaft im Wandel unserer Zeit. Studien zur Geschichte des 19. Jahrhunderts, München 1974

Schnabel, Franz: Deutsche Geschichte im 19. Jahrhundert, 1959

Weiß, Eberhard: Der Durchbruch des Bürgertums 1776–1847, Frankfurt/Berlin/Wien 1978

WERNER DETTELBACHER

Die Zeit des Biedermeier

Rückzug in die Häuslichkeit – Zwischen Bescheidung und Ekstase – Studenten, Turner, Demagogen – Vorboten des Industriezeitalters – Krisen der »gemütlichen« Gesellschaft.

Die Zeit zwischen dem »Wiener Kongreß« 1814/15 und den »Märzforderungen« als Auftakt der Revolution von 1848 (siehe Seite 169) wurde lange insgesamt als »Vormärz« bezeichnet. Erst als Kunsthistoriker vor dem Ersten Weltkrieg einen eigenen Möbelstil jener Epoche mit »Biedermeier« benannten, setzte sich der neue Name für alle charakteristischen Erscheinungen jener Zeit durch. Entstanden war er durch eine von Viktor von Scheffel angeregte Zusammenziehung aus »Biedermann« und »Bummelmaier«, die der Amtsrichter Ludwig Eichrodt als Pseudonym benutzte, um in den »Fliegenden Blättern« dümmlich-verballhornte Gedichte unterzubringen. Seine Verse lehnten sich an die »Gedichte des alten Dorfschulmeisters Samuel Friedrich Sauter« an, die der Mediziner Adolf Kußmaul der Vergessenheit entrissen hatte. Der ironische Unterton des Namens schwand, seitdem auch Maler wie Moritz von Schwind und Carl Spitzweg, Lyriker wie Eduard Mörike und Nikolaus Lenau, Erzähler wie Charles Sealsfield und Adalbert Stifter, Komponisten wie Felix Mendelssohn-Bartholdy und Robert Schumann als hervorragende Zeugen des Biedermeier vorgestellt wurden.

Sehnsucht nach Frieden und Ruhe

Als Napoleon nach St. Helena verbannt war, hatten die Länder des eben gegründeten »Deutschen Bundes« zumindest achtzehn, die im Westen gelegenen dreiundzwanzig Jahre mit Kriegen, Truppendurchmärschen, mit Kontributionen und Plünderungen, Verschuldung und scharfer Besteuerung hinter sich, so daß viele auf Träume vom eigenen Kaiserreich, von Verfassung und Parlament verzichteten, wenn nur ihr

Leben und das ihrer Familie jetzt sicher geworden war. Die nervenzermürbende Ungewißheit, wie lange die Kriegszeit währen, welche Opfer an Gut und Blut gefordert, welchem Vaterland man zugeschanzt würde, war vorbei, der äußere Friede durch die »Heilige Allianz« und die Fürstenkongresse gesichert, die innere Ordnung durch den Polizeistaat gewahrt. Wenn es Kriege gab, dann »hinten in der Türkei«, wo 1821–1829 die Griechen ihre Unabhängigkeit erkämpften; Revolutionen erschütterten 1830 Polen, Frankreich und die Niederlande, doch nicht den »Deutschen Bund«.

Die Bevölkerung dieser neununddreißig souveränen Staaten war zum größten Teil auf dem Lande und in den Kleinstädten ansässig, deren beengtes und dürftiges Leben Spitzweg zu schildern wußte. Dominierend war in diesen Gemeinwesen mit 5000–20000 Einwohnern die dünne Schicht aus Kaufleuten und Handwerksmeistern, von höheren Beamten und Offizieren, die mit Titeln und Orden ihr minderes Einkommen kompensieren mußten. Am angesehensten waren die Rentiers, die ihr Geld arbeiten ließen oder als stille Teilhaber Einkünfte aus Warenlagern, Schiffen oder Banken bezogen. Darunter lag ein Sockel von Bürgern, die aus kleinsten Geschäften und Einmannbetrieben, aus gelegentlichen Aufträgen oder Mieten karge und schwankende Einkommen erzielten, sich aber »besser« dünkten als Handwerksgesellen und Dienstboten, Pferdeknechte oder Waschfrauen oder gar als die Taglöhner, die sich tage- oder stundenweise verdingen mußten. Wollten sie heiraten, so mußten sie ein Mindestvermögen nachweisen, das örtlich zwischen 5 und 50 Gulden schwankte, damit sie nicht der Heimatgemeinde zur Last fielen, die in den Armenhäusern altgewordene Habenichtse durchzufüttern verpflichtet war.

Bei intakten Familien lebten die Großeltern im Hausstand mit, hatten Kost, Logis, Kleidung und Pflege frei, versuchten sich dafür nützlich zu machen, indem die Großmutter die Enkel hütete, mit Volkslied und Märchen unterhielt oder über Anstand und Sitte wachte.

Die Kinder betuchterer Familien wurden von Hauslehrern unterrichtet, zunehmend auch auf die öffentlichen Schulen geschickt, doch gestattete die allgemeine Schulpflicht, die erst um 1840 in allen deutschen Staaten eingeführt worden war, genügend Ausnahmen. Nicht diese Regelschulen, sondern drei- oder vierklassige Lateinschulen leisteten die Vorbereitung auf die humanistischen Gymnasien, die dünn gesät waren, weil nur wenige Berufe ein Universitätsstudium erforderten. In allen Schultypen hielt man viel vom Pauken (Auswendiglernen) und der Nachahmung klassischer Muster und versuchte Störrische und Faule mit Prügelstrafe, Nachsitzen und Karzer bei Wasser und Brot zu disziplinieren. Die Lehren eines Pestalozzi oder Fröbel, der

1816 ein Landerziehungsheim und 1840 den »Allgemeinen deutschen Kindergarten« schuf, sickerten nur langsam in Schule und Elternhaus ein. Die schlechtbezahlten, mangelhaft ausgebildeten, zu Gemeinde- und Pfarrdiensten gebrauchten Schullehrer waren meist ebenso überfordert wie die nur sporadisch gebildeten Eltern, die jungen Menschen auf eine Welt vorzubereiten, die sich mit ihren Gedanken bald der Antike und dem Mittelalter zuflüchtete, bald durch energische Vorstöße der Naturwissenschaften das technische Zeitalter heraufführte. Es gehörte zu den bestaunten Ausnahmen, wenn Mütter ihre Kinder selbst unterrichteten und ihnen liebevoll in kürzerer Zeit mehr vermittelten als Pauker in sechs Pflichtschuljahren.

Rückzug in enge Häuslichkeit

Zumeist hinderte der große Haushalt mit seinen Waschtagen, den Putz- und Flickstunden, den Orgien des Einmachens von Obst, Gemüse und Sauerkraut die Mütter an der Zukunftsvorsorge, denn auch sie wollten einst in einem wohlversorgten Haushalt ihre alten Tage zubringen. Hausunterricht, Beschäftigung mit Literatur und Musik waren nur da möglich, wo Dienstboten zur Hand gingen, Köchin und Kindermädchen, Diener und Pferdeknecht Arbeit abnahmen. Mäßig bezahlt und oft zur Ehelosigkeit verurteilt, standen sie rechtlich unter dem Schutz des Hausherrn, hatten ein Anrecht, von ihm bis ans Lebensende verköstigt, behaust, gekleidet und für langjährige Treue ausgezeichnet zu werden, auch wenn das Einkommen zurückging, Hungersnöte ausbrachen oder Krankheit dienstunfähig machte.
Diesen Haushalt zu finanzieren war Sache des Ehe- und Hausherrn, der dafür eine absolute Stellung beanspruchte, alleine entschied, wer eingeladen wurde, wer als Schneider, Schuster und Friseur ins Haus kommen durfte, was die Söhne lernen, wen die Töchter heiraten sollten, denn Liebesheiraten widerfuhren in der Regel nur Romanfiguren. Angewidert von der Politik oder von Spitzeln eingeschüchtert, zog man sich aufs Wohn- oder Speisezimmer zurück, sah dort seine Freunde, die das gleiche leichte und geschweifte Mobiliar aus Kirsch-, Birn- und Pflaumenholz gekauft hatten, erfreute sich an Scherenschnitten, Karikaturen, Modejournalen und vor allem an köstlichem Essen. Nie mehr sind solche Mengen an Fleisch, Fisch, Geflügel und Gemüse in variantenreichster Zubereitung verzehrt worden wie damals, als wenn man die eigenen Hungerjahre samt denen der Väter hätte ausgleichen müssen. Kein Rezept war zu exotisch, kein Obst zu teuer, als daß man es nicht einmal im Leben hätte kosten wollen.

Häuslichkeit und Familienleben der Biedermeierzeit.
*Oben: »Schreibkabinett einer Dame«, Aquarell von Johann Ender, 1820. Wien, Kunsthistorisches Museum der Stadt. – Unten: »Kinderszene«, Kupferstich von Johann Michael Voltz (*1784, †1858).*

Adolph von Schaden kritisiert diesen Luxus: »Neben dem Zuviel steht immer ein Zuwenig! Dieselben Leute, welche so herrlich wohnen und so kostbar sich kleiden, trinken in der Früh ungemein dünnen Zichoriensaft, essen mittags einen wie den andern Tag bloß Kartoffeln und begnügen sich abends mit einem dünnen Butterschnittchen.« Feinschmecker wie Vielesser wurden durch Hungersnöte getroffen, von denen eine 1816/17 Franken heimsuchte. Das Simmer Korn kostete 18 statt 3 Gulden; wer kein Brot kaufen konnte, mußte sich mit Kartoffeln, Kleie oder Wurzeln zufriedengeben. Die Städte mußten »Rumfordsche Suppenanstalten« einrichten, in denen nach den Empfehlungen des amerikanischen Physikers Rumford kräftige Gemüsesuppen mit Schweinefleisch ausgegeben wurden, und Militär anfordern, das mit gefälltem Bajonett die Plünderer aus den Backstuben jagte.

Existenz zwischen Bescheidung und Ekstase

»Doch in der Mitten liegt holdes Bescheiden«, so schließt Mörike sein »Gebet« gottergeben und spricht den meisten Zeitgenossen aus dem Herzen. Ihnen genügte ein anständiges Auskommen, die »christliche Nahrung«, die durch Gewerbe- und Niederlassungsfreiheit gefährdet wurde. In gewerbereichen Städten wie Fürth gibt es daher Spezialisten wie Glaszieratenschleifer, Plättleinsschläger, Aderlaß-Schneppermacher, Goldpapierpresser und Tabakspfeifenkopfschneider, deren Tätigkeit vom Magistrat geschützt war, die kein Großbetrieb durch Dumpingpreise ruinieren konnte. Für den Schutz des Eigentums und des Berufs, für die Sicherheit der Straßen und die nur vom Nachtwächter unterbrochene Nachtruhe nahm man bürokratische Schikanen und Zeitungszensur, den Bruch des Briefgeheimnisses und das Verbot des Tabakrauchens in der Öffentlichkeit hin, das für den Berliner Tiergarten erst im März 1848 aufgehoben wurde.

Diese »Spießbürger«, gerne mit Nachtmütze, Schlafrock und Pantoffeln abgebildet, von Behördenzwang und Morallehren gepreßt, hatten einen unstillbaren Durst nach »Spektakel«, den Vieh- und Jahrmärkte, Schützenfeste und Kirmessen boten. Dort gab es Akrobaten, Seiltänzer, Monstren wie Kälber mit zwei Köpfen, Puppentheater, Guckkasten und Panoramen zu besehen. Die Sensation war das Pferdekarussell, das der Schuhmachermeister Zirnkilton erstmals auf der Passauer Maidult 1830 kreisen ließ. Angetan war man vom beschließenden Feuerwerk; es wurde von den Schaustellern bezahlt.

Die Gebildeten zog es ins Theater, dessen Attraktion die Opern waren, deren verschwenderische Dekorationen fast alljährlich ein Defizit ver-

***Innigkeit und Naturverbundenheit – Menschen am Beginn des 19. Jahrhunderts.** »Am Starnberger See«, Gemälde von Lorenzo Quaglio (*1730, †1804). Düsseldorf, Kunstmuseum.*

ursachten, das von Mäzenen oder dankbaren Abonnenten ausgeglichen wurde, die sich verzaubern lassen wollten. Den größten Erfolg erzielte Carl Maria von Weber mit seinem waldromantischen »Freischütz«, der 1821 in Berlin uraufgeführt wurde. Wochenlang fühlte sich Heinrich Heine allüberall von der Melodie des »Wir winden Dir den Jungfernkranz« verfolgt.

Ein Leben lang sprachen die in Hausmusiken und Männerchören geschulten Musikliebhaber vom Gastspiel einer Primadonna wie Henriette Sonntag. Nach ihrem Gastspiel in Berlin 1826, das ihr die ungeheure Summe von 7000 Gulden eingebracht hatte, begleiteten Tausende sie nach Hause, wo mehrere Regimentskapellen aufspielten. Zwanzig Jahre später mußte man in Berlin Jenny Lind, die »schwedische Nachtigall«, mit einer Leibgarde zum geschlossenen Wagen bringen, weil Fetischisten ihr Stücke aus Mantille und Kleid geschnitten hatten. Die Kunst, einem Publikum den sechsfachen Preis abzufordern, beherrschte der Violinvirtuose Niccolo Paganini, der nicht nur brillant und »dämonisch« spielte, sondern auch durch seine geheim-

nisvollen Liebes- und Mordgeschichten zu fesseln wußte. Mancher Besucher trug Uhr oder Ring ins Pfandamt, um sich mit anderen Enthusiasten um eine Eintrittskarte prügeln zu können. Angeschwärmt wurde der Pianist Franz Liszt, der im Gegensatz zu Paganini belesen, geistreich und religiös war. Obwohl eine seiner zahlreichen Affären genügt hätte, einen Biedermann für immer zu ächten, wurden ihm alle verziehen, war er doch ein Künstler, ein Genie, an das keine irdischen Maßstäbe angelegt wurden.
Der Wiener Walzer, zu Anfang der dreißiger Jahre von Johann Strauß und Joseph Lanner zu Weltruhm gebracht, verhalf jedem für Stunden zu einem »musikalischen Rausch«. Nach anfänglicher Abwehr duldeten die Behörden den »Walzerwahn«. Bei einem Gastspiel der Straußschen Kapelle 1835 in Würzburg legte ein Kritiker den Grund offen: »Man kann nicht immer Braten, wie Kaiser Joseph es getan, in die Vorstädte schicken, um einen Aufstand zu stillen; die Fortschritte in der Zeit und Kultur haben dafür die Geige eingeführt. Strauß ergötzt sein Publikum und es ergötzt ihn – so sind beide Teile gut befriedigt.«

Die ›Politischen‹: Studenten, Turner, »Demagogen«

Unzufrieden mit der Entwicklung zum reglementierenden Polizeistaat war ein großer Teil der Studenten, die in den Freiheitskriegen als Freiwillige, etwa des Lützowschen Freikorps, nicht für die Wiederherstellung alter Fürstenherrlichkeit gekämpft hatten. Träger der Reformbestrebungen waren die Burschenschaften, deren erste 1815 in Jena gegründet wurde. Die von dem Historiker Heinrich Luden verfaßten »Grundsätze der Beschlüsse des 18. Oktobers« forderten staatliche, wirtschaftliche und rechtliche Einheit, eine *verfassungsmäßige* Erbmonarchie, Rede- und Pressefreiheit, Gleichheit vor dem Gesetz, Selbstverwaltung, öffentliches Gerichtsverfahren, Geschworenengerichte, allgemeine Wehrpflicht und eine selbstbewußte Machtpolitik Deutschlands.
Aber die vom Frankfurter »Bundestag« zum Gesetz erhobenen »Karlsbader Beschlüsse« (siehe Seite 40) erlaubten Verfolgung und Inhaftierung kritischer Geister, vor allem aber der Burschenschafter – erst recht nach dem Sturm auf die Frankfurter Hauptwache 1833, an dem radikale Burschenschafter beteiligt waren. Das Kammergericht Berlin verurteilte 1834–1836 über 200 Studenten wegen umstürzlerischer Tätigkeit, darunter auch den Jenenser Studenten Fritz Reuter, der 1833 verhaftet wurde, drei Jahre in Untersuchungshaft saß, wegen Hochverrates zum Tode verurteilt, dann zur Festungshaft begnadigt,

JOSEPH FREIHERR VON EICHENDORFF

Der bis heute weithin wegen seiner romantischen, naturverbundenen Gedichte und Lieder beliebte Dichter war der Sohn eines preußischen Offiziers und Landedelmanns, geboren 1788 auf Schloß Lubowitz bei Ratibor. Eine prägende konservativ-katholische Erziehung erhielt er in Breslau. Nach Studienjahren (Jura und Philosophie) in Halle und 1807–1808 in Heidelberg, wo er die Welt der Romantiker Novalis, Görres, Arnim und Brentano kennenlernte, schloß er 1810 sein Jurastudium in Wien ab. Hier machte er u. a. die Bekanntschaft von Friedrich und Dorothea Schlegel. 1813 nahm Eichendorff an den Befreiungskriegen teil, ehe er 1815 heiratete und 1816 als Referendar in den preußischen Staatsdienst eintrat. »Ahnung und Gegenwart« (1815), sein erster romantischer Roman, gibt uns ein lebendiges Bild der damaligen Gesellschaft; innere Ruhe findet der Held aber am Schluß in der Religion: er flüchtet sich ins Kloster. Dieselbe christliche Überzeugung bewahrt auch Florio in der Novelle »Das Marmorbild« (1819).
Eichendorff machte in den folgenden Jahren Karriere, zunächst als Schulrat, später als Abteilungsleiter im Kultusministerium zu Berlin. In dieser Zeit entstand seine berühmteste Novelle »Aus dem Leben eines Taugenichts« (1826): die romantische Geschichte vom wandernden Müllerssohn, einem Lebenskünstler, der aller philisterhaften Ordnung Adieu sagt, verschiedene Abenteuer besteht und am Ende glücklich im Hafen der Ehe landet.
Den Ruhm Eichendorffs aber begründen bis heute seine Gedichte, die 1837 erstmals gesammelt erschienen. Ihre einfache, volksliedhafte Art forderte zur Vertonung geradezu heraus (Schumann, Brahms, Hugo Wolf); mit romantischen Reizwörtern und Motiven läßt Eichendorff eine »Zauberwelt« erstehen, die den Leser fast magisch in ihren Bann zieht.
1844 scheidet der wohl volkstümlichste Dichter der Zeit nach einem Konflikt mit seinem Minister aus dem Staatsdienst aus. Die letzten Lebensjahre verbringt er größtenteils in Neiße, wo er 1857 stirbt. *(G. M.)*

schließlich 1840 amnestiert wurde. »Ut mine Festungstid« heißt seine humorgefärbte Schilderung von 1862. Zusammenhalt und Einfluß der Burschenschafter zeigte sich in der »Frankfurter Nationalversammlung« (Paulskirche) 1848, von deren 585 Mitgliedern immerhin 150 dieser Verbindung angehört haben.
Zu den enttäuschten Freiwilligen der Befreiungskriege gehörten auch die Turner, deren Führer Friedrich Ludwig Jahn nicht nur Körperertüchtigung auf dem 1811 in der Hasenheide bei Berlin eröffneten Turnplatz trieb, sondern die nationale Wiedererweckung im Widerstand gegen Napoleon forderte. Nach Kotzebues Ermordung wurde das öffentliche Turnen sofort verboten, weil zwischen den Übungen stets die Schriften Jahns und anderer Verherrlicher eines deutschen Zentralstaates verlesen wurden. Während des Rückzugs in private Räume verlor das Turnen an Vielseitigkeit und politischem Einfluß. Erst 1848 konnten wieder Turn-, Gesangs- und Schützenvereine mit nationalem Charakter gegründet werden.
Verfolgt wurden auch die »Demagogen« (Volksverführer), unter welchem Schimpfwort die von Metternich gesteuerte »Zentraluntersuchungskommission« in Mainz alle Regimegegner verfolgte. Verstöße von Autoren und Druckern gegen die Zensurbestimmungen wurden genauso mit Haft geahndet wie Mitgliedschaft in den »Polenvereinen« (siehe Seite 51). Waren die Gegner angesehen, so wurden sie nur aus ihren Ämtern entfernt, so die Universitätsprofessoren Ernst Moritz Arndt in Bonn, Karl Rotteck und Karl Theodor Welcker in Freiburg i. Br.; waren sie nur von lokaler Bedeutung, erhielten sie Festungshaft von unbestimmter Dauer.
Unter »Junges Deutschland« faßten die Zensurbehörden eine Gruppe von Schriftstellern zusammen, die, zumeist Einzelgänger, in polemisch-witziger oder journalistischer Prosa gegen Konventionen, Feudalismus und Absolutismus vorgingen. Heinrich Heine und Ludwig Börne, Heinrich Laube und Karl Gutzkow gehörten zu ihnen und viele andere (siehe Seite 119 ff.).

Eisenbahnen, Fördervereine, Ausstellungen, Handelskammern – Vorboten des Industriezeitalters

Die Kontinentalsperre hinderte bis 1813 nicht nur die Einfuhr von Kolonialwaren nach Deutschland, sie brachte England einen Vorsprung in der Herstellung technischer Güter, vor allem der Nutzung der Dampfmaschine, der erst in rund drei Jahrzehnten aufgeholt werden konnte. Bezeichnend war, daß zwar die Waggons der ersten deutschen

Erfindungsreichtum – Auf dem Weg zu neuen Verkehrsmitteln: *Karl Friedrich Christian Ludwig Freiherr Drais von Sauerbronn auf der von ihm erfundenen Laufmaschine. Lithografie der Zeit.*

Eisenbahn, die 1835 von Nürnberg zum 6,2 km entfernten Fürth fuhr, in Bayern hergestellt wurden, die Lokomotive »Adler« aber aus Stephensons Fabrik in Newcastle bezogen werden mußte. Wilson, der erste Lokführer, bezog daher das Geld eines Ministerialrates, weil er nicht nur den »Dampfwagen« aus Tausenden von Einzelteilen wieder zusammengesetzt hatte, sondern auch den Lokführernachwuchs schulte. Hier zeigte sich wie bei der Dampfbootherstellung, daß die moderne Technik nicht die gemächliche Fortentwicklung handwerklicher Methoden war, sondern auf exakt-wissenschaftlicher Forschung und vertiefter Realbildung beruhte. Es dauerte Jahrzehnte, bis neben das humanistische Gymnasium Realschulen traten, deren Absolventen in technischen und bergbaulichen Fachschulen, später in Fachhochschulen sich die Kenntnisse aneigneten, die für technische Berufe erforderlich waren.

Neben das durch Geburt und Kapital bevorzugte Bürgertum drängten nun die technisch vorgebildeten Aufsteiger. Zur populären Verbreitung der in rascher Folge anfallenden Forschungsergebnisse trug der

Verleger Joseph Meyer aus Hildburghausen (* 1796, † 1856), der Gründer der »Groschenbibliothek«, bei, der für seine Heftchen auch die Schlagworte prägte: »Bildung für alle«, »Wissen macht frei«, »Bildung ist Macht«.
Staatliche Förderung erhielt zunächst nur die »moderne« Landwirtschaft, die sich an den Lehren des Landwirts Albrecht Daniel Thaer (* 1752, † 1828) und des Chemikers Justus von Liebig (* 1803, † 1873) orientierte, weil ihre Techniken Arbeit beschafften, Wohlstand erhielten und Hungersnöte eindämmten, also erkennbar nützlich waren. Die Unternehmungen im Bergbau, Hütten- und Verkehrswesen waren sehr abhängig vom schleppenden Absatz und der meist zu geringen Kapitalausstattung. Die Privatbanken, ausgenommen das Haus Rothschild, waren zu klein und spekulierten auf raschen Gewinn.
Ein besseres Klima für die aufstrebenden Industriebetriebe schufen die Fördervereine wie der von dem preußischen Finanzbeamten Peter Christian Wilhelm Beuth 1821 begründete „Verein zur Beförderung des Gewerbefleißes in Preußen« oder der von Friedrich List und einigen Kaufleuten 1819 in Tübingen gegründete »Deutsche Handels- und Gewerbeverein«. Sein Hauptziel, die Abschaffung der binnendeutschen Zollschranken, wurde in der Neujahrsnacht 1834 erreicht, als sich die meisten deutschen Staaten zum »Deutschen Zollverein« zusammenschlossen (siehe Seite 144 und 272).
Lists Eintreten für ein nationales Eisenbahnnetz führte zwar zunächst zur Gründung der Leipzig-Dresdner Eisenbahn, doch setzten sich bei den weiteren Strecken die Einzelstaaten durch, die »ihre« Linien sternförmig von der Hauptstadt ausstrahlen ließen, an den Grenzen auf militärische Belange Rücksicht nahmen.
Gefördert wurde der Sinn für technische Neuerungen auch durch Ausstellungen. Bayern veranstaltete 1818 als erster deutscher Staat eine »Landesgewerbeausstellung«; 1822 gelang Beuth in Berlin eine »Ausstellung preußischer Gewerbeerzeugnisse«, deren bedeutendste Nachfolgerin die Berliner Ausstellung von 1844 war. Nur zögernd wurden Industrie- und Handelskammern zugelassen, deren Mitglieder an der Beratung von einschlägigen Gesetzen und Verordnungen beteiligt werden wollten. Während die preußische Regierung die unter französischer Besatzung linksrheinisch gegründeten Handelskammern stillschweigend duldete, wurde in Berlin 1820 nur eine gefügige kaufmännische Korporation zugelassen. Erst 1830, als die »Nützlichkeit« von Kammern anerkannt wurde, durfte sich eine in Elberfeld (Wuppertal) bilden, um die Interessen der dortigen Textilindustrie zu vertreten. Nach weiteren Gründungen in Düsseldorf und Wesel gestattete die Regierung 1840 auch Kammern in den östlichen Provinzen Preußens.

Bürgerliche Stadt – Neubeginn in den Mauern des Mittelalters. *Augsburg, Barfüßertor und Barfüßerkirche, 1826. Augsburger Monogrammist NB. Augsburg, Städtische Kunstsammlungen.*

In Bayern wurden 1830 an den Sitzen der sechs rechtsrheinischen Regierungsbezirke Handelskammern auf Wunsch König Ludwigs I. eingerichtet, die 1850 durch eine Handelskammer für die bayerische Pfalz ergänzt wurden. Im gewerbefleißigen Württemberg veröffentlichte als erste Kammer die zu Stuttgart 1855 einen Bericht, kurz darauf gefolgt von den Kammern in Ulm, Heilbronn und Reutlingen.

Krisen der »gemütlichen« Gesellschaft

Die Gesellschaft sah sich in ihrer Mehrheit als idealistisch an und schätzte die Pflege der »Gemütswerte« über alles. Was sie nährte, wurde unterstützt, so musikalische Bestrebungen, vor allem die Vokalmusik, aber auch die Sammlung von Liedern, Märchen, Erzählungen und Zeugnissen des Volkes, die von den Brüdern Grimm und manchen Zeitgenossen angelegt wurden, voller Zufriedenheit, dieses kostbare Volksgut vor dem Untergang gerettet zu haben. Der Materialismus, so

fürchtete man, würde das Volk in Einzelwesen aufspalten, das geschlossene Weltbild zerstören und den Profit und seine Mehrung als Lebensziel an die Stelle der seelischen und geistigen Vervollkommnung rücken.
Die um ihre innere Bildung so bemühte bürgerliche Schicht übersah dabei vollkommen die wachsende Heerschar derer, die am Existenzminimum dahinlebten, weder Zeit noch Geld besaßen, sich zu idealen Menschen zu formen. Die von Stein und Hardenberg (siehe Band 8) eingeleitete »Bauernbefreiung« wurde zum »Bauernlegen«, zum Vertreiben zahlreicher bäuerlicher Familien, weil die Forderungen der Gutsbesitzer nur durch Landabtretungen zu erfüllen waren, die zu beschleunigen der Gutsherr als Patrimonialrichter in der Hand hatte. Über 1 Million ha Bauernland ging nach 1816 in Preußen in Gutshand über. Das städtische Proletariat rekrutierte sich aber nicht nur aus der zweiten und dritten kinderreichen Generation der Verjagten, sondern auch aus dem Personenüberschuß der Güter, verdoppelte sich doch die ländliche Bevölkerung Deutschlands innerhalb vierzig Jahren. Erst ab 1850 konnte die wachsende Industrie im Ruhr- und Saargebiet, in Mitteldeutschland und Oberschlesien die verarmten Massen in Brot setzen. Mit Hungerlöhnen mußten die sächsischen und schlesischen Textilarbeiter, meist Heimarbeiter, auskommen, damit die Fabrikanten die englische Massenware wenn möglich unterbieten konnten. Der schlesische Weberaufstand 1844 – eine »bittere Frucht des Freihandelssystems« – wurde vom Militär niedergeschlagen; Gerhart Hauptmann hat die Zustände in seinem Drama »Die Weber« (1893) geschildert.

Neue Sozialeinrichtungen – Hilfe für die Entwurzelten

Gegen den Hunger ging man mit Suppenküchen, gegen den Frost mit Wärmstuben, gegen den Bettel mit Almosen und Kleiderspenden an. Staatliche Schutzmaßnahmen wurden abgeschwächt oder außer Kraft gesetzt, da nach der herrschenden liberalen Anschauung sich der Markt, auch der Arbeitsmarkt, durch eigene Kraft regulieren würde. Nur Einzelgänger gingen gegen diese Theorien an, so der »Zentrums«-Mitbegründer August Reichensperger (* 1810, † 1892), der Zollschutz, ein soziales Steuersystem und die Dezentralisation der Gewerbe als Heilmittel gegen die Verelendung empfahl. Um gegen Hungerlöhne vorzugehen, schlug er die Bildung von Arbeitervereinen vor; um die Jugend zu fördern, sollten Freischulen und Volksbüchereien eingerichtet werden.

Aus der Diakonie der Erweckungsbewegung kam der Theologe Johannes Daniel Falk (* 1768, † 1826), der mit seiner »Gesellschaft der Freunde in der Not« den Lutherhof in Weimar für Waisen und jugendliche Landstreicher einrichtete, damit sie bei Handwerkern eine abgeschlossene Lehre erreichten. Eine ähnliche Aufgabe hatten die Rettungsanstalten des Grafen von der Recke in Overdyck bei Bochum und Düsseltal bei Düsseldorf zu erfüllen.

Nachahmung fand das 1833 von dem Theologen Johann Hinrich Wichern (* 1808, † 1881) in Horn bei Hamburg gegründete »Rauhe Haus«, in dem je 12 Kinder einem Elternpaar zugeordnet wurden; die Knaben erlernten ein Handwerk und die Landwirtschaft, die Mädchen die Arbeiten einer Dienstmagd und Hausfrau. Seine Gedanken verbreitete Wichern seit 1842 in einer eigenen Druckerei. Er gab auch den Anstoß zur Gründung der »Inneren Mission« auf dem Kirchentag 1848 in Wittenberg. Auf Wunsch der preußischen Regierung richtete er 1848 Rettungsstationen gegen Hunger und Typhus ein, konnte aber seine Reform des Gefängniswesens 1857 nur teilweise verwirklichen.

Sein Mitstreiter, der Theologe Theodor Fliedner (* 1800, † 1864) errichtete 1836 in Kaiserswerth (Düsseldorf) die erste Diakonissenanstalt zur Krankenpflege, die aus religiösen Motiven und ohne die ortsübliche (tarifliche) Bezahlung geschah.

Neben diesen Einrichtungen, die bis heute existieren, gab es vor allem in Süddeutschland viele private Initiativen, die jedoch wegen Kapitalarmut oder Tod der Gründer meist nur eine Generation überlebten. Scheitern mußten alle Versuche, die sich an vorindustriellen Mustern orientierten, also in der Landwirtschaft den einzigen Beruf und in der patriarchalischen Familie die einzige Lebensform sahen.

Literatur

Bauernfeld, Eduard von: Wiener Biedermeier, Wien 1960
Boehn, Max von: Deutschland von 1815 bis 1847, München 1923
Böhmer, Günter: Die Welt des Biedermeier, München 1968
Hermand, Jost: Der deutsche Vormärz, Stuttgart 1967
Krimm, Konrad und Herwig, John: Herr Biedermeier in Baden, Stuttgart 1981
Schramm, Percy E.: Hamburger Biedermeier, Hamburg 1962
Schrott, Ludwig: Biedermeier in München, München 1963

WINFRIED BÖHM

Universitäten und Schulen

Gesellschaftliche Nützlichkeit und praktische Frömmigkeit – Der Einfluß Rousseaus – Bildung von Kopf, Herz und Hand – Humboldts pädagogisches Denken – Grundmuster der Pädagogik – Herbarts Unterrichtslehre und die Schule – Abkehr von den Reformplänen.

Ohne jede Übertreibung kann man die Jahrzehnte um die Wende vom 18. zum 19. Jahrhundert als einen der Höhepunkte der deutschen Pädagogik und der Auseinandersetzung um Schule und Universität bezeichnen. Die äußeren Anlässe für dieses lebhaft erwachende Interesse an Fragen der Erziehung und Bildung waren dabei ebenso vielfältig wie die geistesgeschichtlichen Anknüpfungspunkte, die sich dafür im Verlaufe des 18. Jahrhunderts im Zeichen der Aufklärung und der »Französischen Revolution« herausgeprägt hatten.

Nationalerziehung und Vernunftstaat
Erneuerung aus geistiger Kraft

Die Französische Revolution spielte dabei eine doppelte Rolle: zum einen konnten die Postulate »Freiheit, Gleichheit, Brüderlichkeit« nicht auf den politisch-sozialen Bereich beschränkt bleiben, sondern mußten auch fortschrittliche pädagogische Neuansätze herausfordern; zum anderen sahen sich die fortschrittlichen Köpfe, die zu solchen Neuerungen bereit waren, den schrecklichen Folgen, vor allem der Terrorherrschaft gegenüber, die die Revolution in Frankreich nach sich gezogen hatte. So suchten sie nach Reformen im Erziehungs- und Bildungswesen, die die deutschen Staaten – als eine Art »Revolutionsprophylaxe« – vor ähnlichen Zuständen bewahren könnten.

Die Niederlage Preußens gegen Napoleon und die Besetzung Deutschlands durch französische Truppen stärkten angesichts der politisch-militärischen Machtlosigkeit die Überzeugung, daß eine Wiedergeburt Deutschlands nur durch geistige Kräfte möglich sei und das Werk einer weitgespannten Nationalerziehung sein müsse.

J. G. Fichtes »Reden an die deutsche Nation« (erstmals 1808 gedruckt) gaben wohl das im wahrsten Sinne des Wortes beredteste Zeugnis für diese Überzeugung, aber auch schon Friedrich von Schillers »Briefe über die ästhetische Erziehung des Menschen« (erstmals 1795 erschienen) - eines der herausragendsten Dokumente deutscher Pädagogik überhaupt - kreisten letztlich um die Frage, wie sich mit Hilfe der Erziehung der (demokratische) Vernunftstaat vorbereiten und schaffen läßt, ohne daß ein revolutionärer Umsturz die konkrete Existenz der Menschen gefährdet.
Neben der stärker auf gesellschaftliche Nützlichkeit und auf alltäglich-praktische Frömmigkeit abzielenden und im ganzen mehr konservativen Pädagogik der Philanthropen und des Pietismus (siehe auch Band 8) hatten sich im 18. Jahrhundert auch stärker auf Veränderung ausgerichtete Bestrebungen herausgebildet, die nun erst zu voller Auswirkung kamen.

Der Einfluß Rousseaus
Umgestaltung der Gesellschaft

Jean-Jacques Rousseau (1712–1778) hatte nicht nur durch seine (politische und staatstheoretische) Lehre vom »Gesellschaftsvertrag« (siehe auch Band 8) Kritik am Gottesgnadentum geübt und den Boden für die Demokratie vorbereitet, sondern durch seine radikale Gesellschafts- und Kulturkritik und durch die folgenschwere Unterscheidung zwischen (gesellschaftlich nützlichem und brauchbarem) *Bürger* und (sich von den gesellschaftlich-kulturellen Einengungen emanzipierendem) *Menschen* auch der Pädagogik einen neuen Horizont eröffnet: Wenn – wie es 1754 in seiner berühmten ersten Preisschrift hieß – Wissenschaften und Künste nichts zur Verbesserung der Menschen beigetragen haben und wenn - wie gleich zu Beginn seines Erziehungsromans »Emile« (1762) zu lesen war - der Mensch *von Natur* aus gut ist, dagegen unter den Händen der Menschen (= Erzieher) entartet, dann konnte die pädagogische Grundfrage nicht mehr lauten, wie der Mensch erzogen werden muß, damit er den gesellschaftlichen Ansprüchen gerecht werde, sondern vielmehr umgekehrt, wie diese gesellschaftlichen Verhältnisse (um-)gestaltet werden müssen, damit der einzelne seine eigenen Ziele realisieren und sich selbst verwirklichen kann.
Die Aufgabe der Erziehung war jedenfalls nun nicht länger nur darin zu sehen, den Heranwachsenden auf bestimmte Funktionen in der Gesellschaft vorzubereiten.

Tendenzen der Aufklärung – Autonomer Verstandesgebrauch

Die Aufklärung als zweite der hier zu nennenden Bewegungen hatte bekanntlich den Ausgang des Menschen aus seiner selbstverschuldeten Unmündigkeit gefordert; sie hatte dabei mit Unmündigkeit nicht einen Mangel an Verstand gemeint, sondern vielmehr den schuldhaften Mangel an Mut und Bereitschaft, sich dieses Verstandes zu bedienen. Ihre Kritik wandte sich deshalb gegen alle ungeprüft übernommenen Lehrmeinungen, Überlieferungen und gegen alle Autoritäten, die diesen autonomen Verstandesgebrauch einzuschränken und zu unterdrücken suchten.

Idealismus – Persönlichkeit und Humanität

Hatten die Philanthropen des 18. Jahrhunderts sich weithin darauf beschränkt, Rousseau und die aufklärerischen Gedanken zu einer Methode des natürlichen Unterrichts und des kindgemäßen Lernens auszumünzen, so setzten – drittens – die Philosophen des aufkommenden Deutschen Idealismus (vor allem Fichte und Schelling) das »Ich« radikal als Anfang und Ziel des Denkens und erklärten anstelle des alltäglich-nützlichen Verrichtens die idealische Welt des Geistigen zum eigentlichen Gegenstand der Bildung. Nicht Abrichtung zum korrekten Gesellschaftsmenschen, zum gehorsamen Untertan konnte fortan noch das Ziel sein, sondern das Motto lautete: allgemeine Menschenbildung, Herausformung der vollen freien Persönlichkeit durch Entfaltung aller von der Natur in dieses Individuum gelegten Kräfte oder – wie es Herder formelhaft und leitmotivisch verkürzt hatte – Bildung zur Humanität.

Anschauung und Volksbildung – Pestalozzi

Die methodischen Möglichkeiten einer für alle erreichbaren elementaren Bildung von Kopf, Herz und Hand hatte – viertens – der Schweizer Volkserzieher Johann Heinrich Pestalozzi (* 1746, † 1827) erarbeitet. In seinem Bemühen, den Erfolg von Bildung und Unterricht von dem Zufall eines guten oder schlechten Lehrers unabhängig zu machen, hatte er besonders in seinem Spätwerk eine *Elementarmethode* entwickelt und damit eine unabdingbare Grundlage sowohl für den Ausbau der allgemeinen Volksbildung bzw. Volksschule als auch der Lehrerbildung geschaffen. Pestalozzi selber sah das entscheidend

Elementare Bildung auch für das ›Volk‹. *Pestalozzi unterrichtet Landkinder im Freien vor einer Scheune.*
Holzstich aus der ersten Hälfte des 19. Jahrhunderts.

Neue seiner Methode darin, daß er die Anschauung zum Ausgangspunkt und Fundament allen Unterrichts gemacht habe. Da Begriffe ohne Anschauung nur leere Worthülsen bleiben und nur aus der Anschauung heraus gebildete Begriffe lebendige Kräfte des Be-greifens der Dinge sind, stellte er – wie vor ihm bereits Wolfgang Ratke (* 1571, † 1635) – als didaktischen Grundsatz auf: von der Anschauung zum Begriff.

Denk- und Lehrfreiheit – Die neue Universität

Innerhalb der Universität hatte – fünftens – im 18. Jahrhundert allmählich eine *neue Wissenschaftsauffassung* Fuß gefaßt und ihre Heimat vor allem in den beiden neugegründeten Universitäten Halle (1694) und Göttingen (1737) gefunden. Es war bezeichnend, daß die Universitätsbibliothek in Göttingen erstmals ebenso viele deutsche wie lateinische Bücher zählte; darin zeigte sich äußerlich die innere Abkehr dieser neuen Universitäten von der mittelalterlich-scholasti-

schen Gelehrsamkeit und Denkweise. Die alte Form der gebundenen Lehrnorm (Auslegung und Kommentierung eines festgesetzten Lehrbuchkanons; siehe auch Band 6) wurde abgelöst durch das Prinzip der Denk- und Lehrfreiheit; die deutsche Sprache wurde zur Unterrichtssprache auch an der Universität. In Göttingen kam schließlich auch der sogenannte philologische Neuhumanismus zur vollen Entfaltung, der die antiken Sprachen nicht mehr der grammatischen Schulung wegen betreiben wollte, sondern um sich in den Geist des klassischen Altertums einzuleben.
Vor diesem buntgefächerten Hintergrund sind jene Reformpläne und tatsächlichen Reformen zu sehen, die sich im ersten Drittel des 19. Jahrhunderts im deutschen Schulwesen (von der Elementarschule bis zur Universität) und in der deutschen Pädagogik zeigen.

Das Humboldtsche Bildungsverständnis

Die Reform des Schulwesens ist in Preußen in erster Linie und sehr eng mit dem Namen Wilhelm von Humboldt (*1767, †1835) verknüpft. Das gilt sowohl hinsichtlich einer theoretischen Klärung des neuen Bildungsverständnisses als auch im Hinblick auf die aus diesem neuen Bildungsbegriff hervorgehenden Reformkonzepte und Schulpläne. Zugleich Philosoph, Gelehrter, Sprachwissenschaftler und Staatsmann, vereinigte Humboldt in sich die wichtigsten Tendenzen der neuen Zeit: im Berlin der Aufklärung aufgewachsen und erzogen, während des Studiums in Göttingen mit dem philologischen Neuhumanismus vertraut geworden, über die Lektüre Kants in die idealistische Philosophie eingedrungen, als Augenzeuge die Französische Revolution in Paris erlebend, mit Friedrich von Schiller eng befreundet, für die politisch-sozialen Reformen in Preußen (Stein-Hardenbergsche Reformen) leidenschaftlich engagiert. Nachdem Humboldt einige Jahre als preußischer Gesandter beim Heiligen Stuhl in Rom gelebt hatte, übernahm er Anfang 1808 die Leitung der neu eingerichteten Unterrichtsverwaltung des preußischen Staates, assistiert von den Staatsräten Nicolovius und Süvern. Obwohl Humboldt dieses kultusministerielle Amt nur bis zum Juni 1810 innehatte, gelang es ihm in dieser kurzen Zeitspanne, das Bildungswesen mit neuen Ideen zu durchdringen und ihm eine neue organisatorische Struktur vorzugeben.
Schlagwortartig verkürzt läßt sich Humboldts Auffassung von Bildung mit dessen eigenen Worten so zusammenfassen: »Der wahre Zweck des Menschen [. . .] ist die höchste und proportionierlichste Bildung

Wissenschaft im Prinzenpalais. *(Humboldt-)Universität Berlin, 1809 im 1748–1766 von Johann Boumann für Prinz Heinrich erbauten Palais untergebracht. Aquatintaradierung von F. Brohm, 1843. Berlin-Museum.*

seiner Kräfte zu einem Ganzen.« In dieser Formulierung kommt mit aller Schärfe zum Ausdruck, daß der Zweck des menschlichen Lebens nicht mehr in dem gesehen wird, was einer leistet, schafft, bewerkstelligt oder hervorbringt, sondern in dem, was er aus sich selber macht – anders gesagt: wie er seine Person im Widerstreit ihrer Kräfte zur *harmonischen Persönlichkeit emporbildet.* Von gesellschaftlicher Brauchbarkeit und Nützlichkeit als Bildungsziel ist keine Rede mehr; im Gegenteil: in einer nach maßloser, pädagogischer Selbstüberschätzung klingenden Wendung erklärt Humboldt: »Die Bildung der Individualität ist der letzte Zweck des Weltalls.« Die ganze Welt um mich herum wird somit zum Stoff meiner Bildung, das heißt zum *Gegen-Stand,* woran ich meine Kräfte erprobe, reibe, stärke und entfalte. Damit diese Kräftebildung nicht dem beliebigen Zufall oder der willkürlichen Einseitigkeit verfällt, bedarf es neben der Freiheit der Person einer »Mannigfaltigkeit der Situationen«. In deren Undurchschaubarkeit aber gewahrte Humboldt drei Bildungsmächte, denen er eine besondere Bildungskraft zumaß: Sprache, Geschichte und Dichtung.

Drei Schulstufen – Lernen des Lernens – Zweckfreiheit des Studiums

Da im Zentrum von Humboldts pädagogischem Denken die allgemeine Menschenbildung stand und er alle für besondere Aufgaben spezialisierende Ausbildung entweder eigenen Spezialschulen oder dem Leben selbst überlassen wollte, nimmt es nicht wunder, daß die 1809 im sogenannten Königsberger und im sogenannten Litauischen Schulplan entworfene Gliederung des Schulwesens nicht verschiedene nach Art nebeneinanderstehender Säulen zugeordnete Schul*arten* kennt, sondern nur drei verschiedene Stadien des Unterrichts – Elementarunterricht, Schulunterricht, Universitätsunterricht – und entsprechend drei aufeinander aufbauende Schul*stufen* unterscheidet.
Dem Elementarunterricht kommt die Aufgabe zu, die elementaren Kulturtechniken zu vermitteln – Lesen, Schreiben, Rechnen – und die Muttersprache zu pflegen. Wenn zum Elementarunterricht auch Geographie, Geschichte und Naturgeschichte hinzutreten, dann zum einen, um die Kräfte durch mannigfaltigere Anwendung noch mehr zu üben, zum anderen, um diejenigen, die nach der Elementarstufe die Schule verlassen, nicht nur mit diesen Elementartechniken auszustatten, sondern breiter und besser aufs Leben vorzubereiten.
Der Schulunterricht teilt sich in sprachlichen, historischen und mathematischen; seine Aufgabe ist die »Übung der Fähigkeiten und die Erwerbung der Kenntnisse, ohne welche wissenschaftliche Einsicht und Kunstfertigkeit unmöglich ist«. Auf dieser Stufe wird also durch Sammeln, Vergleichen, Ordnen, Prüfen usw. gelernt, zugleich aber soll auch das »Lernen des Lernens« – ein wörtlicher Ausdruck Hum-

***Die deutschen Universitäten.** Ein großer Teil der im Spätmittelalter und der Reformationszeit berühmt gewordenen Universitäten war bis 1800 erloschen oder mit anderen Hochschulen zusammengelegt worden. Nach 1800 kommt es vor allem im erstarkenden Preußen zu Neugründungen, daneben in München und Innsbruck.*

ALEXANDER VON HUMBOLDT

Es kommt nicht allzu häufig vor, daß zwei Brüder gleichermaßen bedeutend sind. Von den Söhnen des preußischen Majors Humboldt trat Wilhelm, der ältere, als Staatsmann und Kulturpolitiker hervor, sein jüngerer Bruder Alexander war einer der bedeutendsten Naturforscher und Geographen des 19. Jahrhunderts. Der 1769 Geborene studierte Botanik, Geographie und Geologie, dann arbeitete er vier Jahre lang in der preußischen Bergbauverwaltung und sammelte hier wichtige geologische Erfahrungen.

1799 trat Alexander von Humboldt, begleitet von dem Franzosen Aimé Bonpland, eine große Forschungsreise an, die ihn durch weite Teile Mittel- und Südamerikas (Kuba, Mexiko, Venezuela, Kolumbien, Ecuador) führte. Er erkundete den Orinoko und entdeckte die Verbindung von dessen Stromgebiet mit dem des Amazonas. Nach einem mehrmonatigen Zwischenaufenthalt auf Kuba durchwanderte er dann mit seinem Reisegefährten die Anden und bestieg 1802 den Vulkan Chimborazo, wobei er zwar nicht den Gipfel, aber doch die absolut höchste bis dahin von einem Menschen erstiegene Höhe erreichte. In Peru studierte er noch die Überreste der Inka-Kultur und kehrte dann über die Vereinigten Staaten 1804 nach Europa zurück, wo er sich in Paris niederließ.

Fünf Jahre hatte diese in ihrer Art einmalige und epochemachende Expedition gedauert, fast dreißig benötigte er zur Verarbeitung der wissenschaftlichen Ausbeute, deren Ergebnisse er in einem dreißigbändigen Reisewerk veröffentlichte. 1827 übernahm er eine Professur an der von seinem Bruder begründeten Universität in Berlin. Eine kurze Forschungsreise führte ihn im Auftrag des Zaren noch nach Russisch-Asien. Die Hauptarbeit aber galt fortan seinem Alterswerk, dem »Kosmos«, in dem er ein groß angelegtes Bild der Welt nach dem neuesten Stand der damaligen naturwissenschaftlichen Erkenntnisse gab. 1859 starb er, neunzigjährig, in Berlin. An die einmalige Größe seiner Leistung erinnern mehrere Hundert Tiere, Pflanzen und Orte, die seinen Namen tragen. (H. P.)

Begriffe

Althumanismus	*Geistesrichtung, die sich vorwiegend mit dem Menschen und der Kultur der Antike befaßt und sich an diesen orientiert. Meist im Sinne des altsprachlichen Gymnasiums verwendet, das Griechisch und Latein vermittelt.*
Analogie	*(griech.): Übereinstimmung, Entsprechung.*
definitiv	*(lat. definire = umgrenzen): endgültig, abschließend.*
Didaktik	*(griech.): Kunst der Verdeutlichung, Kunst des Lehrens.*
Elementarschule	*(lat. elementum = Grundbestandteil): Grundschule.*
Emanzipation	*(lat. emancipatio = Freilassung): Selbständigwerden, Gleichstellung.*
Enzyklopädismus, enzyklopädisch	*(von griech. Erziehungs-, Bildungsgut): Wissensvermittlung auf der Basis einer umfassenden, nachschlagbaren Aufbereitung. Abgeleitet von den französischen Enzyklopädisten um Diderot und d'Alembert, die die große »Encyclopédie« herausbrachten.*
Ethik	*(von griech. Sitte): Sittenlehre, Sittlichkeit.*
Exerzitien	*(von lat. exercitium = Übung, Arbeit): geistige Übungen mit dem Ziel religiöser Verinnerlichung, aber auch einfach Übungen.*
Gymnasium, Gymnasion	*(griech. nackt, Raum zur Körperertüchtigung): Seit der Reformationszeit Lateinschule, heute höhere Schule, die zur Hochschulreife führt.*

boldts! – gelernt werden, um für das selbständige Studieren auf der Universität vorbereitet zu sein.

Während also der Elementarunterricht den Lehrer erst möglich macht, soll ihn der Schulunterricht allmählich entbehrlich machen: »Der Schüler ist reif, wenn er so viel bei anderen gelernt hat, daß er nun für sich selbst zu lernen im Stande ist.«

Der Universitätsunterricht entspricht für Humboldt am reinsten dem Prinzip allen wirklichen Unterrichts und aller wahren Bildung: der Übung und Herausfaltung von Kräften. Denn für Humboldt ist das Universitätsstudium kein Lernen im schulischen Sinne mehr, sondern es besteht darin, »die Einheit der Wissenschaft zu begreifen und hervorzubringen«. Wissenschaft wird von ihm nicht verstanden als ein abgeschlossenes Gefüge von Wissensbeständen und Lehrmeinungen,

Individualität	*(von lat. individuum = ungeteilt): Der Mensch in seiner charakteristischen, persönlichen Eigenart.*
interpretatorisch	*(lat. interpres = Dolmetscher, Ausdeuter): erklärend, auslegend.*
linguistisch	*(von lat. lingua = Sprache): sprachwissenschaftlich.*
Objekt	*(lat. objectum = das Entgegengeworfene): Sache, Gegenstand, inaktiv, wird behandelt. (Siehe auch Subjekt.)*
Pädagogik	*(griech. wörtl.: Knabenführung): Wissenschaft der Erziehung.*
Philanthrop	*(griech.): Menschenfreund.*
Philister	*Biblisches Nachbarvolk der Israeliten. Übertragener Sinn: Alter Herr, ältlicher, engstirniger Spießer.*
Philologie	*(griech. Liebe zum Wort): Sprachwissenschaft.*
Philosophie	*(griech. Liebe zur Weisheit): Wissenschaft, die den Sinn und die Beschaffenheit des Daseins zu ergründen und die gewonnenen Erkenntnisse zu untersuchen bemüht ist.*
Subjekt	*(lat. subjectum = unterworfen, unterlegt): Das mit Bewußtsein, Geist und Seele ausgestattete Ich; aktiv, handelnd. (Siehe auch Objekt.)*
Universität	*(von lat. universitas literarum = Gesamtheit des Wissens): Hochschule, die ursprünglich Spezialwissen als eingebundenen Teil des Gesamtwissens, also Wissen als Einheit vermittelt.*

sondern als ein ständiger und unabschließbarer Prozeß, der die schaffenden Kräfte der an Wissenschaft Beteiligten voll beansprucht und ein unermüdliches gemeinsames Suchen bedeutet. So kann Humboldt folgerichtig sagen, das Kollegienhören, der Besuch von Vorlesungen also, sei eigentlich nur zufällig; wesentlich notwendig sei dagegen, daß der junge Mann zwischen der Schule und dem Eintritt ins Leben einige Jahre in *Einsamkeit und Freiheit* ausschließlich dem *wissenschaftlichen Nachdenken* widme, und zwar an einem Orte, der Lehrende und Lernende vereinigt. Es war dabei Humboldts Grundüberzeugung, daß diese absichtsfreie Beschäftigung mit der Wissenschaft, nicht dagegen das nach Berufsvorbereitung und Qualifikationen haschende »Brotstudium« am besten auf das Leben in Öffentlichkeit und Beruf vorbereiten könnte; so heißt es in seiner 1809 gehaltenen Antrittsrede in der

***Wilhelm von Humboldt,** Sprachwissenschaftler, Staatsmann und Diplomat liberaler Gesinnung, Freund Goethes und Schillers, begründete die Berliner Universität und das neuhumanistische Gymnasium Preußens.*

Berliner Akademie der Wissenschaften klipp und klar: »Die Wissenschaft aber gießt oft dann ihren wohltätigen Segen auf das Leben aus, wenn sie dasselbe gewissermaßen zu vergessen scheint.«
Allgemeine Menschenbildung – streng getrennt von der ihr nachfolgenden Berufsbildung –, vollständige Übung und harmonische Herausprägung aller Kräfte, Lernen um des Lernens willen sind die Prinzipien, auf denen die Einheit und Stufigkeit des Bildungswesens beruht: »So wie es nun bloß diese drei Stadien des Unterrichts gibt, jedes derselben aber unzertrennt ein Ganzes macht, so kann es auch nur drei Gattungen aufeinander folgender Anstalten geben, und ihre Grenzen müssen mit den Grenzen dieser Stadien zusammenfallen, nicht dieselben in der Mitte zerschneiden« (Königsberger Schulplan 1809).
Über diese Schulplanung hinaus hat Humboldt auch durch konkrete (Einzel-)Maßnahmen die tatsächliche Schulentwicklung mitbestimmt. Die allgemeine Schulpflicht, obwohl schon 1763 im »Generallandschul-Reglement« für Preußen vorgesehen, wurde jetzt Schritt um Schritt zügig durchgesetzt. Eine Anregung seines Staatsrates Nicolovius aufgreifend, entsandte Humboldt – trotz persönlicher Vorbehalte gegenüber der Pestalozzischen Methode – eine Gruppe junger, für den Lehrberuf aufgeschlossener und befähigter Leute zu Pestalozzi nach Ifferten, damit sie an Ort und Stelle dessen Elementarmethode studieren und authentisch in die preußischen Elementarschulen einführen könnten. Süvern, Humboldts zweiter Staatsrat, sah in diesen soge-

nannten Eleven die künftigen »Bildner der Bildner«, die entscheidend beitragen sollten, »das bessere Zeitalter innerlich zu pflanzen«.
Als unerläßliche Grundvoraussetzung für eine leistungsfähige Elementarschule, ganz besonders auch auf dem Lande, war eine Reform oder besser die Einrichtung einer organisierten Lehrerbildung notwendig. Die Berufung des Pestalozzianers Carl August Zeller nach Preußen und die Gründung sogenannter Normalinstitute für die Lehrerbildung waren ein entscheidender Schritt in Richtung auf eine Professionalisierung der Lehrerschaft einschließlich ihrer Konstituierung als eigener Berufsstand.

Reform des Gymnasiums und der Universität

Die Reform der höheren Schule bzw. des Gymnasiums regte Humboldt ganz im Sinne des philologischen Neuhumanismus an. War der »Althumanismus« in grammatikalischen Exerzitien und in altsprachlicher Phraseologie erstarrt, so ging es nun darum, das Ganze des Altertums in den Blick zu nehmen, ein lebendiges Verhältnis zur klassischen Antike zu gewinnen und durch den – nicht linguistisch-mechanischen, sondern interpretatorisch-aktiven – Umgang mit der klassischen Literatur und in der Begegnung mit den idealischen Gestaltungen von Menschsein seine eigenen Kräfte zu entfalten und schöpferisch für das Gemeinwohl gebrauchen zu lernen. Dabei galt der griechische Mensch – und entsprechend bedeutsam wurde dann auch die griechische gegenüber der lateinischen Sprache – als die zum Ideal gesteigerte Natur, als das voll und frei entwickelte Menschenwesen. Friedrich Paulsen hat das neuhumanistische Bildungsideal (des Gymnasiums) treffend so zusammengefaßt: »Bildet eure Jugend zu Hellenen, innerlich wenigstens, wenn es äußerlich nicht möglich ist; erfüllt sie mit hellenischem Geist, mit Mut und Kraft zur Wahrheitsforschung, mit der freien Willensenergie zu tapferer Selbstbehauptung gegen äußere Mächte und innere Widerstände, mit der freudigen Liebe zu allem, was schön und vollkommen ist.«
Auch im Hinblick auf das Gymnasium leitete Humboldt zwei wesentliche Neuerungen ein: Um den Zutritt unbefähigter Schüler in die Universität zu vermeiden und diesen Zutritt von Standesprivilegien unabhängig zu machen, mußte der bis dahin fließende Übergang zwischen Schule und Universität durch eine scharfe Trennungslinie markiert und eine entsprechende Reifeprüfung eingeführt werden. Humboldts Anstöße dazu wurden durch das »Abiturientenprüfungsreglement« von 1812 – freilich nicht mehr ganz im Sinne Humboldts – vollzogen.

Ähnlich wie bei der Elementarschule war auch für das Gymnasium die Lehrerausbildung ein Schlüsselproblem. Bis zu Humboldts Zeit gab es den Gymnasiallehrer, zumindest als Lebensberuf, nicht; diese Tätigkeit wurde in der Regel als Durchgangsstadium angesehen. Humboldt war überzeugt, daß eine wirkliche Reform nur durch eine allgemeine Staatsprüfung für die Lehramtskandidaten zu erreichen und zu stabilisieren sei. Die Einführung einer solchen Prüfung für das Recht, in einem Fachbereich zu lehren – lat.: »examen pro facultate docendi« (1810) –, schuf die Voraussetzung für den Philologenstand, ihre inhaltliche Schwerpunktsetzung auf die Philologien (Sprachwissenschaften) bedeutete für die Folgezeit aber die weitgehende Ausklammerung einer pädagogischen Vorbereitung der Gymnasiallehrer. Hier wirkte sich Humboldts Auffassung bis in die Gegenwart aus, daß philologisches Berufswissen zugleich pädagogische Kompetenz vermittle – eine Ansicht, die freilich schon zu seiner Zeit angesichts der von Humboldts Zeitgenossen Herbart und Schleiermacher entwickelten Pädagogik hätte fraglich erscheinen müssen.
Humboldts direkter Einfluß war vor allem in Preußen spürbar; indirekt wirkte er über seinen Schüler Friedrich Immanuel Niethammer (* 1766, † 1848) mit seinem neuhumanistischen Gedankengut auch auf Bayern. Während aber Niethammer innerhalb der neuhumanistischen Reform den Realien (neue Sprachen, Mathematik, Naturwissenschaften, Geschichte und Erdkunde) stärkeres Gewicht einräumte, übersteigerte sein Kontrahent Friedrich Wilhelm Thiersch (* 1784, † 1860) die Zentralstellung der alten Sprachen so sehr, daß sein Schulplan für das bayerische Gymnasium das Fach Deutsch nicht einmal mehr vorsah.
Die ideengeschichtlich nachhaltigste Wirkung übte zweifellos Humboldts Konzeption der Universität aus. Sie gewann nicht nur in der 1810 gegründeten Berliner Universität konkrete Gestalt und wurde auf diese Weise zum Muster der neuzeitlichen Universität im In- und Ausland, sondern sie stellt bis heute einen konstanten Bezugspunkt der Hochschulreform dar. Die häufig mit dem Namen Humboldts identifizierte Idee der klassischen deutschen Universität war freilich nicht allein sein Werk, sondern entstand aus dem zwar grundsätzlich übereinstimmenden, im einzelnen aber doch nuancenreichen Gespräch mit führenden Köpfen seiner Zeit, allen voran Fichte, Schelling, Steffens und Schleiermacher. Die Prinzipien dieser Universität waren: Freiheit und Einheit von Lehre und Forschung; Wissenschaft als unabgeschlossener und unabschließbarer Prozeß; grundsätzliche Gleichrangigkeit von Lehrenden und Lernenden (Professoren und Studenten); die Philosophie als Angelpunkt und Aufgipfelung des Universitätsstudiums; akademische Arbeit mit dem ethischen Anspruch, den durch

GEORG WILHELM FRIEDRICH HEGEL

Hegel wurde am 27. August 1770 als Sohn eines Verwaltungsbeamten in Stuttgart geboren. Von Kindheit an neigte er zum Grübeln und »Sinieren«. Befremden erregte sein schier blinder Lerneifer. Schwerfällig war sein Auftreten, die Sprache alles andere als elegant und flüssig.
Wie viele berühmte Schwaben begann auch Hegel seinen Weg vom Tübinger Stift aus, in das er 1788 eintrat. Seine Zimmergenossen waren der Dichter Hölderlin und der Philosoph Schelling. Nach einigen Jahren als Hauslehrer ging Hegel nach Jena, wo er – wenig beachtet – seine akademische Laufbahn begann. 1806 eroberte Napoleon Jena: Hegel floh – das Manuskript seiner »Phänomenologie des Geistes« in der Tasche – aus der Stadt. Er wurde Redakteur in Bamberg, anschließend Rektor des Ägidiengymnasiums in Nürnberg, wo er sein zweites Hauptwerk, die »Wissenschaft von der Logik« schrieb. 1816 wurde er auf den Lehrstuhl der Philosophie nach Heidelberg berufen, zwei Jahre später als Nachfolger Fichtes nach Berlin.
Der Gang der Weltgeschichte ist für Hegel von einem geistigen Prinzip bestimmt (Idealismus), das er den »objektiven Geist« nennt. An die Stelle des vollendeten Schöpfers der Bibel setzt er einen im Werden befindlichen Gott, der mit sich selbst uneins ist. Seine Bewußtwerdung vollzieht sich stufenweise in der Geschichte, wobei jede erreichte Stufe (Thesis) ihren eigenen Widerspruch (Antithesis) hervorruft und damit eine Spannung, die sich auf einer anderen höheren Stufe (Synthesis) wieder aufhebt. Geschichte hat also einen Sinn und ein Ziel. Am Ende steht für Hegel der moderne Staat, konkret der preußische Staat, weil er dem Menschen die Freiheit gibt, die Wirklichkeit vernünftig zu begreifen.
Aber auch Revolutionäre profitierten von seiner Erkenntnismethode, die als »Dialektik« berühmt wurde. Hegels bekanntester Schüler wurde Karl Marx.
Hegel starb am 14. November 1831 – vermutlich an Cholera – und wurde neben Fichte auf dem Berliner Dorotheenstädter Friedhof beigesetzt. *(C. R.)*

sie hindurchgegangenen Menschen zu veredeln und auf den opferbereiten Dienst am Gemeinwohl verpflichten zu können.

Pädagogik im Dienst des mündigen Menschen Herbart und Schleiermacher

Während sich die entscheidenden Impulse für Reformen im Bildungswesen an die zentrale Figur Wilhelm von Humboldts knüpften, entstanden in dem gleichen geistigen Klima die ersten umfassenden Entwürfe zu einer wissenschaftlichen Pädagogik. Diese wurde einmal notwendig als Berufswissenschaft der neuen Lehrerstände und zum anderen als Wissenschaft vom Lehren und Unterrichten. Hatte sich Pädagogik bis dahin als Annex der Theologie (Katechetik), als Anhang der praktischen Philosophie (Ethik) oder als Sammlung schulpraktischer Weistümer und Erfahrungen (Gymnasialpädagogik) auf methodische und didaktische Fragen beschränkt, so begriff die »neue« Pädagogik den zu Erziehenden im neuzeitlichen Verständnis des Menschen als höchste irdische Instanz, d.h. als ein Wesen, das ein eigenes Gewissen hat, das als einzelner und nicht nur als Glied eines größeren Ganzen Würde besitzt und deshalb niemals nur als Mittel, sondern immer auch als Selbstzweck betrachtet werden muß. Diese Pädagogik konnte sich deshalb von vornherein nicht mehr (nur) auf die Abrichtung und Ausbildung nützlicher Bürger richten, sondern sie mußte die Herausbildung mündiger Menschen ins Auge fassen.

Johann Friedrich Herbart (* 1776, † 1841) und Friedrich Daniel Ernst Schleiermacher (* 1768, † 1834) schufen die beiden Grundmuster von Pädagogik, die das pädagogische Denken und die Erziehungswissenschaft bis heute nachhaltig prägen und in der konkreten Erziehungs- und Schulpraxis zu unterschiedlichen Konsequenzen geführt haben und führen. Herbart wollte die Pädagogik auf zwei Grundwissenschaften aufbauen: Ethik und Psychologie, wobei jene die Ziele, diese die Mittel und Wege des Erziehens und Unterrichtens aufzuzeigen hätte. Da Herbart von einer absolut gültigen inhaltlichen (materialen) Ethik ausging, suchte er eine mechanistische Psychologie zu konstruieren, die dem Lehrer und Erzieher das handwerkliche Rüstzeug in die Hand geben könnte, mit dessen Hilfe er dem Schüler bzw. Zögling zu dem von der Ethik vorgeschriebenen und deshalb wünschenswerten Verhalten bringen könnte. Dieser Ansatz enthielt zugleich fruchtbare Möglichkeiten wie auch Gefahren. Auf der einen Seite eröffnete er den Weg zu einer pädagogischen Berufswissenschaft im Sinne einer wissenschaftlich gesicherten, für jedermann lernbaren und anwendba-

ren Unterrichtslehre und Methodik, auf der anderen Seite konnte eine solche Methodik aber auch leicht zu einer formalen Kunst und einer beliebig hantierbaren Technik der Unterrichtsführung erstarren.
Schleiermacher war im Gegensatz zu Herbart der Überzeugung, daß es ein für allemal gültige Ziele des menschlichen Lebens, die eine Ethik definitiv angeben und vorschreiben könnten, nicht gibt, so daß es für ihn auch ganz und gar unsinnig gewesen wäre, nach einer solchen feststehenden Zielen entsprechenden Methode der Menschenführung zu suchen. Er verstand Erziehung und Pädagogik in Analogie zur Politik als das – in jeweiligen Situationen – der Idee des höchsten Gutes am meisten gemäße Handeln; dieses Handeln ist aber stets Sache des Subjekts, Sache seiner Klugheit, so daß Erziehung und Unterricht den Zögling bzw. Schüler nicht als Objekt einer noch so wissenschaftlichen Methode unterwerfen dürfen, sondern ihn allenfalls unterstützend und herauslockend zu eigenem verantwortlichen Entscheiden und Tun anregen können.
Während Schleiermachers Ansatz erst durch den Philosophen Wilhelm Dilthey (* 1833, † 1911) und dann im 20. Jahrhundert durch die geisteswissenschaftliche Pädagogik wiederaufgenommen wurde, gewann Herbarts Unterrichtslehre im ganzen 19. Jahrhundert – und übrigens weit über Deutschland hinaus – beherrschenden Einfluß auf die Schule. Sie erlag dabei wenigstens teilweise den oben angedeuteten Gefahren und wurde von den sogenannten Herbartianern (Ziller, Stoy, Rein u. a.), vor allem aber in der Schulpraxis selbst, mehr und mehr zu einer *formalen* Methodik verkürzt (den sogenannten »Herbartschen Formalstufen«). Das führte – neben anderen äußeren Einflüssen – von innen heraus zu einer Uniformierung und Schablonisierung von Schule und Unterricht, die sich im ganzen Verlaufe des 19. Jahrhunderts noch verstärkten, dann eine heftige Bildungs- und Kulturkritik (Nietzsche, Schopenhauer, Langbehn u. a.) hervorriefen und nach neuen reformpädagogischen Ansätzen verlangten.

Wirkungen und Erstarrungen

So fortschrittlich und zukunftsweisend die pädagogischen Entwürfe und Schulreformpläne dieser Epoche waren, so gering blieben freilich ihre tatsächlichen Auswirkungen. Die Erstarrung der Herbartianischen Unterrichtsmethodik schlug sich besonders in dem sich im 19. Jahrhundert konsolidierenden (festigenden) Volksschulwesen nieder. Im Gymnasium wurde mit dem Abklingen der neuhumanistischen Impulse der Unterricht in den alten Sprachen mehr und mehr formali-

siert, und er entartete schließlich nicht selten in mechanischen Drill. Das aufkommende deutsche Nationalbewußtsein wirkte ebenfalls einer vorwiegend altsprachlichen Bildung entgegen.
Insgesamt verschob sich im Laufe des 19. Jahrhunderts der inhaltliche Schwerpunkt von den humanistischen zu den sogenannten realistischen Fächern und führte zum Entstehen eigenständiger »realistischer« Anstalten: Realschule, Realgymnasium, Technische Hochschulen. Damit trat zwangsläufig die Berufsorientierung immer mehr in den Vordergrund und drohte gelegentlich sogar den Gedanken der allgemeinen Menschenbildung zu verschütten. Durch das Eindringen immer neuer Inhalte kam es nach und nach zu einem schlechten Enzyklopädismus und endlich zu den viel beklagten Erscheinungen der Überbürdung und des Bildungsphilistertums. Die rapide Entwicklung von Naturwissenschaft und Technik, der Zerfall der inneren Einheit der Wissenschaften, der ständig steigende Zugriff des Staates auf die Hochschulen, der wachsende Zustrom von Studenten und das mit der Privilegierung für höhere Ämter und Berufe de facto gegebene Berufsstudium entfernten die Universitätswirklichkeit immer mehr von ihrer Idee und ließen diese nur noch als Gedankenkonstruktion erscheinen. Alle diese Entwicklungen spiegeln letztlich den allgemeinen Trend der Zeit wider: Abkehr von weitsichtigen Reformplänen und restaurative Durchsetzung fester und starrer Ordnungsstrukturen.

Literatur

Anrich, Ernst (Hrsg.): Die Idee der deutschen Universität, Bad Homburg 1959
Blankertz, Herwig: Bildung im Zeitalter der großen Industrie, Hannover 1969
Blättner, Fritz: Das Gymnasium, Heidelberg 1960
Böhm, Winfried: Wörterbuch der Pädagogik, Stuttgart 1982
Herlitz, Hans-Georg; Hopf, Wulf; Titze, Hartmut: Deutsche Schulgeschichte von 1800 bis zur Gegenwart, Königstein/Ts. 1981
Menze, Clemens: Die Bildungsreform Wilhelm von Humboldts, Hannover 1975
Paulsen, Friedrich: Geschichte des gelehrten Unterrichts auf den deutschen Schulen und Universitäten ... Neudruck: Aalen 1965
Reble, Albert: Geschichte der Pädagogik, Stuttgart 1952, als Taschenbuch: Frankfurt/Main 1981
Speck, Josef (Hrsg.): Problemgeschichte der neueren Pädagogik, 3 Bde., Stuttgart 1976

HANSWERNFRIED MUTH

Die bildende Kunst der Romantik und des Biedermeier

Grundzüge der bildenden Künste im 19. Jahrhundert – Die Romantik –
Malerei der Romantik in Deutschland – Architektur des Historismus –
Malerei in der Biedermeier-Zeit – Erwachender Realismus.

Kaum eine andere Epoche zuvor brachte eine solche Fülle einschneidender Veränderungen, die alle Lebensbereiche des Menschen zutiefst betrafen, wie das 19. Jahrhundert: in der Politik, der Wirtschaft, in der Technik, in den Wissenschaften, in der Weltanschauung. Dieser Umsturz hatte weitreichende Folgen. Kein Wunder, daß auch die Kunst in diesen Wandel aller Dinge hineingezogen wurde.

Schon dies ist bezeichnend: Wir sprechen von der »Kunst der Gotik«; mit Begriffen wie »Renaissance« und »Barock« versuchen wir historische und kunstgeschichtliche Erscheinungen zu begreifen, Epochen zu umschreiben und zu unterscheiden. Die Kunst des 19. (und auch des 20.) Jahrhunderts wird dagegen weniger unter einem Stilbegriff, vielmehr meist nach ihrer zeitlichen Begrenzung definiert: »Das 19. Jahrhundert« (Leo Bruhns), »Das 19. Jahrhundert in der deutschen Kunst« (H. Beenken) oder »Die Kunst des 19. Jahrhunderts« (Propyläen – Kunstgeschichte), so und ähnlich lauten die Titel wissenschaftlicher Werke über diese Epoche.

Das 19. Jahrhundert hat als erstes ein geschichtliches System erarbeitet, es hat die Geschichte in Epochen gegliedert; es hat begonnen, die überlieferten Kunstwerke zu katalogisieren und zu sammeln, die Baudenkmäler aus alter Zeit exakt zu vermessen. Es machte sich dieses erarbeitete Wissen, die vermessenen geschichtlichen Formen zugleich verfügbar für den eigenen Gebrauch. 1828 gibt der Architekt Heinrich Hübsch (* 1795, † 1863) eine Schrift heraus mit dem fragenden Titel »In welchem Style sollen wir bauen?« Diese Frage wird zu einem Stilproblem des folgenden Jahrhunderts. Karl Friedrich Schinkel (* 1781, † 1841) hatte schon 1824 für den Bau der Werderschen Kirche in Berlin bei gleichbleibendem Grundriß und Raumprogramm eine »gotische« und eine »Renaissance«-Version ausgearbeitet und beide dem Auf-

traggeber zur freien Wahl und zur Entscheidung vorgelegt. Ausgeführt wurde übrigens die gotische Variante, weil man gotische Formen als »christlicher« empfand als die Renaissanceform.
Tatsächlich sind die künstlerischen Aussagen des 19. Jahrhunderts so vielgestaltig und unterschiedlich, ja, sie scheinen oft so gegensätzlich, daß wir den Eindruck gewinnen, dieser Zeit habe eine einheitliche künstlerische Aussage, eben ein umfassender »Stil« gefehlt. Ist es verwunderlich, daß bei der Fülle neuer Probleme, ganz gegensätzlicher Strömungen und Entwicklungen, denen die Menschen des 19. Jahrhunderts sich konfrontiert sahen, die Kunst jenes Zeitalters nicht als Einheit zu fassen ist, sondern ihrerseits sehr unterschiedliche Tendenzen erkennen läßt?
Eine dieser vielgestaltigen künstlerischen Richtungen bezeichnen wir als »Romantik«.
Die Romantik hat besonders in England und Deutschland in der Zeit von etwa 1810–1830 eine beherrschende Bedeutung erlangt. Teilweise überlagert sie sich mit anderen Richtungen und wird schließlich abgelöst von der Kunst der Biedermeierzeit, die sich weniger in der Architektur und Plastik, sondern vor allem in der Malerei und insbesondere im Kunstgewerbe ausspricht.

Die Romantik
Begriff und ›Weltanschauung‹

Der Name »Romantik« ist hergeleitet von dem Adjektiv »romantisch«, einem Wort, das bereits im 17. Jahrhundert in England gebildet wurde und – in ablehnendem Sinne – bedeutete: »Wie in einem Roman«, »phantastisch«, »abenteuerlich«, »unwahr«, »unwirklich«. Herder verwendete 1769 den Begriff als Kennzeichnung der nichtantiken, mittelalterlichen Kultur. Wenig später wurde das Wort von den Gegnern der Romantik zur Kennzeichnung der eigenen Zeit verwandt, die als Abkehr vom klassischen Ideal und deshalb als Niedergangsepoche verstanden wurde.
»Romantik« bezeichnet jedoch im Grunde weniger eine zeitlich umrissene Periode als vielmehr eine geistige Haltung, eine »Weltanschauung«. Diese ist insbesondere getragen von einem Rückblick auf die Vergangenheit, auf die »alte, heilige Kunst« – wie sie der Maler Overbeck pries – des poetisch verklärten Mittelalters und der frühen Renaissance. Die Romantik glaubt an die Geschichte als ein unendlich fortlaufendes Geschehen; aus dieser Grundhaltung wird diese Epoche nicht nur zum Begründer der modernen Geschichtswissenschaft und

***Innerlichkeit norddeutscher Romantik.** Philipp Otto Runges Gemälde »Wir drei« ist ein Beispiel für sein Bemühen, im Menschenbild wieder die Einheit zwischen Innerlichkeit und Wirklichkeit darzustellen. Hamburg, Kunsthalle.*

der Denkmalpflege, sondern auch des historischen Romans als Literaturgattung, des Historienbildes als Aufgabe der Maler und des »Historismus« in der Baukunst, der durch das ganze 19. Jahrhundert bis weit in das 20. Jahrhundert hinein weiterwirkt und unterschiedlichste Bauformen hervorbringt.

Gott, Mensch, Natur und Kultur begreift die Romantik als ein einziges, dem persönlichen Fühlen und Erleben sich offenbarendes Ganzes, als eine poetische Harmonie, in der Bewußtes, Widersprüchliches und Gegensätzliches sich durchdringen und aufheben. Dieser subjektiven Gefühlswirklichkeit entsprechen die allein aus der schöpferischen Phantasie des Künstlers entwickelten subjektiven Formen des künstlerischen Ausdrucks.

Der Künstler wird so selbst zum »Organ der Weltseele« (Schelling), zum autonomen Interpreten der Welt. Die Kunst soll aus dem »inneren Kern« (Philipp Otto Runge), aus der »Stimme des Inneren« (Caspar David Friedrich), aus »dem Herzen aufsteigen und die Herzen entflammen« (Eugène Delacroix).

Porträt

CASPAR DAVID FRIEDRICH

Caspar David Friedrich wurde am 5. September 1774 in Greifswald als Sohn eines Seifensieders und Lichtgießers geboren. 1794–1798 ist er Schüler der Akademie Kopenhagen, anschließend geht er nach Dresden. Dort lebt er – unterbrochen von Reisen in die Heimat, nach Neubrandenburg, zur Insel Rügen und nach Böhmen – bis zu seinem Tode am 7. Mai 1840. Seit 1816 gehörte er – von 1824 an als Professor – dem Lehrkörper der Kunstakademie in Dresden an.

Fast ausschließlich Landschaftsmaler, hat Caspar David Friedrich dem Landschaftsbild eine entscheidende neue Möglichkeit eröffnet, indem die Landschaft nun selbst zum Partner des Menschen im romantischen Dialog und zum religiösen Gleichnis wird. Der Künstler schreibt einmal: »Der Maler soll nicht bloß malen, was er vor sich sieht, sondern was er in sich sieht.« Und er sah, wie er weitererzählt, im Geist mit geschlossenen Augen sein Bild, das er nicht »erfinden«, nicht aus Naturstudien »zusammenflicken«, sondern empfinden wollte. Er liebt das Licht des Mondes, die verschwimmenden Töne und gebrochenen Farben.

Gegenüber den »symbolisierenden Naturbildern« (»Kreuz im Gebirge«, »Mönch am Meer«, »Das Eismeer«), welche »abstrakte Gedanken durch Landschaften versinnbildlichen«, wie Ludwig Richter sagte, ist in den »Erdlebenbildern«, den Landschaften aus dem Harz und dem Riesengebirge, den Strandbildern, das Gedankliche zurückgedrängt, um die stumme Größe der Natur unmittelbar zur Wirkung zu bringen. Friedrichs Kunst ist in ungewöhnlichem Maße Ausdruck seiner geistigen und ethischen Konstitution; sein Denken war auf das Dasein nach dem Tod fixiert. Er selbst hat das Leitmotiv seiner Bilder einmal so formuliert:

»Warum, die Frag ist oft an mich ergangen,
Wählst Du zum Gegenstand der Malerei
So oft den Tod, Vergänglichkeit und Grab?
Um ewig einst zu leben,
muß man sich oft dem Tod ergeben.«

(H. M.)

Maler der Romantik in Deutschland

Am deutlichsten sprechen sich Weltsicht, Sehnsüchte und Ziele der Romantik in der Malerei aus. Der neuerwachten Liebe zur Natur entspringt eine Landschaftsmalerei, die vor allem die in der Natur gesuchten oder in sie hineingesehenen Gefühlsmomente betont und interpretieren will.
Der bedeutendste Maler der Romantik ist zweifellos Caspar David Friedrich (* 1774, † 1840). Malte er eine Landschaft, wie etwa ein Kreuz im Gebirge oder die Kreidefelsen auf Rügen, so wurde die Natur nicht um ihrer selbst willen dargestellt. Bezeichnenderweise entstanden diese Bilder nie vor der Landschaft, sondern sie wurden nach zartesten Bleistiftnotizen, Skizzen von den Wanderfahrten daheim im Atelier gemalt. Schon in der Wahl des Motivs, in der weiten Ferne unter einem hohen Himmel schwingt eine seelische Empfindung mit. Diesen zarten, sensiblen Bildvorwürfen entspricht die Maltechnik: Aus lichten und dünnen Untermalungen werden durch wiederholte Lasuren die tiefe Leuchtkraft und die reinen schwebenden Farbabstufungen eines sehr kühlen Kolorits herausgebildet. Nur zuweilen sind Menschen, vom Rücken gesehen, wie Kulissen und Sinnbilder der betrachtenden Hingabe in das Bild gesetzt. Sie sind selbst Betrachter, versunken in das Schauspiel, das mit einem Ahnen des Unendlichen, Ewigen sie erfüllt. Für Caspar David Friedrich ist alle Landschaft Sinnbild des unendlich sich wandelnden Alls.
Philipp Otto Runge (* 1777, † 1810) dagegen stellt den Menschen in den Mittelpunkt seines Schaffens. Doch schon seine Porträts sind Deutungen, vor allem seine Kinderbilder. Am Ende seines kurzen Lebens suchte Runge nach der Möglichkeit, »die Zeiten« selbst darzustellen. In diesem Zusammenhang entstand sein Bild »Der Morgen« (Kunsthalle Hamburg), ein Schlüsselbild romantischer Malerei: Aus dem pflanzlichen Ornament des Rahmenbildes wird eine Naturallegorie, in deren Ranken Kinder mit den Pflanzen zu einer Lebenseinheit sich verbinden, so wie die Putten des Innenbildes dem Sonnenlicht sich vermählen. Auf einer unendlich weiten Ebene liegt im Vordergrund ein Kind. Ihm huldigen die Putten und der herabsteigende Genius. Sie führen den Blick des Betrachters aber zugleich in die Ferne der Ebene und in die Lichtfülle des Himmels hinein. Das Erwachen der Menschheit, ihr Morgen, ist hier gemeint und mit künstlerischem Ernst zur Würde eines Andachtsbildes erhoben.
Sagen und Märchen werden bei Moritz von Schwind (* 1804, † 1871), Ludwig Richter (* 1803, † 1884) und Peter Cornelius (* 1783, † 1867) lebendig. Mit deren Bildern, die schon zur Spätromantik hinführen, fin-

Baukunst zwischen Romantik und Historismus

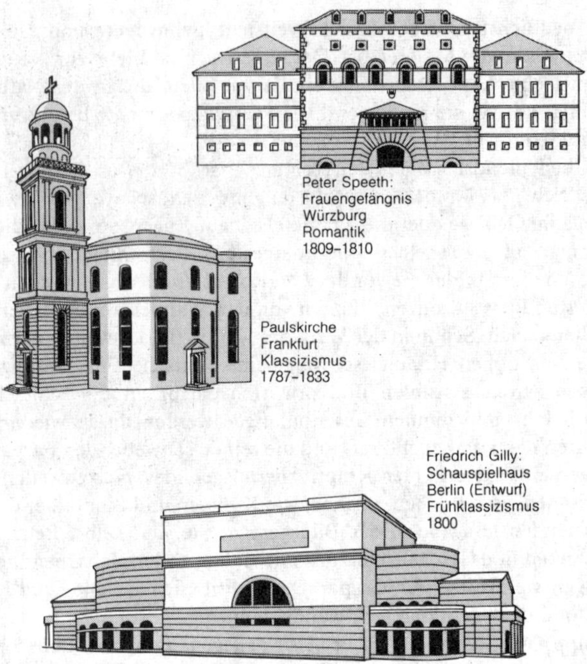

det die Malerei dieser Zeit Widerhall bei allen Bevölkerungsschichten und wird zu einer wirklich »nationalen« Kunst.

Die »Nazarener«

Eine andere Gruppe will die religiöse Malerei neu beleben. Es sind die »Lukas-Brüder«; zu ihnen zählen Franz Pforr (* 1788, † 1812), Ferdinand von Olivier (* 1785, † 1841), Philipp Veit (* 1793, † 1877), die unter Führung des Malers Friedrich Overbeck (* 1789, † 1869) dem Malstil der mittelalterlichen Meister und dem Vorbild der italienischen Frührenaissance nacheifern. Ihrer betonten Frömmigkeit wegen hat man diese Künstler, die zeitweise als Bruderschaft im ehemaligen Kloster San Isidoro in Rom gemeinsam lebten und arbeiteten, »Nazare-

Baukunst zwischen Romantik und Historismus

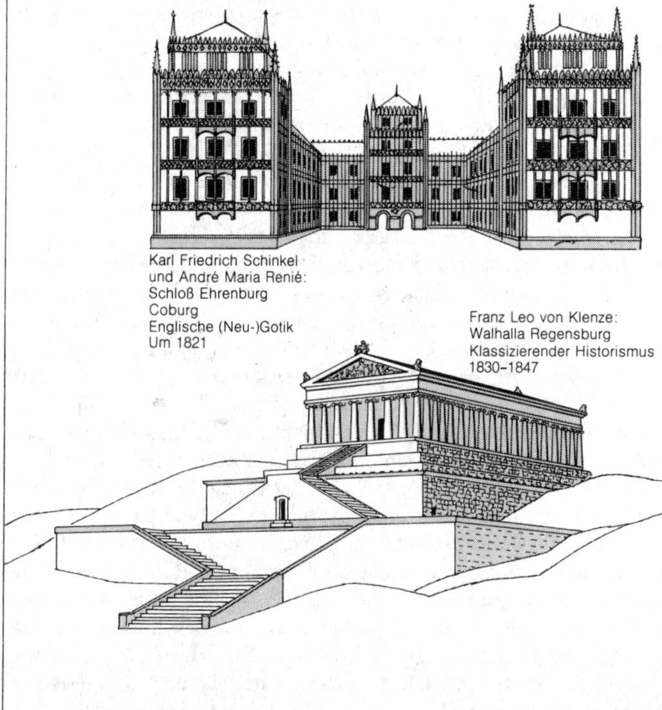

Karl Friedrich Schinkel
und André Maria Renié:
Schloß Ehrenburg
Coburg
Englische (Neu-)Gotik
Um 1821

Franz Leo von Klenze:
Walhalla Regensburg
Klassizierender Historismus
1830–1847

ner« genannt. Sie wollten sich bewußt aus der Wirklichkeit ihrer Zeit lösen, um ganz einer ideal überhöhten und zugleich kindlich-frommen Welt zu leben. So manches ihrer Bilder, in denen sie dem jungen Raffael und besonders Fra Angelico zu folgen suchten, wirkt freilich leblos und blaß. Von den Madonnenbildern der »Nazarener« meinte der Professor der Ästhetik Friedrich Theodor Vischer schon 1841: »Etwas Vielliebchen und etwas Vergißmeinnicht. Sie sind in einer Pension aufgewachsen, sie trinken Tee. Die religiöse Kunst ist aus und vorbei.«

Architektur des Historismus – Griff in den ›Stilkatalog‹

Bei Architektur und Plastik können wir nicht im gleichen Sinne wie bei der Malerei von einer Kunst der Romantik sprechen. Weit in das 19.

Jahrhundert hinein fühlen sich Architekten und Bildhauer dem vom Klassizismus wiederaufgegriffenen Formenkanon der antiken Kunst verpflichtet. Das Hauptkennzeichen aller Architektur des ganzen 19. Jahrhunderts ist die Nachahmung historischer Baustile. Während aber im Klassizismus allein die Formen der antiken Baukunst als vorbildlich galten, versuchten in der Zeit der Romantik einzelne Architekten wie Karl Friedrich Schinkel (* 1781, † 1841) in Berlin, Leo von Klenze (* 1784, † 1864) und Friedrich von Gärtner (* 1792, † 1847) in München bereits in mehreren Stilarten der europäischen Vergangenheit zu bauen. Doch erst in den dreißiger Jahren des 19. Jahrhunderts kam die gleichzeitige Nachahmung mehrerer vergangener Stilformen nebeneinander auf, so daß in manchen vom Historismus geprägten Städten geradezu eine Art von überdimensionalem Architekturmuseum entstand, wie z. B. im München Ludwigs I. Damit war alles bereit für einen Architekturstil, der von den dreißiger Jahren des 19. Jahrhunderts bis zum Anfang des 20. Jahrhunderts herrschte.
Dieses bewußte Zurückgreifen geschieht nicht zuletzt mit dem Ziel, daß jedes Bauwerk seine Funktion schon in der Fassade zeige. Gotische Formen werden mit Vorliebe bei der Erneuerung oder den nachempfundenen Neubauten romantischer Burgen benutzt. Bei Kirchen wählt man den romanischen oder gotischen Formenapparat, bei Rathäusern und Parlamenten bald auch Vorbilder der Renaissance. In der Spätzeit des Jahrhunderts werden auch Bauten der zunächst verpönten Barockzeit als vorbildlich nachgeahmt. Dies besonders in den Königsschlössern Ludwigs II. von Bayern. Mit Herrenchiemsee und Linderhof verwirklicht sich der König einen Traum von Herrschermacht und Königswürde, der aller Wirklichkeit widersprach.
Die Geschichte der Architektur wird für diesen auswählenden, ekklezistischen Historismus zum Katalog bereits feststehender, scheinbar beliebig anwendbarer Bauformen und Bauformeln. Wie lange der Historismus nachwirken konnte, zeigt ein Erlaß des Erzbischöflichen Ordinariates Köln aus dem Jahre 1912: »Neue Kirchen sind der Regel nach nur im romanischen oder gotischen bzw. sogenannten Übergangsstil zu bauen. Für unsere Gegenden empfiehlt sich durchgängig am meisten der gotische Stil. In letzter Zeit geht das Bestreben mancher Baumeister dahin, spätere Stilarten, selbst ganz moderne zu wählen. In Zukunft wird dazu – es müßten denn ganz eigentümliche Verhältnisse obwalten – keine Genehmigung mehr erteilt werden.« Dieser Erlaß wirkt wie eine Antwort auf die Frage, die Heinrich Hübsch nahezu 100 Jahre früher gestellt hatte: »In welchem Style sollen wir bauen?« Jeder Bauaufgabe war – eine Folge des Historismus – die passende Bauform zugeteilt worden, die wie ein Ornament dem Bau-

Rückbesinnung auf die deutsche mittelalterliche Kunst. *Innenansicht des Kölner Doms aus dem 1842 erschienenen Werk Sulpice Boisserées, das mit seinen Ansichten und Plänen entscheidend zum Weiterbau des Doms beitrug.*

körper zugefügt wurde: »Eine Kirche wird romanisch« oder »gotisch« gebaut, ein Rathaus in Formen der »Renaissance«, ein Opernhaus, eine Villa in den Formen des Barock oder Rokoko.

Einzug der Ingenieurkunst

Andrerseits aber hat das 19. Jahrhundert neue Bauaufgaben entwikkeln müssen. Es sind Bauten, die der Repräsentation neuer politischer Kräfte dienen: das Parlament, der Justizpalast; Bauten der Gesellschaft: Opernhaus, Museum, Konzerthalle, Ausstellungshallen; insbesondere aber Bauten, die dem wachsenden Verkehr und dem Tourismus dienten: Bahnhöfe, Brücken und Hotels. Nicht nur bei den Bahnhöfen, sondern auch in Theatern, Gerichtssälen, Museen und Galerien wird die Ingenieurkunst, zunächst unsichtbar, eingesetzt. Damit ist in einer weiteren Hinsicht die historische Tradition gesprengt: Die Funktion eines Baues ist wichtiger als sein Stil.

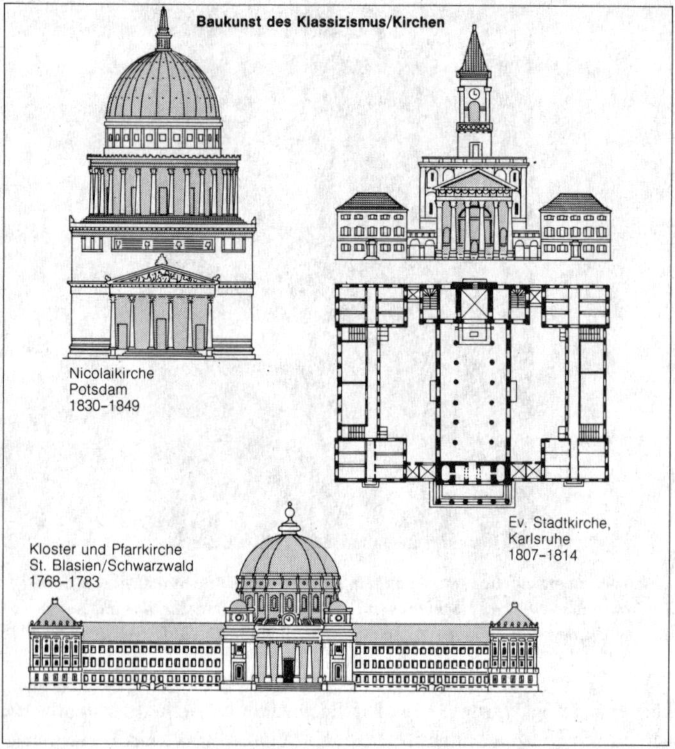

Biedermeier – Heimisches vor dem Hintergrund der Resignation

Die hohen Idealen verpflichtete Richtung der Romantik wurde bald überlagert und schließlich abgelöst von einer Annäherung an die Wirklichkeit, entscheidendes und verbindendes Motiv aller realistischen Kunst. Der Verlauf der Französischen Revolution, die Diktatur Napoleons, die anschließende Zeit der »Restauration« schienen den grundsätzlichen Optimismus der Aufklärungszeit, ihr Vertrauen auf die Fähigkeit des Menschen, sein Schicksal selbst zu gestalten, widerlegt zu haben. Im Zusammenhang damit steht auch, daß die metaphysischen Systeme von Kant, Fichte, Schelling und Hegel, daß der ethische Glaube, aus dem die Romantiker ihre Sicherheit bezogen hatten, nun an Tragkraft verliert. Die praktisch verwertbaren Ergebnisse der

Baukunst des Historismus/Bürgerliche Repräsentativbauwerke

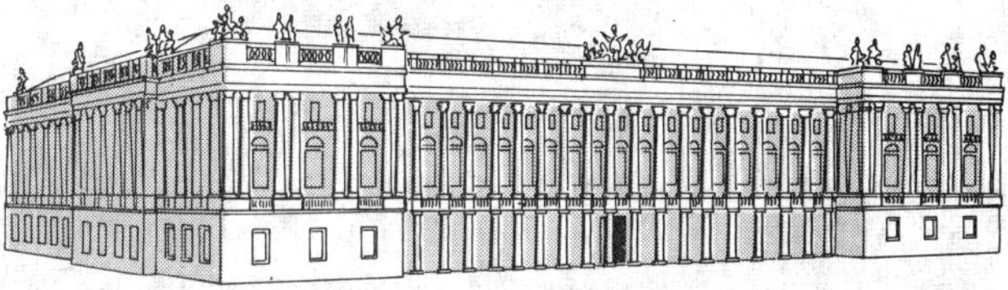

Börse, Berlin
Renaissancismus
1859–1864

Neues Rathaus
München
Neugotik
1867–1908

Naturwissenschaften verdrängen die philosophischen Entwürfe des deutschen Idealismus, erschüttern auch die religiösen Grundlagen des europäischen Menschen. Die beginnende Industrialisierung schafft ihre eigenen Wirklichkeiten mit schwer durchschaubaren Gesetzmäßigkeiten und Folgen. Davon werden auch die Künste betroffen.

Ganz deutlich wird die Erschütterung durch Revolution und Reaktion bei den bildenden Künstlern des Biedermeier. Sie verschließen sich dem Fremden, dem Gefährdeten, dem Unsicheren, konzentrieren sich auf das Engumgrenzte, das Häuslich-Heimische.

Aber die scheinbare Idylle des Biedermeier steht vor einem dunklen Hintergrund. Die politische Situation nach 1815 hatte in Deutschland jede politische Aktivität lahmgelegt, die Menschen neigen zur Resignation. In dieser Zeit entdeckt man den Reiz häuslicher Behaglichkeit und versinkt in den Traum von der »guten alten Zeit«.

Der Mensch in der Natur. *Das Gemälde »Der kleine Teich im Riesengebirge« von Ludwig Richter zeigt, daß romantische Weltsicht auch im biedermeierlichen Rahmen wirksam ist.*

Der Name »Biedermeier« ist ursprünglich ein Pseudonym, unter dem zwei Münchner Schriftsteller satirische Gedichte auf diese kleinbürgerliche, sich selbst genügende Gesellschaft veröffentlichten. Erst später wird »Biedermeier« zu einem Begriff für die Kultur der Epoche zwischen 1815 und 1848, der Zeit also der Restauration.

Maler des Biedermeier

In der Form bescheiden und wohlanständig, kennzeichnet die Malerei der Biedermeier-Zeit eine neue, revolutionäre Rückwendung zur Natur und ihren Freiheiten. Dies zeigt sich nicht nur in der rasch wachsenden Zahl der Landschaftsmaler. Eine andere Art von Natursehnsucht fassen wir in den vielen Bauern- und Kinderbildern, die jene Zeit hervorgebracht hat. Bauern und Kinder bilden nicht nur die ländliche Staffage, besonders auf den Bildern eines Ferdinand Georg Waldmüller (* 1793, † 1865), sondern Bauernszenen werden das eigentliche

Thema des Genrebildes, etwa bei dem Berliner Maler Eduard von Meyerheim (* 1808, † 1879), dem Münchner Heinrich Bürkel (* 1802, † 1869), bei Josef Danhauser (* 1805, † 1845) in Wien. Landkinder sind auch die Kinder auf den Bildern Ludwig Richters (* 1803, † 1884), jenes Malers, der in einer volkstümlich schlichten Manier dieses Kinder-Genre des Biedermeier zum reinsten Ausdruck gebracht hat. Zum Sinnbild des Biedermeier wurden aber vor allem die Bilder eines Carl Spitzweg (* 1808, † 1885). Sein »Armer Poet« (München, Neue Pinakothek), gemalt 1839, schildert nicht zuerst und vor allem das Interieur einer ärmlichen, aber malerischen Dachstube. Das Bild ist ein neues Bekenntnis zum Genie des Künstlers, der sich die Freiheit des Geistes bewahrt, indem er sich hungernd und frierend über alle Äußerlichkeiten des Lebens hinwegsetzt. So wird die scheinbar ironische Schilderung des Literaten durch den Maler Zeugnis einer Selbstironie, mit der sich diese Menschen über die Niedrigkeiten des Alltags hinwegsetzen. Die romantische Freiheit und Ironie verdichten sich durch den Bezug auf die Realität zum Humor des Biedermeier.

Zugleich eröffnet die Malerei des Biedermeier, scheinbar einer nur rückwärts gewandten Utopie verpflichtet, neue realistische Möglichkeit. Adolph von Menzel (* 1815, † 1905) malte 1845 die intime, schlichte Realität eines »Balkonzimmers« (Berlin, Nationalgalerie), 1875 mit seinem »Eisenwalzwerk« (Berlin, Bode-Museum) ohne jede Sentimentalität die Atmosphäre einer Fabrikhalle. Die Gegensätzlichkeit beider Bilder zeigt den neuen Aufbruch, der um 1850 die malerische, kleinbürgerliche Weltsicht des Biedermeier ablösen sollte.

Literatur

Brion, Marcel: Kunst der Romantik, München–Zürich 1960

Bünemann, Hermann: Deutsche Malerei des 19. Jahrhunderts, Königstein 1960

Eggert, Klaus: Friedrich von Gärtner, München 1963

Grote, Ludwig: Historismus und bildende Kunst, München 1968

Grote, Ludwig: Meister des 19. Jahrhunderts, München 1967

Hederer, Oswald: Leo von Klenze, München 1981

Hofmann, Werner: Das irdische Paradies, Kunst im 19. Jahrhundert, München 1960

Lankheit, Klaus: Revolution und Restauration, Baden-Baden 1965

Le Bris, Michel: Die Romantik in Wort und Bild, München 1981

JOHANNES GLANZ

Die Romantik in der Musik

»Romantik« und »Klassik« – Die Verkörperung der »poetischen Idee« im Lied – Die Herrschaft der Melodie – Alte Formen mit neuen Inhalten – Fortschrittliche Programme und restaurative Tendenzen – Die Instrumentalmusik – Die deutsche romantische Oper.

»Schön und toll [. . .] wie unsere ganze Zeit« wirke die Musik Beethovens auf ihn, äußerte sich Goethe im Jahre 1811 und läßt sich weiter aus »über das neue phantastische Wesen, über die alles zersprengende, ins Unendliche sich verlierende Sehnsucht und Unruhe in der Musik«, die »in allem« spürbar werde. Die der modernen Musik innewohnende Sprengkraft, die »Auflösung ins Elementarische« beunruhigten den Weimarer Klassiker. Er sah wie Kant in der Musik »die Kunst des schönen Spiels der Empfindungen«, während Vertreter der neuen Kunstrichtung wie der Schriftsteller Wilhelm Heinrich Wackenroder (* 1773, † 1798) in ihr das »Abbild des Unendlichen« erblickten und in ihr »eine geheimnisvolle Kraft« entdeckten, deren »fruchtbare, orakelmäßig-zweideutige Dunkelheit« sie zu einer »Gottheit für menschliche Herzen« werden ließe.

E. T. A. Hoffmann (* 1776, † 1822), Mittelpunkt der romantischen Künstlerrunde im Berliner Weinkeller Lutter und Wegener, trifft das Phantastische, Abenteuerliche im Wesen der romantischen Musik, wenn er von ihr als dem »Geisterreich Dschinnistan« spricht. Für ihn ist Beethoven das Inbild des romantischen Komponisten, denn seine Musik »bewegt die Hebel des Schauers, der Furcht, des Entsetzens, des Schmerzes und erweckt jene unendliche Sehnsucht, die das Wesen der Romantik ist«.

Wovor Goethe zurückschreckt, eben das erfüllt die Herzen der Jungen. Nach Jean Paul (* 1763, † 1825) soll Musik das Innere des Menschen offenbaren, dem »Unaussprechlichen Sprache verleihen«, und der Komponist Carl Maria von Weber (* 1786, † 1826) bestätigt dies, wenn er seine Erfahrungen ausspricht: »[. . .] jenes unbestimmte Sehnen in die dunkle Ferne, von der man Linderung hofft, [. . .] dieses Chaos von wogenden, ängstlichen Gefühlen.«

***Schubertschwärmerei.** »Schubertiade«, gezeichnet von Moritz von Schwind 1868. Andächtig hören die Verehrer den Vortrag Schuberts. Rechts neben ihm am Klavier der Sänger Johann Michael Vogl. Wien, Historisches Museum.*

Was hier bewußt empfunden wird, wovon man sich erfüllen und durchglühen läßt, das hatte längst die klassische Musik durchdrungen. Die Klarheit der Hochklassik Haydns und Mozarts besaß genau das »Ungewöhnliche, Große [. . .] durch Lieblichkeit verschönt«, das Kochs Handwörterbuch 1807 als das Merkmal des Romantischen definiert.

Klassik und Romantik lassen sich nicht säuberlich voneinander trennen; Beethoven, der beiden Lagern zugerechnet wird, ist dafür das beste Beispiel. Er, der Gipfel der Wiener Klassik, gilt den Romantikern als das große Vorbild, wie die Beethoven-Rezensionen E. T. A. Hoffmanns nachweisen.

Die universale Liedkunst Franz Schuberts

Das Schubertsche Lied wird in der ganzen Welt als Ausdruck deutscher Romantik empfunden. Schubert (* 1797, † 1828) hat den klassischen Typ des deutschen Liedes, das in der Romantik im Mittelpunkt der Musikschöpfung steht, weiter ausgebildet und dabei Dichtung und Musik, Inhalt und Form, Gesang und Begleitung in einer Einheit erstehen lassen, daß von nun an das deutsche Lied als das Muster des Liedes schlechthin galt, wie es z. B. die Übernahme des Wortes als Fremdwort in die französische bzw. italienische Sprache beweist. Bei Schubert erfuhr die Singstimme eine unglaublich sensible Beweglichkeit und behielt dennoch den einfachen »Volkston« bei; die Klavierbegleitung wurde in der musikalischen Formung und Ausstrahlung dem Gesang ebenbürtig und interpretierte in der wechselnden Gestaltung der einzelnen Strophen den jeweiligen Inhalt. Die Wiedergabe des Elementaren, wie der Bewegungen des Wassers und der Luft, soll nicht Atmosphäre schaffen, sondern spiegelt seelische Empfindungen. Freude und Schmerz, kurzes Glück und Verzweiflung klingen in unzähligen Variationen in den einzelnen Liedern wie in den Zyklen »Die schöne Müllerin« und »Winterreise«. Musik wird hier »Ursprache der Natur« (E. T. A. Hoffmann), wird reine Poesie.

Spiegelung des »neuen Dichtergeists« in den Klavierliedern Schumanns

Robert Schumann (* 1810, † 1856), der Schubert hoch verehrte, ging andere Wege. Als er sich um 1840 der Liedkomposition zuwandte, wollte er sich zwar »totsingen wie eine Nachtigall«, aber das Verhältnis zwischen Singstimme und Klavier hatte sich um diese Zeit schon um eine Nuance verschoben: die Begleitung erhält nun eigenes Gewicht, das Klavier, das Lieblingsinstrument der Romantiker, tritt immer mehr in den Vordergrund und zaubert ›impressionistische‹ Stimmungen, die tiefste Empfindungen widerspiegeln. Schumann vertont vorwiegend Texte zeitgenössischer romantischer Dichter. In seinem Zyklus »Dichterliebe« verbindet er die einzelnen Lieder enger als Schubert miteinander, so daß eine größere Geschlossenheit erreicht wird, eine »poetische Ganzheit«, die motivisch durchwoben und melodisch durchgestaltet ist.

Die Herrschaft der Melodie

Ein unverwechselbares Charakteristikum romantischer Musik ist ihre Melodienseligkeit. Auch die Instrumente beginnen zu »singen«, Instrumentalthemen bedürften nur entsprechender Texte, um als Liedmelodien vorgetragen zu werden, wie die Symphonien, Ouvertüren und Konzerte romantischer Komponisten beweisen. Franz Schubert spinnt in seinen Symphonien und Klaviersonaten die melodischen Gedanken bis ins Traumhafte und nimmt sie unvermerkt wieder in die Wirklichkeit zurück. Robert Schumann sucht »das Schöne ohne Begrenzung«; liedhafte Motive klingen an und lösen ein verwirrendes poetisches Spiel aus im Wechsel von Aufklingen und Entschweben. Felix Mendelssohn-Bartholdy (* 1809, † 1847) schreibt »Lieder ohne Worte« fürs Klavier, deren »Gesang« bei »allen Hörern dasselbe Gefühl erwecken« soll.

Das Übergewicht der Melodie drohte aber auch die konstruktive Formkraft zu ersticken. Der ausdrucksstarke Gesang der Instrumente verlor sich in Klängen. Die dramatisch gegliederte klassische Form verwandelt sich unversehens zum elegisch-idyllischen Stimmungsbild. Während in der strengen Klassik die Themen »verarbeitet« wurden, verbinden sich nun immer mehr Melodie und Harmonie zu einem klingenden Kosmos.

Alte Formen mit neuen Inhalten
Tänze, Phantasien, Variationen, Konzerte

Nichts bestätigt deutlicher die große Einheit von Klassik und Romantik als das Festhalten an den bewährten Formen. Man gab nichts auf, fügte lediglich dies oder jenes zu. So etablierte sich wiederum einmal der modische Tanz – ähnlich wie im Barock – in kunstvollem Stil zurechtgemacht als hohe Kunst: deutsche, schottische Tänze, Walzer, Polka, Mazurka wechselten vom Tanz- in den Konzertsaal oder in das Musikzimmer der Musikliebhaber. Tanzrhythmen fanden Eingang in die Kammermusik, und die klavieristische Kleinkunst Schuberts, Schumanns und Mendelssohns atmete tänzerische Bewegung.

Diese romantische Klaviermusik bot sich in buntem Gewand an; so bildete sich eine Menge kleiner Formen aus, die den Augenblick musikalisch erhellen, Stimmungen widerspiegeln sollten: Moments musicaux, Impromptu, Bagatelle, Intermezzo, Humoreske, Nocturne (= Nachtstück), Ballade, Barcarole, Rhapsodie. Sie vor allem belebten den Alltag im bürgerlichen Hause und förderten nachdrücklich die Musikpflege zusammen mit den Tänzen und Klavierliedern. Reichten Form- und Ausdruckskraft dieser »Charakterstücke« nicht aus, glitten sie allerdings schnell in den Bereich der Salonmusik ab.

Zu den Kleinformen gehört auch die romantische Etüde. Ursprünglich ein reines Übungsstück zur Erlernung der Fertigkeiten am Instrument,

***Symbolfigur des »romantischen Künstlers«.** Robert Schumann, dessen geniales Leben im Wahnsinn endete, und seine Frau Clara (Wieck), eine gefeierte Pianistin. Lithographie von 1850, sechs Jahre vor Schumanns Tod.*

umgab sie sich bald als »Konzertetüde«, auch »Caprice«, »Studie« benannt, mit dem Flair der großen Welt. Franz Liszts (* 1811, † 1886) »Bravourstudien nach Paganinis Capricen« sind ein beredtes Zeugnis für die hochentwickelte Spieltechnik und Spielkultur dieses phänomenalen Pianisten am schweren modernen Konzertflügel.

In diesen Bereich gehört auch die rein virtuose Musik mit ihren Konzertphantasien, Potpourries (= Kunterbuntes) und Transkriptionen (= Umschreibungen eines Stückes für ein anderes Instrument), die beim Publikum immer beliebter wurden, wobei die Brillanz meist den künstlerischen Wert nicht aufwog.

Virtuosität verlangte auch die seit dem Barock beliebten Variationen. Beethoven (* 1770, † 1827) hat hier revolutionierend gewirkt und ganz im romantischen Sinn höchste Ausdruckskunst geschaffen. Auch die Wiederentdeckung der »Goldbergvariationen« Johann Sebastian Bachs (* 1685, † 1750), die für E. T. A. Hoffmann eine »Fundgrube poetischer Ideen« darstellten, gab neue Anregungen.

Neue Konzertformen

Beethoven stellte auch neue Muster der Konzertform vor: Seine Klavierkonzerte in G-Dur und Es-Dur, op. 58 und 73, sind Höhepunkte echt romantischen Musizierens ebenso wie das Violinkonzert in D-Dur, op. 61. Sie stellen an den Solisten nicht nur höchste technische Ansprüche, sondern fordern auch das Letzte an Einfühlungsvermögen bei der Ausdeutung ihres poetischen Gehalts. Das Orchester ist gleichberechtigter Partner bei der Herausarbeitung des thematischen Materials.
Schumann und Mendelssohn-Bartholdy nehmen seine Anregungen auf; Schumanns Klavierkonzert und Mendelssohn-Bartholdys Violinkonzert gehören zu den schönsten und wertvollsten der ganzen Gattung.
Die grundlegende Form bleibt aber auch im 19. Jahrhundert die Sonate; sie wird jetzt meist viersätzig, wobei die einzelnen Teile immer größeres Eigengewicht durch ihre Ausdehnung aufgrund der Fülle des musikpoetischen Materials gewinnen. Themen erwachsen, erblühen und verwehen. Die Neigung zur Meditation wird spürbar.

Kunst und Politik – Fortschritt und Restauration

Mit Ludwig van Beethoven war ein neuer Künstlertyp hervorgetreten. Da für ihn »Freiheit und Fortschritt [. . .] Zweck der Kunst und des ganzen Lebens« waren, löste er sich selbstbewußt aus den traditionellen gesellschaftlichen Bindungen, setzte sich eigene Ziele und wandte sich bewußt an einen aufgeschlossenen, sachverständigen Hörerkreis über alle gesellschaftlichen Schranken hinweg. Robert Schumann beließ es nicht beim künstlerischen Protest, sondern versuchte dem Tonkünstler in der materialistisch denkenden Geschäftswelt des 19. Jahrhunderts eine ihm angemessene Position zu verschaffen, bemühte sich um Verbesserung der sozialen Lage, eröffnete eine »Agentur für Herausgabe von Werken aller Komponisten«, um die Künstler vor der Profitgier der Verleger zu schützen, drängte auf Förderung junger Ta-

Begriffe

Bagatelle	*(franz. = Kleinigkeit): Kleines Musikstück, vor allem kleines Klavierstück.*
Ballade	*(ital.-provenc. = Tanzlied): Gedichtform für Gesang vertont. Aber auch reine Klavierballaden ohne Gesang.*
Barcarole	*(ital. = Lied der Gondelführer): Musikstück in wiegendem Rhythmus ($^6/_8$-Rhythmus).*
Humoreske	*Kleines, heiteres, humoristisches Musikstück in freier Form mit eigenwilligen Akzenten.*
Impromptu	*(franz. = zur Hand sein): Frei gestaltetes (improvisierendes) Phantasiestück, auch Bezeichnung für stimmungsvolle Klavierstücke.*
Intermezzo	*(ital. = Zwischenspiel): Ursprünglich kleine musikalische Zwischenspiele zwischen den Akten von Schauspielen oder auch Opern. Daraus entwickelten sich eigenständige Singspiele und Komische Oper. Der Name findet schließlich Anwendung für kleine Klavierstücke oder auch für einen Satz in Musikzyklen (Sonaten).*
Moment musical	*(Plural: Moments musicaux; franz.): Improvisiert erscheinendes kurzes, inniges Klavierstück.*
Nocturne	*(franz.; ital. notturno = Nachtstück): Nachtmusik, ursprünglich mehrsätziges Instrumentalstück, später einsätziges Klavierstück oder Gesangstück, träumerisch verspielt.*
Rhapsodie	*(griech. = Dichtkunst): Ursprünglich gedichtartig-volkstümliche Gesangstücke, dann auch frei gestaltete, improvisiert erscheinende Instrumentalstücke, häufig auf der Basis von nationalen Volksmelodien.*
Zyklus	*(griech. = Kreis): Abfolge von aufeinander bezogenen Gesang- oder Instrumentalstücken.*

lente und gründete in der »Neuen Zeitschrift für Musik« ein Forum dieser »Musik-Politik«. Dieser Einsatz für die sozialen Belange eines sich nur schwerfällig etablierenden Musikerstandes hebt sich deutlich ab von der Weltferne romantischer Künstlerkreise, in denen sich wie z. B. in den »Schubertiaden« Dichter, Maler und Musiker gesellig begegneten, um ganz in der Welt der Kunst aufgehen zu können.
Aufbruch und Rückzug kennzeichnen gleichermaßen das gesamte Kunstverständnis der Romantik. Man sucht neue Wege und wußte

sich zugleich der Vergangenheit verpflichtet. Palestrina und J. S. Bach werden wiederentdeckt; der zwanzigjährige Mendelssohn-Bartholdy setzt mit der Aufführung der Matthäus-Passion in der Berliner Singakademie eine Bach-Renaissance in Gang, zugleich rufen die Musikfeste des »Deutschen Sängerbundes« zum politischen Zusammenschluß der Deutschen.

Triumph der Instrumentalmusik Begeisterung und Diskussion

War bislang das Interesse der Komponisten auf die vokale und instrumentale Produktion gleichmäßig verteilt, so setzt Beethoven – auch hier revolutionär – neue Akzente mit seinen Sonaten, Quartetten und Symphonien. Wie gebannt schaut die folgende Generation auf diese Werke. Seit E. T. A. Hoffmanns Rezension der 5. Symphonie Beethovens und seinem Aufsatz über Beethovens Instrumentalmusik halten die Romantiker wie an einem Evangelium daran fest, daß nur die »Sprache der Instrumente die Musik befähige, Künderin ewiger Ideen zu sein«. Die »wahre Musik« sei die »reine, absolute« Instrumentalmusik, sie sei die Musik für Kenner, während die Vokalmusik die große Masse befriedige.
An den Fragen, ob die absolute Musik etwas ausdrücken könne, inwieweit sie präzise Aussagen machen könne, ob »Tongemälde« etwas »erzählen« könnten, entzündete sich ein Streit über das Jahrhundert hin. Beethoven meinte, man solle es dem Zuhörer überlassen, Situationen aus der Musik herauszufinden. Außerdem warnte er: »Jede Malerei [...], in der Instrumentalmusik zu weit getrieben, verliert.« Auch Schumann distanzierte sich von der sogenannten Programmusik, die allzu naturalistisch abschilderte und Vorstellungen in Töne umzusetzen versuchte: »Am Ende hört ihr noch in Haydns Schöpfung das Gras wachsen!«

Carl Maria von Weber: Die deutsche romantische Oper

Als am 18. Juni 1821 in Schinkels neuem Schauspielhaus in Berlin der »Freischütz« ein beispielloser Erfolg wurde, feierte man Carl Maria von Weber (* 1786, † 1826) als den Schöpfer der deutschen Oper. Beethoven begrüßte 1823 den erfolgreichen Kollegen: »Da bist du ja [...] du Teufelskerl, [...] so muß der Deutsche über den italienischen Singsang zu Recht kommen«, und meinte zum »Freischütz«: »Überall, wo der Teufel die Tatzen 'reinsteckt, da fühlt man sie auch [...].«

Weber war es gelungen, den Waldeszauber, das Gespenstische, das Volkstümliche, den Menschen im Zwiespalt zwischen Himmel und Hölle in Musik einzufangen. Er hatte dabei an die romantischen Opern »Undine« von E. T. A. Hoffmann (1816) und »Faust« von Louis Spohr (* 1784, † 1859) angeknüpft und einen unverwechselbaren deutsch-romantischen Operntyp geprägt, der bis auf Richard Wagners »Fliegenden Holländer« (1843) ausstrahlte.
Wie stark die Wirkung war, zeigt, daß der Impresario des halb Europa beherrschenden Opernkönigs Rossini schon 1822 bei Weber eine Oper »im Stil des Freischütz« für Wien bestellte und 1823 die »Euryanthe« geliefert erhielt. In London erlebte Weber kurz vor seinem Tode noch einen weiteren Triumph mit seinem »Oberon«.
Wohl kamen noch Opern im romantischen Stil auf die deutschen Bühnen wie z. B. Lortzings »Zar und Zimmermann« (1837), »Wildschütz« (1842), »Undine« (1845), Flotows »Martha« (1847), Otto Nicolais »Die lustigen Weiber von Windsor« (1849), doch sie zeigten nur einen märchenhaften Anhauch und konnten den kleinbürgerlichen-biedermeierlichen Anstrich nicht verleugnen. Wie im übrigen Europa herrschten auch auf deutschen Opernbühnen die Italiener und Franzosen, bis Richard Wagner eine neue Lage schuf.

Literatur

Deutsch, Otto Erich: Schubert – Die Dokumente seines Lebens, Kassel 1964

Deutsch, Otto Erich (Hrsg.): Schubert – Zeugnisse seiner Zeitgenossen, Frankfurt 1964

Gál, Hans: Franz Schubert oder die Melodie, Frankfurt 1970

Jacob, Heinrich Eduard: Felix Mendelssohn und seine Zeit. Bildnis und Schicksal eines Meisters, Frankfurt 1959

Ranft, Peter: Felix Mendelssohn-Bartholdy. Eine Lebenschronik, Leipzig 1972

Rehberg, Paula: Liszt. Eine Biographie, München 1978

Rehberg, Paula und Walter: Robert Schumann. Sein Leben und sein Werk, Zürich–Stuttgart 1969

Robertson, Alec und Stevens, Denis (Hrsg.): Geschichte der Musik, Band III: Klassik und Romantik, München 1968

KARL KUNZE

Das Junge Deutschland und die politische Dichtung

Ein Bundestagsverbot schafft eine Dichterschule – Literatur als Kampf für Emanzipation – Die Dichter und ihre Werke: Ludwig Börne, Heinrich Heine, Karl Gutzkow, Heinrich Laube, Ludolf Wienbarg, Theodor Mundt, Georg Büchner – Politische Lyrik des Vormärz.

Die Julirevolution 1830 in Frankreich hatte auch auf Deutschland ihre Auswirkungen. Zwar kam es nur an wenigen Orten zu direkten revolutionären Aktionen, aber es zeigte sich deutlich, daß sich Kräfte regten, die auf die Dauer nicht mehr unterdrückt werden konnten. So sind die Jahre bis zur Revolution von 1848 von einer zunehmenden geistigen und politischen Unruhe gekennzeichnet. »Wir leben in einer kritischen Epoche. Alles ist in Frage gestellt. Das große Examen der Welt hat begonnen [. . .]«, schrieb Heinrich Laube, einer der Schriftsteller, die als Wortführer dieser unruhigen Generation unter der Bezeichnung »Junges Deutschland« zusammengefaßt werden.
Das »Junge Deutschland« wurde zur festumrissenen Gruppe eigentlich erst durch einen Beschluß des »Bundestages« vom Jahre 1835, in dem festgestellt wurde, daß sich unter diesem Namen eine literarische Schule gebildet habe, die in für alle Klassen von Lesern zugänglichen Schriften die christliche Religion auf die frechste Weise angreife, die bestehenden sozialen Verhältnisse herabwürdige und alle Zucht und Sittlichkeit zerstöre. Daher verpflichteten sich sämtliche deutsche Regierungen, gegen Verfasser, Verleger, Drucker und Verbreiter der Schriften dieser literarischen Schule, zu welcher namentlich Heinrich Heine, Karl Gutzkow, Heinrich Laube, Ludolf Wienbarg und Theodor Mundt gehörten, die Straf- und Polizeigesetze ihres Landes in voller Strenge in Anwendung zu bringen.

Eine Widmung wird zum Programm

Die Bezeichnung »Junges Deutschland« ging auf die Zueignung zurück, die Ludolf Wienbarg seiner programmatischen Schrift »Ästheti-

sche Feldzüge« vorausgeschickt hatte: »Dir junges Deutschland widme ich diese Reden, nicht dem alten.« Tatsächlich waren die verbotenen Schriftsteller jung an Jahren. Fast alle wurden im 19. Jahrhundert geboren und standen erst im zweiten oder dritten Lebensjahrzehnt; außerdem richtete sich das Werk vor allem an die akademische Jugend. Aber der Gegensatz »jung – alt« bezog sich auf andere Inhalte. Abgelehnt wurde alles Alte und Überkommene: der absolutistische Staat, die verkrustete alte Gesellschaft, die Kirche, die tote Gelehrsamkeit der Universitäten und natürlich auch die Dichtung der vorhergegangenen Zeit. Nicht Erhabenes und Allgemein-Menschliches, sondern die konkrete Situation der Gegenwart und die Kritik der bestehenden Verhältnisse sollten Inhalt der Literatur sein. Nicht die »edle Einfalt und stille Größe« einer als Vorbild empfundenen griechischen Klassik oder die Suche nach der »blauen Blume« der Romantik, sondern das Hier und Heute bildeten Herausforderung und Aufgabe für den Schriftsteller. Daher wurde auch die Dichtung des alten Goethe abgelehnt und er selber als »egoistischer Aristokrat«, als »Fürstendiener« und »Stabilitätsnarr« bezeichnet. Nicht besser beurteilten die »Jungdeutschen« die Dichtung der Spätromantik. Mittelalterschwärmerei und Flucht in Traumgefilde bedeuteten ihnen nur Vernebelung der Gegenwart. »Je unfreier ein Volk, desto romantischer ist seine Poesie«, formulierte Börne.
Literatur sollte sich mit den politischen und gesellschaftlichen Realitäten beschäftigen, sie kritisieren und verändern. Die Schriftsteller des »Jungen Deutschland« verstanden sich selbst nicht als Dichter im herkömmlichen Sinn, sondern als Publizisten, Journalisten und Kritiker. Sie wollten –obwohl die meisten von ihnen promovierte Akademiker waren – für die Masse der Leser schreiben. Nicht poetische oder ästhetische Gesichtspunkte waren ihnen Richtschnur, sondern die Wirkung war das einzige, was zählte. Sie wollten sich den »Forderungen des Tages« stellen und eine neue Staats- und Gesellschaftsform herbeiführen, in der Freiheit von allen Zwängen oberstes Gesetz sein sollte. »Schon hier auf Erden möchte ich, durch die Segnungen freier politischer und industrieller Institutionen jene Seligkeit etablieren, die, nach Meinung der Frommen, erst am Jüngsten Tage, im Himmel, stattfinden soll«, schrieb Heinrich Heine.

Für eine neue Moral und Frauen-Emanzipation

Die Freiheit, die das »Junge Deutschland« erstrebte, sollte sich auch auf Fragen der Moral beziehen. Seine Verachtung galt überkommenen

Moralvorstellungen, den Fesseln bürgerlicher Tugend, dem Spießer- und Philistertum; dagegen wurde der Genuß des irdischen Daseins propagiert. Auch die Emanzipation der Frau war ein wichtiges Ziel; allerdings waren ausschließlich männliche Eigenschaften Ziel dieser Emanzipation. »Das Unglück dieser Zeit ist, daß die Frauen hinter den Männern so unendlich weit zurückgeblieben sind. [. . .] Ihre empfängliche Seele vertrocknet an kleinen Dingen. Sie scheinen nur da zu sein, um durch ängstliche Rücksichten den Flug unseres Wesens niederzuhalten. [. . .] Wenn auch nicht im Umfange der Ideen, doch in ihrer dynamischen, allem Seelischen angeborenen Kraft sollten uns die Frauen gleichstehen[. . .]«, klagte Karl Gutzkow (* 1811, † 1878).

Einig gegen die Kirche
Uneinig in der Gestaltung der Zukunft

Auch vor der Religion machte die Kritik nicht halt. Das Christentum mit seiner Weltentsagung und Askese ließ sich nicht mit der »Emanzipation des Fleisches« vereinbaren. Außerdem erschien es als die Ideologie der Herrschenden, die den Unterdrückten in der Hoffnung auf den Lohn im Jenseits alle Mühen und Plagen des Erdendaseins erleichtern sollte. Und hatte nicht gerade die Religion seit Jahrhunderten die Herrschaft der Mächtigen als von Gott gegeben angesehen und jede Auflehnung gegen die weltliche Obrigkeit als einen Verstoß gegen die göttliche Weltordnung geahndet? Kein Wunder also, daß Karl Gutzkow ausrief: »Ach, hätte die Welt nie von Gott gewußt, sie würde glücklicher sein.«

So einig sich die Literaten in der Ablehnung alles Überkommenen waren, so wenig einig waren sie sich über die tatsächliche Gestaltung der Zukunft.

Die Sehnsucht nach einem politisch geeinten Deutschland – den Wunsch vieler Zeitgenossen – teilten sie nicht. Sie waren Erben der Aufklärung und daher Kosmopoliten. »Ich hasse jede Gemeinschaft, die kleiner ist als die menschliche«, schrieb Börne.

Man lebte in dem naiven Glauben, daß der Sieg der Freiheit und der Vernunft alle Probleme löse, und war überzeugt, daß mit der Überwindung von »Restauration« und Reaktion, von Zensur und Obrigkeitsstaat, von Provinzialismus und Philistertum, von moralischer und religiöser Heuchelei die Menschheit von allem Übel befreit sei. Als Kinder des Frühliberalismus sahen sie Schwächen des Liberalismus noch nicht, und für die sozialen Probleme hatten nur einige von ihnen ein offenes Auge.

Die Presse als Bühne politischer Ideen

Das Forum der engagierten Schriftsteller war die Presse, die in dieser Zeit einen enormen Aufschwung erlebte. Johann Friedrich Cotta, der Verleger der Werke Goethes und Schillers, betrieb seit 1824 die ersten mit Dampf betriebenen Schnellpressen; die Zahl der Druckereien bzw. Verlage vermehrte sich sprunghaft; neue Zeitschriften wurden begründet; der Beruf des Schriftstellers und Journalisten, der ausschließlich vom Verkauf seiner Texte lebte, entstand. Die bevorzugte Literaturgattung war die Prosa, insbesondere die Kurzprosa; Feuilleton, Essay und Brief wurden dem Streben nach Aktualität besonders gerecht. In geistreich-witziger Form, mit Spott, Scherz, Ironie und Satire wurden Mißstände angeprangert und die Leser zum Nachdenken angeregt. Auch in Reiseberichten und -bildern ließen sich vorbildliche Ereignisse oder Zustände schildern, ohne daß man die allgegenwärtige Zensur fürchten mußte. Der Tarnung revolutionärer Ideen dienten oft räumliche und zeitliche Distanzierung. So wurden Gegenwartsprobleme in ferne Länder verlegt oder in historische Gewänder gehüllt. Erstaunlicherweise hatte der Bundestagsbeschluß, der das »Junge Deutschland« von der literarischen Szene beseitigen sollte, nicht die beabsichtigte Wirkung. Zum einen befolgten ihn die für die Durchführung verantwortlichen Landesregierungen höchst unterschiedlich – ein Vorteil der deutschen Kleinstaaterei –, zum andern erregten gerade die Verbote die Neugier interessierter Kreise und sorgten ungewollt für Publizität. So wurden Artikel Gutzkows in Frankfurt – also direkt unter den Augen der Bundesversammlung – unmittelbar nach dem Bundesbeschluß mehrfach gedruckt, während ihr Verfasser im Gefängnis saß.

Die Autoren des Jungen Deutschland – Börne

Der älteste Autor des »Jungen Deutschland« war Ludwig Börne (* 1786, † 1837), der als Löb Baruch in Frankfurt geboren wurde, im dortigen Getto aufwuchs, später Rechts- und Staatswissenschaft studierte und 1818 zum Protestantismus übertrat. Er gründete 1819 die Zeitschrift »Die Waage«, die schon ein Jahr später wegen ihrer Angriffe auf Metternich verboten wurde. Nach kurzer Haft reiste er zweimal nach Paris, wo er sich 1830 endgültig als Publizist niederließ. Die Stadt der revolutionären Tradition und des bürgerlichen Selbstbewußtseins, der Pressefreiheit und der Parlamentsdebatten galt als Zentrum von Freiheit und Fortschritt. Von hier aus ließ er seine »Briefe aus Paris« erscheinen, die in Deutschland lebhaftes Echo fanden. Im Mittelpunkt standen die Julirevolution und ihre Folgen. Geistreich und treffsicher zeichnete er das politische und geistige Leben in der Stadt, die für ihn »Telegraph der Vergangenheit, Mikroskop der Gegenwart und das Fernrohr der Zukunft« war. Immer drängte sich der Vergleich mit den deutschen Verhältnissen auf. »Als ich sah, wie die edle Gesinnung der Jugend sich hier so frei und laut äußern durfte, [...] fragte ich mich: Liegt Frankreich in dem nämlichen Europa, in dem auch Deutschland liegt?«

Heinrich Heine

Mit Börne verband Heinrich Heine (* 1797, † 1856) eine Reihe von Lebensumständen. Auch er war Jude, schloß ein juristisches Studium ab, trat zum Protestantismus über, war zeitweise als Journalist und Redakteur tätig und ließ sich 1831 für dauernd in Paris nieder. Der literarische Ertrag seiner Reisen durch Deutschland, Italien, Frankreich und England war eine Fülle von Reisebildern. In lockerem Plauderton mischte er Scherz, Satire, Ironie und tiefere Bedeutung. Als das Heimweh den Dichter nach dreizehnjähriger Abwesenheit zu einem Besuch in der Heimat drängte, war das bitterböse politisch-satirische Versepos »Deutschland. Ein Wintermärchen« das literarische Ergebnis dieser Reise. Als Korrespondent der Augsburger »Allgemeinen Zeitung« und Verfasser von literaturgeschichtlichen und philosophischen Werken »Die romantische Schule« und »Zur Geschichte der Religion und Philosophie in Deutschland« wurde er zu einem Mittler zwischen der französischen und deutschen Geisteswelt.

Wenn ihn auch der Bundesbeschluß von 1835 zum »Jungen Deutschland« zählte und seine Werke verbot, so ist mit dem Zeitkritiker doch nur eine Seite seines literarischen Schaffens angesprochen. Weitaus bekannter wurde Heine als Lyriker. Er selbst bezeichnete sich gern als den letzten Romantiker und zugleich den Begründer der modernen deutschen Lyrik. Er stand tatsächlich zwischen Romantik und Realismus und verkörperte die Spannungen und Gegensätze der Zeit des Übergangs. 1827 erschien seine Lyriksammlung »Buch der Lieder«, die zu seinen Lebzeiten dreizehnmal aufgelegt wurde und seinen Dichterruhm begründete. Die Musikalität der Sprache und der volksliedhafte Charakter haben bedeutende Musiker wie Schubert, Brahms, Schumann, Mendelssohn-Bartholdy, Wolf zur Vertonung seiner Gedichte angeregt. Heines Sprache und Bilder erinnern an Brentano und Eichendorff und an »Des Knaben Wunderhorn«, aber häufig werden

die vertrauten romantischen Bilder durch eine bitterböse Schlußpointe als Schein entlarvt. Die romantische Stimmung wird plötzlich zerrissen, der Leser in die rauhe Wirklichkeit zurückgeholt. Erhabene Gefühle, Liebesfreud und Liebesleid, werden nicht mehr ganz ernst genommen. Gefühl und Reflexion, Wahrheit und Schein, Ernst und Spielerei, Wehmut und Spott, Ironie und Selbstironie, sind unauflösbar miteinander verbunden. Gerade dies macht Eigenart und Reiz von Heines Lyrik aus.
Während seiner letzten acht Lebensjahre war Heine wegen eines Rükkenmarkleidens an seine »Matratzengruft« in Paris gefesselt, aber seine Schaffenskraft erlahmte trotz späterer Erblindung nicht. 1851 veröffentlichte er die Gedichtsammlung »Der Romanzero«, die innerhalb von zwei Monaten vier Auflagen erreichte. 1856 erlöste ihn der Tod von seinen Leiden. Auf dem Montmartre-Friedhof fand er seine letzte Ruhestätte.
In einem Reisebild schrieb Heine einmal, daß ihm an seinem Ruhm als Dichter wenig gelegen sei. »Aber ein Schwert sollt ihr mir auf den Sarg legen, denn ich war ein braver Soldat im Befreiungskrieg der Menschheit.«

Gutzkow, Laube, Wienbarg und Mundt

Karl Gutzkows Roman »Wally, die Zweiflerin«, der vor allem zum Bundestagsverbot des »Jungen Deutschland« führte, rief heftige Reaktionen hervor. Das preußische Oberzensurkollegium bezeichnete ihn als eine »in jeder Hinsicht wertlose Hervorbringung«, die sich »durch frechste Verunglimpfung des Christentums, durch verabscheuungswürdigste Schmähungen gegen den göttlichen Stifter [. . .] und durch zügelloseste Verhöhnung jedes religiösen Glaubens« auszeichne. Wolfgang Menzel, der Literaturpapst seiner Zeit, schrieb im Stuttgarter »Literaturblatt«: »Das kranke, entnervte und dennoch junge Deutschland wankt aus dem Bordell herbei, worin es seinen neuen Gottesdienst gefeiert hat. [. . .] Ich will den Kopf der Schlange zertreten, die im Miste der Wollust sich erwärmt. [. . .] Solange ich lebe, werden Schändlichkeiten dieser Art nicht ungestraft die deutsche Literatur entweihen.«
Gutzkows spätere umfangreiche Romane, z. B. »Die Ritter vom Geiste« in neun Bänden, sind nur mehr für den Literarhistoriker interessant, da sie als »Romane des Nebeneinander« mit ihren Milieuschilderungen Züge des Naturalismus vorwegnehmen. Einige seiner Schauspiele – »Uriel Acosta«, »Zopf und Schwert«, »Das Urbild des Tartuffe« – hielten sich lange auf den Spielplänen deutscher Bühnen.

HEINRICH HEINE

*Heinrich Heine (*1797, †1856) entstammte einer jüdischen Düsseldorfer Kaufmannsfamilie. Nach dem Besuch des Lyzeums versuchte er sich als Volontär im Bankgeschäft in Frankfurt und Hamburg. 1819 gründete er eine eigene Firma für Manufakturwarenimport, die schon im folgenden Jahr liquidiert werden mußte, weil sich der junge Unternehmer mehr mit Dichtung als mit Kontobüchern beschäftigte. Daraufhin studierte er in Bonn, Göttingen und Berlin Rechtswissenschaften und hörte gleichzeitig Vorlesungen über Literatur, Geschichte und Philosophie. 1825 erwarb er den juristischen Doktortitel und durch seinen Übertritt zum Protestantismus das »Entreebillett zur europäischen Kultur«.*
Wanderungen und Reisen in Deutschland, Frankreich, Italien und England fanden in einer Fülle von Reisebildern (»Die Harzreise« 1826, »Das Buch Legrand« 1827, »Reise nach München und Genua«, »Die Bäder von Lucca« 1830, »Englische Fragmente« 1831) ihren Niederschlag. In ihnen mischen sich Natur- und Menschenbeobachtung, Gesellschaftskritik und Gedichte.
Seine frühen Lyriksammlungen (»Junge Leiden« 1821, »Lyrisches Intermezzo« 1823) vereinigte Heine 1827 in dem »Buch der Lieder«.
1831 übersiedelte er nach Paris, wo er als Korrespondent der Augsburger »Allgemeinen Zeitung« sich als Mittler zwischen Deutschland und Frankreich bemühte. Seine theoretischen Schriften »Die romantische Schule« und »Zur Geschichte der Religion und Philosophie in Deutschland« fanden große Beachtung. Nach einer Deutschlandreise (1843) übte er in seinem satirischen Versepos »Deutschland. Ein Wintermärchen« ätzende Kritik an den deutschen Verhältnissen. Die letzten acht Lebensjahre diktierte er, ans Bett gefesselt, gelähmt und erblindet, Gedichte und Prosa. Auf dem Friedhof Montmartre ist er begraben.
Im Ausland gilt Heine als einer der bedeutendsten deutschen Dichter, in Deutschland nimmt sein Werk weder im Bewußtsein der literarisch Interessierten noch in der Literatur- und Geistesgeschichte den ihm gebührenden Platz ein. *(K. K.)*

Heinrich Laube (* 1806, † 1884) verfaßte den dreiteiligen Roman »Das junge Europa«, dessen erster Teil ihm eine längere Haft einbrachte. Er war 1848 Mitglied der Frankfurter Nationalversammlung und wurde später Direktor des Wiener Burgtheaters. Als erfolgreicher Dramatiker seiner Zeit – »Die Karlsschüler«, »Graf Essex« – verfolgte er freiheitliche und zeitkritische Tendenzen.

Ludolf Wienbarg (* 1802, † 1872; Pseudonym L. Vineta), der Kieler Privatdozent und Verfasser der »Ästhetischen Feldzüge«, galt als Theoretiker des »Jungen Deutschland«. Diese Feldzüge sind 24 Vorlesungen gegen eine veraltete normative und für eine neue politische und gesellschaftsbezogene Ästhetik. Auch seine Schriften wurden verboten; er selbst floh vor der drohenden Verhaftung.

Der sensationelle Selbstmord der jungen Charlotte Stieglitz, die durch ihren Freitod das vermeintliche dichterische Talent ihres Gatten wekken wollte, regte Theodor Mundt (* 1808, † 1861) zu dem Buch »Charlotte Stieglitz, ein Denkmal« an. Auch die Hauptgestalt seines Romans »Madonna. Unterhaltung mit einer Heiligen« trägt deutlich Züge seiner platonischen Freundin Charlotte.

Georg Büchner

Die meisten umfangreichen Werke der Schriftsteller des »Jungen Deutschland«, die in ihrer Zeit begeisterte Zustimmung oder empörte Ablehnung hervorgerufen hatten, sind heute vergessen. Nur ihre Reisebilder und ihre Feuilletons erfahren gelegentlich noch Beachtung. Ein Dichter dagegen, der zu seiner Zeit mehr durch den Steckbrief der Polizei als durch sein Werk bekannt wurde, gehört – obwohl er mit 24 Jahren starb und nur ein schmales Werk hinterlassen hat – zu den bedeutendsten Gestalten unserer Literatur: Georg Büchner (* 1813, † 1837). Er selbst distanzierte sich deutlich vom »Jungen Deutschland«. »Übrigens gehöre ich für meine Person keineswegs zu dem sogenannten Jungen Deutschland, der literarischen Partei Gutzkows und Heines. Nur ein völliges Mißkennen unserer gesellschaftlichen Lage konnte die Leute glauben machen, daß durch die Tagesliteratur eine völlige Umgestaltung unserer religiösen und gesellschaftlichen Ideen möglich sei.«

Als einundzwanzigjähriger Medizinstudent gründete Büchner in Gießen eine geheime »Gesellschaft für Menschenrechte« und verfaßte die aufrührerische Flugschrift »Der hessische Landbote« mit dem Motto »Friede den Hütten, Krieg den Palästen«. In diesem Pamphlet wandte er sich in aller Schärfe gegen die Ausbeutung des Volkes im Großher-

GEORG BÜCHNER

Welch ein Leben! Ganze vierundzwanzig Jahre nur währte es, aber von welcher Fülle, Sprachgewalt, Leidenschaft war es! – Geburt 1813 unter dem Kanonendonner der »Völkerschlacht« bei Leipzig, in der mit Napoleon auch Ideen der großen Revolution untergehen, Tod im Jahre 1837, das die Amtsenthebung und Verfolgung der sieben aufrechten, gegen Fürstenwillkür protestierenden Göttinger Professoren sieht. Dazwischen: In des Vaters ärztlicher Praxis Einblicke in die Not der Landbevölkerung, dann Jahre intensiven Studiums und der Erkenntnis in Straßburg, dem Zentrum freiheitlicher Ideen, der Flüchtlinge, dem Ort Radikaler und Monarchisten, Bürger und Demokraten, der Tradition, des Fortschritts, der Freiheit und der Menschenrechte. Und Gießen: Denunzianten überall, Metternich-Geist, qualvoll provinzielle Enge der Universität im reaktionärsten Staat Deutschlands, und das unter Fürsten, gebildet, aufgeklärt, deren pervertierte Operettenarmeen gegen hungernde Bauern marschieren.

Immer wieder die Hilflosigkeit der Bauern, Handwerker, der verfolgten, gefolterten Revolutionäre. Aufstände im Odenwald und Vogelsberg. Büchner, der so distanzierte, rational Denkende, der nicht wie andere an ein zum Recht und zur Freiheit bereites Volk glaubt, der es als dumpf und knechtisch empfindet, läßt sich – schon selbst verfolgt – aus Mitleiden, vom verletzten Gerechtigkeitssinn mitreißen: Er ruft, beraten und getragen von seinen Freunden Wilhelm Schulz und Ludwig Weidig, der im Kerker zugrunde geht, nach Gewalt, gründet Geheimbünde, predigt den Aufstand. Seine Sprache wurzelt im Volk, kommt aus dem Dialekt, prägt den »Hessischen Landboten«, »Dantons Tod«, »Lenz«, »Woyzeck« und ist doch leicht, zart, ironisch in »Leonce und Lena«.

Der Revolutionär muß nach Straßburg, nach Zürich fliehen, promoviert mit dreiundzwanzig, hält Vorlesungen, geborgen in der Bürgerfreiheit eines selbstbewußten Volkes. Aber die Freiheit des Todes endet schnell die ›Idylle‹. War es Typhus, Hirnhautentzündung, Erschöpfung? *(E. B.)*

zogtum Hessen. »Der Fürst ist der Kopf des Blutigels, der über euch hinkriecht, die Minister sind seine Zähne und die Beamten sein Schwanz.« Der Aufruf beschwor die biblischen Propheten und schloß mit dem Gebet: »Herr, zerbrich den Stecken unserer Treiber und laß dein Reich zu uns kommen – das Reich der Gerechtigkeit. Amen.«
Während Gesinnungsgenossen von ihm verhaftet wurden, schrieb er in wenigen Wochen das Drama »Dantons Tod«. Die Revolution offenbarte sich hier als eine welthistorische Tragikomödie, wenn Danton sagte: »Wir haben nicht die Revolution, sondern die Revolution hat uns gemacht. [...] Puppen sind wir, von unbekannten Gewalten am Draht gezogen; nichts, nichts wir selbst!«
Büchner sandte das Manuskript Gutzkow und bat ihn, es einem Verleger anzubieten, da er das Honorar dringend zur Bewerkstelligung seiner Flucht brauche. In letzter Minute konnte er sich vor der Verhaftung nach Straßburg retten, wo er sein Studium fortsetzte.
In Straßburg stieß Büchner auf die Spuren des unglücklichen Sturm-und-Drang-Dichters Reinhold Michael Lenz, der zu Beginn seiner geistigen Umnachtung bei einem Pfarrer in der Nähe Zuflucht gefunden hatte. Das Novellenfragment »Lenz« ist die literarische Frucht dieser Beschäftigung mit dem Dichter, dem er sich selbst verwandt fühlte.
Ein Preisausschreiben des Verlegers Cotta für das beste deutsche Lustspiel regte ihn zur Abfassung der Komödie »Leonce und Lena« an. In diesem Werk vermischen sich Heiterkeit und Melancholie, Traum und Wirklichkeit, romantischer Zauber und Zeitkritik, Ironie und Selbstironie heiter und schwermütig, geistreich und tiefsinnig zu einem Spiel, wie es vorher nur Shakespeare in seinen Komödien gestaltet hatte. Wegen Überschreitung des Abgabetermins erhielt Büchner sein Werk ungelesen vom Verleger zurück.
Schließlich fühlte er sich auch in Straßburg nicht mehr sicher und begab sich an die Universität Zürich, wo er sich nach seiner Promotion habilitierte und als Dozent für vergleichende Anatomie wirkte.
Büchners bedeutendstes Werk, das Drama »Woyzeck«, wurde erst 1879 aus dem Nachlaß herausgegeben und 1913 zum 100. Geburtstag des Dichters in München uraufgeführt. Es ist die Geschichte des einfältigen, gutmütigen Soldaten und Barbiers Woyzeck, der von seinem Vorgesetzten verachtet und verhöhnt und vom Regimentsmedicus zu medizinischen Experimenten mißbraucht wird. Wegen seiner Armut kann er sich keine »Moral« leisten und die Braut Marie, die Mutter seines Kindes, nicht heiraten. Als ihm schließlich ein aufschneiderischer Tambourmajor die geliebte Marie verführt, erdolcht er sie, die doch in seinem Leben die einzige Liebe und der einzige Halt war. Es ist eine Tragödie der menschlichen Einsamkeit und Hoffnungslosig-

keit. Ein unbegreifliches Schicksal quält den Elenden, und existentielle Angst und Grauen treiben den Hilflosen in die Katastrophe. In kurzen, hastig aufeinanderfolgenden Szenen rollt die äußere Handlung ab. Mit wenigen Sätzen werden die Menschen lebendig, die als Puppen an den Fäden des Schicksals zappeln. Sie verstehen einander nicht mehr.
»Woyzeck« ist mehr als ein soziales Drama, und Büchner ist nicht nur Vorläufer Gerhart Hauptmanns und Frank Wedekinds. Man hat Georg Büchner als »Portalgestalt der eigentlich modernen Literatur« bezeichnet; er ist mehr, er ahnte und deutete die moderne Welt ein Jahrhundert früher, als die anderen Menschen sie tatsächlich wahrnahmen. Daher gehört sein Werk zu den bedeutendsten Schöpfungen unserer Literatur.

Die politische Lyrik des »Vormärz«

In den Jahren vor der Revolution von 1848 – in der Zeit des »Vormärz« – gewann auch die Lyrik als Waffe im Kampf gegen Restauration und Reaktion zunehmend an Bedeutung. Sie sollte Emotionen wecken und das Klima für politische Aktionen vorbereiten. Georg Herweghs »Gedichte eines Lebendigen« (1841) sind weniger kritisch-satirisch als aggressiv-revolutionär; sie sind »wirkliche Barrikadenlyrik von leidenschaftlichem Pathos«, wie die Literarwissenschaftler H. A. u. E. Frenzel schreiben.
Auch die sozialen Mißstände wurden von Lyrikern aufgegriffen und kritisch beleuchtet. Heinrich Heine konnte einige seiner sozialkritischen Gedichte – z. B. »Die schlesischen Weber« – wegen der Zensur in Deutschland nicht veröffentlichen. Ferdinand Freiligrath (* 1810, † 1876), der leidenschaftliche politische Dichter der vierziger Jahre, trat in seinem Gedichtzyklus »Ça ira« schließlich schon für das Proletariat, für Klassenkampf und Revolution ein.

Literatur

Hermand, Jost (Hrsg.): Das Junge Deutschland. Texte und Dokumente, Stuttgart 1966

Wülfing, Wulf: Junges Deutschland. Texte–Kontexte, Abbildungen, Kommentar. München, Wien 1978 (= Reihe Hanser Literatur-Kommentare, Hrsg. von Wolfgang Frühwald, Band 10)

GERHARD SCHATT

Die Eisenbahn revolutioniert den Verkehr

Die Erfindung der Eisenbahn – Mobile Dampfmaschinen – Konkurrenz Eisenbahn – Postkutsche – Kanäle und Straßen – Expansion des Verkehrswesens – Wirtschaftliche Impulse – Das Zusammenwirken von Verkehr und Politik.

Einem Reisenden des 18. Jahrhunderts standen im Prinzip die gleichen Mittel zur Verfügung wie einem Reisenden im antiken Rom. Er konnte zu Fuß gehen, sich in einer Sänfte tragen lassen, reiten oder mit dem Pferdewagen fahren. Die Fahrzeuge waren wohl etwas bequemer als vor zweitausend Jahren, dafür die Straßen vielleicht schlechter. Auch der Gütertransport vollzog sich vor rund zweihundert Jahren noch nicht viel anders als vor Jahrtausenden. Zwar waren Segelschiffe und Wagen besser geworden, doch setzten die Möglichkeiten der Technik ihrer Leistung enge Grenzen. Der Durchbruch zum modernen Massenverkehr erfolgte nach 1945, seine technischen und politischen Voraussetzungen aber liegen im 19. Jahrhundert. Es waren: die Erfindung der Dampfmaschine und des Verbrennungsmotors auf der technischen und weitgehender Freihandel und Arbeitsteilung auf der wirtschaftlichen Seite.

Erste Schienenwege und Dampfmaschinen

Die Entwicklung der modernen Schienenbahn ist eng mit dem Bergbau verbunden. Aus Deutschland haben wir schon für 1535 einen Beleg, daß im Kohlenbergbau Grubenhunde (kleine zweiachsige Wagen) auf Holzschienen liefen. Aus dem Jahr 1650 wissen wir, daß in Großbritannien längere Spurbahnen zwischen Steinbrüchen, Kohlengruben und Häfen verkehrten. Sie liefen auf Holzschienen, die mit hölzernen Dübeln auf Holzschwellen befestigt waren. Besonders beanspruchte Stellen waren schon mit Eisen benagelt, und die von Pferden gezogenen Wagen bewegten sich auf gußeisernen Rollen mit einem Spurkranz.

***Die Städte rücken zusammen.** Im 19. Jahrhundert wird die Bahn schnell zum wichtigsten Verkehrsmittel: Potsdamer Bahnhof der 1838 eröffneten preußischen Eisenbahn Berlin–Potsdam. Farblithographie von 1845.*

Ein entscheidender Fortschritt wurde in Großbritannien erzielt, als das Hüttenwerk von Colebrook-Dale einen größeren Posten gußeiserner Platten nicht absetzen konnte und sie deshalb als Belag für seine Werkbahn verwendete. Sie bewährten sich, und von da an können wir von einer »Eisen-Bahn« sprechen. 1776 erhielten die Platten eine Spur. Bis 1800 war in den nordenglischen Kohlenminen die heutige Schienenform erreicht. Allerdings waren die Schienenstücke erst 1–1,5 m lang und aus Gußeisen, ab 1808 aus dem belastbareren Schmiedeeisen, und etwa 1820 treten die ersten gewalzten Schienen auf, die etwa 4,5 m lang und schon von großer Haltbarkeit und den Betriebsbedingungen angepaßt waren.

Damit gab es die eine Komponente des modernen Eisenbahnverkehrs. Die andere war die Dampfmaschine. 1769 erhielt James Watt ein Patent für eine stationäre und 1784 für eine bewegliche Dampfmaschine. 1804 bauten dann die englischen Ingenieure Vivian und Trevethik die erste brauchbare Dampflokomotive, die fast alle Merkmale moderner Konstruktionen aufwies.

Die erste Eisenbahn in Baden 1850
Bericht von Adolf Kußmaul

Die erste in Baden erbaute Eisenbahn und eine der ersten in Deutschland war die von Mannheim nach Heidelberg. Nur wenige Leute hatten eine richtige Vorstellung von dem neuen Verkehrsmittel, dessen Betrieb und Bedeutung sich nur langsam dem allgemeinen Verständnis erschloß.
Bekanntlich schoben die Bauern die Schuld an der Kartoffelkrankheit, die gleichzeitig mit der Einführung der Eisenbahnen Deutschland heimsuchte, auf den Ruß in den Dampfwolken, die von den Lokomotiven auf die Felder ausgeschüttet wurden; es dauerte viele Jahre, bis der ungerechte Verdacht aus ihren Köpfen wich.
Am 12. September 1850 wurde die Bahn feierlich eröffnet und die erste Fahrt von Heidelberg nach Mannheim ausgeführt. Dieses Ereignis veranlaßte nach der Erzählung, die bei den Schülern des Lyzeums umlief, ein bedauerliches Abenteuer, das einem ihrer Professoren eine recht verdrießliche Stunde bereitete. Es hing aufs innigste mit der erwähnten mangelhaften Einsicht in das neue Verkehrswesen zusammen und wird hier nur deshalb berichtet, um zu zeigen, wie dunkel es in Eisenbahndingen auch in solchen gelehrten Köpfen aussah, die sich mit der physikalischen Wissenschaft von Berufs wegen bekanntmachten.
Die Behörden hatten die Honoratioren Heidelbergs zu der Festfahrt eingeladen und unter diesen auch einen Professor am Lyzeum. [. . .] Er beschloß sofort, zu eigner und seiner Familie, auch zweier Pensionäre Belehrung – es waren im ganzen acht Personen – sich an dieser hochinteressanten Fahrt zu beteiligen.
Als der Tag der Einweihung gekommen war, machte sich die Gesellschaft etwas verspätet mit raschen Schritten auf den Weg zum Bahnhof. Während sie gingen, hielt der Professor mit den Seinigen Rat, in welchem Teil des Zuges sie am sichersten führen.
Einer der Söhne, der jüngste, riet in den vordersten Wagen einzusteigen, weil man die Lokomotive von da am besten überwachen könne. Der Vater aber erinnerte sich, gelesen zu haben, man solle den hintersten Wagen wählen, denn weit vom Schuß sei weit von der Gefahr, und entschied sich für den hintersten.
Auf dem Bahnhof stand der Zug gerade zur Abfahrt bereit, die Gesellschaft mußte sich eilen und stürzte in den letzten, glücklicherweise ganz leeren Wagen. Sie saßen bequem und sicher. Ein schriller Pfiff, der Zug flog rasselnd davon. »Vater!« schrien die Söhne, »der Zug fährt fort, und wir bleiben sitzen!« – »Dumme Jungen!« erwiderte der Vater. »Was fällt euch ein? Der Wagen ist in vollem Flug, man merkt es nur nicht, das ist ja eben die große Geschwindigkeit!« Er dachte dabei an die Erde, die mit rasender Geschwindigkeit um die Sonne fährt, und wir merken es nicht. – Diesmal betrog ihn die Astronomie, der Wagen war abgehängt und blieb stehen, der Zug war längst aus dem Bahnhof, als sie ausstiegen und in die Stadt zurückkehrten.
Bald nachher fuhr auch ich zum ersten Mal auf der Bahn nach Mannheim. In Friedrichsfeld machte der Zug einen kurzen Halt, dann fuhr er weiter. Kaum war er wieder in Gang gekommen, so sah ich aus einem offenen Stehwagen, die es in

den ersten Jahren gab, eine Mütze herausfliegen, und hintendrein sprang der Bauer heraus, dem der Wind sie entführt hatte. Das Publikum schrie, der Zug hatte noch keine große Geschwindigkeit, die Lokomotive blieb stehen, der Bauer war in den Sand gefallen, erhob sich, raffte seine Mütze auf und stieg mit ruhigem Gemüt wieder in den Wagen.

Der große Eindruck, den die dampfspeienden Ungeheuer mit ihren riesigen Wagenzügen anfangs auf die Beschauer machten, läßt sich nur mit dem vergleichen, den sie heute noch auf die Kinder ausüben, keine andere Erscheinung wirkt so mächtig wie ein eilender Bahnzug auf ihre Sinne.

Sooft mein Vater in den ersten Monaten nach der Eröffnung der Bahn nach Heidelberg kam, mußte ich ihn vor die Stadt an eine günstige Stelle im Feld begleiten, wo er den Zug bequem vorübereilen sah. Noch immer höre ich seine Worte: »Nichts ergreift mich mehr als diese Erfindung. Eine neue Welt ersteht, und ich sinne vergeblich, wie sie sich gestalten vermag.«

Aus: »Jugenderinnerungen eines alten Arztes« von Adolf Kußmaul, Stuttgart 1909. (Kußmaul, * 1822, † 1902, war einer der bedeutendsten Ärzte Deutschlands in der 2. Hälfte des 19. Jahrhunderts.)

Die Verbindung von Schiene und Lokomotive verdankt die Welt einer Wette. Der englische Grubenbesitzer Samuel Homfray wollte nicht glauben, daß eine von Richard Trevethik gebaute Lokomotive eine Last von zehn Tonnen über die zehn Meilen seiner Grubenbahn ziehen könne. Trevethik gewann die Wette. Die Dampfeisenbahn war geboren. Aber erst George Stephenson konnte 1814 durch praktische Versuche die skeptische Öffentlichkeit davon überzeugen, daß glatte Räder auf glatten Schienen genug Reibung haben, um große Lasten zu bewegen.

1815/16 baute die Königliche Eisengießerei in Berlin auch die erste deutsche Lokomotive. Sie kam jedoch nicht zum Einsatz, weil ihre Spur nicht mit den Gleisen des Bestellers, einer oberschlesischen Eisenhütte, übereinstimmte. 1825 konnte Stephenson dann auf der Strecke Darlington–Stockton die erste öffentliche Dampfeisenbahn der Welt für den Güterverkehr einrichten, und 1830 eröffnete er auf der Strecke Liverpool–Manchester die erste Personenbahn.

In Deutschland gab es 1825 an Ruhr und Saar schon ein Streckennetz von mehr als 50 Kilometern dampfgetriebener Grubenbahnen. Trotz aller Bemühungen war England aber im Bau von Lokomotiven, Wagen und Schienen überlegen. Der Vorsprung der in Großbritannien um Jahrzehnte früher einsetzenden »Industriellen Revolution« war nicht so schnell aufzuholen. Deshalb waren die frühen deutschen Bahnen von englischer Technik und anfangs auch von englischem Bedienungspersonal abhängig. 1842 liefen in Deutschland 245 Lokomotiven; von ihnen stammten nur 38 aus eigener Produktion! Das wurde erst anders, als unsere Eisentechnologie und unser Maschinenbau ihr Entwicklungsdefizit um die Mitte des Jahrhunderts aufholten. Krupp, Henschel, Borsig, Maffei und Harkort haben deutsche Erzeugnisse wettbewerbsfähig gemacht. Mit der Ausrüstung kam auch die bis heute bei uns verwendete englische Spurweite von 1,425 Metern nach Deutschland.

Eisenbahnen und Postkutschen – Fruchtbare Konkurrenz

Als Georg Platner und Johannes Scharrer die erste deutsche Eisenbahnlinie von Nürnberg nach Fürth planten, machten sie eine genaue Kosten-Nutzen-Analyse. Sie ermittelten das tägliche Verkehrsaufkommen zwischen beiden Städten mit durchschnittlich 1720 Personen und legten ihrer Berechnung den Fahrpreis der Postkutsche zugrunde, zu dem dann auch die Eisenbahn-Passagiere befördert wurden. Die Bahn fuhr also nicht billiger als die Post, jedoch schneller, und damit war die

***»So viele Passagiere, und wir können mit langer Nase zusehen.«** Karikatur auf die Konkurrenz zwischen Bahn und Postillionen. In Wirklichkeit ergänzten sich Eisenbahn und Postkutschen noch lange Zeit.*

Konkurrenz entschieden. Im Fernverkehr aber war die Bahn gegenüber der Kutsche real billiger, da der Reisende nicht nur Zeit, sondern auch teure Übernachtungen, Mahlzeiten und Trinkgelder sparte. Da das Streckennetz der Bahn noch weitmaschiger war, blieb dem Pferdewagen der Zubringerdienst. Hier wuchs das Geschäft sogar, denn die Bahn übernahm ja nicht nur das bestehende Verkehrsvolumen, sondern sie schuf durch relative Verbilligung, denn auch Zeit ist ja Geld, und durch Belebung neues. Die Postkutsche wurde also nicht überflüssig, ganz im Gegenteil, aber sie wurde, ebenso wie die Fuhrwerke im Gütertransport, auf den Nahverkehr beschränkt.

Die Post versuchte zunächst, den Wettbewerb durch Eilwagen zu bestehen. Sie drückte dadurch die Reisezeit zwischen Hamburg und Wien von 188–288 auf 143 Stunden, doch die Bahn schaffte bald dieselbe Strecke in 30 Stunden. Bis 1844 wurden alleine in Bayern 67 Eilwagenkurse eingerichtet, die noch 1862 nicht weniger als 206 400 Passagiere beförderten.

Ab 1851 versuchte die Post in Bayern, den verlorenen Boden auch über

Preissenkungen wiederzugewinnen. Dazu wurden ›Postomnibusse‹ – vielsitzige Fahrzeuge – eingesetzt, die kostengünstiger waren als kleinere Kutschen. Langfristig jedoch waren alle diese Versuche zum Scheitern verurteilt.

Das Ende der Postkutsche und des Pferdefuhrwerks im Warentransport kam jedoch nicht mit der Eisenbahn, auch wenn viele verständliche Klagen von Betroffenen auf uns gekommen sind, die sich den veränderten Bedingungen nicht anpassen wollten oder konnten und die deshalb ihre Existenzgrundlage verloren. Das Ende kam erst mit dem Aufstieg des Kraftfahrzeugs in unserem Jahrhundert und auch da nur langsam. Die Oberpostdirektion Nürnberg hat erst 1930 den letzten Kutschenverkehr eingestellt!

Übrigens fuhr die Bahn lange nicht nur mit Dampf-, sondern auch mit Pferdeantrieb. Auf der Strecke Nürnberg–Fürth beförderte sie im ersten Geschäftsjahr 1835/36 bei 2364 Dampffahrten 245 809 Personen und bei 6001 Pferdefahrten 203 590 Personen. Der Pferdebetrieb wurde bis 1856 beibehalten, auf einer Teilstrecke sogar bis 1862, und das war auch anderswo die Regel. Die 1830 gebaute Pferdebahn von Linz nach Budweis (131 km) verkehrte sogar bis 1870.

Entwicklung der deutschen Eisenbahn in atemberaubendem Tempo

Die erste deutsche Bahn von Nürnberg nach Fürth war sechs Kilometer lang. Zwei Jahre später erreichte die deutsche Streckenlänge 20 km, 1840 bereits 548 km, bis 1850, also innerhalb von 15 Jahren, wuchs sie auf 6044 km, 1860 waren 11 660 km erreicht und 1885 knapp 40 000 km. Im Jahr 1910 hatte das deutsche Schienennetz mit 61 148 km seine größte Ausdehnung. Seither schrumpfte es durch Gebietsverluste wie durch den Wettbewerb neuer Verkehrsträger, vor allem Kraftfahrzeuge und Flugzeuge.

Die Entwicklung des Bahnnetzes hatte also ein atemberaubendes Tempo. Parallel dazu wuchs die Transportleistung. In den Jahren 1835/36 wurden 459 399 Personen befördert, 1912 dagegen 1,744 Milliarden!

Zuerst stand der Personenverkehr im Vordergrund. 1836 stellte die Ludwigsbahn von Nürnberg nach Fürth einen ersten Frachtbrief für ganze 2 Fässer Bier aus. Keine 50 Jahre später, 1880, wurden 13,1 und 1913 schon 67,5 Milliarden Tonnenkilometer Gütertransport bewältigt.

Die Überlegenheit der Bahn beruhte auf ihrer Geschwindigkeit. 1835

fuhr man von Nürnberg nach Fürth mit einem Durchschnitt von etwas über 24 Stundenkilometern, Mitte der fünfziger Jahre stieg die Reisegeschwindigkeit auf über 40 Stundenkilometer, und noch vor der Jahrhundertwende waren 100 Stundenkilometer erreicht. Damit konnte kein anderer Verkehrsträger konkurrieren. Zwar wurde das Straßennetz systematisch erweitert und ausgebaut und auch die Binnenwasserstraßen durch Flußregulierungen und Kanalbauten erweitert, doch fiel dies erst gegen das Ende des Jahrhunderts ins Gewicht, weil vorher geeignete Antriebsmaschinen fehlten. Im Jahr 1818 erschienen die ersten Dampfschiffe auf unseren Strömen, auf dem Bodensee 1824, doch waren die Flüsse schwer zu befahren und die alten Kanäle zu schmal. Der 1845 vollendete Ludwigskanal von der Donau zum Main konnte schon zur Zeit seines Baues von den Dimensionen her als veraltet gelten. Stromaufwärts waren die Maschinen oft nicht leistungsfähig genug. Man versuchte diesem Übel abzuhelfen, indem eiserne Ketten in den Flußbetten verlegt wurden, an denen sich die Dampfer entlangzogen, doch war diese Technik auf die Dauer gegenüber der Bahn nicht wettbewerbsfähig.
Im Straßenverkehr lieferten die Verbrennungsmotoren erst nach der Jahrhundertwende einen Antrieb, der mit der Eisenbahn konkurrieren konnte, im Fernverkehr sogar erst nach dem Zweiten Weltkrieg. Die Führung in der Entwicklung des deutschen Verkehrswesens lag eindeutig bei der Eisenbahn.

Größerer Komfort
Weitere Fortschritte im deutschen Eisenbahnwesen

Die ersten Personenwagen glichen auf Schienen gesetzten Postkutschen. Reisende von Stand ließen in der Frühzeit der Eisenbahn für Fernreisen ohnehin ihre Equipagen auf Bahnwaggons verladen und reisten also auf gewohnte Weise, zumal sie ihre Fahrzeuge für jene Teilstrecken der Reise brauchten, auf denen es noch keine Eisenbahn gab.
Entsprechend den Pferdekutschen waren die ersten Personenwagen teils offen und teils gedeckt, etwa 4 Meter lang und von Anfang an in drei Preisklassen geteilt. Erst 1890 wurde bei Personenwagen mit 18 Metern annähernd die heute übliche Länge erreicht.
Wie schon gesagt, dominierte zunächst der Personenverkehr. 1838 war das Verhältnis zwischen den im Personen- bzw. Güterverkehr eingesetzten Wagen auf der Strecke Berlin–Potsdam 82:22, auf der Strecke München–Augsburg 37:12. Die ersten speziell für den Gütertransport

gebauten Waggons gab es erst ab 1840; noch Jahrzehnte fuhren die Züge im gemischten Personen- und Güterverkehr.
Um die Bequemlichkeit der Reisenden war es schlecht bestellt, aber da war man ja von den Postkutschen nicht verwöhnt. Anfangs wurde nur bei Tageslicht gefahren, ab 1837 gab es in der 1. Klasse Kerzenbeleuchtung, dann Öllampen, ab 1860 schließlich in allen Klassen Gaslicht. Im Winter mußte man sich anfangs wie bei der Pferdepost mit Decken und Wärmflaschen helfen, dann kamen Kohleöfen in die Waggons der höheren Klassen, und erst in den siebziger Jahren wurde die Dampfheizung eingeführt. Bis dahin war die Leistungsfähigkeit der Lokomotiven nicht groß genug, um auch noch Heizungen zu betreiben. Der ›Feurige Elias‹, eine Dampflokalbahn zwischen Heidelberg und Weinheim, fuhr sogar noch in den fünfziger Jahren unseres Jahrhunderts mit Ofenheizung!
Auch die sanitären Verhältnisse waren heikel. Noch in den sechziger Jahren des vorigen Jahrhunderts gab es Toiletten nur in den Packwagen, dann wurden sie zwar auch in die Personenwaggons eingebaut; aber sie waren noch lange nur von außen zugänglich, so daß ein Benützer nur auf einer Station in die Toilette hinein und auf der nächsten wieder heraus konnte.
Der große Durchbruch zur Bequemlichkeit des Reisens mit der Bahn kam in den folgenden Jahren, als die ›Durchgangswagen‹ und die Liegewagen der 1. Klasse (1870) aufkamen und nachdem in Deutschland 1872 auch die ersten Speise- und Schlafwagen eingesetzt wurden. Jetzt war das Reisen mit der Bahn hoffähig geworden, deshalb fand auch mancher Staatsakt bis in die jüngere Vergangenheit in Eisenbahnzügen statt, z. B. die deutsche Kapitulation 1918 und die französische 1941.

Die wirtschaftliche Rolle der Eisenbahn: Entscheidende Impulse für die Industrialisierung Deutschlands

Für den Bau der Bahnen waren Investitionen in einer Größe nötig, wie man sie bis dahin nicht kannte. Das Kapital der Gesellschaft, die die Strecken von München über Donauwörth und Nürnberg an die sächsische Grenze baute, betrug 6 Millionen Gulden; eine für die damalige Zeit ungeheure Summe. Die Möglichkeiten einzelner oder kleiner Gruppen von Kapitalisten waren damit überfordert. Deshalb begann mit dem Aufstieg der Eisenbahn auch der Siegeszug der Aktiengesellschaften. Ihre Papiere wurden gerne gekauft, denn nirgends sonst war Geld so gut und sicher angelegt wie in Bahnaktien. 1836 konnte die

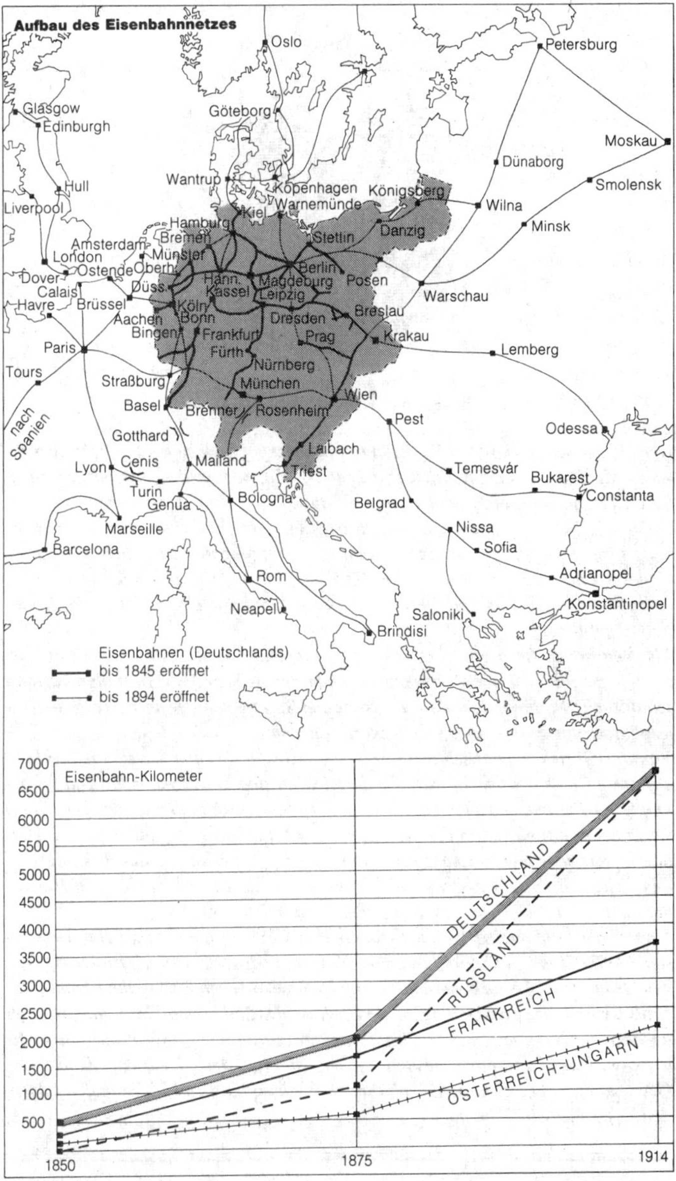
Aufbau des Eisenbahnnetzes
Oslo
Petersburg
Glasgow
Edinburgh
Göteborg
Moskau
Dünaborg
Hull
Wantrup
Kopenhagen
Königsberg
Smolensk
Liverpool
Warnemünde
Wilna
Kiel
Hamburg
Minsk
Bremen
Stettin
Danzig
Amsterdam
London
Münster
Ostende
Oberh.
Berlin
Dover
Hann.
Magdeburg
Posen
Calais
Düss.
Kassel
Leipzig
Warschau
Havre
Brüssel
Köln
Bonn
Dresden
Breslau
Aachen
Bingen
Frankfurt
Prag
Krakau
Paris
Fürth
Lemberg
Nürnberg
Tours
Straßburg
München
Wien
Basel
Brenner
Rosenheim
Pest
nach Spanien
Odessa
Gotthard
Laibach
Lyon
Cenis
Mailand
Temesvár
Triest
Bukarest
Turin
Constanta
Genua
Bologna
Belgrad
Marseille
Nissa
Sofia
Barcelona
Adrianopel
Rom
Konstantinopel
Neapel
Saloniki
Brindisi
Eisenbahnen (Deutschlands)
bis 1845 eröffnet
bis 1894 eröffnet
Eisenbahn-Kilometer
7000
6500
6000
5500
5000
4500
4000
3500
3000
2500
2000
1500
1000
500
1850
1875
1914
DEUTSCHLAND
RUSSLAND
FRANKREICH
ÖSTERREICH-UNGARN

Porträt

FRIEDRICH LIST

Der »Fluch des zerrissenen Vaterlandes, in welchem man so kinderleicht heimatlos werden kann« hat Friedrich List 1846 bei Kufstein in den Freitod getrieben. So verabschiedet sein Freund Heinrich Laube den Mann, der sich wie kaum ein anderer Zeitgenosse unermüdlich und selbstlos, aber ohne unmittelbare Anerkennung für die wirtschaftliche Entwicklung und Einigung der deutschen Territorien eingesetzt hat. Der kleine, dickliche Herr mit »löwenartigem Kopf«, nicht zu berechnender Energie und preußischem Pflichtgefühl hatte ein höchst wechselvolles Leben geführt.

*Als Reutlinger Gerbersohn (*1789) für das Handwerk bestimmt, erhält List schließlich mit Hilfe der Mutter eine Ausbildung als Schreiber. In steiler Karriere schafft er 1817 durch liberale Protektion den Sprung von der mittleren Beamtenlaufbahn zum Professor für Staatsverwaltungspraxis in Tübingen.*

Von der Obrigkeit politisch gemaßregelt, verzichtet der impulsive Liberale 1819 auf diese Stelle. Seinen Einsatz für die Abschaffung der Binnenzölle und für gemäßigte »Erziehungszölle« zum Schutz der rückständigen deutschen Wirtschaft verbindet er mit Kritik an der herrschenden Politik und Verwaltungspraxis. Daraufhin verliert er sein Landtagsmandat, erhält 1824 zehn Monate Festungshaft und beschließt auszuwandern, dorthin, »wo man die Leute nicht bei den Haaren herumzieht und einsperrt, wenn sie von Vernunft reden«.

Finanzieller und publizistischer Erfolg in den USA kann nicht sein Heimweh besiegen. Seit 1832, als amerikanischer Konsul nach Deutschland zurückgekehrt, wird er nun zum Vorkämpfer und Schöpfer des deutschen Eisenbahnsystems, das er als Symbol der wirtschaftlichen und politischen Einheit des Deutschen Reiches ansah. Durch landesherrliche Engstirnigkeit ebenso wie durch Vorurteile abgelehnt und mißverstanden, resignierte er, während der »Deutsche Zollverein« (1834) und der einsetzende Eisenbahnboom seine Pläne und Ideen in den folgenden Jahren verwirklichten. *(W. W.)*

Ludwigsbahn für ihr erstes Betriebsjahr eine Dividende von 19 Prozent ausschütten.
Aber nicht nur für die Kapitalmärkte war der Bahnbau ein entscheidender Impuls. Eisen und Stahl wurden in neuen Qualitäten und großen Mengen gebraucht. Der Kohlebedarf wuchs durch neue Hüttenwerke und den Bahnbetrieb. Dadurch bekam der Bergbau wirtschaftlich und technisch neue Dimensionen. Auch an Tunnel- und Brückenbau stellte die Bahn bisher unbekannte Anforderungen. Die Technologie großer Stahlkonstruktionen wurde durch den Bau großer Bahnhofshallen vorangetrieben. Bedürfnisse der Eisenbahn befruchteten auch die Nachrichtentechnik und den Bau von Elektromotoren (erste Versuchsfahrt einer E-Lok 1879). Düsseldorf–Krefeld ist die älteste elektrifizierte Strecke (1894). Waggons und Lokomotiven (August Borsig 1841) gehörten zu den frühesten in Serie gefertigten großtechnischen Geräten.

Massenverkehr und Mobilität der Arbeitskräfte

Preußen führte 1856 im Personenzugverkehr die 4. Klasse zu einem sehr niedrigen Tarif ein. Damit begann der Massenverkehr mit starker räumlicher Mobilität der Arbeitskräfte. Die Bahn schloß entlegene Gegenden an die wirtschaftlichen Ballungszentren an und intensivierte die Verbindung der deutschen Wirtschaft mit dem Ausland. 1843 bekam Deutschland die erste Schienenverbindung nach Belgien, 1848 nach Österreich, 1852 nach Frankreich, 1855 in die Schweiz und 1856 in die Niederlande, 1860 auch nach Rußland. Die Folgen für die internationale Arbeitsteilung waren enorm. Ein weiterer Fortschritt war die Beschleunigung des Postverkehrs durch die Bahn.
Die Intensivierung der Wirtschaft schuf viele neue Arbeitsplätze und auch neue Industriestandorte. Die anderen Verkehrsträger ergänzten das Bahnnetz und profitierten ihrerseits vom allgemeinen Aufschwung. Zusammenfassend kann man sagen, daß der Bau der Eisenbahnen eine der wichtigsten Triebkräfte bei der Industrialisierung Deutschlands war.

Eisenbahn und Politik

Die deutschen Fürsten haben die Bedeutung der Eisenbahn zunächst nicht erkannt. Keiner von ihnen hat die Initiative ergriffen oder fördernd mitgewirkt. Schon 1807 schlug Joseph Ritter von Baader dem

Eilwagen.

Reise- Schein

von HANAU nach

Einschreib-Nummer

Geht ab präcis um Uhr den ten 184

Der Passagier hat bezahlt für einen Platz

für seine Person . . . .

für Pfund Uebergewicht . . .

im Ganzen

HANAU den ten 184

Expedition fahrender Posten.

Unterzeichnet

Beachtungswerthe [illegible] reisende Publikum.

Die Conducteurs der diesseitigen Postverwaltung sind, zur Verhütung von Gefahren und Unfällen, strenge angewiesen, an Abhängen, wo zur Sicherheit der Reisenden gehemmt werden muß, den Radschuh selbst ein- und anzulegen und den Postillon nicht von seinen Pferden sich entfernen zu lassen. Nur dann darf ausnahmsweise dieses Geschäft von dem Postillon verrichtet werden, wenn bei besonders kothiger Straße solches vom Conducteur nicht, ohne Belästigung der neben ihm sitzenden Reisenden, geschehen kann. In diesem Falle ist er jedoch gehalten, sich an das Sattelpferd zu begeben und dort so lange zu bleiben, bis der Postillon wieder im Sattel ist. Wiederholte Anzeigen über die Nichtbefolgung dieser Anordnung von Seite der Conducteurs, veranlassen die unterzeichnete Post-Administration jeden Post-Reisenden zu ersuchen, in seinem eigenen Interesse, so wie im Interesse des gesammten Reisepublikums jede wahrgenommene Zuwiderhandlung gegen obige Verordnung sogleich nach Ankunft auf der nächsten Station in das dortselbst befindliche Beschwerde-Buch einzutragen.

***Nicht überall fuhren Eisenbahnen.** Billett mit Einschreibenummer für einen Passagier des »Eilwagens« der »Expedition fahrender Posten« der Thurn und Taxisschen Post von 1848.*

bayerischen König einen Schienenweg von der Donau zum Rhein und 1814 von Nürnberg nach Fürth vor, und 1825 ließ er im Schloßpark von Nymphenburg bei München eine Demonstrationsbahn fahren – vergeblich. Das Interesse des Königs galt dem Main-Donau-Kanal, und an der ersten deutschen Bahnstrecke von Nürnberg nach Fürth beteiligte sich Ludwig I. mit ganzen zwei Aktien à 100 Gulden! Teilweise mangelte es den Fürsten an der nötigen Weitsicht, teilweise sahen sie aber den Bahnbau als Gefahr für ihre Selbständigkeit. Sie erkannten, daß die Erfordernisse eines großräumigen Verkehrsmittels schnell mit ihren kleinstaatlichen Interessen in Konflikt kommen mußten, zumal ja wichtige Propagandisten des Bahnbaus erklärte Anhänger des deutschen Einheitsgedankens waren wie Friedrich List.
Erst als die ungeheure Dynamik des neuen Verkehrsmittels nicht mehr zu übersehen war, entstanden Anfänge *staatlicher* Bahnen (1838), doch war dies für die weitere Entwicklung eher ein Nachteil. Heute noch leidet unser Streckennetz darunter, daß bei seinem Entstehen nicht nur technische und wirtschaftliche Logik, sondern oft auch kleinstaatli-

ches Denken entscheidend war. So wurden oft unsinnige und teuere Umwege eingeschlagen, um Strecken nicht über fremdes Territorium führen zu müssen. Das deutsche Schienennetz hat deshalb auch keinen Mittelpunkt wie das britische oder französische, sondern mehrere Hauptknotenpunkte wie Frankfurt am Main, Köln, München, Hamburg oder Berlin.

Ein Punkt, der die Fürsten für die Bahn interessierte, war deren militärische Verwendbarkeit. So entstanden staatliche Eisenbahnen oft unter strategischen Gesichtspunkten. Schon im Deutsch-Dänischen Krieg von 1848 beförderte die hannoversche Staatsbahn 123 228 Mann. In den Kriegen von 1864, 1866 und 1870/71 beruhte die preußische bzw. deutsche Überlegenheit unter anderem auf einem strategisch günstigen Eisenbahnnetz. So wurde Napoleon III. auch deshalb so schnell geschlagen, weil die preußischen Truppen aus Ostdeutschland überraschend schnell an die Westgrenze gebracht werden konnten, während das französische Heer seine im Süden und Westen stehenden Armeen erst auf den Kriegsschauplatz bringen konnte, als die Entscheidung bereits gefallen war.

Während 1870 das deutsche Streckennetz noch je zur Hälfte privat und zur Hälfte staatlich betrieben wurde, kam es, unter anderem aus den Erkenntnissen von 1870/71 heraus, in den Jahren zwischen 1880 und 1890 zur Verstaatlichung fast aller deutscher Eisenbahnen, allerdings in der Hand der Länder, und erst 1920 wurden sie Reichseigentum. Da jedes deutsche Land seine Souveränität auf dem Eisenbahnsektor eifersüchtig hütete, kam es auch lange Zeit zu einem technischen Wirrwarr bei Maschinen, Signalsystemen und Installationen. So wurde erst 1917 unter dem Druck der Kriegsverhältnise die erste Einheitslokomotive beschlossen!

Wenn sich die Bahnen um die Mitte des vorigen Jahrhunderts stürmisch entwickelten, dann geschah dies jedenfalls oft nicht wegen, sondern trotz der staatlichen Eisenbahnpolitik. Übrigens haben die Fürsten ganz richtig erkannt, daß der Bahnbau die politische Vereinheitlichung beschleunigen werde. Als 1893 in Deutschland einheitlich die Mitteleuropäische Zeit eingeführt wurde, geschah dies wegen der Koordinierung der Fahrpläne! Bis dahin mußte man sich mit einer fiktiven einheitlichen Bahnzeit (Berliner Zeit) behelfen!

Literatur

Panofsky, Walter: Verkehrsmuseum Nürnberg, München 1979

WOLFGANG WEISMANTEL

Anfänge der Industrialisierung und der sozialen Frage

Entwicklungsstufen zur industriellen Gesellschaft – Englands wirtschaftliche Führungsrolle – Bevölkerungsentwicklung als Herausforderung – Bildung eines geschlossenen Wirtschaftsraumes – Wirtschaftsplanung und Ballungsräume – Entstehung des Proletariats – Konfrontation mit der sozialen Frage – Erste Lösungsversuche.

Mit dem Übergang vom 18. zum 19. Jahrhundert trat das Deutsche Reich in ein Zeitalter tiefgreifender sozialer, wirtschaftlicher und politischer Umwälzungen ein. Die nun anbrechende Epoche der Industrialisierung oder »Industriellen Revolution« feierte ein Zeitgenosse sogar voreilig als den »Vorabend einer goldenen Zeit«, und der Historiker Hans-Ullrich Wehler sieht in dieser Umbruchsphase die »tiefste Zäsur der Menschheitsgeschichte seit dem Neolithikum«.
Immerhin hat der damals nachhaltig eingetretene Entwicklungssprung Wirtschaft und Gesellschaft Deutschlands so geprägt, daß ohne ihn unsere moderne industrielle Massengesellschaft in ihrer wirtschaftlich-technischen Leistungsfähigkeit und mit ihrer Faszination, aber auch mit ihrer unverkennbaren Problematik undenkbar wäre.

Zögernd, aber dann mit großen Schritten: Phasen der Industrialisierung in Deutschland

Die industrielle Entwicklung der letzten 150 Jahre war nur möglich als Folge einer Anzahl von Faktoren, die sich gegenseitig bedingten und gleichzeitig verstärkten. Dabei konnte es vorkommen, daß wirtschaftliche oder soziale Wechselwirkungen mit einer bestimmten Verzögerung aufeinander folgten und so Wachstumsschübe, Stagnationen oder krisenhafte Erscheinungen hervorriefen, die nicht immer vorhersehbar waren. Verständlicherweise förderte dies bald auch kritische Stimmen gegenüber einer unkritischen und somit letztlich unsozialen Fortschrittsgläubigkeit.
Um einen gewissen Überblick zu erhalten, hat man versucht, bestimmte Phasen der Industrialisierung abzugrenzen. Der Historiker

Friedrich-Wilhelm Henning unterscheidet dabei drei Hauptabschnitte: den Übergang von der agrarischen Gesellschaft zur allmählich beginnenden Industrialisierung (1780/1800–1825), daneben die »Erste Industrialisierungsphase« (1825–1873), in der sich die Entwicklung stark beschleunigt und in allen Wirtschaftssektoren ein Produktivitätssprung zu verzeichnen ist. Die dritte Phase, der »Ausbau der Industrie« (1873–1914), läßt Deutschland schließlich zu einem modernen Industriestaat heranreifen.

Ein internationaler Vergleich macht dem aufmerksamen Betrachter auf einen Blick deutlich, daß in den Anfangsjahren das Deutsche Reich der Entwicklung in Frankreich und erst recht der in England hinterherhinkte. Dabei muß jedoch auf die grundsätzlich andere Situation in den deutschen Territorien hingewiesen werden. Politisch war man hier nicht über den aufgeklärten Absolutismus hinausgekommen (siehe Band 8), d.h., wirtschaftliche Entscheidungen wurden grundsätzlich von oben getroffen. Fürstliches Wohlwollen steuerte mit vorsichtigen Reformen das Wirtschaftsgeschehen. Zunächst war man dabei sehr bedacht, die ständische Gliederung der Gesellschaft unangetastet zu lassen, denn ein Abbau sollte, wenn schon nicht vermeidbar, nur äußerst langsam geschehen. Ziel also war eine stets kontrollierbare, keine sprunghafte wirtschaftliche und politische Entwicklung.

Der Industriestaat England – Ein Konkurrent spielt seine Stärke aus

An der Schwelle zum 19. Jahrhundert trifft man daher in deutschen Landen auf eine funktionierende ständisch-agrarische Ordnung, in der über 80% der Bevölkerung in der Landwirtschaft tätig waren, während von den 10% Stadtbevölkerung die meisten in Ackerbürgerstädten lebten, wo Viehställe, Scheunen und Lagerhäuser für Getreide wie selbstverständlich das Straßenbild prägten. In England gehörte dieses Bild vielerorts längst der Vergangenheit an, denn seit der Mitte des 18. Jahrhunderts wurde zielstrebig die Industrialisierung vorangetrieben, deren Leistungen in mannigfacher Hinsicht für den Kontinent richtungweisend werden sollten.

Wesentlich bestimmend für diesen englischen Vorsprung war eine Anzahl von Faktoren, die auf Deutschland nicht oder noch nicht zutrafen. So konnten die Rohstoffe aus englischen Kolonien durch die wohlorganisierten Handelskompanien der nationalen Wirtschaft des Königreiches zugeführt werden. Das durch die Ausbeutung der Kolonien und ihrer Leistungen schnell verdiente Geld regte wiederum die

Investitionstätigkeit an. Seit 1688 herrschte auf der britischen Insel innerer Friede, so daß Vermögen und Wohlfahrt beständig zunahmen, Wissenschaften und Technik sich über lange Jahre ungestört entfalten konnten. Die verkehrsgünstige Lage notwendiger Rohstoffe wie Kohle und Eisen erforderte in England einen vergleichsweise geringen Kostenaufwand, um sie zu erschließen.

Außerdem dynamisierte die Durchlässigkeit der englischen Gesellschaftsordnung den aufkeimenden wirtschaftlichen Prozeß sehr stark. Adel und Bürgertum stritten gemeinsam ›im freien Spiel der Kräfte‹ innerhalb einer liberalen Wirtschaftsverfassung, auf die von staatlicher Seite kein Einfluß genommen wurde. »Die menschliche Freiheit enthüllt auf Schritt und Tritt ihre eigenwillige und schöpferische Kraft. Nirgends erweist sich die langsame und beständige Tätigkeit der Regierung.« Sichtlich beeindruckt notierte Alexis de Tocqueville, einer der zahllosen Englandreisenden dieser Zeit, diese Sätze in sein Reisetagebuch.

Ein freier Mann, tätig und gottgefällig: Der neue Unternehmertypus setzt sich durch

Tocqueville kommentierte mit seinen Worten die Auswirkungen des ökonomischen Liberalismus, der auf dem Kontinent nur zögernd gegenüber der merkantilistischen Wirtschaftsweise (siehe Band 6 und 8) an Boden gewann. In Holland und England dagegen hatten die puritanischen Minderheiten sich durch ihr religiös bestimmtes Ethos erfolgreich das Recht erstritten, selbständig und aus eigener unternehmerischer Initiative wirtschaftliche Fragen zu entscheiden.

Es war der schottische Nationalökonom und Philosoph Adam Smith (* 1723, † 1790) gewesen, der diese volkswirtschaftlich so wesentliche Entwicklung in Gang gesetzt hatte, indem er die Gedanken des Philosophen John Locke über die politische Freiheit des Menschen (siehe Band 8) auf die Wirtschaft übertrug und eine Theorie vom freien Wirtschaftskreislauf aufstellte, der sich zum Nutzen aller selbsttätig regulierte.

Damit war die Bahn frei für den puritanisch-calvinistischen Kaufmann und Unternehmer, der seine Wohlgefälligkeit vor Gott an seinem ökonomischen Erfolg ablesen konnte. Zumindest glaubte er dies, lebte asketisch und investierte das erarbeitete Kapital möglichst wieder gewinnbringend. Zeitvergeudung empfand er als die »erste und schwerste Sünde«. Von da bis zu der berühmten kapitalistischen Maxime »Zeit ist Geld« war es nur noch ein folgerichtiger Sprung, wie der

Soziologe Max Weber in einem grundlegenden Aufsatz über die Wurzeln des westeuropäischen Kapitalismus dargelegt hat.
Während sich so in den calvinistischen Ländern ein neuer Unternehmertypus herausbildete, rümpften im Deutschen Reich in vornehmen Kreisen noch viele die Nase über den sozialen Makel, der vermeintlich einer nützlichen, gewinnbringenden Beschäftigung anhaftete.

Die Bevölkerungszunahme – Ein Startsignal auf dem Weg in die industrielle Massengesellschaft

Gewinne konnten nur erzielt werden, wenn Nachfrage nach den Waren bestand, wenn also geeignete Absatzmärkte für eine steigende Produktion vorhanden waren. Außerdem mußte sich der Markt aufgeschlossen und anpassungsfähig zeigen, mußte technische Innovationen (Ideen, Erneuerungen) mit Leistungsfähigkeit und unternehmerischer Initiative verbinden.
In dieser Phase eines sich wandelnden Wirtschaftsverständnisses setzte im 18. und 19. Jahrhundert eine sprunghafte Bevölkerungszunahme in Europa ein, die einerseits die neuen Ideen und Unterneh-

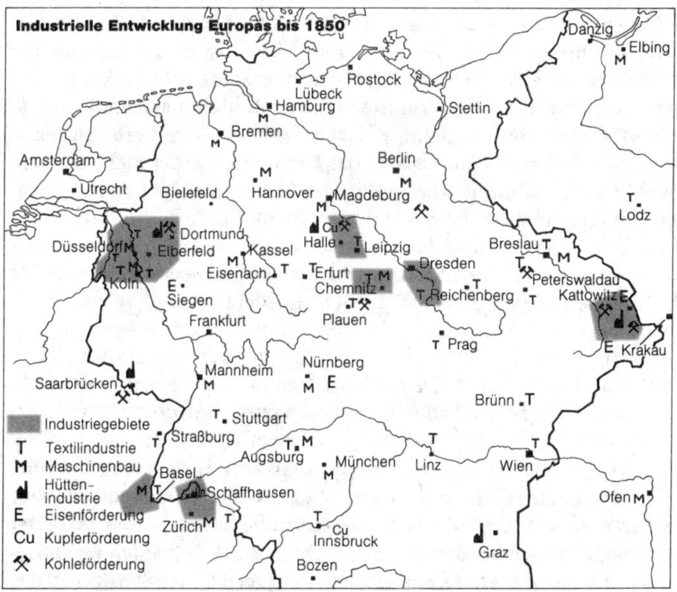

mensformen entscheidend auf die Probe stellte, aber auch zum Motor der massiv einsetzenden Industrialisierung wurde. Denn ohne eine entschlossene Entwicklung von neuen Produktionstechniken und die Bereitstellung Hunderttausender von Arbeitsplätzen konnten diese Massen in naher Zukunft nicht einmal ein kümmerliches Dasein fristen. Eine Herausforderung mit politischem und sozialem Zündstoff von bislang ungekanntem Ausmaß bahnte sich an.

Der Bevölkerungsanstieg erreichte in rein landwirtschaftlichen Gebieten Deutschlands das größte Volumen und drohte sich wie eine Lawine von Osten nach Westen auszudehnen, obwohl die einzelnen Regierungen aus Furcht vor den sozialen Folgen eine Binnenwanderung zunächst stark einschränkten.

Die Ursachen für die Bevölkerungsexplosion lagen in ganz unterschiedlichen Bereichen: Neue Erkenntnisse in der Medizin und Hygiene hatten die Sterblichkeit rapide zurückgehen lassen, da zum Beispiel Seuchen weitgehend eingedämmt wurden. Auch die Nahrungsgrundlage war durch eine erhöhte landwirtschaftliche Produktivität in gewissen Grenzen vermehrt worden. So trat die Fruchtwechselwirtschaft vielerorts an die Stelle der weniger effektiven Dreifeldwirtschaft. Dieses aus England übernommene Bewirtschaftungssystem war erst der Anfang optimierter Bodenausnutzung, denn die neue »Agriculturchemie« des Gießener Chemikers Justus v. Liebig (* 1803, † 1873) eröffnete durch die Einführung der künstlichen Düngung für Pflanzenanbau und Viehhaltung bisher ungeahnte Möglichkeiten. Sowohl die Suche nach gewinnsteigernden Produktionsmethoden wie die Aufgabe, eine wachsende Bevölkerung zu ernähren, zwangen dazu, die neuen Erkenntnisse in der Landwirtschaft voll einzusetzen. Wollte man gleichzeitig ausländischer Konkurrenz gegenüber bestehen, mußten mit den Jahren vermehrt die im Laufe der Industrialisierung entwickelten Maschinen eingesetzt werden, was andererseits bedeutete, sehr viele Arbeitskräfte arbeitslos zu machen oder unrentable bäuerliche Betriebe ganz aufzugeben: ein Teufelskreis!

Rettung für die verarmenden Massen im »Maschinenwesen«? Fortschritt in eine ungewisse Zukunft

So überkreuzten sich Bevölkerungszunahme und Umstrukturierung der Landwirtschaft in unheilvoller Weise. Gänzlich unkontrollierbar schien die Lage durch die rasch steigende Geburtenzahl als Folge der sprunghaft zunehmenden Heiratsziffern und des sinkenden Heiratsalters: Mit der Bauernbefreiung zum Beispiel in Preußen durch das

Industrialisierung zwischen Fortschritt und Militarisierung. *Oben: Zusammenklang von neuer Architektur und zukunftsweisender Industrieproduktion im »Glaspalast« der Industrieausstellung München 1854. – Unten: Industrie im Dienst der Rüstung. Kruppsche »Riesenkanone« auf der Weltausstellung Paris 1867.*

Edikt vom 9. Oktober 1807 (siehe Band 8) waren die Heiratsbeschränkungen für Abhängige und Mittellose gefallen. Vor allem Preußen wurde nun überflutet von einer bedrohlich erscheinenden Menge besitz- und beschäftigungsloser ehemaliger Landarbeiter. Deren einzige Hoffnung bildeten in der Regel die allmählich von der industriellen Entwicklung erfaßten Städte und regionalen Industriezentren, die allerdings schon Tausende aus ihrer näheren Umgebung mit der vagen Aussicht auf Arbeit angezogen hatten.

So verdoppelte sich im Deutschen Reich von 1800 bis 1860 die Bevölkerung, während gleichzeitig eine Verstädterung eintrat, die allerdings erst nach 1850 und besonders nach 1870 steil anstieg. Die Entwicklung Berlins mag als eindrucksvolles Beispiel gelten. Hier schnellte die Einwohnerzahl von 200000 um 1815 auf 421000 im Jahre 1852.

In der dargestellten Lage hätte die eher schwerfällig anlaufende Industrialisierung bereits viel weiter entwickelt sein müssen, um der anstehenden Probleme Herr zu werden. Das »überhandnehmende Maschinenwesen«, das sich »heranwälzte wie ein Gewitter«, ängstigte zwar den Geheimrat Goethe, konnte aber wahrscheinlich für die Massen allein eine bessere Zukunft in Aussicht stellen, auch wenn einige ›Maschinenstürmer‹ glaubten, durch die mutwillige Zerstörung der techni-

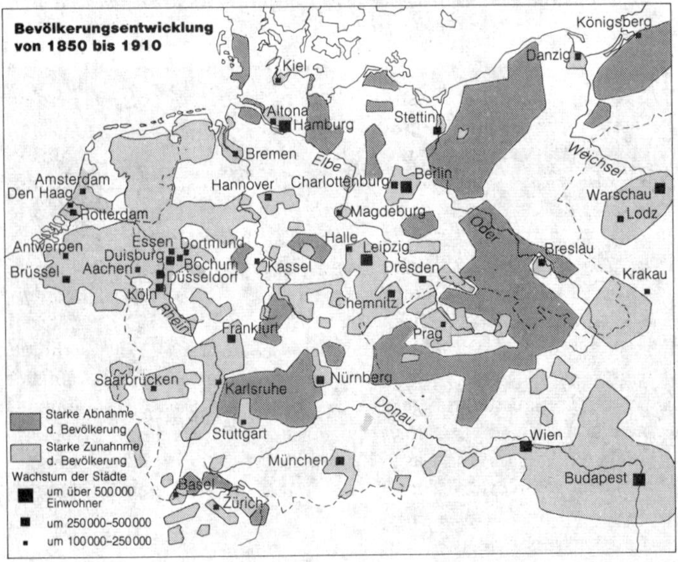

schen Ungeheuer die neue Zeit aufzuhalten und damit ihren Arbeitsplatz zu sichern.

An England führt kein Weg vorbei
Maßstab und Herausforderung für die deutsche Wirtschaft

Viel zu lange war die deutsche Wirtschaft durch die napoleonischen Kriege gelähmt gewesen (siehe Band 8) und hatte sich durch die Zersplitterung des Reiches in kleinkariertem Gegeneinander geschwächt. Die napoleonische »Kontinentalsperre«, die den Kontinent von englischen Warenimporten und Rohstoffen aus Übersee abschnitt, hatte dazu beigetragen, daß sich die linksrheinischen deutschen Industrien blühend entwickelten, da hier unter französischer Regie der fehlende englische Warenstrom mit allen Mitteln ersetzt werden sollte. Zur gleichen Zeit verkümmerten viele rechtsrheinische Versuche einer vorsichtigen Industrialisierung.
Insgesamt zwang der Rohstoffmangel auch in Deutschland dazu, eigene Initiativen zu fördern, etwa in der Zuckerrübenverwertung, und die ausbleibenden englischen Waren wurden teilweise selbst produziert. Erste Versuche zu maschineller Fertigung im sächsischen Textilgewerbe waren so vorübergehend sicher vor der billigeren und qualitativ besseren englischen Konkurrenz. Daher bedeutete die »Kontinentalsperre« zugleich wirtschaftliche Lähmung und Impuls.
Nach ihrer Aufhebung wurde die ›Scheinblüte‹ von dem hereinbrechenden englischen Warenstrom sofort zunichte gemacht. Außerdem entlarvten sich weitere tiefgreifende Schwächen. Ohne koloniale Verbindungen, ohne ausgedehnten Seehandel und ohne ein geschlossenes, umfassendes Wirtschaftsgebiet fehlte es an einem attraktiven und aufnahmefähigen Markt, vor allem auch an dem nötigen Kapital, um entsprechende technische Neuerungen zu finanzieren.
Überwiegend wurde in kleinen Familienbetrieben produziert, die keinen Mut zum Wagnis und keine grundlegenden Neuerungen erforderten. Erst durch die preußischen Reformgesetze zur »Bauernbefreiung« (1807) und zur Einführung der »Gewerbefreiheit« (1810) erhöhte sich die regionale wie auch soziale Mobilität, und die einzelnen Betriebe wurden aus dem engen Korsett zünftig-ständischer Abhängigkeit entlassen. In einer alten Zunftordnung war noch die Maxime festgelegt: »Niemand soll etwas Neues erdenken oder erfinden, sondern jeder soll aus bürgerlicher und brüderlicher Liebe seinem nächsten folgen.« Damit mußte nun gebrochen werden, Initiative und Unternehmungsgeist waren gefragt.

***Das Bild der Arbeitsplätze verändert sich.** Oben: Fabrikhalle mit Hunderten von dicht an dicht Arbeitenden. Charakteristisch die Transmissionsantriebe der Werkbänke (der Elektromotor war noch nicht erfunden). – Unten: Schmiedehammer »Fritz« von 1861 der Firma Krupp zum Verschmieden schwerster Schiffswellen und anderer Massenobjekte.*

Die Umstellung brauchte allerdings ihre Zeit, da neben der Traditionsgebundenheit auch ein sehr hinderlicher Mangel an technischen und kaufmännischen Kenntnissen viele zurückschrecken ließ. Nach und nach drängten jedoch immer mehr Handwerksgesellen zur Gründung eines eigenen Betriebes, wodurch viele Handwerkszweige überbesetzt wurden. Als die Konkurrenz der Fabriken erheblich drückender wurde, hielten sich die meisten nur mühsam am Leben. Nicht wenige Berufszweige gingen völlig in den neuen industriellen Produktionsstätten auf, wo ungelernte Kräfte billige Massenware produzierten.
Am wichtigsten Energielieferanten für die gewerbliche Wirtschaft läßt sich der Wandel am eindrucksvollsten belegen: Die Zahl der Dampfmaschinen in Preußen stieg von wenigen Hundert nach 1840 auf zweitausend um 1850, und um 1870 arbeiteten bereits zwanzigtausend solcher Maschinen in preußischen Betrieben.

Ein Markt, frei von allen Schranken
Chancen für die deutsche Einheit und Wirtschaft

Wirklich lohnend sollte industrielle Produktion allerdings erst werden, als der »trostlose Zustand« beendet war, durch den »achtundvierzig Zoll- und Mautlinien in Deutschland den Verkehr« lähmten, »wie wenn jedes Glied des menschlichen Körpers unterbunden wird, damit das Blut ja nicht in ein anderes fließe«, schrieb Professor Friedrich List 1819 in einer eindringlichen Bittschrift. Sein erklärtes Ziel war ein deutscher Wirtschaftsraum ohne Binnenzölle, der jedoch nach außen durch Schutz- oder Entwicklungszölle gesichert blieb, solange sich die heimische Industrie noch nicht der ausländischen Konkurrenz stellen konnte.
List fand zunächst kaum Anklang, denn es bestand wenig Neigung unter den deutschen Ländern, sich dem bereits bestehenden »Preußischen Zollverein« (siehe Seite 272) anzuschließen. 1834 endlich überzeugten die wirtschaftlichen Argumente. Die überwiegende Mehrheit der deutschen Staaten trat dem von Preußen dominierten »Deutschen Zollverein« bei.
Überregionale Wirtschaftsplanung konnte von nun an entschiedener vorangetrieben werden. Dies machte sich vor allem im Ausbau des Verkehrswesens bemerkbar. In doppelter Hinsicht wurde damit die Verkehrserschließung zum Motor der Industrialisierung. Kanal-, Straßen- und Eisenbahnbau (siehe Seite 130) erschlossen und verbanden Abbaugebiete von Bodenschätzen mit Produktionsstätten, mit weiterverarbeitenden Unternehmen und Abnehmern der fertigen Produkte.

Vom Preußischen Zollverein zum Deutschen Zollverein (vor 1834)
Kiel
Hamburg
Bremen
Hannover
Berlin
Magdeburg
Danzig
Posen
Düsseldorf
Köln
Leipzig
Dresden
Frankfurt
Nürnberg
Heidelberg
München
Preußischer Zollverband bis 1828 (Preuß.-Hessisch. Zollverein)
Mitteldeutscher Handelsverein 1828
Bayer. Württembergischer Zollverein 1828–33
Deutscher Bund 1815

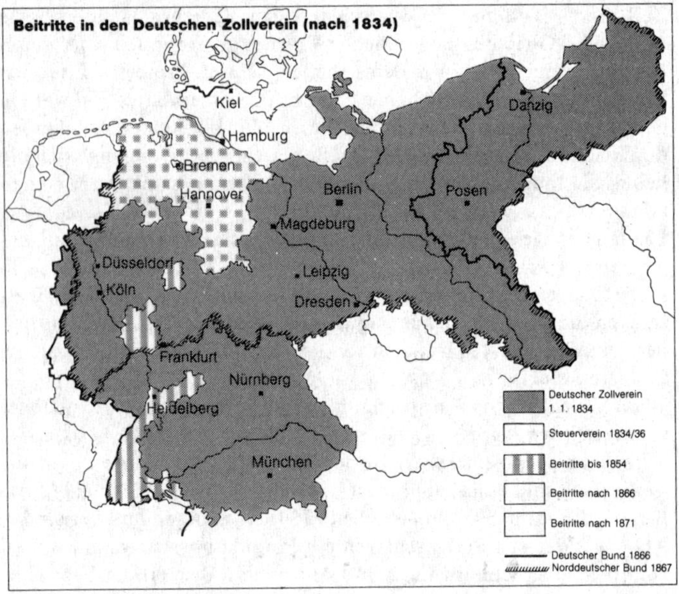
Beitritte in den Deutschen Zollverein (nach 1834)
Kiel
Hamburg
Bremen
Hannover
Berlin
Magdeburg
Danzig
Posen
Düsseldorf
Köln
Leipzig
Dresden
Frankfurt
Nürnberg
Heidelberg
München
Deutscher Zollverein 1. 1. 1834
Steuerverein 1834/36
Beitritte bis 1854
Beitritte nach 1866
Beitritte nach 1871
Deutscher Bund 1866
Norddeutscher Bund 1867

Dabei wuchsen die Kapazitäten in kurzer Zeit immens, und die Eisenbahn selbst wurde zum Großabnehmer von Kohle und Stahl.
Der einsetzende Bauboom, speziell bei den Eisenbahnen, verschlang Kapitalsummen, die nur noch über die Vermittlung von Großbanken und Aktiengesellschaften aufgebracht werden konnten. Die Zahl dieser Gesellschaften in Preußen stieg bis 1850 auf 102 und bis 1857 sogar schon auf 295.

Der Weg führt steil nach oben – Preußen geht voran

Ganz nach den Wünschen des Unternehmers Friedrich Harkort fuhr der »Triumphwagen des Gewerbefleißes mit rauchenden Kolossen bespannt« durch die deutschen Länder. Die einzelnen Staaten im Zollverein orientierten sich dabei wirtschaftspolitisch immer mehr an Preußen, das Österreich zusehends in den Hintergrund drängte.
Die in Preußen früh erkannte Bedeutung der Industrialisierung führte stärker als in den meisten anderen deutschen Staaten zu einer gezielten Förderungspolitik. Es gelang daher hier auch am weitesten, durch staatliche Planung, Unterstützung und Finanzierungshilfe, die Textil-, die Eisen- und die chemische Industrie voranzubringen. Entscheidend dürfte gewesen sein, daß man dabei das Zusammenspiel von technischen Neuerungen (z. B. Spinnmaschinen) und Energieausnutzung (Kohle und Dampfkraft) planvoll einsetzte. Allerdings hatte Preußen durch den Gewinn der Rheinprovinz und Westfalens auf dem »Wiener Kongreß« auch frühzeitig eines der sich entwickelnden Handels- und Gewerbezentren mit großen Rohstoffvorkommen in der Hand. – Zusätzlich zu den oberschlesischen Besitzungen.
Durch den Einsatz neuer Maschinen und Energien konnten vor allem im Bergbau, in der Eisenverhüttung wie auch in der Herstellung von Massenprodukten wesentliche Fortschritte erzielt werden, die gleichzeitig von der Verkehrserschließung profitierten. Die reichen Bodenschätze Oberschlesiens und der preußischen Rheinprovinzen, vor allem Kohle und Erzvorkommen, wurden zum Ausgangspunkt der ersten umfassenden industriellen Ballungsräume, die in wenigen Jahren große Mengen der beschäftigungslosen Landbevölkerung anzogen.
Heute gehören das Ruhrgebiet wie auch Oberschlesien zu den ausgedehntesten industriellen Zentren Europas. Kaum vorstellbar für den Besucher ist die Tatsache, daß Ruhrmetropolen wie Dortmund oder Essen vor 1850 noch völlig dörflichen Charakter mit nur verstreuten Gewerbeansiedlungen besaßen, da die ungestüme Entwicklung aufgrund neuartiger Fördertechniken erst nach 1860 voll einsetzte.

Nicht zu unterschätzen ist bei diesen Umwälzungen die Rolle der frühen deutschen Unternehmer, die, selbst aus dem Handel, dem Handwerk oder technischen Berufen kommend, durch persönliche Initiative, außerordentliches Durchsetzungsvermögen oder eigene Erfindungen ihr Kapital zu vervielfachen verstanden. Namen wie Thyssen, Krupp, Siemens, Bosch, Zeiss, Benz und Daimler, um nur einige zu nennen, traten besonders in der zweiten Hälfte des Jahrhunderts als Begründer heute weltweit führender Unternehmen auf.
Mit der Reichsgründung 1871 setzte eine überschäumende Wirtschaftseuphorie ein, die durch die Gebietsgewinne aus dem Deutsch-Französischen Krieg und die Kriegsentschädigung von fünf Milliarden Franc in Gold angeheizt wurde. Am Ende der durch Spekulationsfieber künstlich angeheizten Konjunktur wartete die Ernüchterung im sogenannten »Gründerkrach«, an den sich eine langandauernde Wirtschaftsdepression anschloß. Trotz der schlimmen wirtschaftlichen, vor allem aber sozialen Folgen war das Deutsche Kaiserreich, entstanden aus »Eisen und Blut«, vielleicht mehr noch aus »Kohle und Stahl«, unbestritten zur ersten Wirtschaftsmacht des Kontinents aufgestiegen.

»Arbeit allein ist sein Stab und sein Trost« Das Elend der Proletarier

Fortschrittsgläubigkeit, Faszination der Technik und wirtschaftliche Aufbruchsstimmung verstärkten in bürgerlichen Kreisen die Neigung, so lange wie möglich vor den negativen Begleiterscheinungen der ersten Industrialisierungsepoche die Augen zu schließen. Nur zögernd stellte man sich der sogenannten »sozialen Frage«, nicht selten getrieben von der Angst, die Masse der Besitz- und häufig Beschäftigungslosen könnte recht bald zum »Totengräber« der ökonomisch herrschenden Klasse und ihrer wirtschaftlichen Ordnung werden.
Tatsächlich war die Entwicklung geprägt von einem Mißverhältnis zwischen dem steigenden Bevölkerungswachstum und der insgesamt unzureichenden Zunahme an Arbeitsplätzen. Ein schier unerschöpfliches Reservoir an Arbeitskräften ließ die Reallöhne zunächst stetig sinken. Erstmals war man konfrontiert mit geballt auftretender Massenarmut, der nur mit Armenfürsorge nicht mehr beizukommen war. Periodisch auftretende Krisen verschärften die beklagenswerte Situation der Verelendenden noch zusätzlich. Insbesondere in den Jahren vor 1848 verschlimmerten Mißernten, steigende Lebenshaltungskosten, sinkende Arbeitslöhne dramatisch die soziale Lage der unteren Schichten. Scheinbar apathisch ertrugen sie ihr Schicksal.

Soziale Not – Preis schneller Industrialisierung. *Oben: Käthe Kollwitz: Das Ende des Weberaufstandes (aus dem Zyklus »Die Weber«). – Unten: Streikende Arbeiter. Holzschnitt nach dem Gemälde »Der Streik«, 1886, von Robert Köhler. Milwaukee, Public Library Gallery.*

Hunger. *Die Entwurzelung der Unterschichten – Landarbeiter, Kleinhandwerker, Fabrikarbeiter –, Arbeitslosigkeit und geringe Löhne führten teilweise auch zur Versorgungsnot: Hungeraufruhr in Stettin, 1847. Zeitgen. Holzstich.*

An den Namenslisten der Berliner Märzgefallenen von 1848 läßt sich jedoch leicht nachweisen, daß Arbeiter, vor allem aber Handwerker und Lehrlinge, ganz vorne auf den Barrikaden kämpften und fielen. Ihr sozialer Abstieg bis hin zum völligen Ruin hatte viele von ihnen radikalisiert. Den zunehmend arbeitslosen Landarbeitern und den nicht mehr existenzfähigen Handwerkern mußte das Dasein als Fabrikarbeiter sogar noch erstrebenswert erscheinen, da sie hier zumindest ein regelmäßiges Einkommen erwarten konnten.
Nirgendwo dürfte die Not so bitter und ausweglos gewesen sein wie unter den Heimwebern im südwestfälisch-ravensbergischen Raum und vor allem in Schlesien. In einer aussichtslosen verzweifelten Revolte bäumten sich die schlesischen Weber 1844 dagegen auf. Die Hoffnung auf eine kümmerliche Existenz als Fabrikarbeiter führte sie in Massen dem Proletariat der Städte zu. Mit dem Wort »Proletarier« bezeichnete man diejenigen Menschen, die nur sich selbst und die Arbeitskraft ihrer zahlreichen Kinder auf dem Arbeitsmarkt anbieten konnten.

Durch Hunger und Elend ganz in die Hand der Unternehmer gegeben, erduldeten sie erniedrigende Formen der Ausbeutung. Schikanöse Betriebsordnungen gehörten zum trostlosen Alltag ebenso wie tägliche Arbeitszeiten bis zu 17 Stunden. Erst nach 1870 ging man allmählich allgemein zum 12-Stunden-Arbeitstag über. Frauen und Kinder waren häufig die traurigen Sieger im Kampf um einen Arbeitsplatz, da ihr Verdienst noch niedriger, ihre Bereitschaft, sich ausbeuten zu lassen, jedoch noch größer war als bei männlichen Beschäftigten.
Mit einem durchschnittlichen Wochenlohn konnte um die Mitte des 19. Jahrhunderts ein Arbeiter seine Familie alleine nicht versorgen. Frau und Kinder traten also notgedrungen als Konkurrenten auf dem Arbeitsmarkt auf. Es bedarf wohl keines besonderen Hinweises, daß gerade Kinderarbeit - in wöchentlich sieben Tag- und Nachtschichten bis zu 15 Stunden - zu dem deprimierendsten Kapitel der Industrialisierung Deutschlands zählt. Erst als die Zerrüttung der Gesundheit solche Ausmaße erreichte, daß die Kinder in großer Zahl für den Militärdienst unbrauchbar zu werden drohten, griff man 1839 in Preußen mit staatlichen Schutzbestimmungen ein.

»Jeder ist seines Glückes Schmied«: Eine einfache Lösung für schwierige Zeiten?

Durchweg nahmen die Fabrikanten wenig Rücksicht auf Gefahren am Arbeitsplatz. Im Gegenteil, wen der ungewohnte Umgang mit Maschinen, die kaum nennenswerte Schutzvorrichtungen besaßen, zum Invaliden machte, der stürzte vollkommen ins Elend, und ein anderer trat an seine Stelle.
Von der sozial engagierten Schriftstellerin Bettina von Arnim (* 1785, † 1859, siehe Seite 163) liegen uns Aufzeichnungen vor, die Armenschicksale um die Jahrhundertmitte aus eigener Anschauung beschreiben. Dort, »wo die Hoffnung ausgerottet ist«, besuchte Frau von Arnim Kranke und Elende in ihren menschenunwürdigen Behausungen. Die Wohnungsnot zwang vielfach sechs- bis achtköpfige Familien, in einem Zimmer zu leben, ja ihre Schlafstellen sogar noch tagsüber stundenweise zu vermieten. Einrichtungsgegenstände, soweit überhaupt vorhanden, mußten bei Krankheit und damit Lohnausfall versetzt werden, bevor man selbst auf die Straße gesetzt wurde. Wer das ›Äußerste litt‹ ohne die geringste Sicherheit für das Alter, war der nicht auch ›zum Äußersten bereit‹?
Selbst wenn man berücksichtigt, daß qualifizierte Arbeiter, etwa Buchdrucker oder Maschinenbauer, um 1863 einen stattlichen Akkordwo-

Weben und Spinnen für die Industrie – Die Not der Kötter in der Senne von Verl. 1853
Bericht von C. H. Bitter

Viel trauriger, meint man, können die Zustände anderer Leidensgefährten in der Rietbergschen Senne des Kreises Wiedenbrück, wohin man von dort aus gelangt, nicht sein. Und doch, wenn man weiter vordringt, in die wüsten Haiden, welche zwischen der Forst des Schlosses Holte und den Bauernschaften Sende, Liemke, Verl und Kaunitz sich hinziehen. Man findet bald, daß es noch eine tiefere Stufe des Elends giebt, als diejenige war, die zu beschreiben ich mich eben bemüht habe. Mitten in jener öden Haide, welche [. . .] mit trockenem Haidekraut und verkrüppeltem Kiefernaufschlag bewachsen, auf sandigem todtem Boden dem Auge den Anblick der trostlosesten Dürre gewährt, wo kein freier Blick auf grüne Fluren fällt, wo kaum eine Blume des Feldes, außer der röthlichen Blüthe des Haidekrautes, der traurigen Immortelle und den kleinen Moosen, die sich kümmerlich dem Sande entwinden, an den Reichthum der Natur jenseits der fernen Berge, des buchengekrönten Teutoburger Waldes erinnert, [. . .] hier hat sich in zahlreichen Hütten [. . .] eine Bevölkerung gebildet, welche, aus dem hungrigen Sandboden erwachsend, für den Hunger lebt und erzogen wird. [. . .]
Hier schaut, wohin der Blick sich wendet, das Dach einer solchen Hütte über die Kiefernsträucher, in deren engen Raum oft zwei Familien mit Weib und Kind und Eltern ihr trauriges Dasein durch Spinnen zu fristen suchen. Wovon die »entlehnte« Kuh ernährt wird, deren hungriges Brüllen dem Eintretenden entgegen tönt, man weiß es nicht. Wovon die bleiche Schaar hohläugiger Kinder von den blassen Eltern ernährt wird, die in ihrer Hütte nichts haben und auf ihrem Lande nichts zu erarbeiten vermögen, man begreift es nicht. Brod und Fleisch sind hier wie dort unbekannte Genüsse, Kartoffeln, so weit sie gewachsen sind und sich vor der Krankheit erhalten haben, Steckrüben und Wurzeln, das sind die Lebenselemente dieser Bevölkerung, die in Lumpen gehüllt, ohne Gegenwart und Zukunft, von einem Tage zum andern sich durchzuarbeiten sucht. Sie säen, aber sie ernten nicht; sie arbeiten, aber sie erhalten keinen Lohn.
Man möge es nicht für eine Übertreibung halten, wenn ich anführe, daß ich gesehen, wie Kinder von 4 bis 5 Jahren sich an die vertrocknete Brust ihrer Mutter drängten, um dort einige Nahrung zu suchen, daß ich es gesehen, wie eine alte Frau von 63 Jahren, elend, krank am Fieber, ohne irgend jede Spur von Besitz als den ihres kranken elenden Lebens und der Lumpen, die ihren siechen Körper bedeckten, in einer Stube hinter dem Ofen lag, ohne Pflege, ohne Bett, ohne Lager und Decke auf bloßer Erde, ein jammervolles Bild der äußersten Verlassenheit. [. . .]
Ich fand nicht weit in einer anderen Hütte der Bauerschaft Sende, [. . .] den Erbpächter Buschmann seit Monaten so krank, daß er nicht aus seinem elenden Lager sich erheben konnte [. . .]. Zwei hungernde Kinder theilen des kranken Vaters Elend, der abgezehrt, bleich und zitternd in seiner Ecke liegt und den kommenden Tod mit Sehnsucht erwartet. Und doch gerade hier, auf der äußersten Stufe des

Jammers, verdient es zur Characteristik der Gegend und ihrer Bewohner der ausdrücklichen Erwähnung, daß der Glaube und die Liebe, diese letzten Anker der christlichen Ergebung, die Stätte nicht geräumt hatten, wo ein anderer Segen nicht mehr weilte. Dieser Mann, der unter den 16 Millionen des Preußischen Staates wohl der elendsten einer ist, rief, als er des Oberförsters von der Holte, der mich geführt hatte, ansichtig wurde, nicht Klagen der Noth und Bitten um Unterstützung, nein, nur ein Gebet des Dankes gegen Gott, daß er ihn seinen Wohltäter noch einmal habe sehen lassen, daß er ihm danken könne für das, was er an ihm gethan. »Ich«, rief er aus, »kann nichts vergelten, denn ich bin arm und krank! Aber Gott der Herr wird es Ihnen dort oben nicht vergessen! Bei ihm ist Vergeltung und Lohn für Alles!« [. . .]
Die unglücklichen Bewohner dieser Hütten sind es, welche jene feinen Fäden spinnen, die zu dem kostbarsten Leinen und zu den Belgischen Battisten verwebt werden. Wie wenig mögen diejenigen, die reich genug sind, solche Gewebe zu tragen, daran denken, daß an ihnen die Thränen des höchsten Elends und die Seufzer des dahin sterbenden Siechthums haften. Sie wissen nicht und dürfen nicht wissen den Schmutz und den Ekel, die in diese kaum sichtbaren Fäden eingesponnen werden. [. . .]

Aus: Bericht des Königlichen Regierungs-Rath C. H. Bitter von 1853 über die Zustände in Ostwestfalen, insbesondere über die Not der Landbevölkerung und die in Heimarbeit für die Leinenindustrie arbeitenden Kleinstbauern und Kötter. Der erschütternde Bericht umfaßt insgesamt 278 Seiten.

chenlohn bis zu 13 Talern erreichen konnten, bestimmte der Kampf um die nackte Existenz das Leben der arbeitenden Menschen. Von staatlicher Seite war dabei zunächst keine Besserung zu erhoffen, solange die Idee des Liberalismus, die Selbstbestimmung und Selbstbehauptung des Individuums im freien Spiel der Kräfte, als tragende Säule der bürgerlichen Gesellschaft angesehen wurde. Als Garant der ökonomischen Freiheit und des Eigentums mußte der Staat den Proletariern daher als Agent derjenigen Klasse gegenübertreten, die sie für ihr Schicksal verantwortlich machten.

Soziales Engagement einzelner: Ein Lichtblick, keine Lösung

Wenigstens einige Unternehmer erkannten ihre soziale Verantwortung. Wenn auch nicht ganz uneigennützig, stellten sie Überlegungen an, was die Lage der Arbeiter und damit die Produktivität verbessern könnte. Alfred Krupp (* 1812, † 1887), einer der Vorreiter betrieblicher Sozialpolitik, zahlte zum Beispiel Leistungsprämien, gründete eine Betriebskrankenkasse und baute Werkswohnungen. Dafür nahm er für sich in Anspruch, seinen Arbeitern das Politisieren untersagen zu dürfen, ja vollkommene Ergebenheit zu verlangen.
Mit der Feststellung, ein Fabrikunternehmen könne nur unter »militärischer Führung« gedeihen, rechtfertigte der Unternehmer Ferdinand Stumm (* 1836, † 1901) unverschämte Kontrolle und Einmischung in das Privatleben seiner Untergebenen bis hin zum Heiratsverbot bei mißliebigen Verbindungen. Belohnt wurden die so Schikanierten mit der Aussicht auf Betriebsrenten, Werkswohnungen, Werkskantinen und andere Vergünstigungen.
Bei aller Kritik aus heutiger Sicht sollte bedacht werden, daß gleichzeitig viele Unternehmer durch das sogenannte »Trucksystem« den Lohn teilweise in Form überteuerter Waren aus fabrikeigenen Läden auszahlten, wodurch sie die Arbeiter praktisch doppelt ausbeuteten.
Insgesamt blieben unternehmerische Initiativen vereinzelt, ebenso wie die Hilfsmaßnahmen von kirchlicher Seite. Die katholische Amtskirche überließ es Männern wie Adolf Kolping (* 1813, † 1865) und Bischof Wilhelm Emanuel Freiherr von Ketteler (* 1811, † 1877), einerseits durch Gesellenvereine und praktische Hilfsmaßnahmen, andererseits durch mutiges Eintreten für den verachteten »Vierten Stand«, den Staat an seine sozialpolitische Verantwortung zu erinnern. Für die evangelische Kirche traten z.B. Johann Hinrich Wichern (* 1808, † 1881) mit seinem »Rauhen Haus«, einem Wohn- und Arbeitsheim

BETTINA VON ARNIM

Der überschwengliche Wunsch, »Teil von allem zu sein, was zugleich mit mir auf dieser Welt ist«, kennzeichnet diese außergewöhnliche Frau, die wie ein Kobold ihre Umwelt entzückte und verärgerte. Unbefangen machte sie die Großen ihrer Zeit zu Gesprächs- und Briefpartnern im Bewußtsein, ebenbürtig zu sein – war sie doch Bürgerin der Freien Reichsstadt Frankfurt, eine geborene von Brentano aus italienischem Adel.

*Mit ihrem Bruder Clemens, dem sensiblen romantischen Dichter, verband Bettina (eigentlich Anna Elisabeth, *1785, †1859) vertrauliche Geschwisterliebe. 1811 heiratete sie dessen Freund Achim (Ludwig Joachim) von Arnim (*1781, †1831), einen märkischen Edelmann. An seiner Seite hoffte sie, nur für die Poesie leben zu können. Statt dessen führte sie zwei Jahrzehnte, umgeben von einer siebenköpfigen Kinderschar, den Haushalt auf Gut Wiepersdorf.*

Nach dem Tode Achims übersiedelte Bettina nach Berlin. Ihr Haus »Unter den Zelten« wurde der Treffpunkt des geistigen Lebens der Großstadt. Als Schriftstellerin debütierte sie mit zwei Briefromanen: »Goethes Briefwechsel mit einem Kind« enthüllte ihren erotisch gefärbten Enthusiasmus für den Dichterfürsten und dessen distanzierte Reaktionen und entfachte eine rege Diskussion. »Die Günderode« lenkte die Aufmerksamkeit auf ihre ehemalige Freundin, eine feinsinnige Poetin, die sich wegen einer Liebesaffäre das Leben genommen hatte.

Bettina erkannte aber auch als eine der ersten die Problematik der neu erstehenden Industriegesellschaft, entfaltete energische Aktivitäten in den Slums von Berlin und appellierte wiederholt an König Friedrich Wilhelm IV. – vor allem in dem Werk »Dies Buch gehört dem König« –, ein König der Armen zu werden.

Bettina von Arnim traf sich mit Karl Marx, wandte sich an den Geldfürsten Rothschild um Hilfe und war mit ihrem Eintreten für die Juden, für die Polen in der Provinz Westpreußen, für eine Gefängnisreform, für die Abschaffung der Todesstrafe und der Vorwegnahme der Völkerbundsidee ihrer Zeit weit voraus. (J. G.)

für Jugendliche, und Friedrich von Bodelschwingh (* 1831, † 1910) hervor, der Gründungsvater von Bethel, des heute größten sozialen Zentrums in der Bundesrepublik Deutschland.
Die eigentlichen Ursachen des Elends konnten so freilich nicht beseitigt werden. Dazu bedurfte es eines grundsätzlichen gesellschaftlichen Wandels, an dem allerdings nur eine Gruppe interessiert sein konnte: das Proletariat selbst.

»Und bewahre uns Gott vor jeglicher Revolution«
Die Furcht vor dem Proletariat

Die Armen auf dem Lande hatten lange geduldig ihr Schicksal ertragen, die in den Städten zusammengepferchten proletarischen Massen dagegen waren nicht berechenbar. Hier gärte es, während der Staat tatenlos auf die »Stufenfolge der Verelendung« blickte, die, wie es der Historiker Gerhard Armanski zusammenfaßt, »vom gelernten Handwerk über ungelernte Fabrikarbeit und Heimarbeit zur Arbeitslosigkeit führte«.
Für weitsichtige Unternehmer muß die Entwicklung bedrohliche Formen angenommen haben, wenn sie von der »Ausrottung dieser Zuchthauskandidaten«, von den »verlorenen Söhnen ohne Reue« sprachen, die den Aufwieglern in Gestalt von »verdorbenen Schreibern, schlechten Rechnungsführern, Haarspaltern und Doktoren ohne Kranke, Judenjungen, weggejagten Militärs und allen Taugenichtsen« in die Hände getrieben würden. Die Rede war vom Proletariat, von der Revolutionsfurcht der herrschenden Kreise, und die Worte hatte Friedrich Harkort 1849 ausgesprochen, also ein durchaus sozial engagierter Unternehmer. Ihm dürfte der Schrecken der gescheiterten Revolution von 1848 noch in allen Gliedern gesessen haben, einer Revolution, die nicht zuletzt in den aufgestauten sozialen Spannungen ihre Ursache hatte. Dennoch war die Furcht vor einem Umsturz vor und nach 1848 völlig unrealistisch. Durch Koalitionsverbot, scharfe Zensurmaßnahmen und außergewöhnliche Überwachung konnte sich nur schwer ein organisierter Zusammenhalt unter den Arbeitern entwickeln. Zunächst galt es, die ärgste Not in »Selbsthilfevereinen« mit Kranken- und Sterbekassen zu lindern bzw. in »Bildungsvereinen« den Informationsstand und das Selbstbewußtsein vor allem der abgesunkenen Handwerker zu stärken.
Wandernde Handwerksgesellen waren es auch, die fortschrittliche Ideen, gepaart mit revolutionärem Elan, aus dem Ausland nach Hause brachten.

Reform oder Revolution: Das Proletariat beginnt sich zu formieren

Teilweise gründeten sie im Exil politische Geheimbünde mit dem Ziel »einer Gesellschaft ohne Klassen und ohne Privilegien«. Dies propagierten etwa Karl Marx (siehe Seite 261) und Friedrich Engels 1847 für den »Bund der Kommunisten«.
Die Elenden in den Massenquartieren erreichten utopische Ideale dieser Art nicht. Die meisten von ihnen hätten sicher einen »Platz im gemeinsamen Vaterlande« vorgezogen, den Stephan Born mit der Gründung der »Allgemeinen Arbeiterverbrüderung« (1848) für sie anstrebte.
Völlig im ungewissen darüber, wie sie sich am folgenden Tag ernäh-

Karl Marx' und Friedrich Engels' wichtigste Werke

Anfänglich starker Einfluß des Philosophen Hegel (Idealismus), dann Aufgabe dieser Position unter dem Eindruck der materialistischen Religionskritik Ludwig Feuerbachs. 1845 Beginn der Freundschaft Marx–Engels. Durch Engels lernt Marx die französischen Frühsozialisten (Fourier, Saint-Simon) und englische Wirtschaftstheoretiker (z. B. Ricardo) kennen. Gemeinsame Werke: »Die Heilige Familie« (1845; Auseinandersetzung mit den Linkshegelianern), »Die deutsche Ideologie« (1845; gegen Feuerbach). – Der Mensch erscheint in den Frühschriften als ein in Geschichte und Gesellschaft eingebundenes konkretes, leibliches, sinnliches und tätiges Wesen, dessen individuelle Entfaltung durch die wirtschaftlich bedingte Entfremdung behindert wird und nur revolutionär aufzuheben ist. – »Manifest der kommunistischen Partei« (1849; programmatischer Aufruf zum Kampf gegen die bürgerliche Gesellschaft, deren »Bewegungsgesetze« schwungvoll beschrieben werden).
Hauptwerke Marx': »Zur Kritik der politischen Ökonomie« (1859), »Das Kapital« in drei Bänden (1867, 1885, 1894). – Das Spätwerk begründet den wissenschaftlichen Sozialismus, basierend auf der Analyse ökonomischer Gesetze (Mehrwert, Krisen des Kapitalismus).
Hauptwerke Engels': »Die Lage der arbeitenden Klassen in England« (1845), »Herrn Eugen Dührings Umwälzung der Wissenschaft« (1878; eine gut lesbare Darstellung des dialektischen Materialismus), »Der Ursprung der Familie, des Privateigentums und des Staates« (1884).
Beide verfaßten gemeinsam und getrennt zahllose Zeitschriftenbeiträge und Zeitungsartikel, politische, philosophische, kulturkritische und wirtschaftstheoretische Schriften und Bücher, die häufig ohne den freundschaftlichen Diskurs nicht hätten entstehen können.

FERDINAND LASSALLE

Der neununddreißigjährige Sozialrevolutionär fiel nicht auf der Barrikade, sondern im Duell um eine Geliebte. An den Trauerfeierlichkeiten nahmen Tausende teil; preußische Gendarmen beschlagnahmten seine Leiche.
Ungewöhnlich wie der Tod war auch das kurze, bewegte Leben des jüdischen Kaufmannssohns, geboren am 13. April 1825 in Breslau. Parteilichkeit und Begeisterung, Wissensdurst, Forschergeist und denkerische Kraft hielten ihn in Bewegung. Flammende Reden gegen den Liberalismus und Programme für den Leipziger Arbeiterkongreß lagen ihm gleichermaßen. Er engagierte sich leidenschaftlich für zwei Frauen, für die Gründung des Nationalstaates, für Hegel, die französischen Frühsozialisten und für gerechtere Lebensbedingung der Arbeiter.
Die Methoden seiner kämpferischen Bemühungen waren vielfältig: er schrieb, verhandelte, hielt Reden, nahm Ausweisungen, politische Verfolgung und Haft auf sich, ließ sich 1863 zum Präsidenten des Allgemeinen Deutschen Arbeiter-Vereins (ADAV) wählen, entwarf die Satzung, die ihm wegen Aufreizung zum Klassenhaß eine Anklage eintrug. Bei alledem war der schlanke, dunkelhaarige Schriftsteller und Philosoph ein Taktiker ersten Ranges, verhandelte mit Bismarck und teilte dessen Liebe zum nationalen Machtstaat und wäre vermutlich für ein gerechtes Wahlrecht bereit gewesen, seine Anhänger auf Bismarcks Seite zu ziehen, hätte dieser nicht eine andere innenpolitische Strategie gefunden.
Der ADAV gewann keine 5000 Mitglieder, obwohl sein Präsident ein ehrgeiziger und unermüdlicher Agitator war. Vielleicht fehlte ihm die integrative Kraft, die wenig später Bebel und Liebknecht so viel Erfolg eintragen sollte. Denn Lassalle war »Geistesaristokrat und Sozialdemokrat«, Liebhaber der reinen Vernunft, Feind der Massen und Demokrat in einem – ein Kontrast, der ihm schon äußerlich anzusehen war, wenn er »mit seiner ausgesucht eleganten Kleidung und seinen Lackstiefeln zu einem Kreise von Fabrickarbeitern mit rußiger Haut und schwieligen Händen sprach«, wie sein Biograph beobachtete. *(M.S.)*

ren, womit sie sich kleiden sollten, zudem ohne jegliches politische Bewußtsein, standen die Proletarier radikalen Umwälzungen ebenso verständnislos gegenüber wie der Tatsache, daß die Kluft zwischen ihnen und der bürgerlichen Gesellschaft, für die sie ihre ganze Arbeitskraft gegen kümmerlichen Lohn aufopferten, unüberbrückbar schien. Als Ferdinand Lassalle (siehe links) 1863 den »Allgemeinen Deutschen Arbeiterverein« gründete, sahen viele Zeitgenossen darin einen hoffnungsvollen Anfang zur Überwindung der sozialen Frage und gleichzeitigen Integration der Arbeiter. Lassalle glaubte, die Verelendung der Proletarier überwinden zu können mit der Abschaffung des »ehernen Lohngesetzes«, das den Arbeiter stets an der unteren Grenze des Existenzminimums leben ließ. Nach seinem Konzept hielt er es für eine Aufgabe des Staates, auch für den »Vierten Stand« ein freies, menschenwürdiges Dasein zu gewährleisten. In scharfem Gegensatz zum revolutionären, internationalistischen Sozialismus der Anhänger von Karl Marx stellte er sich damit an die Spitze des Teils der seit den sechziger Jahren erstarkenden Arbeiterbewegung, die in gesellschaftlichen und politischen Reformen den einzigen Weg in eine bessere Zukunft sah, frei von Not und Unterdrückung (siehe auch Band 10).

Literatur

Abel, Wilhelm: Massenarmut und Hungerkrisen im vorindustriellen Deutschland, Göttingen 1972

Böhme, Helmut: Prolegomena zu einer Sozial- und Wirtschaftsgeschichte Deutschlands im 19. und 20. Jahrhundert, Frankfurt 1970

Emmerich, Wolfgang (Hrsg.): Proletarische Lebensläufe, Bd. 1, Hamburg/Reinbek 1974

Henning, Friedrich-W.: Die Industrialisierung in Deutschland 1800–1914, Wirtschafts- und Sozialgeschichte, Paderborn 1973

Kocka, Jürgen: Unternehmer in der deutschen Industrialisierung, Göttingen/Zürich 1975

Pöls, Werner: Deutsche Sozialgeschichte, Dokumente und Skizzen, Bd. 1: 1815–1870; München 1973

***Das Volk erhebt sich.** Die große Barrikade vor dem köllnischen Rathaus in Berlin in der Nacht vom 18. zum 19. März 1848. Zeichnung von J. K. Kirchhoff.*

HEINRICH PLETICHA

DER »DEUTSCHE BUND« ZUR ZEIT DER REVOLUTION 1848/49

Sturmzeichen aus Frankreich – Märzminister – König Ludwig und die Tänzerin – Unruhen in Wien – Sturz Metternichs – Das Militär in Berlin – »An meine lieben Berliner« – Die Farben Schwarzrotgold – Das Vorparlament – Kampf um die konstitutionelle Monarchie – Heckerputsch – Nationalversammlung in der Paulskirche – Erzherzog Johann als Reichsverweser – Redeschlachten um die Grundrechte – Slawenkongreß in Prag – Kudlich und die Bauernbefreiung – Entscheidung in Wien – Der neue Kaiser – Steuerwiderstand in Preußen – Marx und die »Neue Rheinische Zeitung« – Kleindeutsch oder großdeutsch? – Das Ende der Nationalversammlung – Bürgerkrieg in Baden – Die Entwicklung der Naturwissenschaft in der Mitte des Jahrhunderts – Die Literatur auf dem Weg zum Realismus – Wege ins 20. Jahrhundert.

Waren es die »tollen Jahre«, wie manche abfällig behaupteten, waren es die »Jahre der verpaßten Gelegenheiten« oder war es das »Morgenrot der Freiheit«? – Das Urteil über die dramatischen Ereignisse von 1848 und 1849 schwankte lange. Um die Jahrhundertwende waren sie schon beinahe in Vergessenheit geraten. Das etablierte Bürgertum des Wilhelminischen Deutschland schämte sich der demokratischen Träume und vermeintlichen politischen Sünden seiner Väter. Die Weimarer Republik suchte zwar an den Geist von 1848 anzuknüpfen, aber fast symbolträchtig überlagerte das Schwarzweißrot der Dienst- und Handelsflagge und damit die Wilhelminische Tradition die wieder übernommenen alten Nationalfarben Schwarzrotgold von 1848. Und sie verschwanden dann endgültig im sogenannten Dritten Reich. Mit ihnen wurde die Erinnerung an die große bürgerliche Revolution totgeschwiegen, bis nach dem Zweiten Weltkrieg mit der Jahrhundertfeier 1948 ein neuer Umschwung einsetzte. Doch selbst unsere Zeit neigt je nach der politischen Bewertung in Ost und West dazu, Schwerpunkte und Akzente unterschiedlicher Art zu setzen, wenn heute auch niemand mehr die Bedeutung der Ereignisse von 1848/49 und das Bemühen um eine neue Ordnung im Vorfeld des Kampfes für deutsche Einheit und Freiheit unterschätzt.

Einige Probleme bleiben aber trotzdem offen. Schon die Zeitgenossen bewegte beispielsweise die Frage, ob es eines Anstoßes von außen bedurft habe oder ob die Revolution von sich aus gekommen wäre, wie Marx und Engels behaupteten. Eine eindeutige Antwort werden wir hier nicht geben können. Sicher war der Boden vorbereitet, hatte sich die soziale und politische Lage in den einzelnen Ländern des »Deutschen Bundes« in den Jahren des »Vormärz« so verschärft, daß es nur eines Anlasses bedurfte, um einen Umsturzversuch auszulösen. Ebenso sicher haben aber auch die Ereignisse im benachbarten Frankreich auf die Entwicklung entscheidend eingewirkt.

Falsch wäre es aber, von *der* Revolution zu sprechen; denn zumindest beeinflußten zwei unterschiedliche Strömungen das Geschehen: eine liberale, deren Vertreter sich um eine freiheitliche Neuordnung der politischen Verhältnisse in den Einzelstaaten bemühten, und eine nationale, die sich ihrerseits wieder teilte in eine nationaldeutsche Bewegung mit dem Ziel der deutschen Einheit und in die Nationalbewegungen vor allem der nichtdeutschen Bevölkerungsteile der habsburgischen Monarchie, die eine Loslösung aus deren Staatsverband und die Gründung eigener Staaten anstrebten. Das Mit- und Nebeneinander dieser beiden Strömungen mit unterschiedlichen Schwerpunkten in den verschiedenen Einzelstaaten bestimmten die Ereignisse der Revolutionszeit 1848/49.

In Frankreich war es vom 22. bis zum 29. Februar 1848 zum drittenmal innerhalb von sechzig Jahren zu einer Revolution gekommen, in der Studenten und Arbeiter die Abdankung des Bürgerkönigs Louis Philipp und die Einführung der Republik erzwungen hatten. Drei Tage später brachen in dem Frankreich unmittelbar benachbarten Großherzogtum Baden erste Unruhen aus. Sie waren in ihrer Entwicklung geradezu symptomatisch für die Kräfteverteilung im bürgerlichen Lager; denn deutlich zeichneten sich hier schon eine gemäßigte und eine radikale Strömung ab. Die DDR-Geschichtsschreibung vermeidet diese Unterscheidung und spricht in einer eigenartigen historischen Schizophrenie von liberalen und demokratischen Kräften, als ob die Liberalen keine Demokraten gewesen seien!

Forderung demokratischer Freiheiten Fürsten retten ihre Throne

Unter dem unmittelbaren Eindruck der revolutionären Ereignisse in Frankreich war es schon am Sonntag, dem 27. Februar, auch in Mannheim zu einer großen Volksversammlung gekommen, in der noch das gemeinsame Anliegen der beiden gegensätzlichen Strömungen im Mittelpunkt stand. In einer Petition wurden die wesentlichen Forderungen an die Regierung zusammengefaßt: Pressefreiheit, Schwurgerichte, allgemeine Volksbewaffnung und Vereinsrecht. Darüber hinaus wurde aber hier auch erstmals der Ruf nach einem allgemeinen deutschen Parlament laut. Weiterhin hieß es: »Das deutsche Volk hat das Recht zu verlangen: Wohlstand, Bildung und Freiheit aller Klassen der Gesellschaft, ohne Unterschied der Geburt und des Standes.« Verfasser dieses Manifestes war der 1805 in München geborene Rechtsanwalt Gustav von Struve, in der Folgezeit einer der führenden Köpfe des radikalen Flügels, ein in seinen Ideen ungemein konsequenter, wenig kompromißbereiter Mann, doch ohne das Charisma eines Volksführers, der die Massen hätte begeistern können, wie sein Weggefährte Friedrich Hecker.

Die badische Regierung war klug genug, auf den Rat liberaler Politiker wie Karl Welcker, Friedrich Bassermann und Karl Mathy zu hören, gab in den wesentlichen Forderungen nach und ersetzte drei als reaktionär geltende Minister durch liberale Politiker. Aber auch solche Zugeständnisse reichten nicht und verhinderten nicht Unruhen unter den Bauern. Erst als am 10. März ein Gesetzentwurf über die Aufhebung aller noch bestehenden Feudallasten aufgenommen wurde, beruhigte sich die Lage wieder etwas.

Nur um wenige Tage verschoben, vollzog sich eine gleiche oder ähnliche Entwicklung in allen mittleren und kleineren Staaten. Überall begann es mit Versammlungen und Petitionen, wobei stets die erstmals schon in Baden erhobenen Forderungen nach demokratischen Freiheiten und gleichzeitig nach Einberufung einer nationalen Volksvertretung im Vordergrund standen. Regierungen und Fürsten suchten anfangs abzulehnen oder hinzuhalten, manchmal zögernd, manchmal arrogant selbstsicher. Wenn sie dabei verschiedentlich erwogen, dem allgemeinen Aufruhr mit militärischer Gewalt entgegenzutreten, so wurden sie durch den Gang der Ereignisse doch sehr rasch eines Besseren belehrt und lenkten ein, so daß es in dieser ersten Phase der revolutionären Bewegung glücklicherweise nirgends zu Blutvergießen kam. Stets gingen die Anstöße von den liberalen Kräften des Bürgertums aus, doch kam es verschiedentlich wie in Baden und dann in Nassau auch zu lokalen Aufständen der Bauern. Die kluge Mäßigung der liberalen Politiker erleichterte den eingeschüchterten Fürsten das Nachgeben. Sie beugten sich den Forderungen, bewilligten Versammlungs- und Pressefreiheit, beriefen führende Liberale als Minister und retteten so ihre bedenklich schwankenden Throne.

In Bayern stürzt der König

Nur Bayern bildete eine Ausnahme; denn hier stürzte der König, doch nicht wegen seiner reaktionären Haltung, sondern wegen der Liebschaft mit einer Tänzerin. Ludwig I. war dieser Dame zweifelhafter Herkunft, die sich Lola Montez nannte, schon seit 1846 hemmungslos ergeben. Ihren Intrigen gelang es, den ebenso energischen wie erzkonservativen Minister Karl von Abel zu stürzen, der seit 1837 die Staatsgeschäfte leitete. Mit ihm beraubte sich aber Ludwig I. selbst seiner einzigen wirklichen Stütze. Den an sich königstreuen Münchnern wurde die Herrschsucht der Tänzerin zuviel und sie vereinigten sich schon am 7. Februar – also noch vor Ausbruch der Februarrevolution in Frankreich – zu einem Aufruhr, der den König zur Ausweisung seiner Geliebten zwang. Aber die Unruhen dauerten an und erfuhren durch die Ereignisse in den anderen Mittelstaaten neuen Auftrieb. Ludwig I. gab weiter nach und genehmigte die üblichen Forderungen, aber er verkraftete diese Zugeständnisse nicht. Er war zu alt, zu starrsinnig, um sich zu beugen, aber klug genug, im rechten Augenblick seine Grenzen zu erkennen, und so zeigte er sich konsequenter als seine fürstlichen Standesgenossen und verzichtete am 20. März zugunsten seines Sohnes auf die Krone, sehr zur Bestürzung der Münchner.

Aufstand in Wien

Zu diesem Zeitpunkt hatte sich das Schwergewicht der Revolution schon auf die beiden letzten Bollwerke der Reaktion, nach Österreich und nach Preußen verlagert. Es war bezeichnend für die Lage in Österreich, daß dort die ersten Sturmzeichen aus Preßburg kamen, wo Ludwig (Lajos) von Kossuth vor dem ungarischen Reichstag eine konstitutionelle Monarchie für Ungarn forderte. Seine Anklage gegen das System des allmächtigen Staatskanzlers Metternich löste auch unter den liberalen Bürgern Wiens erregte Zustimmung aus. Den Bürgern folgten schon am 12. März die Studenten mit den gleichen liberalen Forderungen wie in den deutschen Mittelstaaten. Während dort aber alles in erstaunlich gemäßigten Bahnen verlaufen war, überstürzten sich in dem sonst so friedlichen Wien die Ereignisse innerhalb eines Tages.

Schon am Morgen des 13. März drängten sich die Massen vor dem Ständehaus, wo die niederösterreichischen Provinzstände tagen sollten. Von ihnen erhoffte man eine Unterstützung der konstitutionellen Forderungen. Bald stießen auch an die zweitausend Studenten zu den erregten Bürgern, von denen die ersten Gruppen schon in das Ständehaus eindrangen. Noch konnte der Landesmarschall Montecuccoli die Menge zurückhalten, indem er ihr versprach, die Petitionen persönlich in die Hofburg zu bringen. Da aber setzte gegen Mittag Erzherzog Albrecht als Oberkommandierender seine Truppen ein, um die Straßen säubern zu lassen. Vor dem Ständehaus kam es zu einem Zusammenstoß mit den Demonstranten, und unter den Salven der Soldaten brachen die ersten Opfer dieser Revolution zusammen. Die Schüsse lösten den allgemeinen Aufruhr in der Innenstadt aus, und an verschiedenen strategisch wichtigen Plätzen wurden Barrikaden errichtet. Bürger, Studenten und die Arbeiter aus den Vorstädten kämpften Schulter an Schulter.

Während sich der Tumult zuspitzte und auch auf die Vorstädte übergriff, herrschte in der Hofburg um Kaiser Ferdinand völlige Ratlosigkeit. Anfangs hatte Metternich noch von leicht niederzuwerfenden Straßenkrawallen gesprochen. Als man dann das volle Ausmaß der Empörung erkannte, forderte ein Teil der Erzherzöge und Berater ein scharfes Vorgehen der Armee, während eine gemäßigte Gruppe zum Einlenken riet. Eine Wende bahnte sich am Spätnachmittag an, als die Bürgergarde eine Deputation in die Hofburg entsandte und Abzug der Truppen, Bewaffnung der Studenten und Rücktritt des Fürsten Metternich bis 21 Uhr forderte, sonst würde sie sich an die Spitze der Bewegung stellen.

Volksbewaffnung

Die Forderung nach einer allgemeinen Volksbewaffnung gehört zwar zu den Grundforderungen im März 1848, wurde aber nie richtig verwirklicht. Die sogenannten Bürgerkorps oder Bürgerwehren in Wien und Berlin sahen sich selbst bewußt als Ordnungselemente des etablierten Bürgertums. In Wien bildete das Bürgerkorps einen Teil der vom Kaiser bewilligten Nationalgarde. Aus dieser waren von vornherein Handwerksgesellen, Dienstboten und Tagelöhner ausgeschlossen. Die Studentische oder Akademische Legion bildete ebenfalls ein Sonderkorps der Nationalgarde.

Metternich muß gehen

Noch war Metternich nur zur Bewilligung eines Pressegesetzes bereit, als aber auch in der Staatskonferenz der Ruf nach seiner Abdankung laut wurde, gab der Staatskanzler überraschend nach und trat zurück. Mehr als dreißig Jahre lang hatte er diplomatisch, klug und allmächtig nicht nur die Geschicke Österreichs gelenkt, sondern auch die Entwicklung im »Deutschen Bund« und darüber hinaus in West- und Mitteleuropa oft unheilvoll beeinflußt. Nun hatte es nur eines einzigen Ansturms und weniger Stunden bedurft, um ihn zu Fall zu bringen. Schon am 14. März verließ er heimlich und unter falschem Namen Wien, um über Mähren und Deutschland nach England ins Exil zu gehen.
Die Nachricht vom Rücktritt Metternichs verbreitete sich zwar rasch durch die ganze Stadt, trug aber nur wenig zu einer allgemeinen Beruhigung bei. Im Laufe des 14. März bewilligte der Kaiser zwar die Aufstellung einer Nationalgarde und hob die Zensur auf, eine konstitutionelle Verfassung wurde aber nur mit wenigen Worten versprochen. Die Ernennung des als reaktionären Scharfmachers bekannten Fürsten Windischgrätz zum Zivil- und Militärgouverneur von Wien ließ für die Zukunft wenig Gutes erhoffen. Immerhin trat am 15. März erst einmal Ruhe ein.

Berlin – Brutales Eingreifen des Militärs

Drei Tage später erfaßte die Revolution als letzten Staat auch Preußen. Gekriselt hatte es hier schon seit dem 6. März. Es waren Tage der »Adressen« (= Proklamationen) und Adreßdebatten gewesen, Polizei

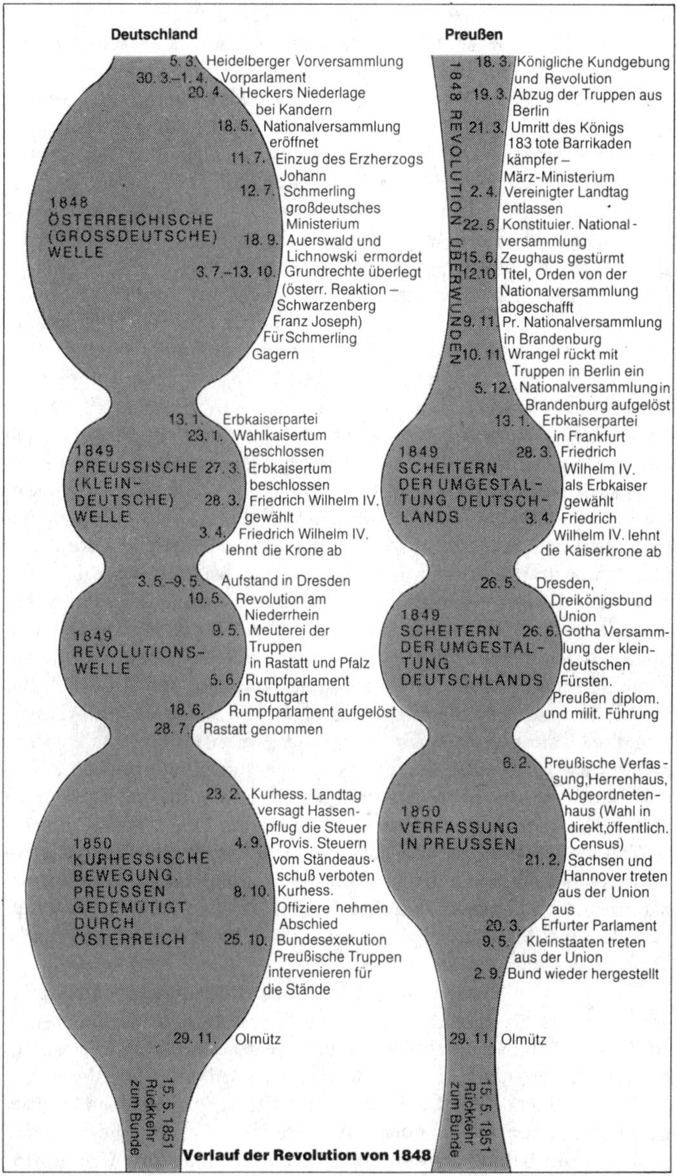

Verlauf der Revolution von 1848

und Zensur hatten aber weitergearbeitet, ausländische Zeitungen waren konfisziert worden, bis sich dann am Abend des 13. die Unruhen plötzlich steigerten. Die Regierung hatte damit gerechnet und setzte sofort rücksichtslos Truppen ein, um die Demonstranten von vornherein einzuschüchtern. Doch damit erreichte man nur das Gegenteil. Schon die zeitgenössischen Beobachter waren sich einig, daß gerade die dauernde Bedrohung durch die Soldaten die Spannungen nur noch steigerte und Liberale wie Radikale zusammenschweißte. Trotzdem vollzog sich die Entwicklung hier langsamer als in Wien, und die Ereignisse wiederholten sich gleichsam in Zeitlupe.
Am 14. ging die Kavallerie erstmals gegen demonstrierende Bürger vor und hieb auf sie ein, tags darauf wurden Barrikaden errichtet, und am 15. fielen die ersten Schüsse. Noch zögerte aber König Friedrich Wilhelm IV. eine Entscheidung hinaus, erst die Nachrichten von den Ereignissen in Wien bestimmten ihn zum Handeln. Er selbst wollte sich an die Spitze einer konstitutionellen Bewegung in Deutschland stellen und damit den Einfluß Österreichs endgültig ausschalten. Aber es war zu spät. Als der König am Mittag des 18. vom Balkon des Schlosses aus der versammelten Menge auf dem Schloßplatz die Aufhebung der Zensur und die Einberufung des Landtags verkünden wollte, forderten die Demonstranten lautstark den Abzug des Militärs. Friedrich Wilhelm befahl, »dem Skandal ein Ende zu machen« und den Platz durch Kavallerie und Infanterie zu säubern. In dieser äußerst gespannten Situation fielen plötzlich zwei Schüsse, und schlagartig brandete die allgemeine Empörung auf. Man hat später versucht, den Ausbruch der Revolution auf radikale oder ausländische Wühlarbeit zurückzuführen, doch war es in erster Linie der aufgestaute Haß gegen die bedrohende Präsenz des Militärs, der die Berliner auf die innerhalb kürzester Zeit entstandenen rund tausend Barrikaden trieb. Dabei kam es zu harten Kämpfen. Nach zeitgenössischen Schätzungen standen 14000 Soldaten etwa 4000 Aufständischen gegenüber, doch scheint letztere Zahl etwas zu niedrig angesetzt. Sicher aber waren die Barrikadenkämpfer, die aus allen Schichten der Bevölkerung kamen, den Truppen weit unterlegen, doch glichen sie diesen Mangel durch verbissene Tapferkeit aus.
Im Gegensatz zu Wien, wo sich die Regierung der loyalen Haltung der Truppe nie sicher sein konnte, hielten die preußischen Soldaten treu zu ihrem König, verübten aber immer wieder unerhörte Grausamkeiten und Roheiten gegenüber unterlegenen Barrikadenkämpfern.
In der Nacht zum 19. schrieb der König den Aufruf »An meine lieben Berliner«, in dem er versprach, die militärische Besetzung der Hauptstadt auf das Schloß und die wichtigsten Gebäude zu beschränken;

aber sein Beschwichtigungsversuch blieb ohne Erfolg. Als ihn dann mehrere Deputationen bestürmten, gab der immer unsicherer gewordene Monarch schließlich den Befehl zum Abzug der Truppen, lediglich Schloß und Zeughaus sollten gesichert werden. Aber der angeblich über die »Feigheit« des Königs erbitterte General v. Prittwitz ließ auch diese beiden Orte räumen, so daß ganz Berlin »schutzlos in der Gewalt der Aufständischen« war, wie es Bismarck später einmal dramatisierte.

Der König unter der schwarzrotgoldenen Fahne?

Daß es zu keinen größeren Ausschreitungen kam, spricht für die Besonnenheit und Ruhe der Berliner, unter denen sich nicht wie in Wien radikale und randalierende Elemente durchsetzen konnten. Für wenige Stunden nur richtete sich die ganze Erregung gegen den König. Am Mittag des 19. wurden die Leichen der in den Kämpfen gefallenen Revolutionäre (»Märzgefallene«) in den Schloßhof gebracht, und die begleitende Menge erzwang durch lautes Rufen das Erscheinen Friedrich Wilhelms auf einem Balkon, wo er sich vor den Toten verneigte.
Es blieb bei diesem gutgemeinten Akt, und der Volkszorn richtete sich nun gegen Prinz Wilhelm, den Bruder des Königs, in dem man zu Recht den Scharfmacher unter der Hofkamarilla vermutete. Sein Palais wurde besetzt, er selbst mußte nach England ins Exil gehen. Noch am gleichen Tage genehmigte der König die Bewaffnung der Bürgergarde und entließ die verhaßten vormärzlichen Minister. Ein Übergangskabinett regierte nur zehn Tage, um dann dem liberalen Ministerium des Ludolf Camphausen Platz zu machen.
Am 21. März unternahm Friedrich Wilhelm IV., geschmückt mit den schwarzrotgoldenen Farben, einen Umritt durch die Stadt. Die moderne Geschichtsschreibung spricht von einem »Versuch, sich an die Spitze der Revolution zu stellen«, da er am Abend dieses Tages in einer neuerlichen Proklamation verkündete: »Preußen geht fortan in Deutschland auf.« Wenn allerdings die erst 1881 bekanntgewordene Aussage eines an sich zuverlässigen Augenzeugen, des späteren Polizeichefs Stieber, stimmen sollte, hatte die Stelle des Königs ein ihm ähnlicher und entsprechend maskierter Hofschauspieler eingenommen, und der ganze Umritt war nur ein effektvoller Theatercoup gewesen. Einen Tag danach wurden die 190 in den Kämpfen umgekommenen Zivilisten, darunter fünf Frauen und zwei Kinder, unter der Anteilnahme ganz Berlins feierlich zu Grabe geleitet. Die Beisetzung der zwanzig gefallenen Soldaten erfolgte in aller Stille, »ohne Sang und

Revolutionäres Bürgertum. *Versammlung des »Demokratischen (bzw. republikanischen) Klubs« in Berlin während der Revolutionsphase des Jahres 1848.*

Klang eingescharrt«, wie die konservative Kreuzzeitung sarkastisch feststellte.

Brennpunkt Frankfurt

Ein auffallendes Kennzeichen der dramatischen Wochen und Monate dieser Revolution bildet die deutliche Trennung einzelner Phasen und Schwerpunkte. Dem unbefangenen Laien mag das Geschehen zwar für den ersten Augenblick reichlich verwirrend erscheinen, tatsächlich aber glich das Gebiet des »Deutschen Bundes« einer gewaltigen Simultanbühne, auf der sich in einem gedrängten, aber doch unverkennbaren Nacheinander die Ereignisse in Einzelszenen abspielten und nur manchmal ineinander übergingen oder parallel liefen. Diese Tatsache erleichtert dem Historiker die Darstellung, kann er doch auf dieser imaginären Bühne gleichsam die Rolle des Beleuchters übernehmen, Szene um Szene in das Scheinwerferlicht rücken und so die Auf-

merksamkeit des Beobachters von Schwerpunkt zu Schwerpunkt lenken. Nach den Mittelstaaten und den beiden Großmächten Österreich und Preußen bildete Frankfurt a. M. einen weiteren solchen Schwerpunkt, war das Geschehen hier wohl am bedeutungsvollsten für die weitere demokratische Entwicklung Deutschlands.
Drei Jahrzehnte lang hatte in dieser Stadt der »Bundestag« sein unrühmliches Dasein als Diplomatenpfründe von Metternichs Gnaden gefristet. Die verschreckten Gesandten hatten schon am 1. März an die

Stichworte zum Verlauf der Revolution 1848/49

1. Phase: Februar bis Mai 1848
Der bürgerliche Mittelstand wird zum Träger der liberalen Forderungen nach Pressefreiheit, Schwurgerichten, Vereinsrecht und Volksbewaffnung. Die monarchische Idee dominiert, eine republikanische Erhebung in Baden wird unterdrückt. In der habsburgischen Monarchie versuchen Ungarn und Italiener ihre nationale Unabhängigkeit zu erlangen, während die Slawen eine Umformung der Monarchie anstreben, nicht jedoch die Loslösung von ihr.

2. Phase: Mai bis Oktober 1848
Gekennzeichnet vom Streben nach einer deutschen Einheit. Die Nationalversammlung in der Paulskirche zu Frankfurt a. M. sucht eine neue deutsche Verfassung zu schaffen. Eine groß- und eine kleindeutsche Richtung gegenüber. Anfangs dominiert die großdeutsche Idee eines neuen Deutschen Reiches mit Einschluß Österreichs und unter der Führung Habsburgs. Eine kleinere radikalere Gruppe setzt sich für die Republik ein. Die liberalen Forderungen finden ihren Niederschlag in den in dieser Phase verabschiedeten Grundrechten.

3. Phase: Oktober 1848 bis Juni 1849
Gekennzeichnet durch rasches Erstarken reaktionärer Kräfte in Österreich und Preußen. Zurückdrängung der liberalen Kräfte und Oktroyierung von Verfassungen. Abschluß des Verfassungswerkes in Frankfurt. Da die österreichische Regierung die Aufnahme Gesamtösterreichs mit seinen nichtdeutschen Teilen in das neue Reich fordert, Kompromiß der Republikaner mit den Kleindeutschen; Schaffung einer kleindeutschen Verfassung. Die Ablehnung der Kaiserkrone durch den preußischen König führt zum Scheitern der Nationalversammlung. In den letzten Wochen noch einmal Aufflackern von Aufständen in Sachsen, der bayerischen Pfalz und vor allem in Baden, die mit Hilfe vor allem preußischer Truppen niedergeworfen werden.

»alte Treue« und die »reife Einsicht des deutschen Volkes« appelliert, schließlich eine Revision der Bundesverfassung in Aussicht gestellt und am 10. März das bisher verpönte Schwarzrotgold (die aus den vermeintlichen alten Reichsfarben abgeleiteten Farben der Deutschen Burschenschaft) zu den neuen amtlichen Farben für Flagge und Wappen erklärt. Damit erschöpfte sich aber das demokratische Selbstverständnis.

Die Paulskirche
Auf dem Weg zu »Vorparlament« und Nationalversammlung

Neue Impulse kamen aus Heidelberg, wo am 5. März eine Gruppe von einundfünfzig liberalen Politikern aus dem Süden und Westen Deutschlands zusammengekommen war und die möglichst rasche Einberufung eines deutschen Parlaments forderte. Diese Politiker gründeten einen Ausschuß von sieben Männern, darunter Heinrich von Gagern (Hessen) und Karl Welcker (Baden), die ihrerseits alle Vorbereitungen zur Einberufung einer parlamentarischen Versammlung, eines »Vorparlaments«, treffen sollten. Die Einladung dazu war an »alle früheren oder gegenwärtigen Ständemitglieder und Teilnehmer an gesetzgebenden Versammlungen in allen deutschen Ländern gerichtet«, aber bei dieser Beschränkung blieb es keineswegs, denn begeisterte Bürgerkomitees wählten in den Städten ihre eigenen Vertreter, so daß schließlich zum vereinbarten Termin am 31. März in Frankfurt an die fünfhundert Delegierte eintrafen, wo sie in der ehemaligen Paulskirche ihre Beratungen begannen.
Nach den blutigen Tagen von Wien und Berlin, die keine zwei Wochen zurücklagen, richteten sich die nationalen Hoffnungen aller Deutschen auf diese Versammlung, von der man die Vorbereitungen für die Schaffung eines einigen deutschen Staates erwartete. Aber die allgemeine Begeisterung sollte nur allzu rasch wieder gedämpft werden, denn von Anfang an zeigten sich unüberbrückbare Gegensätze zwischen Republikanern und Monarchisten. Zwar brachten die ersten beiden Sitzungen erstaunlich rasch konkrete Ergebnisse über den Wahlmodus für eine künftige Nationalversammlung, dann aber forderten Gustav Struve (* 1805, † 1870) und Friedrich Hecker (* 1811, † 1881), die Führer der radikalen Republikaner, das Vorparlament solle in Permanenz tagen und die Ausrufung der Republik vorbereiten. Es kam zu heftigen Rededuellen, wobei sich die Mehrheit heftig gegen diese Pläne stellte. Selbst ein Abgeordneter wie der Würzburger Arzt Eisenmann, der wegen seiner politischen Einstellung fünfzehn Jahre in ei-

***Revolution in Baden.** Zweimal kam es in Baden unter Leitung von Hecker und Struve zum Aufstand: im April 1848 und im September 1849. Beide Aufstände wurden mit aller Härte niedergeschlagen und schadeten den Demokraten schwer.*

nem bayerischen Kerker geschmachtet hatte, verkündete laut: »Ich lebe und sterbe für die konstitutionelle Monarchie!«
Die Spannungen entluden sich in der 3. Sitzung am 2. April, als die überwiegende Mehrheit der Delegierten den Permanenzantrag ablehnte und daraufhin Hecker, Struve und etwa vierzig weitere radikale Republikaner den Sitzungssaal verließen. Diese Spaltung konnte in der 4. und letzten Sitzung am 3. April nicht mehr überbrückt werden.

Hecker und Struve
Kampf mit badischen und hessischen Truppen

Während das »Vorparlament« einen sogenannten 50er-Ausschuß bestimmte, der die Wahlen zur deutschen Nationalversammlung vorbereiten sollte, gingen Hecker und Struve nach Baden, um dort ihre republikanischen Pläne mit einem Putsch durchzusetzen. Unterstützt wurden sie dabei von dem Dichter Georg Herwegh (* 1817, † 1875), der in

Paris eine »Deutsche Legion« gründete und mit ihr nach Baden ziehen wollte, wo Hecker am 12. April in Konstanz die Republik ausrief. Das ebenso begeistert wie dilettantisch vorbereitete Unternehmen war von vornherein zum Scheitern verurteilt, weil seine Initiatoren die Zustimmung der Bevölkerung überschätzten. Auch Heckers Freischaren erhielten nur geringen Zulauf; mit nur 1200 Mann trat er schlecht bewaffnet am 20. April bei Kandern hessischen und badischen Truppen gegenüber und wurde nach kurzem Kampf geschlagen. Struves Haufe erlitt bei Steinen ein gleiches Schicksal. Bauern aus dem Schwarzwald, die am 22. April Freiburg besetzten, wurden schon zwei Tage später wieder vertrieben. Unrühmlich endete auch die von Herwegh und seiner Frau herbeigeführte Pariser Freischar in Stärke von vierhundert Mann. Eine Kompanie Württemberger zersprengte sie am 27. bei Dossenbach und trieb die Flüchtenden über die Schweizer Grenze.

Zwei Wochen nur hatte der ganze Putsch gedauert, den die aufgeschreckten Zeitgenossen nur spöttisch als Farce bezeichneten, während moderne Historiker den Idealismus vor allem Heckers betonen. Ein kritisches Urteil gab Robert Blum ab, der zu den aufrechtesten demokratischen Republikanern gehörte. Am 8. Mai schrieb er: »Hecker und Struve haben das Land verraten nach dem Gesetz – das wäre eine Kleinigkeit; aber sie haben das Volk verraten durch ihre wahnsinnige Erhebung; es ist mitten in seinem Siegeslauf aufgehalten worden, das ist ein entsetzliches Verbrechen.«

Mag das Wort »Siegeslauf« auch übersteigert erscheinen, so hatte er doch insofern recht, als der Putsch der jungen demokratischen Idee mehr schadete als nutzte und die Furcht vor möglichen anderen Aufständen das Umsichgreifen reaktionärer Tendenzen förderte.

Preußische Intervention in Schleswig-Holstein

Baden war aber nicht das einzige Gebiet, wo Truppen im Auftrag des »Deutschen Bundes« kämpften. Im Norden hatte sich nämlich eine Entwicklung angebahnt, die nicht mit der Revolution zusammenhing, doch zeitweilig von schicksalhafter Bedeutung für die junge demokratische Bewegung werden sollte. In der etwas verworrenen Erbfrage um das Herzogtum Schleswig hatte man dort, um Plänen der »Eider«-Dänen entgegenzutreten, die Schleswig Dänemark einverleiben wollten, zusammen mit Holstein am 22. März eine eigene provisorische Regierung gebildet und die Aufnahme in den »Deutschen Bund« beantragt. Zur Unterstützung und zum Schutz der Herzogtümer waren preußische Truppen in Jütland eingerückt und hatten gerade in den Tagen

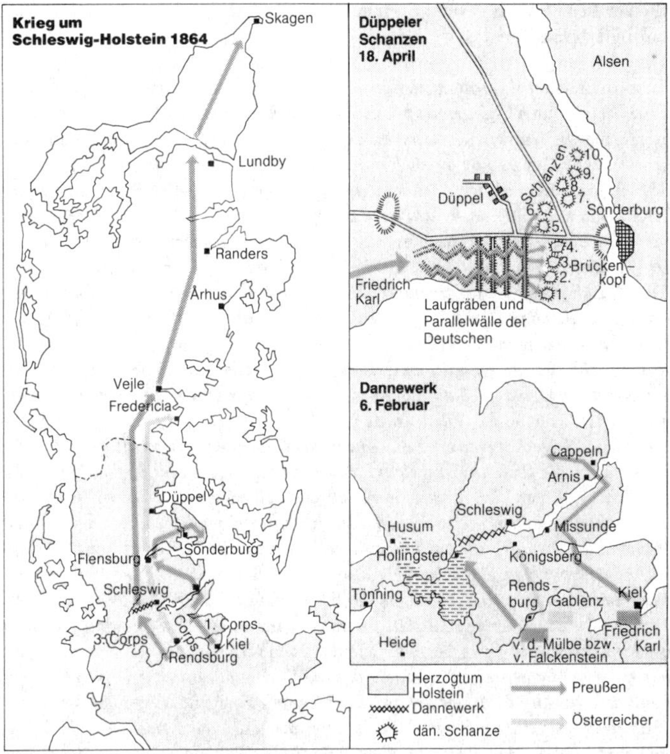

des Heckerputsches beachtliche Erfolge im Kampf gegen Dänemark erzielt. Für Friedrich Wilhelm IV. war das ein gefährliches militärisches und politisches Unternehmen. Zwar begründete er sein Eingreifen aus dem Bemühen, »einer republikanischen Erhebung zuvorzukommen«, tatsächlich aber isolierte er sich damit machtpolitisch; denn die europäischen Großmächte – allen voran Rußland – sahen in seinem Vorgehen eine Störung des Gleichgewichts.

Wahl der Verfassunggebenden Nationalversammlung Nur ein »Professorenparlament«?

In diesen in Süd wie Nord gleichermaßen unruhigen Tagen fanden im gesamten Gebiet des »Deutschen Bundes« – also auch in den österrei-

Aus der Rede für ein Wahlkaisertum
Ludwig Uhland 1849

Ich gestehe, einmal geträumt zu haben, daß der großartige Aufschwung der deutschen Nation auch bedeutende politische Charaktere hervorrufen werde, und daß hinfort nur die Hervorragendsten an der Spitze des deutschen Gesamtstaates stehen werden. Dies ist nur möglich durch Wahl, nicht durch Erbgang. [...]
Aber in jener Zeit, als wir noch im deutschen Volk einen vollen Rückhalt hatten, als die Staatsmänner noch nicht darauf verzichten mußten, Volksmänner zu sein, wenn wir damals einen Mann gewählt hätten, einen solchen, der in der ganzen Größe bürgerlicher Einfachheit durch den Adel freierer Gesinnung auch die rohe Gewalt zu bändigen, die verwilderte Leidenschaft in die rechte Strömung zu lenken verstanden hätte, gewiß, einem solchen wäre das gesamte deutsche Volk eine Hausmacht gewesen.
Ein Hauch jenes ursprünglichen Geistes gab sich noch kund in dem Beschluß der Volksvertretung, lediglich aus der ihr vom Volke verliehenen Macht einen Reichsverweser zu wählen. Ein Fürst wurde gewählt, nicht weil, sondern obgleich er ein Fürst war. Beigefügt war aber die Unverantwortlichkeit und somit bereits in die konstitutionelle Richtung eingelenkt. Besonders infolge dieser Verbindung habe ich nicht für einen Fürsten gestimmt; ich sah schon den doktrinären Erbkaiser auftauchen, dessen Widersacher ich war, als er noch bei den Siebzehnern in den Windeln lag, und der mir auch nicht lieber geworden ist, nun er ernstliche Versuche macht, auf den deutschen Thronsessel zu klettern. Seit jener Wahl ist die Stimmung weiter zurückgegangen, und der neueste Beschluß beschränkt die Wahl auf die regierenden Fürsten. Diese Beschränkung kann allerdings auch so gefaßt werden, daß die regierenden Fürsten eben vermöge ihres Regentenberufes, nicht in ihrer dynastischen Eigenschaft zum Oberhaupt würden gelangen können; denn andere Mitglieder der dynastischen Geschlechter sind ausgeschlossen. Das Wahlrecht in sich ist noch vorhanden, aber allerdings der Kreis der zu Wählenden um vieles verengt. Es ist auch die periodische Wahl das, wodurch der äußerste Partikularismus noch beseitigt werden kann, der Partikularismus, durch welchen ein *Fürstenhaus und* ein *Einzelstaat als Volk Gottes immer über die anderen gestellt wird, welche eben damit in das Verhältnis des Dienens treten würden. Die einmalige Wahl, vermöge welcher das zum ersten Mal gewählte Oberhaupt die Würde vererben würde, diese erste Wahl ist ein letzter Wille, ein besonders feierlicher Verzicht auf das Wahlrecht. Ich hoffe, sie werden diesen Verzicht nicht aussprechen; er steht im Widerspruch mit dem Geist, durch den Sie hierher gerufen sind. Die Revolution und ein Erbkaiser – das ist ein Jüngling mit grauen Haaren.*
Ich lege noch meine Hand auf die alte offene Wunde, den Ausschluß Österreichs. Ausschluß, das ist doch das aufrichtigste Wort; denn wenn ein deutsches Erbkaisertum ohne Österreich beschlossen wird, so ist nicht abzusehen, wie irgendeinmal noch Österreich zu Deutschland treten werde. Auch hier glaube ich an die erste Zeit erinnern zu müssen. Als man Schleswig erobern wollte, wer hätte da ge-

dacht, daß man Österreich preisgeben würde? Als die österreichischen Abgesandten mit den deutschen Fahnen und den Waffen des Freiheitskampfes in die Versammlung des Fünfziger-Ausschusses einzogen und mit lautem Jubel begrüßt wurden, wem hätte da geträumt, daß vor Jahresablauf die österreichischen Abgeordneten ohne Sang und Klang aus den Toren der Paulskirche abziehen sollten? Die deutsche Einheit soll geschaffen werden; diese Einheit ist aber nicht eine Ziffer, sonst könnte man fort und fort den Reichsapfel abschälen, bis zuletzt Deutschland in Liechtenstein aufginge. Eine wahre Einigung muß alle deutschen Ländergebiete zusammenfassen. Das ist eine stümperhafte Einheit, die ein Dritteil der deutschen Länder außerhalb der Einigung läßt. Daß es schwierig ist, Österreich mit dem übrigen Deutschland zu vereinigen, wissen wir alle; aber es scheint, manche nehmen es auch zu leicht, auf Österreich zu verzichten. Manchmal, wenn in diesem Saale österreichische Abgeordnete sprachen und wenn sie gar nicht in meinem Sinne redeten, war mir doch, als ob ich eine Stimme von den Tiroler Bergen vernähme oder das Adriatische Meer rauschen hörte. Wie verengt sich unser Gesichtskreis, wenn Österreich ausgeschlossen ist! Die westlichen Hochgebirge weichen zurück, die volle und breite Donau spiegelt nicht mehr deutsche Ufer. Es genügt nicht, staatsmännische Pläne auszusinnen und abzumessen, man muß sich in die Anschauung, in das Land selbst versetzen, man muß sich vergegenwärtigen die reiche Lebensfülle Deutschösterreichs. Welche Einbuße wir an Macht, an Gebiet, an Volkszahl erleiden würden, das ist hinreichend erörtert, ich füge nur eins bei: Deutschland würde ärmer um all die Kraft des Geistes und Gemütes, die in einer deutschen Bevölkerung von acht Millionen lebendig ist. Ich glaube, daß, wenn wir mit einem Bundesstaat ohne Österreich nach Hause kommen, unser Werk nicht überall wird gelobt werden; ich glaube dies namentlich von dem südlichen Deutschland sagen zu können.[...]
Wir wollen einen Dombau: wenn unsere alten Meister ihre riesenhaften Münster aufführten, der Vollendung des kühnen Werkes ungewiß, so bauten sie den einen Turm und für den andern legten sie den Sockel, – der Turm Preußen ragt hoch auf, wahren wir die Stelle für den Turm Österreich! [...] Mitten in der Zerrissenheit dieser Versammlung war mir das ein erhebendes Gefühl, daß, so sehr wir uns oft untereinander aufbäumen, wir dennoch durch das nicht mehr zu brechende, im Volksbewußtsein gefestigte Gebot der deutschen Einheit wie mit eisernen Banden zusammengeschmiedet sind; trennen Sie Österreich ab, so ist das Band zerschlagen. Zum Schlusse: Verwerfen Sie die Erblichkeit, schaffen Sie keinen herrschenden Einzelstaat, stoßen Sie Österreich nicht ab, retten Sie das Wahlrecht, dieses letzte fortwirkende Wahrzeichen des volksmäßigen Ursprungs der neuen Gewalt. Glauben Sie, meine Herren, es wird kein Haupt über Deutschland leuchten, das nicht mit einem vollen Tropfen demokratischen Öls gesalbt ist!

Nach: Petzet, W. u. Sutter O. (Hrsg.): »Der Geist der Paulskirche. Aus den Reden der Nationalversammlung«, Frankfurt 1923. (Ludwig Uhland, * 1787, † 1862, der schwäbische Dichter und Germanist, gehörte in der Paulskirche zur Linken des »Zentrums«.

chischen Teilen – die Wahlen für die geplante Nationalversammlung statt, und am 18. Mai hielten die Abgeordneten unter Geschützdonner und Glockengeläut, begleitet vom Jubel und den Hoffnungen ganz Deutschlands und Österreichs, ihren Einzug in die Paulskirche. Zum ersten, aber auch einzigen Male saßen die frei gewählten Vertreter aller deutschen Stämme gemeinsam in einem Parlament, nicht jedoch die Repräsentanten aller Bevölkerungsschichten; denn unter den rund 600 Abgeordneten, die im Laufe der Tagungszeit nach Frankfurt kamen, dominierten Intellektuelle, Professoren, Beamte, Richter, Ärzte, dazu kamen noch ein paar Geistliche, Grundbesitzer und Kaufleute, aber nur zwanzig gehörten dem Kleinbürgertum, drei dem Bauernstand an, während Arbeiter überhaupt nicht vertreten waren.
Man hat abfällig von einem »Professorenparlament«, von einer Versammlung weltfremder Theoretiker gesprochen, aber selten wohl hat ein Parlament so viele bedeutende Köpfe in seinen Reihen gesehen wie diese Versammlung in der Paulskirche. Ludwig Uhland, Jacob Grimm, Ernst Moritz Arndt, der berühmte Orientreisende Fallmerayer, die Historiker Droysen, Waiz, Gervinus gehörten ebenso zu den Mitgliedern wie bekannte Juristen oder Theologen (z. B. Ignaz Döllinger oder der »Arbeiterbischof« Ketteler) und natürlich auch die meisten der in den Jahren des »Vormärz« als »Demagogen« verfemten und verfolgten Männer. Zum ersten Präsidenten des Parlaments wurde der Reichsfreiherr Heinrich von Gagern gewählt, einer der führenden Köpfe der liberalen Bewegung. Wenn ihn auch die Geschichtsschreibung der DDR als »einen Verräter der Bourgeoisie an den Interessen der Revolution« bezeichnet, so ist tatsächlich doch seine liberale und demokratische Grundhaltung, vor allem aber seine Fähigkeit als integrierender Leiter der Versammlung unbestritten, und schon Zeitgenossen haben ihn zu Recht mit dem Grafen Mirabeau verglichen, dessen mäßigender Einfluß die erste Phase der Französischen Revolution geprägt hatte.

Erste Fraktionen – Vorläufer der Parteien

Parteien im heutigen Sinn gab es noch nicht, doch bildeten sich bald eine Art von Fraktionen, die ihren Namen nach den Frankfurter Wirtshäusern erhielten, in denen sie sich trafen. Deutlich lassen sich dabei drei Gruppen unterscheiden: eine ziemlich unbedeutende konservativ-reaktionäre, eine republikanische mit einem extrem linken Flügel und die große Mitte, der die liberalen, kompromißbereiten und gelegentlich auch kompromißlerischen Vertreter des konstitutionell-mon-

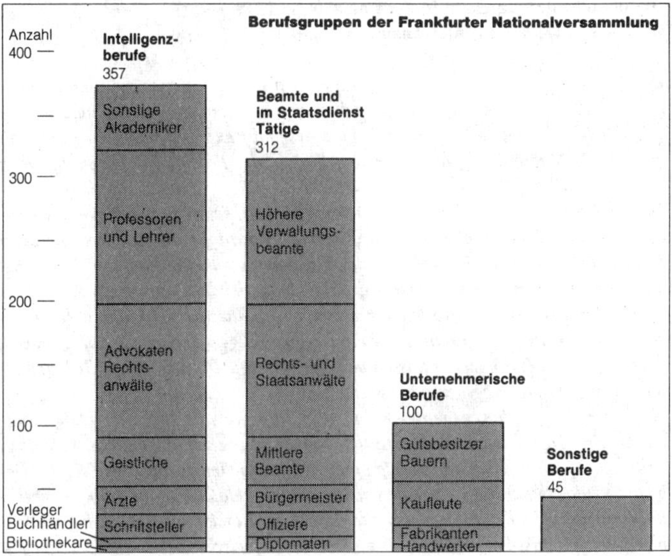

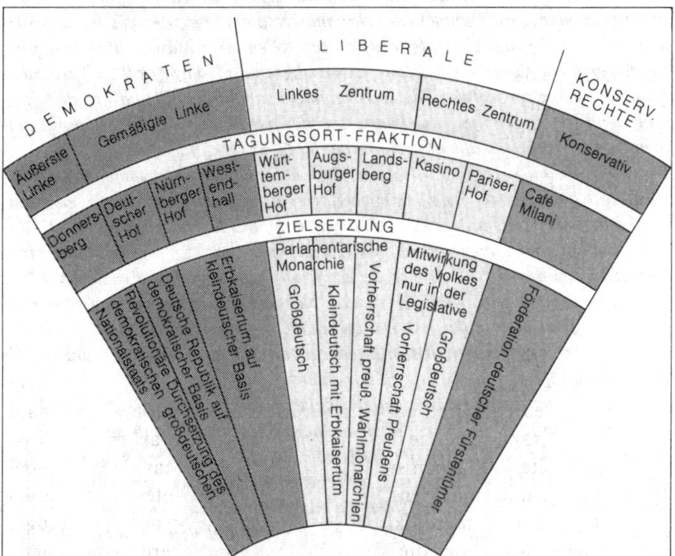

Die Fraktionen der Frankfurter Nationalversammlung

Die Nationalversammlung in der Paulskirche 1848
Bericht von Wilhelm Zimmermann

Der Raum, worin die Versammlung tagte, war noch geschmackvoller und glänzender ausgeschmückt als im Vorparlament; die blendend weiße hohe Kirche zeigte jede Figur im hellen Lichte und die riesenhaften Fensternischen waren mit grünem Tuch verhangen, und über dem Bureau des Präsidiums waren die roten Vorhänge prachtvoll geworden.
Keinen Tag waren die oberen Galerien mäßig voll; selbst in den Tagen, wo nur abgestimmt wurde, brachen sie fast unter dem Gedränge der Zuhörer, die beim Namensaufruf der Abgeordneten jede Abstimmung sich merkten und bald laut, bald leise kritisierten. Unten waren große Räume für die Zuhörer abgeteilt, hart an den Bänken der Abgeordneten; rechts vom Bureau und links faßten diese Zuhörergalerien die Versammlung wie mit zwei mächtigen Armen; oft drängten sich gegen tausend Zuhörer hier zusammen, Herren und Damen, deren Galerien jedoch von einander abgeschieden waren.
Nach der Rechten hin, gegenüber vom Präsidium war die sogenannte Diplomatengalerie. Da sah man die Gesandten von Frankreich und England, von Rußland und Nordamerika, von Königen und Fürsten jeden Ranges, wie sie die Geburt und das Wachstum einer deutschen Nation belauschten und überwachten, und um sie her die Bankiers von Frankfurt, die Börsenmänner, auch viele von auswärts. Stundenlang harrten oft innen und jetzt wieder außen an der unmittelbar der Paulskirche gegenüber liegenden Börse die Männer der großen Geldgeschäfte auf eine Abstimmung in der Nationalversammlung, wie auf eine Entscheidung über Leben und Tod. Mehr als einmal sollen auch Männer dieser Galerie, wenn durch Aufstehen oder Sitzenbleiben abgestimmt wurde, mit aufgestanden sein, als wären sie Mitglieder der Nationalversammlung. Einmal, in dem entscheidendsten Augenblick, wurde das nachher mit Beweis erhoben, und mit Namensnennung ohne Widerspruch von der Tribüne verkündet.
Zunächst an ihnen sah man die Aristokratie Frankfurts, der umliegenden Fürstenstädte und was von Fremden noch Karten für die einzelnen Sitzungen erlangen konnte; denn alle unteren Galerien waren nur mit Karten zugänglich. Die damals schon in drei Linien vollendeten Eisenbahnen brachten von drei Seiten täglich viele Auswärtige; und eine große Zahl von Fremden, oft aus weitester Ferne her, hatte über die Dauer des Parlaments bleibend Sitz in Frankfurt genommen. Auf dieser Seite vorn in der ersten Bänkereihe, wie oben auf der Galerie, saß die Mehrheit der Journalisten, die in hunderte von Blättern, selbst in französische oder englische, über die Sitzungen berichteten.
Schon auf dieser Galerie waren einige Bänke für die Damen abgeteilt. Der Fürst Lichnowsky hatte es bei dem Präsidium herausgeschlagen, daß ein Teil dieses Raumes, welcher der Rechten und äußersten Rechten gerade vor Augen lag, dem schönen Geschlecht zur Benützung freigegeben wurde. Aber nur wenige Damen setzten sich auf die Rechte; nur wenn die anderen ihnen zugewiesenen Räume an einzelnen Tagen übervoll waren, zogen sie sich zum Teil rechts hinüber. Die mei-

sten zogen es vor, [lieber] vier und fünf Stunden lang links zu stehen als rechts zu sitzen. Eine kleine Galerie über dem Haupte des Präsidiums war fast ausschließlich von solchen Damen besucht, welche rechts gesinnt waren, und zwar österreichisch rechts; denn als später die Trennung zwischen österreichischem und preußischem Patriotismus eintrat, sah man Damen, die bis dahin jenes Galeriechen täglich besucht hatten, einige Male sogar von Kopf bis Fuß schwarzweiß aufgeschmückt, nur auf der Linken Platz zum Stehen oder zum Sitzen suchen.
Die eigentliche Damengalerie war nämlich links. [Hier . . .] standen und saßen die Frauen in fünf Bänkereihen, die links vom Bureau hinauf zu dem sogenannten Berg der äußersten Linken sich zogen, und ihre Herzen glühten und kämpften mit und folgten jedem Ausfall eines ihrer Lieblinge. [. . .]

Aus: »Die deutsche Revolution« von Wilhelm Zimmermann. (Der Verfasser, * 1807, † 1878, war eines der württembergischen, zur Linken gehörenden Mitglieder der Nationalversammlung.)

Beginn der Demokratie und des Parlamentarismus in Deutschland. *Oben: Die erste deutsche Nationalversammlung der Vertreter des Volkes – vor allem allerdings des Bürgertums – in der Paulskirche in Frankfurt am Main. – Unten: Feierlicher »Zug der Abgeordneten des deutschen Parlaments in die Paulskirche am 18. Mai 1848«. Holzstich nach einer zeitgenössischen Zeichnung.*

archischen Gedankens angehörten. Stützten sich die Konservativen auf die Regierungen der Einzelstaaten, hofften die Republikaner trotz mehrfacher Debakel stets auf die Unterstützung der Massen, so suchten die Liberalen auch hier eine Mittellinie zu beziehen und eine demokratische Neuordnung in Verbindung mit einer starken Zentralgewalt und zumindest nicht im Gegensatz zu den Einzelstaaten zu schaffen.

Der Historiker Leopold von Ranke hat einmal Stärke und Schwäche des Frankfurter Parlaments mit wenigen Worten charakterisiert: »Die Frankfurter Versammlung ist dadurch einzig in ihrer Art, daß in ihrer Mitte alle Fragen über das Gesamtleben der Nation in freier Diskussion erörtert wurden, und die verschiedensten Standpunkte wie in einer aneinanderschließenden Kette ihre Vertreter fanden. Sie war gleichsam eine Akademie der politischen Wissenschaften in bezug auf die nationalen Anliegen [...aber] tatsächlich ohne Macht.«

Ein Reichsverweser als provisorische Zentralgewalt

Die Abgeordneten spürten diese Ohnmacht und drängten daher auf die Schaffung einer provisorischen Zentralgewalt in der Person eines Reichsverwesers. Der klägliche Versuch, den preußischen König für dieses Amt vorzuschlagen, endete im Hohngelächter der überwiegenden Mehrheit des Hauses. Dann aber lenkte Gagern geschickt die Aufmerksamkeit auf Erzherzog Johann, den Bruder des österreichischen Kaisers und populärstes Mitglied des Hauses Habsburg, »ein kluger und ehrgeiziger alter Herr«, wie ihn ein Zeitgenosse charakterisierte. Tatsächlich hatte man mit ihm den richtigen Mann berufen, denn Politiker wie Fürsten anerkannten ihn gleichermaßen. Unmittelbar nach der Wahl übertrug der Bundestag in Frankfurt alle seine Rechte und Pflichten auf das neue provisorische Staatsoberhaupt, dem ein neunköpfiges Reichsministerium (Auswärtiges, Krieg, Finanzen usw.) zur Seite trat.

Die Schaffung einer wenigstens provisorischen Zentralgewalt war ein beachtlicher Erfolg der Nationalversammlung. Ihre dringlichste Aufgabe wäre es nun gewesen, die Verfassung vorzubereiten, aber die Abgeordneten schreckten vor den sich dabei auftürmenden Problemen zurück und wählten einen bequemeren Weg, indem sie am 3. Juli die Beratung der »Grundrechte des deutschen Volkes« beschlossen. So wichtig diese Grundrechte für das politische Selbstverständnis waren und so nachhaltig sie auch in die Zukunft hineinwirkten, so verlor man doch mit Beratungen bis Mitte September kostbare Zeit.

Die Redewut der Parlamentarier war grenzenlos. Bereits am 6. Juli lagen zu den rund hundert Paragraphen des Grundrechtsentwurfs weitere dreihundertfünfzig Änderungsanträge vor. Da sich im Durchschnitt für jeden Paragraphen bzw. Antrag etwa zehn Redner zu Wort meldeten, mußte mit rund 4500 Rednern allein zu diesen Grundrechten gerechnet werden!

Auslösung des Frankfurter Aufstandes durch das Schleswig-Holstein-Problem

Mehrfach erschütterten ernste Unruhen die Beratungen. Die Ohnmacht der Versammlung zeigte sich besonders deutlich in der Schleswig-Holstein-Frage und den daraus erwachsenen Spannungen. Unter dem Druck Englands, Rußlands und Frankreichs hatte Preußen Verhandlungen mit Dänemark aufgenommen, ohne auch nur einen Vertreter des Reichsministeriums oder der Paulskirche hinzuzuziehen. Als dann am 26. August in Malmö ein Waffenstillstand zwischen den beiden kriegführenden Mächten abgeschlossen wurde, empörten sich zwar die Abgeordneten über das eigenmächtige Vorgehen Preußens, doch blieb ihnen letzten Endes nichts anderes übrig, als nachträglich zuzustimmen. Diese Entscheidung löste aber in der Öffentlichkeit – vor allem in den radikalen Kreisen – heftige Proteste aus, die sich in Frankfurt zu offenem Aufruhr steigerten.
Der Zorn der Aufständischen richtete sich zuerst gegen die gemäßigte Linke der Paulskirche, die den Waffenstillstand ebenfalls gebilligt hatte. Eine in Eile einberufene Versammlung auf der Pfingstweide, zu der sich aus Frankfurt und seiner Umgebung immerhin an die zehntausend Menschen eingefunden hatten, wurde unter der Führung des »Barrikadenreisenden« Germain Metternich, eines radikalen Scharfmachers, zum Tribunal, vor dem gefordert wurde, die Nationalversammlung auseinanderzujagen. Auch die Linke müsse fort, die mit ihren Halbheiten alles verderbe, und nur die äußerste Linke könne und solle die Bewegung zum Ziele führen! Das sonst so zögernde Reichsministerium handelte überraschend schnell und beorderte am 17. September ein preußisches und ein österreichisches Bataillon zum Schutz des Parlaments nach Frankfurt. Prompt entluden sich die angestauten Spannungen am darauffolgenden Tag in Barrikadenbauten und Straßenkämpfen. Zwei Abgeordnete wurden von einer herumstreichenden Horde ermordet. Erst mit Hilfe von Artillerie gelang es, die verbissen kämpfenden Aufständischen – nach neueren Schätzungen sollen es etwa fünf- bis siebenhundert gewesen sein – zu bezwingen.

Schleswig-Holstein

Nach dem Aussterben seines Herzogsgeschlechts im Jahre 1375 wurde das Herzogtum Schleswig erstmals mit der damaligen Grafschaft Holstein vereint. 1460 wählten die Stände beider Länder den Dänenkönig Christian I. zu ihrem Landesherrn. Dieser gelobte, daß sie »up ewig ungedeelt« bleiben sollten. 1474 wurde dann auch Holstein zum Herzogtum erhoben. Die folgenden dreihundert Jahre waren gekennzeichnet von Erbstreitigkeiten, mehrfachen Trennungen und Wiedervereinigungen. Von 1773 an bildeten die beiden Herzogtümer zusammen mit Dänemark einen »Gesamtstaat«. Grund zu neuen Spannungen wurde durch den »Wiener Kongreß« gelegt, der Holstein zu einem Glied des »Deutschen Bundes« erklärte, nicht aber Schleswig. Das führte zum Versuch der Dänen, die alte staatsrechtliche Verbindung der beiden Herzogtümer zu lösen und Schleswig stärker an Dänemark zu binden. König Friedrich VII. verkündete schließlich am 21. März 1848 die Einverleibung Schleswigs in das Königreich. Daraufhin wurde in Kiel eine provisorische Regierung für Schleswig und Holstein gebildet. Die Unterstützung der Herzogtümer durch den »Deutschen Bund« löste den »Deutsch-Dänischen Krieg« aus, der 1850 mit dem »Frieden von Berlin« und der Überlassung Schleswigs und (ab 1852) Holsteins an Dänemark endete. Die Erbfolge in den beiden Herzogtümern wurde aber gemeinsam von den europäischen Großmächten 1852 im »Londoner Vertrag« geregelt.
Als Dänemark unter Mißachtung dieser Bedingungen von London 1863 eine gemeinsame Verfassung zusammen mit Schleswig erließ, kam es 1864 erneut zum Krieg, der zur endgültigen Loslösung der Herzogtümer von Dänemark führte.

Nationale Erhebungen von Mailand bis Prag

Der Frankfurter Aufstand, so kurz er auch gewesen war, bildete eine deutliche Wendemarke in der Entwicklung. Um sie richtig verstehen zu können, müssen wir unsere Aufmerksamkeit wieder von der Paulskirche weg auf das Geschehen in Österreich und Preußen während der Sommermonate richten. In Österreich nahmen die nationalen Bewegungen der Ungarn, Italiener und Tschechen ein für die Vielvölker-Monarchie bedrohendes Ausmaß an. Wenige Tage nach der Revolution in Wien war in Mailand der »Fünf-Tage-Aufstand« ausgebrochen, in dessen Verlauf die Lombarden den österreichischen Feldmarschall Radetzky und seine Truppen zum Rückzug zwangen. Aber sie nutzten ihre Chance nicht. Zwar erzielte König Karl Albert von Sardinien-Piemont, der den Lombarden zu Hilfe gekommen war, einige

Teilerfolge, mußte aber nach einer schweren Niederlage bei Custoza (25. 7.) mit Radetzky einen Waffenstillstand schließen.

Kroaten gegen Ungarn

Die Forderungen der Ungarn von Anfang März, die den Aufstand in Wien mit ausgelöst hatten, waren von der österreichischen Regierung zwar angenommen worden, aber zugleich suchte diese die nationalen Spannungen zwischen Ungarn und Kroaten auszunutzen. Als sich Anfang September die Kroaten mit ihrem »Banus« Jellacic gegen die ungarische Herrschaft wandten, wurden sie sogleich von der österreichischen Regierung unterstützt, die alle den Ungarn gewährten Sonder-

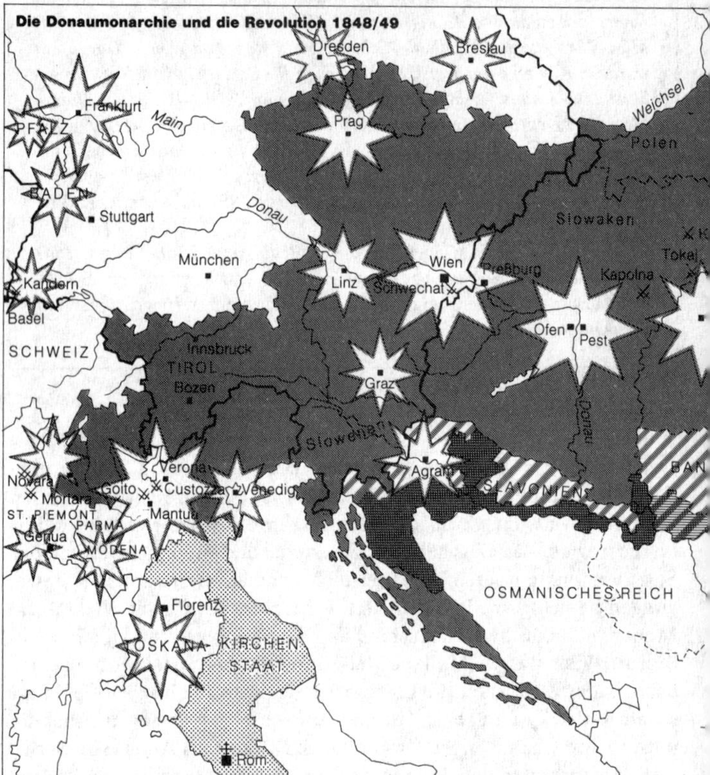

rechte widerrief. Damit ergab sich die merkwürdige Situation, daß eine nationale Bewegung noch im Verband der Monarchie durch eine andere bekämpft wurde!

Slawenkongreß in Prag und Pfingstaufstand

In Böhmen forderten die Tschechen Gleichberechtigung mit den Deutschen und Autonomie, bald aber trat auch hier die nationale Idee in den Vordergrund, und als Gegengewicht zum Frankfurter Parlament wurde ein Kongreß aller in Österreich lebenden Slawen nach Prag berufen. Die Teilnehmer wandten sich grundsätzlich nicht gegen die habsburgische Monarchie. František Palacký, der führende Kopf

***Revolutionen überall.** Waren die Erhebungen von 1848/49 in Deutschland rein deutsche, gegen Willkür, Überwachung und Adelsprivilegien gerichtete, für Verfassungen und Einheit eintretende Proteste, so traten in der Donaumonarchie die verschiedenen nationalen Bestrebungen der einzelnen Völker hinzu, die sich ihrerseits teilweise untereinander bekämpften. Vor allem Böhmen, Slowaken und Ungarn meldeten ihre Freiheitsrechte an. In Wien, der Hauptstadt der Monarchie, kamen stärker Probleme des Kleinbürgertums und Folgen der voranschreitenden Industrialisierung zur Wirkung. Wie in Deutschland wurden auch hier das liberale Bürgertum und die akademische Jugend zu Verbündeten der Aufständischen.*

der tschechischen Nationalisten, hatte – seiner Zeit um mehr als ein Jahrhundert voraus – längst erkannt, daß diese Monarchie ein Gegengewicht gegen russisches Universalstreben bildete, und erklärt: »Wahrlich, existierte der österreichische Kaiserstaat nicht schon längst, man müßte im Interesse Europas, im Interesse der Humanität selbst, sich beeilen, ihn zu schaffen [. . .].« Doch die Kongreßteilnehmer forderten die Gleichberechtigung aller Nationen in dieser Monarchie. Auch hier wurde das nationale Streben fast zwangsläufig von der radikal-liberalen Strömung überlagert, die sich vor allem gegen die berüchtigte Persönlichkeit des Fürsten Windischgrätz richtete, der den Oberbefehl über die Truppen übernommen hatte. So kam es schon Pfingsten zu Straßenkämpfen in Prag, die mit der Beschießung der Stadt, der bedingungslosen Kapitulation und Standgerichten ihr blutiges Finale fanden. In Wien hielten die Unruhen den ganzen Sommer über an. Schon im Mai floh Kaiser Ferdinand nach Innsbruck: die Hofkamarilla inszenierte die »Flucht« für den willenlosen Herrscher.

Wien: »Reichstag« und Bauernbefreiung

Am 22. Juli eröffnete dann Erzherzog Johann endlich den ersten Reichstag in Wien. In manchem läßt sich diese parlamentarische Versammlung mit der Paulskirche vergleichen. Auch hier gab es keine Parteien, sondern nur Gruppierungen mit einer konservativen Rechten, die auf die Interessen des Hofes eingeschworen war, eine klerikal-provinzlerische Mitte und eine Mehrheit der Linken, die sich in ihrer heterogenen Zusammensetzung nur wenig mit der parlamentarischen Linken der Paulskirche vergleichen ließ; denn hier trafen sich großdeutsche Patrioten, die liberalen Deutsch-Katholiken Böhmens, einige slawische Gruppen, Italiener und Juden.
Von dieser ›linken‹ Seite kam auch der wichtigste Antrag, der im Reichstag eingebracht wurde, einer der Marksteine des Revolutionsjahres. Der Sudetendeutsche Hans Kudlich, das jüngste Mitglied des Parlaments, stellte ihn am 26. Juli: »Von nun an ist das Untertänigkeitsverhältnis samt allen daraus entspringenden Rechten und Pflichten aufgehoben, vorbehaltlich der Bestimmungen, ob und wie eine Entschädigung zu leisten sei.« Mit diesem Antrag sollten endlich in der gesamten habsburgischen Monarchie die noch bestehenden Feudallasten abgeschafft werden. Da der junge Reichstag in seiner Redefreudigkeit durchaus dem Schwesterparlament in Frankfurt glich, dauerte es sechs Wochen, bis Kudlichs Antrag nach endlosen Diskussionen, Zusatz- und Änderungsanträgen endlich am 7. September in einer

modifizierten Form angenommen wurde. Danach sollte die obrigkeitliche Gewalt der Grundherren ohne Entgelt abgeschafft werden, die Aufhebung der Dienste und Abgaben sollte jedoch nur gegen angemessene Entschädigung durch entsprechende Fonds oder durch die Bauern selbst erfolgen. In einem trotz aller Verzögerungen großartigen Anlauf hatte damit das liberale Bürgertum den österreichischen Bauern die Freiheit erkämpft. Diese aber dankten es dem Reichstag nicht. Sie hatten ihr Ziel erreicht, die Revolution und die damit verbundenen Neuerungen interessierten sie fortan nur noch wenig.

Berlin: Nationalversammlung und andauernde Unruhen Stärkung der Reaktion

Latente Unruhe und politische Unsicherheit charakterisierten auch den Sommer 1848 in Preußen. Am 25. Mai war hier die aus freien Wahlen hervorgegangene Nationalversammlung erstmals im Berliner Schloß zusammengetreten. Ein ›Parlament der zweiten Garnitur‹, so urteilten schon die Zeitgenossen; denn die fähigsten politischen Köpfe hatte man nach Frankfurt geschickt. Immerhin spiegelte die Zusammensetzung die sozialen Verhältnisse etwas besser als in der Paulskirche. Zwar dominierte auch hier das intellektuelle Bürgertum, aber wenigstens ein Viertel der 402 Abgeordneten waren Bauern und Handwerker. Zu den Merkwürdigkeiten dieser Versammlung gehörte es, daß Prinz Wilhelm von Preußen, gegen den sich wenige Wochen zuvor noch der ganze Volkszorn gerichtet hatte, nun als Abgeordneter eines pommerschen Wahlkreises seit dem Juni an den Sitzungen teilnahm!
Gleich am ersten Sitzungstag legte die Regierung einen Verfassungsentwurf zur Beratung vor, der zwar der belgischen Verfassung nachgebildet war, in einigen wesentlichen Punkten aber Veränderungen aufwies, die dem Besitzbürgertum erhebliche Vorteile und Vorrechte einräumte. Die nur zögernd anlaufenden Beratungen der Versammlung wurden überschattet durch ständige Unruhen in Berlin, wo sich eine zunehmende Radikalisierung bemerkbar machte. Die daraus erwachsenden unsicheren wirtschaftlichen Verhältnisse erschreckten das Bürgertum und trieben es allmählich auf die Seite der Reaktion. So berichtete der bayerische Gesandte aus der Hauptstadt: »Man erblickt jetzt in den Straßen Individuen und Gruppen, welche sonst niemals zum Vorschein kamen und ein Bild der Frechheit und Trunkenheit darbieten, das an die Zeiten des Terreur von 1792 in Paris erinnert. [. . .] Die Bürger sind in Besorgnis und fangen an müde zu werden.« Veit Valentin, einer der besten modernen Kenner des revolutionären Gesche-

Text der Zeit

Revolution in Wien – Arbeiteraufruhr am 23. August 1848
Bericht von Friedrich Hebbel

Heute, Mittwoch, kam es zur Krisis, und leider ist es diesmal nicht wie vorgestern ohne Opfer abgegangen. [. . .] Am Morgen bereits machten die im Prater auf ihrem gewöhnlichen Arbeitsplatz versammelten Arbeiter, statt wie sonst ans Werk zu gehen, ihrem Unmut dadurch Luft, daß sie aus Lehm eine Puppe kneteten, die den Minister der Arbeiten [Schwarzer] darstellen sollte, und diese feierlich unter allerlei charakteristischen Zeremonien begruben. Dabei erhitzten sie sich mehr und mehr, tumultuarische Szenen traten ein, und zwei Sicherheitswachen, die sich, wahrscheinlich der Beschwichtigung halber, unter sie gemischt hatten, wurden erschlagen, nach dem einen Gerücht aufgehängt, nach dem anderen erwürgt. Inzwischen war die Nationalgarde, zunächst der Leopoldvorstadt, alarmiert worden und zahlreich ausgerückt. Die Arbeiter schickten sich an, unter vorangetragenen Fahnen in die Stadt zu ziehen, und am Anfang der Jägerzeile, auf dem sich dort nach allen Seiten ausdehnenden freien Platz, kam es zum Zusammenstoß. Die Zahl der Gefallenen und Verwundeten wird höchst verschiedenartig angegeben, daß ich nichts darüber sagen will; drei erschossene Arbeiter habe ich selbst liegen sehen. [. . .] Wer trägt die Schuld? Wahrlich nicht die Arbeiter selbst, denn die sind im Kern brav und gut, sondern die Hohlköpfe, die unbekümmert um die Natur der Dinge, und den in der realen Welt allein gültigen Maßstab der Gerechtigkeit und der Möglichkeit verschmähend, ihnen ihre eigenen unreifen sozialistischen Träumereien einimpfen, und die freilich noch unendlich viel schlechteren Spekulanten, die sich durch eine Massenbewegung in die Höhe bringen möchten. Ich weiß sehr wohl, daß Blut nicht unter allen Umständen ein zu kostbarer Saft ist, und würde mich leicht darein gefunden haben, wenn im März, wo es das Heiligste galt, ganze Ströme vergossen worden wären. Aber ich habe heute nicht ohne herzzerreißenden Schmerz die drei Leichen, deren ich oben erwähnte, erblicken können, denn ich mußte mir sagen: sie haben sich allerdings Gewalttätigkeiten erlaubt, aber sie waren in einem Irrtum befangen, den sie selbst nicht als solchen erkennen konnten, und sie sind von jedem Standpunkt aus beklagenswert. Obendrein soll die Sicherheitswache sich, wie ich aus sehr glaubwürdigem Munde vernahm, arge Rohheiten gestattet und sogar bei ihrer Rückkehr in die Stadt grüne Reiser aufgesteckt haben, als ob sie von einer ruhmreichen Schlacht käme.

Bericht in der »Augsburger Allgemeinen Zeitung« von Friedrich Hebbel. (Der Dichter Friedrich Hebbel, *1813, †1863, lebte seit 1845 in Wien.)
Abgedruckt in: Klein, T. (Hrsg.): 1848. Der Vorkampf deutscher Einheit und Freiheit, Leipzig 1914.

hens, spricht in diesem Zusammenhang zu Recht von »deutlichen Fieberzeichen des sozialen Zersetzungsprozesses«.
Ihren Höhepunkt erlebte die Berliner Volksbewegung Mitte Juni, als radikale Arbeiter und Studenten in der Nacht des 15. auf der Suche nach Waffen ins Zeughaus eindrangen und dort plündernd schweren Schaden anrichteten. Die Bürgerwehr erwies sich in dieser Nacht unfähig, für Ordnung und Sicherheit zu sorgen.
Ein gefährliches Omen für den bevorstehenden reaktionären Wandel war die Berufung General Wrangels, des Siegers gegen die Dänen, als Oberbefehlshaber in den Marken sowie die Zusammenziehung von 50000 Mann in der Umgebung von Berlin.

Weiterwachsende Reaktion

Hatten die Ereignisse im März und April bis zur Einberufung der Paulskirchenversammlung die aufsteigende Phase der revolutionären Bewegung gebildet, und waren die Sommerwochen bis zum Frühherbst eine Art Zwischenspiel, so bildeten Spätherbst und Winter 1848/49 die Phase des Niedergangs, der dann im Sommer 1849 noch das tragische Nachspiel folgen sollte. Und wie die Februarrevolution in Paris das Fanal für die deutschen Revolutionäre gewesen war, so sollte die Junischlacht von 1849 in Paris, in deren Verlauf der bewaffnete proletarische Aufstand durch die Truppen der Nationalversammlung niedergeworfen wurde, nicht ohne Auswirkung auf die Entwicklung in den Staaten des »Deutschen Bundes« bleiben.
In den Klein- und Mittelstaaten vollzog sich die Wende seit Sommer 1848 fast unmerklich. Nur Baden, wo Hecker trotz seines mißglückten Putsches immer noch zahlreiche Anhänger hatte, erlebte einen neuen Aufstand. Am 21. September 1848 kam Struve, der »Terrorist aus Überzeugung« (Valentin), mit einigen Gesinnungsgenossen aus der Schweiz und proklamierte in Lörrach die Republik. Diesmal setzte er alles auf eine Karte und erpreßte zur Durchführung seiner Pläne von der Bevölkerung Geld. Zahlreiches Gesindel hängte sich an ihn und plünderte auf eigene Faust. Wieder griff die badische Regierung rasch ein und sandte zwei Bataillone in das Oberland, wo sich die Putschisten in Staufen verschanzt hatten. Sie wurden schon nach kurzem Kampf besiegt, Struve flüchtete mit seiner Frau, wurde aber aufgegriffen und zu Gefängnis verurteilt. L. Häusser, ein zeitgenössischer Beobachter, faßte zusammen: »Die Republikaner vom April (unter Hecker) hatten wie leichtsinnige Abenteurer, die vom September wie Räuber und Wegelagerer gehandelt.«

***»Die Parlamentschaukel.«** Fraktionskämpfe und stundenlange Redeschlachten rufen 1848/49 immer wieder den Spott und die Kritik der Karikaturisten hervor. Zeichnung von Friedhelm Pecht.*

Der dritte Aufstand in Wien

In der habsburgischen Monarchie führte die Entwicklung in Ungarn zu einer Verhärtung der Lage. Im September 1848 hatten die Magyaren beim Reichstag um Hilfe gegen die sie bedrohenden Kroaten nachgesucht, doch war ihre Delegation gar nicht erst vorgelassen worden. Die Slawen hatten sich auf die Seite der österreichischen Nationalisten gestellt, und die Regierung bot Jellacic sogar Unterstützung bei seinem Kampf an. Diese Entscheidung entfachte erneut die Revolution; denn ein Grenadierbataillon, das nach Ungarn abgehen sollte, meuterte am Morgen des 6. Oktober in Wien, und die Empörung griff auf die Bevölkerung über, die nun im Gegensatz zum Frühjahr von den Truppen unterstützt wurde. Auch die Nationalgarde spaltete sich. Beschwichtigungsversuche des Reichstags blieben erfolglos, ganz Wien geriet in hellen Aufruhr, die Zahl der bewaffneten Studenten, Bürger und Arbeiter wird auf hunderttausend geschätzt, also weit mehr als in den Märztagen. Innerhalb weniger Stunden erlangten auch

hier die militanten radikalen Elemente das Übergewicht über die bürgerlichen Revolutionäre. Der Kriegsminister wurde bestialisch ermordet, und die in unmittelbarer Nähe bereitstehenden Truppen rührten keinen Finger zu seiner Rettung!
Auf die Nachricht von den Ereignissen hin reisten die Frankfurter Abgeordneten Robert Blum, Julius Fröbel und zwei andere nach Wien, um den Kämpfenden die Sympathien eines Teiles der Linken zu bekunden.
Alle vier wurden begeistert aufgenommen und zu Ehrenmitgliedern der »Studentischen Legion« ernannt. Aber dieses Zeichen der Sympathie nutzte der bedrohten Stadt wenig. Fürst Windischgrätz übernahm den Oberbefehl über die Truppen, und ihm ging es nicht um Verhandlungen, sondern wie in Prag einzig und allein um die bedingungslose Unterwerfung.

Mord...

Am 26. Oktober setzten seine Truppen, unterstützt von den Kroaten Jellacics, zum Sturm auf die Stadt an. Die Kämpfe zogen sich bis zum 1. November hin, dann mußten die Aufständischen kapitulieren. Ihre Niederlage bedeutete zugleich das Ende der Revolution. Zuerst wurden Verhaftungen vorgenommen, dann Standgerichte eingesetzt. Unter den vierundzwanzig zum Tode Verurteilten befand sich auch Robert Blum. Seine Hinrichtung war legalisierter Mord; denn der Fürst wollte damit beweisen, daß ihn das Frankfurter Parlament überhaupt nicht kümmere.
Während in Ungarn verbissen weitergekämpft wurde, arrangierte sich Österreich, allen voran die Hauptstadt, sehr rasch mit dem Sieger. Der Reichstag blieb weiterhin bestehen und tagte vom 22. November an in dem kleinen mährischen Städtchen Kremsier. Noch schien nicht alles verloren, worum man in den letzten Monaten gekämpft hatte; denn die neue österreichische Regierung unter Fürst Schwarzenberg zeigte sich kompromißbereit und vertrat in ihrem Programm die konstitutionelle Monarchie ebenso wie die Gleichberechtigung aller in Österreich-Ungarn lebenden Völker.
Am 2. Dezember präsentierte Schwarzenberg überraschend einen neuen Kaiser.
Schwarzenberg hatte Ferdinand zur Abdankung bewegen können, und an die Spitze der Monarchie trat dessen erst achtzehnjähriger Neffe Franz-Joseph. Mit ihm sollte sich auch die Monarchie wieder verjüngen, ein neuer Anfang schien gemacht, nur der Reichstag zeigte

***Mord statt Politik.** Erschießung Robert Blums, Vizekanzler im Frankfurter Vorparlament und Führer der gemäßigten Linken, in Wien durch Soldaten der restaurativen Staatsmacht.*

sich nicht bereit, in den von oben verordneten Zukunftsoptimismus einzustimmen und diskutierte die Verfassungsprobleme mit verbissener Gründlichkeit.

Preußens Uhren laufen rückwärts Unterdrückung der Nationalversammlung

Mit folgerichtiger Selbstverständlichkeit wiederholte sich nun die Entwicklung des Frühjahrs. Der Aufstand in Wien hatte die Revolution in Preußen ausgelöst. Der Sieg der Reaktion in Österreich stärkte auch die reaktionären Kreise Preußens. Doch stärker als in Wien, wo jeder die Schwächen des »gutmütigen«, in Wahrheit aber doch geistig beschränkten Kaisers kannte, richtete sich in Preußen die allgemeine Aufmerksamkeit auf den König und seine Entscheidungen.
Friedrich Wilhelm IV. hatte sich von Berlin nach Potsdam zurückgezogen, wo er weitgehend unter den Einfluß der Hofkamarilla geriet, die

eine Regierung neben der Regierung zu bilden suchte, stets mit dem Ziel, die Macht des Adels und der Armee im alten Umfang wiederherzustellen. Für sie war die preußische Nationalversammlung nur eine »miserable, anstößige Bande«. Während in Wien das Volk seine entscheidende Rolle auch in der letzten Phase der Revolution spielte, verlagerten sich hier die wesentlichen Auseinandersetzungen auf den Spannungsbereich zwischen König, Regierung und Nationalversammlung.

Die Beratungen über den Verfassungsentwurf führten Mitte Oktober zu ersten Kontroversen zwischen König und Nationalversammlung, als diese nämlich bei der Titulatur des Königs den Fortfall der Formel »von Gottes Gnaden« forderte. Kurz danach beschloß sie mit 200 gegen 153 Stimmen die Abschaffung des Adels, und bald lag auch hier in Berlin der Antrag zum Abbau aller noch bestehenden bäuerlichen Lasten auf dem Tisch. Da berief Friedrich Wilhelm IV. den Grafen von Brandenburg, einen illegitimen Hohenzollernsproß, zum Ministerpräsidenten. Seine Ernennung war eine bewußte Kampfansage an das Parlament, das seinerseits sogleich die Abberufung des neuen Mannes forderte. Der König ließ die Abgesandten einfach stehen, so sicher war er bereits wieder in seiner reaktionären Haltung. Wenige Tage später erschien der neue Ministerpräsident vor der Nationalversammlung, erklärte, daß man ihre Sicherheit nicht mehr gewährleisten könne, sie müsse sich daher bis Ende November vertagen und werde dann von Berlin nach Brandenburg verlegt.

Für den Augenblick schien die Revolution noch einmal aufzuflackern; denn die Berliner Arbeiter wollten dieser Entscheidung mit dem Parlament zusammen gewaltsamen Widerstand entgegensetzen, letzteres war aber nur zum passiven Widerstand bereit und tagte einfach weiter. Daraufhin besetzte General Wrangel mit 13 000 Soldaten das Stadtzentrum und verwehrte den Abgeordneten den Zutritt zu ihrem Tagungsort. Witzige Anekdoten über den alten Wrangel und seine Originalität können nicht über den Gewaltakt hinwegtäuschen. Die Bürgerwehr wurde aufgelöst, die Abgeordneten mußten sich jeden Tag ein anderes Tagungslokal suchen.

Steuerstreik als Widerstand

Trotzdem rafften die Abgeordneten sich noch zu einem letzten Akt symbolischen Widerstandes auf und erklärten am 15. November, das Ministerium Brandenburg sei nicht befugt, Steuern einzuheben. Im ganzen Land kam es zwar zu Sympathiekundgebungen, in einigen

Städten auch zu Straßenkämpfen, doch war der Widerstand nirgends so gut organisiert, daß er sich gegen das Militär durchsetzen konnte. Zu den publizistischen Verfechtern der Steuerverweigerung gehörte vor allem auch die »Neue Rheinische Zeitung« (NRZ) in Köln, deren Herausgeber Karl Marx und Friedrich Engels seit dem Frühjahr 1848 für die Schaffung einer »Republik Deutschland« eintraten. Hatten sie sich in den ersten Monaten der Revolution verhältnismäßig zurückgehalten, da nach ihrer Auffassung die Zeit für eine Entscheidung noch nicht reif war, so rief die NRZ nun zum kompromißlosen Widerstand auf, um »der Gewalt jede Art von Gewalt« entgegenzusetzen. Das Besitzbürgertum in den preußischen Provinzen hielt sich aber weitgehend zurück und war bereit, die Staatsgewalt gegenüber den radikalen Kräften als das kleinere Übel anzusehen.

Preußische Verfassung von Königs Gnaden

Solche Einstellung und die geradezu loyale, nach wie vor nur auf den passiven Widerstand beschränkte Haltung der Nationalversammlung erleichterte dem König einen entscheidenden Schlag. Am 5. Dezember löste er die Nationalversammlung auf und verkündete von sich aus eine Verfassung, die, wie es schien, einen durchaus liberalen Charakter hatte und sich ausdrücklich auf die Grundrechte der Paulskirche berief. Die Pferdefüße waren allerdings unverkennbar. So gestattete sie der Regierung, außerhalb der Tagungszeit des Parlaments Notverordnungen mit Gesetzeskraft zu erlassen. Immerhin schien es, als seien König und Regierung um eine Neuordnung ehrlich bemüht. Der Adel zeigte sich beunruhigt, das liberale Bürgertum war zufrieden. Innerhalb weniger Monate sollte sich aber herausstellen, daß sich beide getäuscht hatten.

Frankfurt diskutiert weiter – Kleindeutsch oder großdeutsch?

In Frankfurt wurde während dieser Wochen und Monate diskutiert, als sei gar nichts geschehen. Sicher gehörten einige Reden dort zu den besten, die je in einem Parlament gehalten wurden, aber die Gegensätze waren zu groß, als daß sich eine Einigung über die Reichsverfassung leicht hätte herbeiführen lassen. Die Beratungen über den von einem Ausschuß vorgelegten Verfassungsentwurf begannen am 19. Oktober, zu einem Zeitpunkt also, da sich in den Einzelstaaten schon wieder reaktionäre Tendenzen festigten. Wenn auch Gustav Droysen

Neue Rheinische Zeitung

Organ der Demokratie.

№ 301. Köln, Samstag den 19. Mai 1849.

Abschiedswort der Neuen Rheinischen Zeitung.

Kein offner Hieb in offner Schlacht –
Es fällen die Nücken und Tücken,
Es fällt mich die schleichende Niedertracht
Der schmutzigen West-Kalmücken!
Aus dem Dunkel flog der tödtende Schaft,
Aus dem Hinterhalt fielen die Streiche –
Und so lieg' ich nun da in meiner Kraft,
Eine stolze Rebellenleiche!

Auf der Lippe den Trotz und den zuckenden Hohn,
In der Hand den blitzenden Degen,
Noch im Sterben rufend: „Die Rebellion!" –
So bin ich mit Ehren erlegen.
O, gern wohl bestreuten mein Grab mit Salz
Der Preuße zusammt dem Czare –
Doch es schicken die Ungarn, es schickt die Pfalz
Drei Salven mir über die Bahre!

Und der arme Mann im zerriss'nen Gewand,
Er wirft auf mein Haupt die Schollen;
Er wirft sie hinab mit der fleißigen Hand,
Mit der harten, der schwielenvollen.
Einen Kranz auch bringt er aus Blumen und Mai'n,
Zu ruh'n auf meinen Wunden;
Den haben sein Weib und sein Töchterlein
Nach der Arbeit für mich gewunden.

Nun Ade, nun Ade, du kämpfende Welt,
Nun Ade, ihr ringenden Heere!
Nun Ade, du pulvergeschwärztes Feld,
Nun Ade, ihr Schwerter und Speere!
Nun Ade – doch nicht für immer Ade!
Denn sie tödten den Geist nicht, ihr Brüder!
Bald richt' ich mich rasselnd in die Höh',
Bald kehr' ich reisiger wieder!

Wenn die letzte Krone wie Glas zerbricht,
In des Kampfes Wettern und Flammen,
Wenn das Volk sein letztes „Schuldig!" spricht,
Dann stehn wir wieder zusammen!
Mit dem Wort, mit dem Schwert, an der Donau, am Rhein, –
Eine allzeit treue Gesellin
Wird dem Throne zerschmetternden Volke sein
Die Geächtete, die Rebellin!

F. FREILIGRATH

Kampf um politische Freiheit und soziale Revolution. *Hinter dem Ringen der bürgerlichen Kräfte um Freiheit, Parlamentarismus und wirtschaftlichen Fortschritt stand schon Mitte des 19. Jahrhunderts die soziale Not der kleinen Leute. Die Anfänge sozialistischer Bewegungen und das »Kommunistische Manifest« signalisieren den Beginn neuer Entwicklungen. Marx ist die Symbolfigur dieser Phase. – Oben: Abschiedsnummer der von Karl Marx redigierten »Neuen Rheinischen Zeitung« (19. Mai 1849). – Unten: Verhaftung von Karl Marx in Brüssel 1848.*

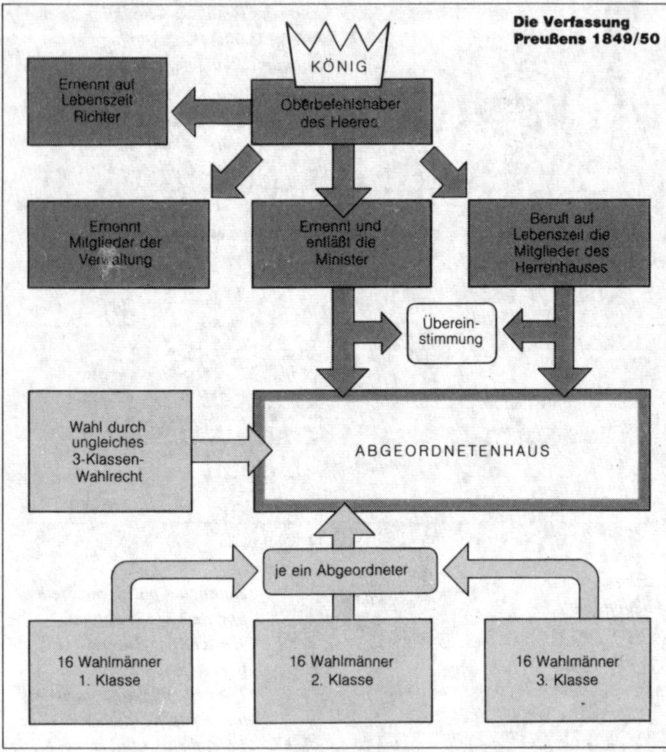

schon lange vor Beginn der Beratungen ausdrücklich erklärt hatte: »Wir wollen nicht die Zerrüttung aller territorialen Ordnung und Regierung, [. . .] wir wollen aufbauen und mit dem guten Willen der Regierungen und Regierten [. . .] ein überwölbendes neues Werk schaffen«, so gab es bei allem guten Willen und aller demokratischen Bereitschaft doch eine Reihe gewichtiger Probleme, an denen sich die Gegensätze entzünden konnten. So standen sich Republikaner und Monarchisten gegenüber, wenn auch letztere eindeutig in der Mehrheit waren. Dann gab es die Frage nach einer großdeutschen oder kleindeutschen Lösung, die zugleich auch die Interessen der beiden mächtigsten Einzelstaaten Preußen und Österreich nachhaltig berührte. Während die Kleindeutschen für ein neues deutsches Reich ohne Österreich eintraten, forderten die Großdeutschen den Einschluß Österreichs, allerdings ohne seine nichtdeutschen Völker.

Die Zeit der Revolution im Spiegel der Karikatur. *Links: Kritik an der Uneinigkeit Deutschlands: »Ein Preußen, ein Österreich, kein Deutschland« – Gagern zerschneidet die Deutschlandkarte (Mitte), Friedrich Wilhelm IV. von Preußen läßt sich von Vincke zum Kaiser krönen (oben links), Erzherzog Johann von Österreich, der gewählte Reichsverweser, wird von dannen gejagt.*

Rechts: »Wie sie zu Frankfurt am Main den deutschen Adler nach langer Gefangenschaft freigeben.« Karikatur der »Fliegenden Blätter« von 1848.

Links: Das »hü oder hott« der Reichskutsche. Karikatur des Leipziger »Leuchtturm« auf das Gegeneinander restaurativer Kräfte und der Demokratie.

Schon am Ende der ersten Beratungswoche wurden die Artikel 2 und 3 der neuen Reichsverfassung angenommen, wonach »kein deutsches Land mit nichtdeutschen Ländern zu einem Staat vereinigt sein dürfe«. Dieser eindeutig gegen den Bestand der österreichischen Gesamtmonarchie gerichteten Entscheidung widersprach Fürst Schwarzenberg bei der Neueröffnung des österreichischen Reichstages in Kremsier mit seinem Programm einer festgefügten habsburgischen Monarchie, und er erklärte: »Erst wenn das verjüngte Österreich und das verjüngte Deutschland zu neuen festen Formen gelangt sind, wird es möglich sein, ihre gegenseitigen Beziehungen staatlich zu bestimmen.« Damit aber war schon eine Entscheidung gegen die großdeutsche Monarchie gefallen. Die deutliche Mißachtung der Frankfurter Beschlüsse durch die neue österreichische Regierung festigte die Position der Kleindeutschen unter der Führung Heinrich von Gagerns. Auch die preußische Regierung unterstützte den Plan eines engeren Bundes unter der Führung Preußens – und das in den Tagen, in denen sie ihr eigenes Parlament vertrieb!
Die Vorentscheidung für die kleindeutsche Lösung beeinflußte zugleich aber auch die Diskussionen in der Frage nach dem Reichsoberhaupt. Die Kleindeutschen waren Unitarier: Sie wollten eine starke Reichsgewalt mit einem gewählten Reichsministerium und einem Erbkaiser, der nach Lage der Dinge natürlich nur der preußische König sein konnte. Demgegenüber votierten andere Abgeordnete, vor allem die großdeutschen Föderalisten, für eine möglichst schwache Reichsspitze mit einem Wahlkaiser. Der Antrag, das Reichsoberhaupt vom Volk wählen zu lassen, fand nur bei einem Viertel der Abgeordneten Zustimmung.

Das habsburgische ›Ultimatum‹ – ›Kleindeutschland‹ aus Trotz

Die endlosen Debatten zogen sich über Weihnachten bis zum Frühjahr 1849 hin, dann führte Österreich indirekt eine Entscheidung herbei. Am 4. März hatte dort Schwarzenberg eine Verfassung oktroyiert, die zwar einige liberale Rechte einräumte, jedoch die Völker durchaus zentralistisch zusammenband. Nun forderte er die Aufnahme des so geeinten Kaiserstaates – also auch seiner nichtdeutschen Teile – in den neuen Bund, der von einem Fürstendirektorium geführt und an dessen Spitze ein Reichsstatthalter stehen sollte, und zwar im jährlichen Wechsel der österreichische Kaiser und der preußische König. Diese eklatante Mißachtung des Parlaments und seiner bisherigen mühsamen Arbeit löste unter den Abgeordneten einen Schock aus, und Karl Theodor Welcker, ein Wortführer der Großdeutschen, stellte am 12. März den entscheidenden Antrag, die Reichsverfassung en bloc anzunehmen und die erbliche Kaiserwürde dem König von Preußen zu übertragen.

Noch einmal flammten die Gegensätze kurz auf, dann aber einigten sich die großdeutschen Linken mit den Kleindeutschen, und am 27. März wurde die kleindeutsche Verfassung mit 267 gegen 263 Stimmen angenommen. Den Ausschlag hatten vier Deutsch-Österreicher gegeben, die mit diesem Votum gegen die zentralistische Politik ihres Ministerpräsidenten protestierten. Einen Tag später erfolgte die Wahl Friedrich Wilhelms IV. zum Kaiser. 248 Abgeordnete stimmten für ihn, 290 enthielten sich der Stimme.

Trotz vieler Mißhelligkeiten hatten die Abgeordneten ein stolzes Werk vollbracht und Deutschland die erste von liberalem Geist geprägte Verfassung gegeben. Mochte ihr auch ein gewisser Kompromißcharakter anhaften und war ihr auch kein Bestand beschieden, so wirkt sie doch vor allem in den Grundrechten bis zum heutigen Tag fort. So war die Arbeit der Abgeordneten auf die Dauer gesehen nicht umsonst, sondern als politische Willensäußerung eines Volkes etwa von gleicher Bedeutung wie das Werk der Französischen Nationalversammlung.

Eine Krone mit dem »Ludergeruch der Revolution«

Für den Augenblick allerdings schien es so, als sei alles umsonst gewesen; denn als wenige Tage nach der Entscheidung eine Delegation der Nationalversammlung nach Berlin reiste, um Friedrich Wilhelm IV. offiziell die Kaiserkrone anzutragen, lehnte dieser in wohlgesetzten, verklausulierten Worten ab. In einem Brief an den Freiherrn von Bunsen wurde er wesentlich deutlicher, sprach von »einem Reif aus Dreck und Letten gebacken«, dem »der Ludergeruch der Revolution« anhafte, und schloß mit den Worten: »Gegen Demokraten helfen nur Soldaten.«

Verlegung des Parlaments nach Stuttgart

Mit der Zurückweisung der Kaiserkrone endete der zweite Akt der Revolution. Was nun folgte, war nur noch trauriges Nachspiel, teils klägliches, teils tragisches Ende eines großen Geschehens. Immerhin nahmen in den ersten Apriltagen neunundzwanzig der Mittel- und Kleinstaaten die Verfassung an, nicht aber die beiden Großmächte. Schwar-

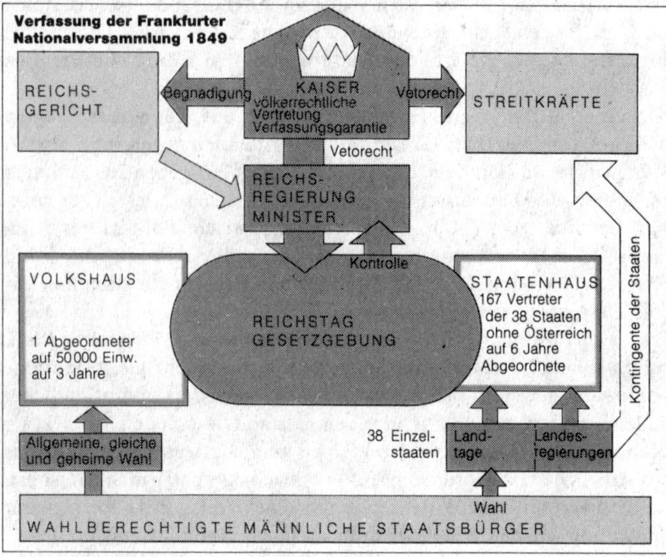

zenberg rief schon am 5. April die österreichischen Abgeordneten aus Frankfurt zurück, Preußen folgte Ende des Monats. Daraufhin erklärte ein Teil der Verbliebenen, unter ihnen Gagern und Arndt, ihren Austritt aus der Versammlung. Der verbliebene Rest beschloß Ende Mai die Verlegung des Parlaments von Frankfurt nach Stuttgart und richtete eine sechsköpfige »Reichsregentschaft« ein. Aber auch hier vermochten sich die etwa hundertdreißig Abgeordneten nur noch wenige Tage zu halten. Das Schwergewicht verlagerte sich eindeutig zugunsten der radikalen Republikaner. Zu den wenigen gemäßigten Vertretern der Linken, die bis zum bitteren Ende ausharrten, gehörte der Dichter Ludwig Uhland. Das Ende kam dann sehr rasch, als der württembergische Minister Römer, selbst einer der führenden liberalen Politiker und zeitweilig Mitglied der Nationalversammlung, am 18. Juni weitere Sitzungen verbot und württembergische Truppen die Abgeordneten am Betreten des Sitzungslokals hinderten.
Neben dem Streit um Verfassung und Kaiserkrone bewegte gerade in diesen Tagen noch einmal der Streit um Schleswig-Holstein die deutsche Öffentlichkeit. Nach dem Waffenstillstand vom Herbst 1848 war am 3. April der Krieg erneut aufgeflammt. Hannoveranische, bayerische, sächsische und preußische Truppen kämpften gemeinsam mit Verbänden aus Schleswig-Holstein gegen die Dänen und erzielten be-

Die unwillkommene Krone. *Die Delegation der Nationalversammlung bietet Friedrich Wilhelm IV. von Preußen die Kaiserkrone an. Empfang im Rittersaal des Berliner Schlosses am 3. April 1849.*

achtenswerte Erfolge. Bayern und Sachsen erstürmten die Düppeler Schanzen, die Preußen rückten in Jütland ein, aber Friedrich Wilhelm IV. verhandelte gleichzeitig mit dem Gegner und lähmte damit die Entschlußkraft der Truppen. Das wiederum führte zu einem Überraschungserfolg der Dänen und schließlich zu einem erneuten Waffenstillstand am 10. Juli 1849.

Aufstände in Sachsen

Das vorläufige Ende des Kampfes um Schleswig-Holstein fiel mit dem Ende der letzten Aufstände des Revolutionsjahres zusammen. Während die Liberalen weitgehend resignierten, hatten sich noch einmal vorwiegend radikale Kräfte in Sachsen, der Pfalz und in Baden aufgebäumt. Ihr Aufstand wurde im Mai durch die Ablehnung der Reichsverfassung ausgelöst und wandelte sich rasch zu einem Kampf um die Errichtung einer deutschen Republik. In Sachsen, wo es bisher weitge-

Stichworte zur Zeit der Revolution 1848/49

Andauernde Unruhen in Europa: In Europa kommt es trotz oder wegen des Metternichschen Systems der »Restaurierung« und Überwachung überall zu aufflackernden Unruhen oder Freiheitskämpfen. Wachsende Sozialprobleme verschärfen die Situation: Erste Kämpfe und neue Verfassung 1847/48 in der Schweiz; Februar 1848 in Paris erzwungener Rücktritt des Bürgerkönigs nach Aufstand von Studenten, Arbeitern, Nationalgardisten. Seit 1847 Aufstände in Italien, die in den nationalen Freiheitskampf überleiten.
Übergreifen der Revolution auf Deutschland: Forderung nach Vereins- und Pressefreiheit sowie Schwurgerichten leiten im März in Baden, Sachsen und Schlesien die Revolution ein, die schnell auf Wien (13. März), Berlin (18. März, »Barrikadenaufstand«), München (20. März, Sturz Ludwigs I.) übergreifen. April Ausrufung der Republik in Konstanz durch Hecker. Kämpfe in Baden und Elsaß. September Aufstand in Frankfurt gegen Nationalversammlung nach Waffenstillstand im Deutsch-Dänischen Krieg. Nach Auflösung der Paulskirchenversammlung in Frankfurt Aufstände in Baden, in der Pfalz, in Rastatt, in Dresden, in Berlin und am Rhein (Juni 1849).
Revolution in Wien, Böhmen, Ungarn: Vertreibung Metternichs aus Wien im März 1848. Zwei weitere Aufstände im Mai und Oktober, Juni 1848 Slawenkongreß in Prag und Pfingstaufstand, Aufstände in Ungarn, Kämpfe gegen Österreich unter Kossuth im April 1849.
Suche nach einer Nationalvertretung auf parlamentarischer Basis: Intellektuelle, Industrielle und einige wenige Handwerker (ursprünglich rund 500, dann 586) begründen das »Frankfurter Vorparlament«, aus dem die »Verfassunggebende Nationalversammlung« hervorgeht. Ver-

hend ruhig geblieben war, brach der Aufstand am 3. Mai 1849 aus. Turner- und Handwerkergruppen stürmten in Dresden das Zeughaus, um sich Waffen zu verschaffen, und errichteten in der Altstadt mehr als hundert Barrikaden. Als die königliche Familie und die Regierung flüchteten, bildeten die Bürger eine provisorische Regierung. Führender Kopf war anfangs der Advokat Tschirner, doch schon am 5. Mai traf der russische Anarchist Bakunin in Dresden ein und übernahm die Leitung des Aufstandes. Die Chancen für die Revolutionäre, zu denen auch Gottfried Semper, der Erbauer des Hoftheaters, und Richard Wagner gehörten, standen anfangs nicht schlecht, aber sehr bald lösten sich die Liberalen und die Dresdner Bürgergarde wieder aus dem Kampf, in den schon am 7. Mai preußische Truppen eingriffen und ihn am 9. Mai beendeten. Die Aufständischen hatten etwa zweihun-

abschiedung von Grundrechten, Bildung einer »Provisorischen Reichsregierung« und Wahl eines Fürsten zum »Reichsverweser« kennzeichnen die Arbeit der sich herausbildenden demokratischen, liberalen, konservativen Kräfte, die schließlich am Streit über Konstitutionsfragen und »klein-« oder »großdeutsche Lösung« erstickt. Preußen und Österreich nutzen die Zerstrittenheit, um ihre Abgeordneten zurückzurufen, der preußische König lehnt die von der Revolution befleckte Würde des Erbkaisers ab, die Paulskirchenversammlung wird aufgelöst, ebenso das folgende Rumpfparlament von Stuttgart. Das Fürstentum siegt über die uneinigen, unsicheren Bürger.

›Verfassungsspiele‹, nationaler Krieg, Sozialismus, Arbeiterbewegung. Preußen wie auch andere deutsche Staaten suchen durch Verfassungszusagen und politisches Entgegenkommen, das beliebig revidiert wird, die Unruhen und Spannungen zu entschärfen. Der Deutsch-Dänische Krieg um Schleswig-Holstein, im Auftrag des Bundes von Preußen geführt, setzt nationale Impulse frei, lenkt aber auch von den inneren Problemen ab.

Die sozialen Umschichtungen und Probleme fördern die Entwicklung des Sozialismus und der Arbeiterbewegung: 1847 Verkündung des »Kommunistischen Manifests«. Marx und Engels werden zu Kritikern des Kapitalismus und der Ausbeutung der Lohnarbeiter. Mehrwert-Akkumulation beim Unternehmer, Kapitalkonzentration und Überproduktion als Ursache von Not und Armut der Arbeiter bezeichnet. Parallel dazu fordert der christliche Sozialismus private Hilfe für die Notleidenden und staatliche Sozialreformen (von Ketteler). Von England her erfährt die »Solidaritätsidee« der Arbeitenden Impulse, die langfristig in die Gründung von Gewerkschaften, Genossenschaften, Konsumvereinen einmünden werden.

dert Tote zu beklagen, meist junge Männer, auffallenderweise stammte die Hälfte von ihnen nicht aus Dresden. Zu den Flüchtlingen, die nach dem Putsch das Land verlassen mußten, gehörte auch Richard Wagner.

Aufstände an Rhein und Wupper

Zu kleineren blutigen Aufständen kam es in den gleichen Tagen auch in Bonn, Elberfeld und Düsseldorf. Ihre Niederwerfung durch preußische Truppen brachte zugleich auch das Ende der »Neuen Rheinischen Zeitung«, deren letzte »rote Nummer« mit dem Abschiedswort Ferdinand Freiligraths am 19. Mai erschien.

Aufstände in der Rheinpfalz und in Baden

Auch in der bayerischen Rheinpfalz erhoben sich Bürger und Arbeiter für die Reichsverfassung, sie konstituierten eine Art Parlament und erklärten die Lostrennung des Landes von Bayern. Ihren Höhepunkt aber erlebte die noch einmal aufgeflammte Bewegung wieder in Baden, dem Land, in dem die deutsche Revolution ein Jahr zuvor so hoffnungsvoll begonnen hatte. Dort verbündeten sich jetzt die Truppen mit den Verfassungskämpfern. Die Gründe für die Truppenmeuterei waren dabei vorwiegend sozialer Natur; denn die Besoldung der Soldaten lag bei einem Existenzminimum. Die Empörung begann in der Festung Rastatt und griff gleichzeitig auf verschiedene Garnisonen und das Land über. Während der Großherzog und seine Minister in das benachbarte Elsaß flüchteten, eilten die Republikaner aus allen Teilen des Reiches, mit ihnen auch Ungarn, Franzosen und Polen, nach Karlsruhe. Den Vorsitz über die provisorische Regierung übernahm der Advokat Lorenz Brentano, »eine Jakobinernatur mit viel praktischem Instinkt« (Valentin). Da er sich auf die liberal-bürgerlichen Kräfte zu stützen suchte, feindeten ihn sogleich die Radikalen wie Struve und der aus Sachsen hierher geflüchtete Tschirner an. Der innere Zwist, der die Bewegung lähmte, wirkte sich auch bald auf die Verteidigungskraft aus. Während sich badische Truppen und Freischärler zu einer Armee von etwa 45 000 Mann zusammenschlossen, traten ihnen Preußen, Bayern und Württemberger mit einem Aufgebot von rund 70 000 Mann entgegen. Die Kämpfe setzten Mitte Juni ein und erreichten die Intensität eines Bürgerkriegs, wie ihn das Revolutionsjahr bisher noch nicht erlebt hatte. Die zahlenmäßige Überlegenheit der regulären Truppen entschied bis Ende Juni den Feldzug. Nur in der Festung Rastatt hielten sich noch 6000 Revolutionskämpfer bis zum 23. Juli, dann mußten auch sie kapitulieren. Die Revolution war zu Ende.

Das Ende: Gefängnisse und Erschießungskommandos

Nun setzten Verhaftungen, Verurteilungen und Exekutionen ein. Dabei erbitterte vor allem die zufallsgeprägte Willkür, mit der Behörden und Gerichte vorgingen und ihre hohen Haftstrafen verhängten. Nur in Sachsen und der bayerischen Pfalz gab es keine Standgerichte. Tausende wanderten nun vor allem in die Vereinigten Staaten aus, unter ihnen Hecker, Struve oder Carl Schurz, dem es wenigstens vorher noch gelang, Professor Gottfried Kinkel aus dem Zuchthaus Spandau

zu befreien und mit nach Amerika zu nehmen. Viele von ihnen wie etwa Brentano oder Schurz leisteten ihrem neuen Vaterland wichtige Dienste und erreichten hohe Stellungen.
Die Frage drängt sich auf, warum die Revolution scheiterte. Politiker und Historiker sind zu keiner klaren Antwort gelangt. Die bürgerliche Geschichtsschreibung sucht die Ursachen in der zunehmenden Radikalisierung, die marxistische im Versagen des liberalen Wirtschaftsbürgertums.
Sicher spielte die Zersplitterung der politischen Kräfte eine Rolle, wohl auch die Unerfahrenheit und die daraus häufig erwachsene unrealistische Einschätzung der Lage auf seiten der Revolutionäre, während umgekehrt die Regierungen sich ja nur auf ihre reaktionär-absolutistischen Prinzipien versteifen brauchten. Lagen Schuld und Versagen allein beim Bürgertum, das hier zum erstenmal in der deutschen Geschichte eine maßgebende politische Rolle spielte, oder bei den Fürsten, die zu keinen Zugeständnissen im liberalen Geist bereit waren?
Es scheint müßig, die oft gestellten und letztlich nie klar beantworteten Fragen hier noch einmal zu wiederholen. Doch wenn irgendwo die Geschichte als Lehrerin dienen kann und gedient hat, dann hier; denn aus dieser Revolution haben letzten Endes doch alle Beteiligten gelernt, mehr vielleicht, als es auf den ersten Blick scheinen mag. Und so sollten wir unsere Aufmerksamkeit auch weniger auf das Scheitern, sondern auf die Wirkung richten, auf das politische Erwachen der Arbeiter, auf die neuen Erfahrungen der Bürger wie der Fürsten, waren doch hier die politischen Grundrechte einer Nation zum erstenmal bis zur letzten Konsequenz im Parlament wie auf den Barrikaden diskutiert, durchdacht, erkämpft und verteidigt worden. Der Boden war tief durchpflügt, es kam auf die Saat an, die einmal daraus erwachsen sollte.

Literatur

Jessen, Hans: Die Deutsche Revolution 1848/49 in Augenzeugenberichten, Düsseldorf 1968

Schmidt, Walter/Becker, Gerhard u.a. (Hrsg.): Illustrierte Geschichte der deutschen Revolution 1848/49, Berlin (O) 1975. – Reich illustrierte populäre Darstellung aus Sicht der marxistischen Geschichtsschreibung

Valentin, Veit: Geschichte der deutschen Revolution von 1848/49, 2 Bde., Köln/Berlin 1977

HORST HÜBEL

Die Entwicklung der Naturwissenschaften

Einfluß der deutschen Naturphilosophie auf die Naturwissenschaften – Elektrochemie – Elektromagnetismus – Wellenlehre des Lichts – Atomismus in der Chemie – Zellenlehre und Embryologie.

»Was während unseres Aufenthaltes in Tübingen unsere größte Aufmerksamkeit erregte, waren die Studenten, ihr Aussehen und ihre Bekleidung. [. . .] Das Haar lang, in wirrem, struppigem Durcheinander um die Schultern hängend. [. . .] Der Grund für dieses gesucht barbarische und verlotterte Aussehen liegt in dem philosophischen Geist, der [. . .] in Deutschland Naturphilosophie heißt. Seine Grundlage ist Unkenntnis von allem Realen, Liebe zu Poesie und schönen Künsten und eine vertrauensvolle, unüberlegte Hingabe an die Anschauung derjenigen Personen, die durch Unverständlichkeit den Ruf von Tiefe erlangt haben [. . .]«, so schrieb voller Verachtung der schwedische Chemiker Jöns Jacob von Berzelius 1819 über seine Reiseerlebnisse. Was konnte schon von einer solchen Generation angehender Gelehrter in den Naturwissenschaften erwartet werden? Ihr Lehrmeister war der Philosoph Friedrich Wilhelm Joseph von Schelling (* 1775, † 1864), zu dessen Programm es gehörte, die Natur als »Selbstverwirklichung des Weltgeistes«, der »absoluten Idee« zu erkennen. Er predigte die vollständige Abkehr von den mühsamen Methoden der »empirischen Naturbetrachtungsart«, die immer nur Einzelfakten, niemals das Ganze erforschen könne, und eröffnete großartige Ausblicke auf eine

Empirie, empirisch

(griech. Erfahrung, Erfahrungsstandpunkt)

Erkenntnis, die statt von theoretischen Überlegungen von Erfahrungen und Wahrnehmungen ausgeht, darüber hinaus von den Ergebnissen von Gewohnheiten, Erziehung, Umwelt.

Wissenschaft als »Darstellung des Realen im Idealen, des Besonderen im schlechthin Allgemeinen, der Idee«.
Wen wundert es, daß sich gerade in der Romantik viele Talente für diese Naturphilosophie begeistern konnten? An der Wende vom 18. zum 19. Jahrhundert gab es im Bereich der ›Naturforschung‹ auf der einen Seite die Mechanik, die zu einer verführerisch geschlossenen mathematischen Theorie entwickelt worden war: nach Meinung Schellings »ein leerer Formalismus, in welchem von einer wahren Wissenschaft der Natur nichts anzutreffen ist«. Auf der anderen Seite waren Unmengen von Einzelfakten aus allen Bereichen der Natur angesammelt worden, ohne daß man sie zu einer einheitlichen Wissenschaft verschmelzen konnte.
Die meisten Naturforscher, besonders in England und Frankreich, anerkannten nur die Materie als wirklich und faßten deshalb z. B., um sie in ihre Gedankengebäude einordnen zu können, auch Wärme, Elektrizität und Licht als materielle Stoffe auf. Lebewesen und Himmelskörper stellten sie sich als komplizierte Maschinen vor. Schellings Polemik gegen diese mechanistischen Anschauungen können wir heute gut verstehen. Noch einleuchtender aber ist uns, daß der Rausch der Begeisterung schnell verfliegen mußte, als die Naturphilosophen ihre Ansichten zu den Naturerscheinungen präzisierten: So erklärte der Norweger Henrik Steffens (* 1773, † 1845), offiziell Professor für Physik in Breslau: »Der Stickstoff ist das relativ überwiegende Unendliche in der magnetischen Achse.« Das aber war natürlich barer Unsinn! Der Einfluß der Naturphilosophie in Deutschland wurde deshalb lange Zeit nur negativ gesehen als gewaltiger Rückschritt gegenüber der Sachlichkeit des 18. Jahrhunderts. Der Chemiker Justus von Liebig (* 1803, † 1873) – mit seiner Generation begann die Abkehr von Schellings »spekulativer Physik« – schrieb später über seine Erlanger Vorlesungen bei dem Philosophen: »Ich kann den Schreck und das Entsetzen nicht schildern, als ich aus diesem Taumel zu Bewußtsein erwachte«, und weiter: »Kann man solche Schwindler Naturforscher und Philosophen nennen, die den ersten Grundsatz der Naturforschung und Philosophie, nur das Beweisbare und Bewiesene für wahr gelten zu lassen, auf die gewissenloseste Weise verletzen?«

Suche nach der »Einheit der Naturkräfte«
Elektrizität und Chemie

Heute müssen wir anerkennen, daß entscheidende Anstöße zum Fortschritt in der Naturwissenschaft des ersten Drittels des 19. Jahrhun-

Entwicklung der elektrischen Erkenntnisse

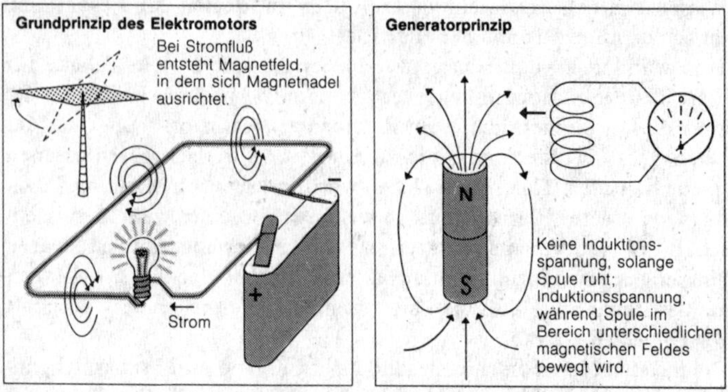

derts gerade von dieser verfemten Naturphilosophie kamen. Da war zunächst der unkonventionelle Johann Wilhelm Ritter (* 1776, † 1810): Während seiner Apothekerlehre in Schlesien hatte er, statt Pillen zu drehen, heimlich Chemiebücher studiert. Als Student in Jena soll er sich dann nur sehr wenig den Vorlesungen gewidmet haben, mehr dem Wein, der Liebe und seinen eigenen chemischen und elektrischen Experimenten, für die ihn Luigi Galvanis Froschschenkelversuche begeistert hatten. Er fand, daß die »galvanische Wirksamkeit« der Metalle übereinstimmt mit ihrer chemischen Verwandtschaft zu Sauerstoff, und gilt seitdem als der Begründer der Elektrochemie. Als der Italiener Alessandro Volta 1796 aus zwei verschiedenen Metallen und einem dritten Leiter, der bei ihm die menschliche Zunge oder ein Froschschenkel war, das erste galvanische Element entwickelt hatte, konnte Ritter schnell die Meinung widerlegen, daß hier das »Lebensprinzip« im dritten Leiter wirke. Vielmehr genüge auch eine anorganische Salzlösung; die Elektrizität entstehe durch eine »chemische Kraft«. Mit der naheliegenden Folgerung, mehrere Elemente zu einer Batterie zusammenzuschalten, kam ihm Volta allerdings 1800 zuvor.

Wesentlich für die weitere Entwicklung war, daß Ritter erstmals den Zusammenhang zwischen der Elektrizität und chemischen Reaktionen gezeigt hatte. Die romantischen Dichter von Jena, allen voran Ritters Freund Friedrich von Hardenberg, der als Novalis bekannt ist, schwärmten von der »Einen Naturkraft«, die für Elektrizität, Magnetismus, Wärme und Chemie verantwortlich sei und deren Nachweis nun begonnen habe. Schelling, damals ebenfalls in Jena, griff diesen »Dynamismus«, die Lehre von der einheitlichen Naturkraft, auf und verschmolz ihn mit seiner Naturphilosophie.

Ritter suchte fortan nach den fundamentalen Zusammenhängen zwi-

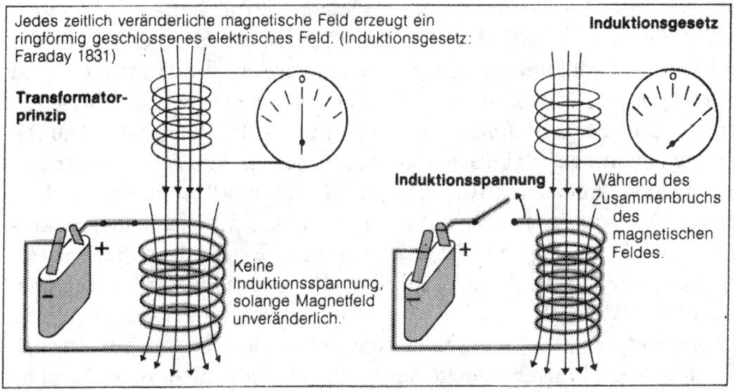

schen allen Naturkräften und nach der »Polarität« in den Naturerscheinungen, einem weiteren Grundprinzip Schellings. In der Entdekkung der Ultraviolettstrahlung im Sonnenlicht, die er als »Gegenpol« zu der bereits bekannten Infrarotstrahlung suchte und endlich fand, glückte dann der spektakulärste Erfolg. Wissenschaftliche Anerkennung blieb ihm aber wegen vieler unbestätigter Spekulationen größtenteils versagt. Sein ungezügelter Lebensstil und seine ausufernde Phantasie führten dazu, daß er nach seinem frühen Tod zunächst nur in spiritistischen Kreisen wegen seiner Wünschelrutenexperimente und bei seinen Gläubigern bekannt blieb.

Die Elektrizitätslehre nähert sich ihrer Vollendung Erste Grundlagen moderner Elektrotechnik

Auch Ritters Freund aus der gemeinsamen Jenaer Zeit, der Däne Christian Oersted (* 1777, † 1851), war ständig auf der Suche nach der »Einheit der Naturkräfte«. Als er 1820 während einer Experimentalvorlesung in Kopenhagen schließlich die Auslenkung einer Magnetnadel in der Nähe eines stromdurchflossenen Drahtes bemerkte, so war dies zwar eine »Zufallsentdeckung«, wie ›ernsthafte‹ Physiker schimpften, aber eine, die andere übersehen hätten, wenn sie nicht wie Oersted nach ihr gesucht hätten: Elektrizität, Strom, erzeugt Magnetismus; ohne diese Beobachtung hätte der Elektromotor nicht erfunden werden können.

Die Bedeutung von Oersteds Erkenntnis wurde noch übertroffen von Michael Faradays Entdeckung der elektromagnetischen Induktion in London (1831). Auch er suchte die »Eine Kraft«. Sollte nicht auch

Magnetismus Elektrizität erzeugen können? Erfolg hatte er schließlich bei seinen Experimenten mit einem Elektromagneten, den er in der Nähe einer Induktionsspule ein- und ausschaltete, und indem er einen Stabmagneten schnell in der Nähe der Spule bewegte. Die Voraussetzungen für die Erfindung von Transformator und Generator und damit der heutigen Elektrotechnik waren geschaffen. Schelling triumphierte 1832 auf seiner Münchner Gedenkrede: »Wirklich hatten [. . .] einige Deutsche es auszusprechen gewagt, daß Magnetismus, Elektrizität und Chemismus nur die drei Formen eines und desselben Processes seien [. . .].« Die Motive, die Forscher antreiben, sind manchmal recht sonderbar. Aber auch Keplers Ideen von den »Platonischen Körpern« und der »Weltharmonie«, die ihn schließlich die Keplerschen Gesetze der Planetenbahnen finden ließen, sind für uns heute nicht mehr nachvollziehbar.

Beobachtungen und Denkmodelle Ausgangspunkte weiterer Erkenntnisse

Die Physik hat es stets mit zweierlei Arten von Gegenständen zu tun: einerseits mit den Naturerscheinungen, die sie erklären will, andererseits mit den Vorstellungen, Begriffen und »Modellen«, mit deren Hilfe sie die Erscheinungen beschreibt. Fortschritt und Verständnis hängen von der Erfindung zweckmäßiger Modelle ab. So gelangte das Mittelalter nur mühsam über Aristoteles hinaus, weil es einen unzweckmäßigen Kraftbegriff verwendete. Ähnlich waren Anfang des 19. Jahrhunderts in der Elektrizitätslehre viele Erscheinungen bekannt; ihre Erklärung war aber abenteuerlich, weil die geeigneten Modelle fehlten. Der Franzose Ampère definierte zwar die Begriffe »Spannung« und »Strom«, aber noch nicht so klar wie der Erlanger Gymnasiallehrer und spätere Münchner Professor Georg Simon Ohm (* 1787, † 1854), der dann im »Ohmschen Gesetz« die Beziehung zwischen beiden und dem »elektrischen Widerstand« fand. Der entscheidende Durchbruch gelang erst, nachdem Faraday die Modelle des »elektrischen« und »magnetischen« Feldes mit ihren »Feldlinien« gefunden hatte.

Zu ähnlichen physikalischen Vorstellungen hatten auch die Versuche des Berliner Physikers Thomas Johann Seebeck (* 1770, † 1831) geführt, der erstmals den Verlauf der magnetischen Feldlinien mit Eisenfeilspänen zeigte. Faradays Genialität war die eines Künstlers: Er schuf etwas völlig Neues, die Modelle der »Felder«, die dann tatsächlich auf die Natur paßten und zum heutigen Verständnis der Natur führten. Auch leitete er aus seinen Elektrolyseversuchen die Möglichkeit ab, daß »Atome« stets die gleiche Ladung transportieren, falls sie überhaupt existierten. Er selbst hielt das allerdings für unwahrscheinlich.

In Göttingen hatte Carl Friedrich Gauß (* 1777, † 1855) wesentliche mathematische Voraussetzungen für eine Theorie der Elektrizität entwickelt. Er war schon seinen Lehrern als Wunderknabe aufgefallen und wurde später zu einem der bedeutendsten Mathematiker überhaupt. Mit seinem Kollegen Wilhelm Eduard Weber (* 1804, † 1891), einem der »Göttinger Sieben« (siehe Seite 60), untersuchte er u. a. den Erdmagnetismus. Nebenbei erfand er während dieser Arbeiten den ersten elektromagnetischen Telegraf.

Als Weber 1846 das damalige Wissen zur »Elektrodynamik« zusammentrug, erklärte er elektrische Ströme als Bewegung »elektrischer Massen« (Ladungen); an die Faradaysche »Elementarladung« glaubte auch er nicht. Merkwürdigerweise tauchte in seiner Theorie eine »kritische Geschwindigkeit« auf, die mit der Geschwindigkeit des Lichts übereinstimmte. Wie sollte man das verstehen?

Licht: Welle statt Teilchen?

Der englische Physiker Isaac Newton hatte behauptet, Licht bestehe aus einem Strom kleiner »Lichtkügelchen«. Dies war auch zu Beginn des 19. Jahrhunderts wieder die herrschende Meinung, obwohl seine Farbenlehre von prominenten Wissenschaftlern abgelehnt wurde, wie z. B. von Johann Wolfgang von Goethe (* 1749, † 1832) und den Naturphilosophen, die wohl ahnten, daß die Farb*empfindung* auch mit den chemisch-physikalischen Vorgängen (Physiologie) im Auge und deren Reizen zu tun habe. Da ließ der vielseitige Londoner Arzt, Physiker und Sprachwissenschaftler Thomas Young (* 1773, † 1829) nach seiner Göttinger Promotion über Schallwellen, gestützt auf seine Interferenzversuche am Doppelspalt, die Theorie des holländischen Physikers Christian Huygens (* 1629, † 1695) wiederaufleben, die von einer »Wellennatur« des Lichtes ausging (Huygensche Wellentheorie).

Bis 1821 kam dann die endgültige Bestätigung dieser Theorie durch den französischen Bauingenieur Augustin Jean Fresnel (* 1788, † 1827). Der bayerische Physiker Joseph von Fraunhofer (* 1787, † 1826) führte erstmals Präzisionsmessungen zur Bestätigung von Huygens und Youngs Theorie durch und erfand das Beugungsgitter, mit dem nun Wellenlängenmessungen von fast unglaublicher Genauigkeit möglich wurden.

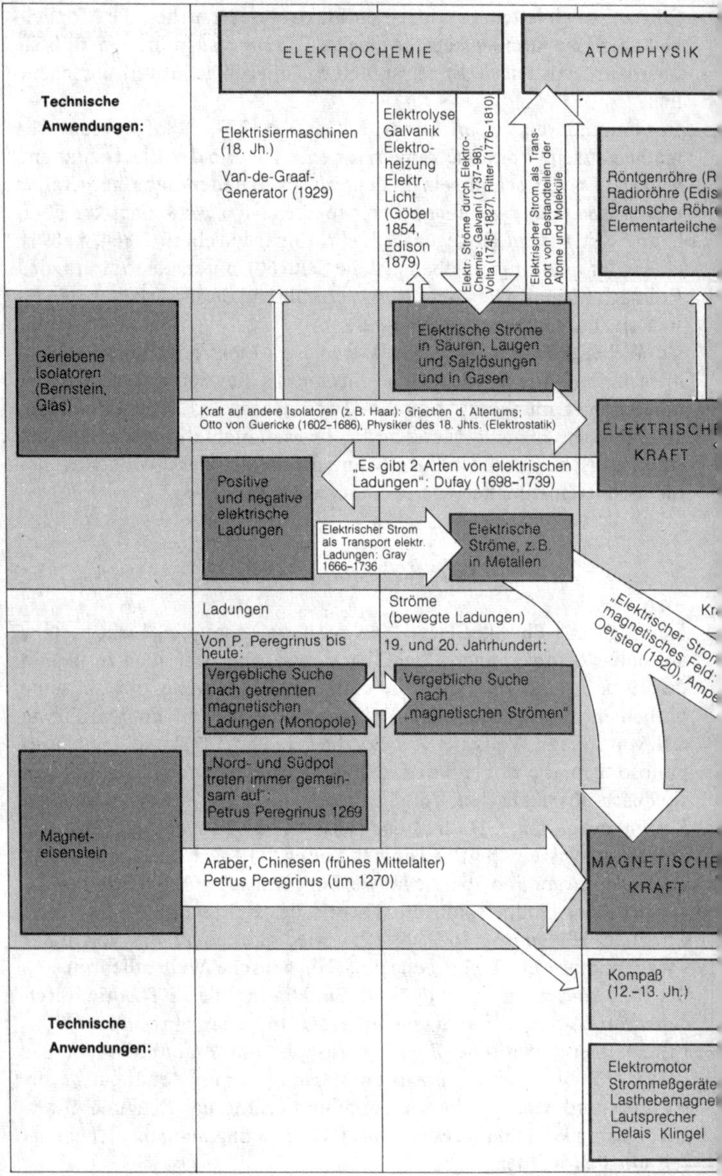
ELEKTROCHEMIE
ATOMPHYSIK
Technische Anwendungen:
Elektrisiermaschinen (18. Jh.)
Van-de-Graaf-Generator (1929)
Elektrolyse Galvanik Elektroheizung Elektr. Licht (Göbel 1854, Edison 1879)
Elektr. Ströme durch Elektro-Chemie: Galvani (1737–98), Volta (1745–1827), Ritter (1776–1810)
Elektrischer Strom als Transport von Bestandteilen der Atome und Moleküle
Röntgenröhre (R
Radioröhre (Edis
Braunsche Röhr
Elementarteilche
Geriebene Isolatoren (Bernstein, Glas)
Elektrische Ströme in Säuren, Laugen und Salzlösungen und in Gasen
Kraft auf andere Isolatoren (z. B. Haar): Griechen d. Altertums; Otto von Guericke (1602–1686), Physiker des 18. Jhts. (Elektrostatik)
ELEKTRISCH
KRAFT
Positive und negative elektrische Ladungen
„Es gibt 2 Arten von elektrischen Ladungen": Dufay (1698–1739)
Elektrischer Strom als Transport elektr. Ladungen: Gray 1666–1736
Elektrische Ströme, z. B. in Metallen
Ladungen
Ströme (bewegte Ladungen)
„Elektrischer Stron magnetisches Feld: Oersted (1820), Ampe
Von P. Peregrinus bis heute:
19. und 20. Jahrhundert:
Vergebliche Suche nach getrennten magnetischen Ladungen (Monopole)
Vergebliche Suche nach „magnetischen Strömen"
„Nord- und Südpol treten immer gemeinsam auf": Petrus Peregrinus 1269
Magneteisenstein
Araber, Chinesen (frühes Mittelalter)
Petrus Peregrinus (um 1270)
MAGNETISCHE
KRAFT
Kompaß (12.–13. Jh.)
Technische Anwendungen:
Elektromotor
Strommeßgeräte
Lasthebemagne
Lautsprecher
Relais Klingel

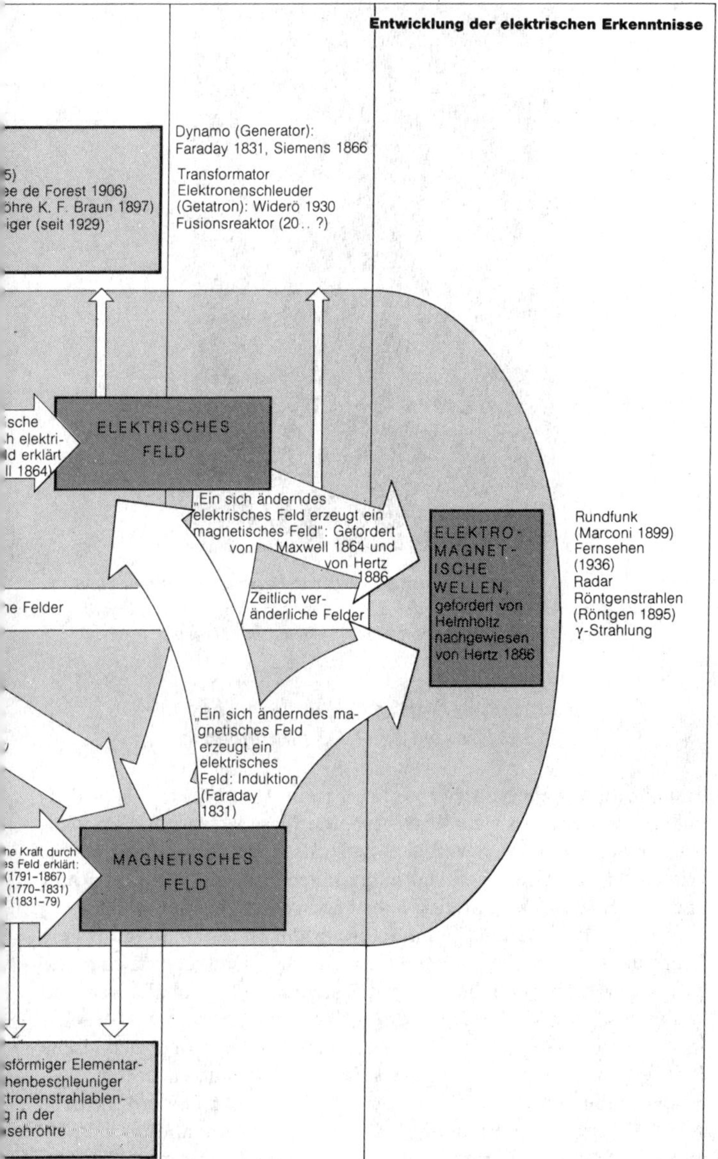
Entwicklung der elektrischen Erkenntnisse
Dynamo (Generator): Faraday 1831, Siemens 1866
Transformator
Elektronenschleuder (Getatron): Widerö 1930
Fusionsreaktor (20.. ?)
ee de Forest 1906)
öhre K. F. Braun 1897)
iger (seit 1929)
ELEKTRISCHES FELD
d erklärt
ll 1864)
„Ein sich änderndes elektrisches Feld erzeugt ein magnetisches Feld": Gefordert von Maxwell 1864 und von Hertz 1886
Zeitlich veränderliche Felder
he Felder
ELEKTROMAGNETISCHE WELLEN, gefordert von Helmholtz nachgewiesen von Hertz 1886
Rundfunk (Marconi 1899)
Fernsehen (1936)
Radar
Röntgenstrahlen (Röntgen 1895)
γ-Strahlung
„Ein sich änderndes magnetisches Feld erzeugt ein elektrisches Feld: Induktion (Faraday 1831)
he Kraft durch
es Feld erklärt:
(1791-1867)
(1770-1831)
(1831-79)
MAGNETISCHES FELD
sförmiger Elementar-
henbeschleuniger
tronenstrahlablen-
g in der
sehröhre

***Naturwissenschaftliche Experimente.** Joseph von Fraunhofer während eines Versuchs, mittels einer Vogelfeder Beugungsspektren zu erzeugen (1820). Gemälde von Wimmer. München, Deutsches Museum.*

Fraunhofer – Beispiel für die großen Autodidakten des 19. Jahrhunderts

Fraunhofer war ein typischer Vertreter jener Autodidakten (= Selbst-Lehrer), zu denen so viele Wissenschaftler des 19. Jahrhunderts zählten, die aus ärmlichsten Verhältnissen aufstiegen und schließlich das Wissen der Welt entscheidend mitgestalteten. Den Apotheker Ritter und den Buchbinder Faraday haben wir schon genannt, von Liebig wird noch die Rede sein. Fraunhofer begann ohne Schulbildung eine Lehre als Glasschleifer in München, fiel dem Optiker Utzschneider auf, wurde bald Teilhaber seiner Glasfabrik in Benediktbeuren und verbesserte dort Maschinen und Verfahren zur Herstellung optischer Instrumente. Sein Erfolg beruhte auf seinem Bestreben, technische Probleme mit theoretischen physikalischen Kenntnissen zu lösen, die er sich nebenbei aneignete. Dabei eröffneten sich ihm völlig neue Wege. Er entdeckte die dunklen sogenannten »Fraunhoferschen Linien« im Sonnenspektrum, die später die Zusammensetzung der Sonnenatmosphäre verrieten, und wurde dafür in die Bayerische Akademie der Wissenschaften aufgenommen und später geadelt. Neben seinen Arbeiten zur Verbesserung von Fernrohren, Mikroskopen und Spektralapparaten entwickelte er nun die theoretische Optik fort, starb aber, erst 39jährig, an Tuberkulose.

Das Atom der Chemiker

Die Chemiker hatten zu Beginn des 19. Jahrhunderts schon recht klare Vorstellungen vom Atom. Ihre Gesetze über die Massen und Rauminhalte sich verbindender Stoffe ließen sich nach dem englischen Chemiker John Dalton (* 1766, † 1844) nur so deuten, daß ein einheitliches Gas aus untereinander gleichen Teilchen besteht, die typisch sind für die Art des Gases. Gleichartige Atome sollten sich gegenseitig wegen ihrer »Wärmehülle« stark abstoßen. Dalton leugnete deshalb wie die meisten seiner Nachfolger die Existenz von Molekülen aus zwei Atomen des gleichen Elements. Deshalb mußte auch die richtige Behaup-

Begriffe

Chemie	*Wissenschaft der Stoffe und Stoffumwandlungen, die sich mit der Synthese (dem Aufbau) der Stoffe, mit der Analyse (Zerlegung, Untersuchung) und der Reaktion (Veränderung) der Stoffe befaßt.*
Anorganische Chemie	*Zweig, der sich mit allen Elementen und ihren Verbindungen beschäftigt, mit Ausnahme des Elements Kohlenstoff und seiner Verbindungen.*
Organische Chemie	*Zweig, der den Bereich des Elementes Kohlenstoff und seiner Verbindungen untersucht.*
Periodensystem	*Anordnung der chemischen Elemente nach ihrer Kernladungszahl und (bis auf eine Ausnahme) nach ihrem steigenden Atomgewicht.*
Elemente	*Grundstoffe, die mit chemischen Methoden nicht weiter zerlegt werden können.*
Moleküle	*Verbindung von Atomen zu einem neuen, freibeweglichen, elektrisch neutralen Teilchen.*
Bindungen	*Zusammenhalt der Atome innerhalb von Atomanhäufungen und Molekülen.*
Reaktion	*Bildung eines neuen Stoffes durch Vorgänge zwischen einzelnen Verbindungen oder Elementen. Die Elemente bleiben bei dieser Umwandlung erhalten.*

tung des Italieners Avogadro von 1811 abgelehnt werden, daß jeder Liter Gas unter gleichen Bedingungen gleich viele Teilchen enthalten sollte. Ohne diese Kenntnis bewährte sich aber die Atomhypothese nicht recht, so daß um 1820 die meisten Chemiker den Glauben an Atome wieder verloren hatten. Berzelius (* 1779, † 1848) in Schweden war eine Ausnahme. Ihm gelang es sogar, eine Atomgewichtstabelle mit den damals bekannten 43 Elementen aufzustellen, die nur wenige Irrtümer enthielt. Ähnlich wie schon Ritter sah er den Zusammenhang zwischen Chemie und Elektrizität und führte die chemische Bindung auf elektrische Kräfte zurück. Erfolg hatte diese Vermutung allerdings nur bei anorganischen Verbindungen. Sie versagte völlig in der organischen Chemie.
Johann Wolfgang Döbereiner (* 1780, † 1849), ein Freund Goethes, hatte 1829 Gruppen verwandter Elemente erkannt und damit die Entdeckung des Periodensystems der Elemente vorbereitet.

Liebig und Wöhler – Wegbereiter der organischen Chemie und der modernen chemischen Industrie

Außer von Apothekern wurde sonst im Deutschland der Romantik wenig Chemie betrieben. Als J. von Liebig (siehe Seite 228) und Friedrich Wöhler (* 1800, † 1882) studieren wollten, mußten sie ins Ausland gehen, Liebig nach Paris zu Gay-Lussac und Wöhler nach Stockholm zu Berzelius. Mit beiden Männern begann der Aufstieg der Chemie in Deutschland und der organischen Chemie überhaupt. Die Freunde gingen zunächst von Untersuchungen in der organischen Chemie aus. Während aber Wöhler sich von den Schwierigkeiten der ungeklärten Bindungsverhältnisse abschrecken ließ und wieder anorganische Chemie betrieb, entwickelte Liebig in Gießen und München die »Strukturchemie« fort, die die chemischen Eigenschaften einer organischen Verbindung auf die Anordnung ihrer Wasserstoff- und Kohlenstoffatome zurückführt. Von Wöhlers vielen Entdeckungen und Erfindungen wurden vor allem das Aluminium und die Synthese des organischen Harnstoffs aus anorganischen Grundstoffen berühmt. Wo blieb da das vermutete »Lebensprinzip« in organischen Substanzen? Liebig erkannte die Bedeutung des Kohlendioxids und Stickstoffs für die Lebensvorgänge in Pflanzen, dachte weiter und erfand den Kunstdünger. Damit legte er den Grundstein zur »Agrikulturchemie« und zur chemischen Industrie überhaupt. Den Hausfrauen bescherte er das Backpulver und den Fleischextrakt, den Tierliebhabern das Aquarium. Seine Reform der Chemikerausbildung bewährte sich so sehr, daß ein ganzer

Auf dem Weg in die Moderne. *Ansicht des Analytischen Laboratoriums von Justus von Liebig an der Universität Gießen. Zeichnung von Trautschold, 1842, München, Deutsches Museum.*

Stammbaum bedeutender Chemiker sich auf ihn als Lehrer berufen konnte.

Biologie – Zellenlehre und Embryologie: Kinder der Naturphilosophie

Am erfolgreichsten war die Biologie von der Naturphilosophie beeinflußt worden, so erfolgreich, daß zwei neu entstandene Teilgebiete, die Embryologie und die Zellenlehre, in Deutschland Weltrang erreichen konnten. Daß einerseits Lebewesen ausstarben und andrerseits immer wieder neue Arten entstanden, hatte man hinnehmen müssen. Die Naturphilosophen sahen in diesen Vorgängen der Evolution eine »innere Entwicklung des Weltgeistes«, von der die Entwicklung des Universums wie die des einzelnen Menschen ein Abbild sei. Sie vermuteten, daß beim Wachstum des Embryos jedes Menschen und Tieres Entwicklungsstufen durchlaufen würden, die Ähnlichkeiten zu niederen Formen des Lebens aufweisen könnten. Und tatsächlich hatte Martin

JUSTUS VON LIEBIG

Wie viele Genies scheiterte der 1803 geborene Liebig in der Schule kläglich an den alten Sprachen. Den Ausweg, eine Apothekerlehre, verbaute er sich, weil er die Chemikalien seines Lehrherrn allzu großzügig für seine Experimente mißbrauchte; es gab aber auch Gerüchte, daß eine nächtliche Explosion in seiner Dachkammer der Grund dafür war.

Die Wende für Liebig trat ein, als er einflußreiche Gönner fand wie Gay-Lussac und Alexander von Humboldt in Paris, die sein Genie erkannten und ihn kräftig förderten, so daß er 1824 als Einundzwanzigjähriger Professor in Gießen werden konnte. Was er hier leistete, überstieg fast seine Kräfte. Er revolutionierte die Chemikerausbildung, entwickelte die Analysentechnik und veröffentlichte Hunderte bahnbrechender Arbeiten. Nichts konnte dem Hitzkopf schnell genug gehen; schon kamen die ersten Klagen über seine angegriffene Gesundheit als Folge ständiger Überarbeitung, über Schlaflosigkeit, Kopfschmerzen und Depressionen, die sein weiteres Leben begleiten sollten.

Freunde schilderten Liebig als liebenswürdig, voller Wärme, aber auch von eisiger Kälte, wenn es um die Durchsetzung sachlicher Interessen ging. Seine Wahrheitsliebe war fanatisch. Konkurrierende Lehrmeinungen griff er mit schärfster Polemik an, ohne zu verstehen, daß sich die Betroffenen mit Beleidigungen und Haßausbrüchen revanchierten. Sie unterstellten ihm Streitsucht, Arroganz und krankhafte Empfindlichkeit. Nur mit wenigen wie dem geistig verwandten Friedrich Wöhler verband ihn eine lebenslange tiefe Freundschaft. Er war der einzige, der ihm Mäßigung in seiner Polemik abverlangen konnte. Nach Liebigs Münchner Berufung im Jahr 1852 konnte er sich etwas mehr schonen. Aber immer noch entstanden bahnbrechende Arbeiten zur Tier- und Nahrungsmittelchemie, und auch seine Düngerlehre konnte er jetzt korrigieren und durchsetzen. Eine Gehirnhautentzündung raubte ihm seit 1869 vollends den Schlaf, und als eine Lungenentzündung hinzukam, verschied er 1873, fast siebzigjährig. *(H. Hü.)*

Evolution

(lat. evolutio = Auswicklung, Entwicklung)

Lehre von der Weiterentwicklung der Organismen (Abstammungslehre) oder Weiterentwicklung kultureller und geistiger Zustände und Erkenntnisse. Langsamer, gleichmäßiger, auf den vorangegangenen Entwicklungsständen aufbauender Vorgang, im Gegensatz zu plötzlichen, sprunghaften Veränderungen (Mutationen, Revolutionen).

Heinrich Rathke (* 1793, † 1860) im estnischen Dorpat 1829 bemerkt, daß auch Vögel bei ihrer Entstehung im Ei zeitweilig Kiemenspalten wie Fische aufwiesen. Wie das zu deuten war, war noch lange heiß umstritten. Als der Anatom Johann Friedrich Meckel 1811 in Halle die Vermutung äußerte, daß sich die Arten auseinander entwickelt haben könnten, stand er allein da. Die Mehrheit seiner Kollegen behauptete wie der einflußreichste Naturphilosoph, Lorenz Oken (* 1779, † 1851), die Arten seien Einzelschöpfungen, denen aber ein gemeinsamer Bauplan zugrunde liege. Paßte das nicht zur Ideologie der Romantik, die das Individuum betonte, ganz anders als zur Lehre der »Mechanisten«, die alle Menschen – im wesentlichen gleich – schon vorgeformt in den Zellen ihrer Vorfahren sah? Paßte es nicht dazu, daß die Naturphilosophen jetzt gerade Abweichungen von der Norm, wie etwa Mißgeburten, untersuchten und damit endgültig diese »Präformationslehre« widerlegten?
Oken behauptete, zum Leben gehörten a) als »Baumaterial« sogenannte »infusoriale Schleimbläschen« (von: Infusorien = einzellige, unter dem Mikroskop sichtbare Lebewesen, sogenannte »Aufgußtierchen«), quasi als Atome des Lebens, b) ein Bauplan des Weltenbaumeisters, nach dem sie zu einem Organismus vereinigt würden und der dafür sorge, daß sich Lebewesen einer Art ähnelten, und c) eine »Lebenskraft«, die alle Teile im Organismus zusammenwirken lasse. Nach dem Tod werde der »Schleim« als Baumaterial für einen neuen Organismus verwendet; also könnten die Arten sich nicht auseinander entwickelt haben. Goethe glaubte, in Abwandlungen des Blattes den Bauplan der Urpflanze entdeckt zu haben; Oken sah die Wirbelsäule als Hauptelement der Wirbeltiere an.
Eine fieberhafte Suche nach den »infusorialen Schleimbläschen« setzte ein. Von 1830 an wurden sie dann in der Form der Pflanzenzellen durch den Arzt Gottfried Reinhold Treviranus (* 1776, † 1837) und den Botaniker Hugo von Mohl (* 1805, † 1872) mit ihrem wesentlichen

Teil, dem Protoplasma, erkannt. Der Schotte Robert Brown († 1773, † 1858) entdeckte 1831 den Zellkern, der Tscheche Jan E. Purkinje (* 1787, † 1869) fand zusammen mit Johannes Müller (* 1801, † 1858), dem Begründer der Physiologie in Deutschland, im Ei der Henne den ersten Keimkern der Tierzelle. Bald darauf behauptete der Biologe Matthias Jakob Schleiden (* 1804, † 1881) in Jena, zum Organismus der Pflanze hätten sich selbständig lebende Zellen unter der Wirkung einer »formbildenden Kraft« wie zu einem »Zellstaat« zusammengefügt, eine Ansicht, die der Anatom Theodor Schwann (* 1810, † 1882) auf die Tierwelt übertrug. Paßte das nicht zu den Vorstellungen jener Zeit, die gerne das Ganze als eine Vereinigung selbständiger Einzelwesen ansah? Damals wurde gefunden, daß Wachstum, Vermehrung und Ernährung Vorgänge in den einzelnen Zellen waren. Schleidens Annahme, daß alle Tochterzellen aus dem Zellkern einer alten Zelle entstünden, wurde um die Jahrhundertwende präzisiert, nachdem die Botaniker von Mohl, von Naegeli und Hofmeister und die Zoologen von Kölliker, Leydig und Remak die Vermehrung von Zellen durch Zellteilung erkannt hatten. Die Idee des berühmten Arztes und Anthropologen Rudolf Virchow (* 1821, † 1902), daß auch Krankheiten von Störungen in einer Zelle ausgehen könnten, führte letztlich seit Ende des Jahrhunderts zum Verständnis und zur Bekämpfung von Infektionskrankheiten.

Die neue Naturwissenschaft

Drei Männer spiegeln die Wandlungen wieder, die sich um die Jahrhundertmitte vollzog: Alexander von Humboldt (* 1769, † 1859), der große Geograph, Botaniker und Physiker, hatte, von der Naturphilosophie ausgehend, die strengen Methoden der Naturforscher übernommen und doch nie den Blick für das Ganze verloren. Sein spätes Hauptwerk »Kosmos, Entwurf einer physikalischen Weltbeschreibung« (1845–1862) wurde bestaunt, aber die Entwicklung ging schließlich doch darüber hinweg. Der Arzt Julius Robert von Mayer (* 1814, † 1878) fand mit dem Mut der Naturphilosophen zu unkonventionellen Gedanken 1842 den bahnbrechenden »Energieerhaltungssatz«, doch die Anerkennung durch die neue Wissenschaft blieb zunächst aus. In Hermann L. F. v. Helmholtz (* 1821, † 1894) erhielt schließlich die neue Wissenschaft, die nur präzise Experimente verbunden mit mathematischer Theorie als wissenschaftliche Methode anerkannte, ihren führenden Kopf.

GÜNTER MERWALD

Der »Bürgerliche Realismus« in der Literatur

Allmähliche Wendung zur Wirklichkeit – Bürgerliche Dichtung ab 1820 – Sonderformen des Realismus – Literarisches »Biedermeier«, »Junges Deutschland« – Skepsis und Pessimismus bei Büchner und Hebbel – Die Stilisierung der Lebenswirklichkeit: Der »Poetische« Realismus – Entwicklungslinien über 1871 hinaus.

Die literarische Periode, die im wesentlichen die Zeit dieses Bandes umspannt, wird üblicherweise als »Bürgerlicher Realismus« bezeichnet. Realismus heißt dabei zunächst, daß sich das Interesse der Dichter auf die konkrete Wirklichkeit und auf den Menschen in seinem Hier und Jetzt zu konzentrieren und zu beschränken beginnt. Diese allgemeine Tendenz hängt einmal mit den tiefgreifenden wirtschaftlichen und sozialen Umwälzungen zusammen, die sich aus dem Aufschwung von Wissenschaft und Technik in der ersten Hälfte des 19. Jahrhunderts ergaben; zum anderen rückten auch geistige Strömungen wie etwa der »Philosophische Materialismus« des Hegelschülers Ludwig Feuerbach (* 1804, † 1872) und die pessimistische Lehre Arthur Schopenhauers (* 1788, † 1860) den Menschen in das Zentrum einer Welt ohne Gott.

Bürgerlich ist diese Literatur vor allem, weil ihre Autoren, ihre Thematik und ihr Publikum dieser Schicht entstammen, die sich ja damals auch politisch unüberhörbar zu Wort meldete.

Das Bürgertum orientierte sich besonders in der ersten Jahrhunderthälfte noch vielfach an den idealistischen Wertvorstellungen der klassisch-romantischen Epoche (siehe Band 8), und so war die Spannung von Idee und Wirklichkeit ein zentrales Thema auch der Literatur. Der Glaube an eine mögliche Sinnhaftigkeit der Welt schwindet nun ganz allmählich, um einer nüchternen Betrachtung der Wirklichkeit Platz zu machen. Dennoch haben für viele Autoren noch Ordnungsgrößen wie Menschlichkeit, Natur, Volkstum und Sitte Gültigkeit; Skepsis und Pessimismus werden häufig in heiterer Gelassenheit aufgefangen, deren Ausdrucksformen feine Ironie und Humor sind: ein freundlich-resignierendes Geltenlassen der Welt und der Menschen, wie sie nun einmal sind.

Frührealistische Übergangszeit von 1820–1850
Das »Biedermeier«

In dieser Zeitspanne begegnet uns eine bemerkenswerte Pluralität von geistigen Haltungen und literarischen Stilen. Nach den Befreiungskriegen mit ihrem nationalen und freiheitlichen Impuls leiteten 1819 die »Karlsbader Beschlüsse« die Ära der »Restauration« ein, die mit »Demagogenverfolgungen« und strenger Zensur nahezu alle freiheitlichen oder kritischen Stimmen zum Schweigen brachte. Nur eine relativ kleine Gruppe oppositioneller Autoren setzte sich nun noch, besonders ab 1830, in aggressiver Kritik mit ihrer Zeit auseinander. Die überwiegende Mehrzahl der Dichter dieser Epoche paßte sich, so gut es ging, der politischen Situation an, sie versuchten, mit der »Reaktion« zu leben, indem sie den »Rückzug in die Innerlichkeit« antraten. Dies war oft vom Bewußtsein getragen, daß die gesellschaftlichen Veränderungen seit der Französischen Revolution krisenhafte Störungen gottgewollter Ordnungen darstellten, die es rückgängig zu machen gelte. Die Literaturgeschichte hat die von dieser Haltung bestimmte Phase später mit dem Begriff des »Biedermeier« belegt (siehe auch Seite 66) und erfaßt damit vor allem Autoren, die »glauben, man könne dem zerstörerischen Einfluß der neuen Zeit durch die Darstellung einer harmonischen und heilen Gesellschaft entgegenwirken«. In dieser rückwärtsgewandten Orientierung konnte sie auch die Philosophie Hegels bestärken: Der Staat wurde zur höchsten Offenbarung des Weltgeistes, und man fügte sich den gegebenen Obrigkeiten, ohne zu kritisieren.
Andererseits haben die führenden Köpfe des »Biedermeier« sicher die weitreichenden Veränderungen der Zeit registriert. Denn gerade sie widerlegten – bezeichnend für diese Übergangsphase – in Leben und Werk mehr als einmal ihre eigenen auf Harmonisierung und genügsame Selbstbescheidung gerichteten Aussagen. Viele Äußerungen ihrer Werke klingen wie beschwörende Versuche, die als bedrohend erkannten Kräfte durch das Wort, die Kunst, zu bannen.

Die literarische Situation um 1820
›Biedermeierliche‹ Spätromantik

Um 1820 greifen ausklingende Romantik (siehe auch Band 8), beginnendes »Biedermeier« und Alterswerk Goethes ineinander. Symptomatisch offenbart der bis zuletzt produktive Königsberger E. T. A. Hoffmann (* 1776, † 1822) in Leben und Werk die Zerrissenheit des

Literarische Zirkel. *Ludwig Tieck im Kreis bedeutender Zeitgenossen. Von links: Wach, Schelling, Rauch, Steffens, Meyerbeer, J. Grimm, Eichendorff, Cornelius, Mendelssohn, Humboldt, Hensel, Paalzow, Crelinger, Bettina v. Arnim, Varnhagen v. Ense, Gräfin Finkenstein, F. Tieck, Kopisch, Kugler, L. Tieck, Holtei, Seydelmann, Ch. v. Hagen.*

Künstlers in dieser spätromantischen Phase. Gespenstisch-unheimlich und in Wirklichkeit doch so real werden in seiner 1820 erscheinenden Erzählung »Das Fräulein von Scuderi« die psychischen Spannungen, der bis ins Schizophrene reichende Riß, der den Künstler und den Bürger im Juwelier Cadillac ›spaltet‹, dargestellt. Neben diesem ›Gespenster-Hoffmann‹ erscheint Joseph Freiherr von Eichendorff (siehe Seite 85) durch die Sicherheit, die ihm sein christlicher Konservatismus gibt, ungleich bürgerlicher. Seine Warnung: sorge, daß das »wilde Tier [. . .] in der Brust [. . .] nicht plötzlich ausbricht und dich selbst zerreißt« (»Das Schloß Dürande«, 1837) setzt ihn deutlich von Hoffmann ab und läßt sich im Sinn des »Biedermeier« verstehen, unberechenbare Kräfte nicht zum Leben zu erwecken!
Auch Ludwig Tieck (* 1773, † 1853), der im »Gestiefelten Kater« (1797) ein Muster romantischer Ironie geschaffen hatte, zeigt in seinem Spätwerk biedermeierliche Züge. Die Novelle »Des Lebens Über-

fluß« (1839) stellt das Dachkammerdasein eines armen Liebespaares als Idylle des Glücks dar. Der Stoff ist zwar der Wirklichkeit entnommen, aber biedermeierlich verarbeitet: das Problematische wird verdrängt.
Die gleiche Einstellung kennzeichnet die bürgerliche »schwäbische« Spätromantik, den Kreis um Ludwig Uhland (* 1787, † 1862) und Justinus Kerner (* 1786, † 1862). Beide, damals sehr populär, leben mit ihren Balladen und schlichten Liedern (»Das Glück von Edenhall«, »Ich hatt' einen Kameraden«, »Droben stehet die Kapelle«) bis heute fort.

Zwiespältiges Lebensgefühl – Die Biedermeier-Autoren Mörike, Droste-Hülshoff, Grillparzer

Ein Beispiel für die Hintergründigkeit und Zwiespältigkeit biedermeierlicher scheinbarer Zufriedenheit ist der Cleversulzbacher Pfarrherr Eduard Mörike (* 1804, † 1875). Er gehört zwar in den Umkreis der schwäbischen Spätromantik, doch gewinnt z. B. in seinen »Peregrina-Liedern« das Zerstörerische des Eros deutlich Macht über den Menschen. Vor diesem Wissen ist auch sein »Gebet« zu verstehen: »Wollest mit Freuden / Und wollest mit Leiden / Mich nicht überschütten! / Doch in der Mitten / Liegt holdes Bescheiden.« In seiner bekanntesten Novelle »Mozart auf der Reise nach Prag« (1855) ist die Verbindung von vollendetem Glück und Todesahnung im schöpferischen Moment des Künstlers die Kernaussage: Reifen und Vergehn, Schöpfertum und Zerstörung gehen Hand in Hand: Dem Künstler ist zwar tiefstes Glück möglich, zugleich aber wird sichtbar, »daß dieser Mann sich schnell und unaufhaltsam in seiner Glut verzehre, daß er nur eine flüchtige Erscheinung auf der Erde sein könne [. . .]«. Für Mörike eröffnet sich ein Ausweg aus den Gefährdungen, denen sich der Mensch ausgesetzt weiß, in der Rückbesinnung auf die Harmonie im Kleinen und Gegenständlichen. Im Anschauen des schönen Gegenstandes kann er Ruhe und Harmonie wiederfinden. Einfache Dinge der realen Welt – bekanntestes Beispiel das Gedicht »Auf eine Lampe« – werden so zu Symbolen, an denen die geglaubte Ordnung erkannt werden kann.
Wie bei Mörike ist auch in den Balladen und Gedichten der Westfälin Annette von Droste-Hülshoff (* 1797, † 1848) der Mensch von dämonischen Kräften und Mächten, von Ängsten bedroht. In fast naturalistischer Weise eindringlich stellt die Dichterin diese Bedrohung und Verunsicherung dar (»Der Knabe im Moor«). Hinter dem einbrechenden Chaos bemüht sie sich aber dennoch, eine Ordnung sichtbar zu ma-

Das Arbeitszimmer eines Dichters.
Franz Grillparzer an seinem siebzigsten Geburtstag.
Zeichnung von Felix Kauitz, 1860.

chen, wie etwa in ihrer Novelle »Die Judenbuche« (1842). Sie ist die Lebensgeschichte Friedrich Mergels, der, ›milieugeschädigt‹, schließlich bei Mord und Selbstmord endet. Im zentralen Symbol der Judenbuche, an der sich Friedrich zuletzt aufhängt, gewinnt die göttliche Ordnung Gestalt.

Christlich-konservatives Weltbild, empfindsame Offenheit für die menschliche Anfälligkeit und realistische Detailtreue verbinden sich bei der Droste zu einer für die Übergangszeit charakteristischen Mischung.

Verwandte biedermeierliche Züge zeigen sich auch im Werk des österreichischen Dramatikers Franz Grillparzer (* 1791, † 1872), dessen Stücke von starken Spannungen durchzogen sind; lediglich der zuversichtliche Glaube der Droste fehlt ihm. Statt dessen überwiegen Weltflucht und Resignation. Sein Zeitgenosse, der Südböhme Adalbert Stifter, entwickelt in seinen reiferen Werken bereits eine Spielart des Realismus, die über die Vorstellungswelt des »Biedermeier« hinausführt (siehe Seite 66).

Die politische Dichtung in der »Restaurationszeit«

Der bedeutenden Gruppe der politischen Schriftsteller, die sich etwa ab 1830 in direkter Auseinandersetzung den aktuellen Tagesfragen stellten, hat dieses Buch bereits ein eigenes Kapitel gewidmet (siehe Seite 119). Alle diese »Jungdeutschen«, ob Gutzkow, Börne, Laube, Heine u. a., fanden sich vor allem in ihrer gemeinsamen Opposition gegen die Reaktion, gegen die Kräfte des etablierten Staats, den Adel, die Kirche zusammen und forderten in ihrer politischen Lyrik und ihren publizistischen Veröffentlichungen eine weitgehende Liberalisierung.
Ähnlich kritische Töne wie sie schlugen im Jahrzehnt vor der Revolution 1848 auch die sogenannten Dichter des »Vormärz« an, z. B. Georg Herwegh (* 1817, † 1875) und Hoffmann von Fallersleben (* 1798, † 1874), der als Verfasser des Deutschlandliedes weiterlebt. Von ihrer politischen Lyrik ist nur wenig lebendig geblieben.

Höhepunkte des deutschen Dramas: Büchner und Hebbel

Kämpferischer noch als Heine stellt sich der jungverstorbene Georg Büchner (* 1813, † 1837) in seinem Leben und einigen seiner Werke dar. Doch in seinem unterschiedlich interpretierten Drama »Dantons Tod« (1835) zeichnet er ein realistisches, illusionsloses Bild der Revolution, die »ihre Kinder frißt«. Der Revolutionär Danton, seinerseits zur Guillotine verurteilt, begründet seine Passivität und Skepsis gegenüber allem politischen Handeln: »Die Welt ist das Chaos. Das Nichts ist der zu gebärende Weltgott.« Doch fast gleichzeitig mit dieser illusionslosen Haltung gegenüber Politik und Geschichte schreibt Büchner eine Kampfschrift, den »Hessischen Landboten«, mit dem militanten Aufruf »Friede den Hütten! Krieg den Palästen!« Vielleicht zeigt sich gerade in dieser »Offenheit« der Büchnersche Realismus am klarsten: zwar bestimmt der »gräßliche Fatalismus der Geschichte« die Menschennatur, doch schließt das im konkreten Einzelfall dennoch politisches Engagement gegen Elend und Unterdrückung nicht aus. Mit seinem Werk, das nur aus fünf Dramen und Schriften besteht, überragt Büchner seine schreibenden Zeitgenossen an formaler Gestaltung, sprachlicher Ausdruckskraft und gedanklicher Rigorosität bei weitem. Heute gilt er als einer der größten Dramatiker deutscher Sprache. Aber erst um die Jahrhundertwende begann seine Wirkung, die über Brecht bis in die Gegenwart heraufreicht. (Siehe auch »Das Junge Deutschland«, Seite 119.)
Ähnliches wie für Büchners Realismus gilt für Friedrich Hebbel

(* 1813, † 1863), dessen Dramen allerdings schon zu seinen Lebzeiten Bühnenerfolge waren. Auch er verbindet mit realistischer Milieuzeichnung tiefen Pessimismus: so in seinem bürgerlichen Trauerspiel »Maria Magdalene« (1844), in dem sich der tragische Konflikt aus den kleinbürgerlichen Moralbegriffen der Beteiligten entwickelt. Die Unfähigkeit, die Enge und die Vorurteile der gesellschaftlichen Zwänge zu überwinden, an denen die Tischlerstochter Klara zerbricht, offenbaren die Worte ihres Vaters lapidar und doch eindringlich: »Ich verstehe die Welt nicht mehr.«

Hebbels Dramen nach 1848 sind in ihrer Tendenz konservativer, z. B. wenn in »Agnes Bernauer« (1852) die Bürgertochter als Hexe in die Donau gestürzt wird, weil sie gewagt hatte, gegen die herrschende Ordnung die Ehe mit dem jungen Herzog Albrecht einzugehen. Das Individuum und seine Gefühle fallen der Staatsräson zum Opfer, denn es hatte – subjektiv unschuldig – die »Ordnung der Welt gestört« (5. Akt). In seiner realistischen Sicht wie in der psychologischen Figurenzeichnung steht Hebbel der Welt des Hochrealismus nahe, von dem ihn allerdings seine Auffassung unterscheidet, daß dem Menschen ein tragisches Ende vorbestimmt sei (»Pantragismus«).

»Poetischer Realismus« ab 1850: Stifter, Keller, Storm, Raabe

Im Gegensatz zur frührealistischen Phase kommt es nun zu einer veränderten, relativ einheitlichen Grundhaltung, die bis in die neunziger Jahre vorhält. Viele Dichter bejahen jetzt, betroffen von Gewalt und Blutvergießen des Jahres 1848, noch einmal grundsätzlich die gegebene Wirklichkeit: die Helden der Romane und Erzählungen werden zwar illusionslos, aber nicht in prinzipieller Abwehrhaltung in die Welt gestellt. Sie wird »objektiv«, d. h., wie sie nun einmal ist, abgebildet, meist auch ohne transzendentalen (übersinnlichen) Bezugspunkt. Zu der Bejahung der Realität kommt das Bestreben, sie so zu ordnen und zu gestalten, daß sie schön erscheint. In einer solchen »Verklärung« liegt das »Poetische« dieses Wirklichkeitsverständnisses, dem die nackte »fotografische« Wiedergabe nicht genügt, um die Wirklichkeit darzustellen. Nur in dieser Verklärung kann auch eine höhere Ordnung »durchscheinen«, die zu konkretisieren oder zu begründen sich die Autoren allerdings zunehmend versagen.

Wie sich der »Poetische Realismus« bei Adalbert Stifter (* 1805, † 1868) ausprägt, ist am besten an der Vorrede zu seiner Novellensammlung »Bunte Steine« (1853) ablesbar, seiner Antwort auf Heb-

Dichter des »Poetischen Realismus«.
Links oben: Adalbert Stifter; rechts oben: Wilhelm Raabe; links unten: Theodor Storm; rechts unten: Gottfried Keller.

bels Polemik, Stifter sei ein Dichter der »Käfer« und »Butterblumen«, der die Menschen nicht kenne, weil die Natur ihm »klug das Große entrückt« habe. Hier setzt der liberale Bildungsbürger Stifter unter dem Eindruck der 48er Ereignisse der Zeit den Glauben an das »sanfte Gesetz« entgegen, »wodurch das menschliche Geschlecht geleitet wird. [. . .] Es ist das Gesetz der Gerechtigkeit, das Gesetz der Sitte«. In der erhabenen Größe der Naturerscheinungen und der Landschaften seiner böhmischen Heimat, die er breit ausmalend schildert, findet er diese ewigen Kräfte wirksam, denen der Mensch voll Ehrfurcht gegenübertritt. Die Natur erhält so einen Eigenwert, der sie weit über den

Politik und Dichtung. *Karikatur auf Gottfried Keller (m. Trommel), der, ehe er Stadtschreiber in Zürich wurde, als Radikal-Liberaler politisch engagiert war. »Wie eine wohlorganisierte Freischar auszuziehen hat.« J. Ruff, 1845.*

Menschen stellt: »Aber es liegt auch wirklich etwas Schauderndes in der gelassenen Unschuld, womit die Naturgesetze wirken. [. . .] Denn heute kömmt mit derselben holden Miene Segen, und morgen geschieht das Entsetzliche« (Einleitung zu »Abdias«).

Im Annehmen der »Naturgesetze« durch den Menschen gründet sich Stifters Realismus. Begrenztheit und Glück solcher Lebenshaltung schildert der Roman »Der Nachsommer« (1857): Hier gewinnt das »sanfte Gesetz« an gesitteten Menschen von innerer Größe und Güte Gestalt. In ihrer ruhigen Leidenschaftslosigkeit belegen sie die geglaubte Ordnung einer poetisch überhöhten Welt. Allerdings ist der

Preis hoch, den diese Menschen dafür bezahlen: Er besteht im Verlust des Kontakts zur Gesellschaft, in ihrem »Inseldasein«.
Auch der »Grüne Heinrich«, der Held von Gottfried Kellers (* 1819, † 1890) gleichnamigem Bildungsroman (1879/80), und seine Jugendgeliebte Judith erleben einen »Nachsommer« ihrer Liebe: sie halten sich sozusagen »auf Abruf« füreinander bereit. Doch während bei Stifter die Zuneigung Heinrichs und Nataliens wie selbstverständlich in die traditionelle Form der Ehe einmündet, verzichtet der Freigeist Keller auf den institutionellen Segen und gründet den Treuebund nur auf das gegenseitige Ja-Wort. Und im Unterschied zu Stifter ordnet sich Kellers Held, der sich lange für einen Künstler hält, in realistischer Selbsteinschätzung zuletzt als nützliches Glied in die bürgerliche Gesellschaft ein: er geht in den Staatsdienst.
In der Verlagerung des Shakespeare-Stoffes in die bürgerliche Erwerbswelt der Zeit dokumentiert sich Kellers Realismus ebenso wie in der unsentimentalen Erzählweise und der lebensnahen Sprache; ein Realismus, in dem neben dem Humor (»Die Leute von Seldwyla« – 1856) auch Tod und menschliche Unversöhnlichkeit ihren Platz haben. Wie Keller auch in seiner Lyrik den Tod als Teil der Realität akzeptiert, etwa in seinem »Abendlied«: »Augen, meine lieben Fensterlein, / Gebt mir schon so lange holden Schein, / Lasset freundlich Bild um Bild herein; / Einmal werdet ihr verdunkelt sein!«
Neben dem Österreicher Stifter, dem Schweizer Keller und seinem Landsmann Jeremias Gotthelf (* 1797, † 1854) repräsentieren in dieser Zeit die Norddeutschen Theodor Storm (* 1817, † 1888) und Wilhelm Raabe (* 1831, † 1910) jeweils eigene Ausformungen des »Poetischen« Realismus. Storm ist der »lyrischste« von allen: er beschränkte sich auf Gedichte und Novellen, von denen nur »Immensee« (1851) nicht zum Spätwerk des Realismus zählt. Die Novelle kreist um das zentrale Thema von Entsagung und Verzicht, das zugleich Grundmotiv von Storms Lebenshaltung ist. Er bleibt abseits vom Tagesgeschehen; in seinen Gedichten malt er die »zeitlosen« Landschaftsbilder seiner Heimat: die Heide, das Meer. Auch hier sind Resignation und Trauer und das Bewußtsein der Einsamkeit, die sich durch familiäres Unglück und die politischen Wirren der preußisch-dänischen Konflikte in seinem Leben vertiefen, gegenwärtig: »Herbst ist gekommen, Frühling ist weit – / Gab es denn einmal selige Zeit?« fragt das Gedicht »Über die Heide« zweifelnd. Mit seinen zarten Naturbildern leitet er über zum späteren Impressionismus.
Der pessimistische Raabe beginnt erst in den sechziger Jahren zu schreiben: der Roman »Der Hungerpastor« (1864) gibt unter dem Einfluß Schopenhauers ein kritisch gefärbtes Zeitbild, gemildert durch

den Humor der Darstellung: Der Held Hans Unwirrsch überwindet durch seinen »geistigen Hunger« die psychischen Schwierigkeiten, die das Leben ihm bereitet hat, und findet schließlich eine gewisse Erfüllung als Pastor in einem armen Fischerdorf. Aber auch der »physische Hunger« und die sozialen Probleme der bürgerlichen Gesellschaft werden bereits angesprochen. Raabes Realismus beschränkt sich noch darauf, die Möglichkeiten darzustellen, wie das Leid der Welt zu mindern ist, soweit es der Mensch nicht überwinden kann.

Ein neuer Realismus nach der Reichsgründung

Raabe lebte und schrieb noch weit über unseren Berichtszeitraum hinaus; zwei andere große realistische Autoren schufen erst jenseits der Marke von 1871 ihre großen Werke: Conrad Ferdinand Meyer (* 1825, † 1898) und Theodor Fontane (* 1819, † 1898). Sie verändern die Weltanschauung des Realismus unter den andersartigen politischen und sozialen Bedingungen der Bismarckzeit in charakteristischer Weise, während gleichzeitig die neuen geistigen Kräfte, die mit Namen wie Marx, Darwin und Nietzsche angedeutet sind, zu wirken beginnen und die »Revolution der Literatur« einläuten.

Literatur

Kohlschmidt, Werner: Geschichte der deutschen Literatur vom Jungen Deutschland bis zum Naturalismus (= Geschichte der deutschen Literatur von den Anfängen bis zur Gegenwart, Bd. IV), Stuttgart 1974

Martini, Fritz: Deutsche Literatur im bürgerlichen Realismus 1848–1898, Stuttgart 1981

Sagarra, Eda: Tradition und Revolution. Deutsche Literatur und Gesellschaft 1830–1890, München 1972 (List TB 1445)

Sengle, Friedrich: Biedermeierzeit. Deutsche Literatur im Spannungsfeld zwischen Restauration und Revolution 1815–1848, Stuttgart 1971–1980

Zmegač, Viktor (Hrsg.): Geschichte der deutschen Literatur vom 18. Jahrhundert bis zur Gegenwart, Bd. 1 (in 2 Halbbdn.), Königstein 1978

Vom preußischen Königreich zum deutschen Kaiserreich.
Krönung Wilhelms I. zum König, Königsberg 18. Oktober 1861.
Gemälde von Adolph von Menzel (Ausschnitt).

UDO HAUPT

REAKTION UND NEUORDNUNG

Die Jahre der »Reaktion« – Wien und Berlin – Versuch einer Reichsgründung von oben – Herrschaft der Bürokratie – Adelsherrschaft und »Dreiklassenwahlrecht« – Liberale Tendenzen – »Unionspolitik« Preußens – Einflußnahme Rußlands – Olmütz – Der Krimkrieg und die deutsche Politik – Geschwächtes Österreich – Eine liberale Wende? – Krieg in Italien – Das Ende des Neoabsolutismus in Österreich – »Nationalverein« und »Realpolitik« – »Fortschrittspartei« – Bismarck wird Ministerpräsident – Wirtschaftseinflüsse – »Heeres- und Verfassungskonflikt« in Preußen – Der polnische Aufstand – Krieg gegen Dänemark – Der »Deutsche Krieg« – Das Ende des »Deutschen Bundes« – Die kleindeutsche Lösung – »Norddeutscher Bund« – Der »Deutsch-Französische Krieg« – Die Gründung des Deutschen Reiches – Die Verfassung – Regierung, »Reichstag«, »Bundesrat« – Soziale Umwälzungen – Auswanderungsbewegung.

Die Jahre nach der Revolution waren von dem Bemühen der siegreichen monarchischen Staaten gekennzeichnet, die Verhältnisse aus der Zeit vor 1848 möglichst unverändert wiederherzustellen, was aber in den meisten deutschen Ländern nur teilweise gelang. Zahlreiche Deutsche entzogen sich der verschärften politischen Unterdrükkung durch die Emigration (besonders in die USA und die Schweiz).

»Reaktion« in Wien

In der Donaumonarchie hatte die Revolution das Staatsgebäude am stärksten ins Wanken gebracht, bis schließlich die kaiserliche Armee die Aufständischen in den verschiedenen Reichsteilen niederringen konnte. Einen besonders markanten Einschnitt in der nachrevolutionären Geschichte bildete ein kaiserlicher Erlaß vom 31. 12. 1851, der die im Jahre 1849 eingeführte Verfassung aufhob und jede parlamentarische Mitbestimmung der Bürger beseitigte. Mit dieser Wendung zum Neoabsolutismus sind vor allem die Namen des Ministerpräsidenten Fürst Felix Schwarzenberg und des Innenministers Alexander Bach verknüpft, der 1848 als entschiedener Liberaler die politische Bühne betreten, sich aber unter dem Einfluß der Radikalisierung der Revolution immer mehr einem hochkonservativen Standpunkt zugewandt hatte.

Den seit Dezember 1848 regierenden Kaiser Franz Joseph I. (* 1830) zeichneten Fleiß und Pflichtgefühl aus; trotz seiner Jugend und politischen Unerfahrenheit erfüllten ihn ein beträchtliches Selbstbewußtsein, eine hohe Einschätzung des monarchischen Amtes und das Bestreben, die Macht soweit wie möglich selbst auszuüben, da er glaubte, nur so könne der Bestand des Habsburgerreiches gesichert werden. Als Schwarzenberg 1852 plötzlich starb, ernannte Franz Joseph keinen Nachfolger, sondern er führte von jetzt an persönlich den Vorsitz im Ministerrat und versuchte, selbst den Kurs der Politik auch im Detail zu bestimmen. Das führte zu erheblichen Komplikationen im Regierungsapparat und belastete den Monarchen mit der Verantwortung für Maßnahmen, die er letztlich doch nicht selbst treffen konnte.

Stützen des reaktionären Systems stellten Bürokratie, Armee und katholische Kirche dar. Zensur und ein ausgedehntes polizeiliches Spitzelwesen (»System Bach«) sorgten für die Unterdrückung aller freiheitlichen Regungen; in wichtigen Teilen der Monarchie (z. B. in Ungarn und in einigen Großstädten wie Wien und Prag) wurde der Belagerungszustand längere Zeit aufrechterhalten. Anders als in Preußen spielte der Adel in der Politik der Reaktion keine entscheidende Rolle, da das bürokratische System in Österreich auch über hergebrachte ständische Sonderrechte der Aristokratie rücksichtslos hinwegging. In manchen Teilen der Monarchie wurde der Adel sogar eine Stütze der antizentralistischen Opposition; besonders in Ungarn, aber auch in Galizien war er bereits von einem mehr oder weniger starken nationalen Bewußtsein geprägt.

Die Abkehr von der Vielfalt ständischer Traditionen und die Hinwendung zu einer rationellen Verwaltung, welche die Schaffung eines einheitlichen monarchischen Staates (unter Einschluß Ungarns) anstrebte und dabei (ohne nationales Motiv) das Deutsche als Amtssprache bevorzugte, demonstrierten deutlich den Unterschied zwischen dem Neoabsolutismus und der Ära Metternich. Diese Feststellung wird auch dadurch bestätigt, daß einige soziale Ziele aus der Zeit der Revolution weiter verfolgt wurden, vor allem die Aufhebung der bäuerlichen Untertänigkeit und die damit verbundene Ablösung der Grundlasten, wobei sich Bach in administrativer Hinsicht zweifellos große Verdienste erworben hat.

Ganz im Gegensatz zur politischen Unterdrückung brachten die fünfziger Jahre eine weitgehende Liberalisierung des Wirtschaftslebens, die den ökonomischen Aufstieg des Großbürgertums begünstigte und es vielleicht von seiner politischen Bedeutungslosigkeit ablenkte.

Restaurative Strömungen in Berlin

Obwohl in Preußen die Monarchie ihre Machtposition seit 1849 wieder erheblich zu festigen vermochte, kam es doch nicht zu einer uneingeschränkten Restauration der vorrevolutionären Verhältnisse. So blieb – auch nach der oktroyierten Verfassung von 1850 – der Landtag als parlamentarische Vertretung der Bürger bestehen, wenn auch mit stark geschmälerten Rechten; die entscheidenden Kompetenzen (vor allem bei der Regierungsbildung und im Heerwesen) lagen beim König. Bereits 1849 war das »Dreiklassenwahlrecht« eingeführt worden, das eine schwerwiegende Verzerrung des Gewichts der einzelnen Wählerstimmen zur Folge hatte (Bevorzugung der hohe Steuern zahlenden gegenüber den ärmeren Wählern.) Durch königliche Verordnung wurde schließlich 1854 die Erste Kammer des Parlaments in das »Herrenhaus« umgewandelt, in dem der Adel eindeutig dominierte. Charakteristisch für die Methoden der Innenpolitik dieser Jahre waren Pressezensur, die Beseitigung der Geschworenengerichte und eine Einschränkung der Selbstverwaltung in Städten und Provinzen.

Deutsche und europäische Geschichte in Daten

	Deutschland	Europa/Amerika
1850	»Erfurter Parlament«	
	Friede von Berlin zwischen Dänemark und Preußen	
1852	Londoner Protokoll	
1852–70		Napoleon III. Kaiser der Franzosen
1853–56		Krimkrieg
1859	»Deutscher Nationalverein«	Krieg Sardiniens und Frankreichs gegen Österreich
1861		Viktor Emanuel II. v. Sardinien wird König von Italien
1861–65		Präsidentschaft Lincolns in den USA
1861–88	Wilhelm I. König von Preußen	
1862	Bismarck preußischer Ministerpräsident	
1862–65		Sezessionskrieg in den USA
1862–66	Verfassungsstreit in Preußen	
1863	Fürstentag in Frankfurt a. M.	
1864	Krieg Österreichs und Preußens gegen Dänemark	
1865	Vertrag von Gastein	
1866	Krieg zwischen Österreich und Preußen	
1866/67	Gründung des »Norddeutschen Bundes«	
1868	»Deutsches Zollparlament«	
1869		Einweihung des Suezkanals
1870		Rom wird Hauptstadt Italiens
1870/71	Deutsch-Französischer Krieg	
1871	18. 1. Kaiserproklamation in Versailles	

Kamarilla
(lat.-span. Kämmerchen)

Günstlingsgruppe, eigennütziger Freundeskreis im Gefolge von Herrschern, Politikern, Wirtschaftsführern, die ihre Interessen zum Schaden des Ganzen durchsetzen.

In den Jahren unmittelbar nach der Revolution übte zunächst eine ständisch-feudal gesinnte Gruppe beträchtlichen Einfluß aus, die ein starkes Königtum mit der Wahrung adliger Privilegien zu verbinden suchte. Diese Richtung, deren Wortführer die Brüder Gerlach waren, nahm über eine »Kamarilla« am Hofe eine starke Position ein. Daneben gab es eine zweite, ebenfalls hochkonservative Strömung, nämlich die des »monarchischen Absolutismus« (Zechlin), die besonders vom Ministerpräsidenten Otto v. Manteuffel vertreten wurde; ihm erschien – ähnlich wie Schwarzenberg – selbst eine aristokratische Mitbestimmung unerwünscht, da sie die monarchische Gewalt einzuschränken drohte. Die Träger des bürokratischen Absolutismus waren hauptsächlich Verwaltung, Militär und evangelische Landeskirche.
Diese Politik der Reaktion stieß selbst innerhalb der traditionellen preußischen Führungsschichten auf Widerspruch, den seit etwa 1852 die nach ihrem publizistischen Organ benannte »Wochenblattpartei« formulierte, deren Wortführer, Moritz v. Bethmann Hollweg und Graf von der Goltz, einen Ausbau des Verfassungsstaates im gemäßigt liberalen Sinne und eine zielbewußte Außenpolitik forderten. Einen gewissen Rückhalt fand diese Gruppe am Bruder des Königs Friedrich Wilhelm IV. (1840–1861), dem Prinzen Wilhelm, der damals als Generalgouverneur der Rheinlande und Westfalens in Koblenz residierte. Seine außenpolitischen Vorstellungen wurden nicht zuletzt vom Mißtrauen gegen die österreichische Absicht bestimmt, Preußen innerhalb der deutschen Politik lediglich den zweiten Rang zuzubilligen; dagegen beanspruchte Wilhelm für seinen Staat – jedenfalls in Norddeutschland – die führende Rolle, so daß nationalliberal Gesinnte vom Prinzen eine Förderung der deutschen Einigung erhofften.

Kleindeutsche Unionspolitik Preußens – Ende in Olmütz

Eine Art Nachspiel für das Bestreben der Paulskirche, einen deutschen Einheitsstaat herbeizuführen, stellt die Unionspolitik des preu-

ßischen Königs Friedrich Wilhelm IV. dar. Deren »Architekt« war Außenminister Freiherr von Radowitz, der der Nationalversammlung in Frankfurt als Vertreter der Konservativen angehört hatte. Das von ihm entwickelte Konzept sah vor, ein »Deutsches Reich« – den engeren Bund – zu gründen, dessen Staatsoberhaupt der preußische König werden sollte. Die Verfassungsordnung orientierte sich an dem Entwurf der Paulskirche, verwischte aber weitgehend deren liberale Züge. Um den Zusammenhalt mit Österreich zu wahren, wurde diesem – quasi als Konzession für die Anerkennung der preußischen Hegemonie im Reich – die Mitgliedschaft in der »Deutschen Union« – dem weiteren Bund – angeboten, der unauflösbar sein sollte.
Trotz einiger Anfangserfolge scheiterte schließlich das Projekt. Die Gründe dafür waren vielfältig. Nach dem (mit entscheidender russischer Waffenhilfe errungenen) österreichischen Sieg über die aufständischen Ungarn im August 1849 (siehe auch Seite 194) konnte Schwarzenberg sein Augenmerk ganz der deutschen Politik zuwenden, in der er keineswegs das Feld zu räumen gedachte. Seine drohende Haltung – und das gab den Ausschlag – befand sich im Einklang mit der Politik Rußlands, das zu diesem Zeitpunkt maßgeblichen Einfluß auf die Entwicklung in Mittel- und Osteuropa ausüben konnte. Zar Nikolaus I. (1825–1855) konnte im nationalen Konzept von Radowitz nichts anderes sehen als eine verkappte Begünstigung revolutionärer Absichten. Gerade hochkonservative Kreise in Preußen opponierten gegen den Kurs von Radowitz, um die traditionelle Freundschaft mit Rußland zu wahren und einen Bruch mit dem Kaiserstaat Österreich zu vermeiden. Ein Krieg Preußens gegen beide Mächte erschien aussichtslos. Der Außenminister unterlag seinen innenpolitischen Gegnern und trat am 2. 11. 1850 zurück. Die »Olmützer Punktationen« (30. 11. 1850), abgeschlossen von Schwarzenberg und dem neuen preußischen Außenminister Manteuffel, bedeuteten eine kaum verhüllte Kapitulation der Berliner Politik. In diesem auf Druck Rußlands zustande gekommenen Vertrag zwischen Preußen und Österreich mußte der Unionsplan begraben werden; statt dessen wurde der »Deutsche Bund« in der vom »Wiener Kongreß« festgelegten Form wiedererrichtet; Österreich war nicht bereit, dessen Leitung mit Preußen zu teilen.
Der Versuch, die Einheit unter preußischer Führung auf kleindeutscher Basis herbeizuführen, war gescheitert, während die österreichische Politik unter der energischen Führung Schwarzenbergs, der auch einen Krieg in Kauf genommen hätte, einen – zumindest für den Augenblick – bedeutenden Erfolg errungen hatte. Allerdings bremste Rußlands Einfluß auch Österreich, denn für das von Schwarzenberg und dem Handelsminister Bruck ins Auge gefaßte »Reich der 70 Mil-

lionen« im Herzen Europas konnte es wohl noch weniger Sympathie aufbringen als für die Unionspläne. Der Gegensatz zwischen Wien und Berlin war keineswegs beseitigt, sondern lediglich überdeckt, so daß bereits in den fünfziger Jahren neue Spannungen im deutschen Raum auftraten.

Rückwirkungen des Krimkrieges auf die deutsche Politik

Das Verhältnis der beiden führenden Staaten des »Deutschen Bundes« muß auch auf dem Hintergrund der europäischen Staatenkonstellation gesehen werden, die noch bis zum Ausbruch des Krimkrieges vom Antagonismus (Gegensatz) der drei konservativ-reaktionären Ostmächte und der eher liberalen Westmächte beeinflußt wurde.
Die Ursachen des Krimkrieges, der von 1853–1856 zwischen Rußland und der Türkei stattfand, sind vor allem im Verfall des Osmanischen Reiches zu suchen. Rußland strebte danach, in jene Positionen auf dem Balkan einzurücken, die bisher die Türkei innegehabt hatte. Diese fand jedoch Verbündete an England, Frankreich und Piemont-Sardinien, die sich der russischen Expansion widersetzten, wobei die immer wieder aktuelle Frage nach dem Besitz der Meerengen (Bosporus/Dardanellen) eine Rolle spielte. Österreich schwankte: Einerseits war es mit Rußland durch eine gemeinsame antirevolutionäre Haltung verbunden; andererseits zeichnete sich auf dem Balkan die Rivalität beider Reiche immer deutlicher ab.
1853 besetzte Rußland die Donaufürstentümer Moldau und Walachei, was den österreichischen Außenminister Buol-Schauenstein veranlaßte, 1854 ein Bündnis mit den Westmächten einzugehen, womit die Zusammenarbeit der Oststaaten im Geiste der »Heiligen Allianz« (siehe Seite 27) endgültig abgeschlossen war.
Buols Schritt stieß gerade in konservativen Wiener Armee- und Hofkreisen auf scharfe Kritik, auch wenn er keinen Kriegseintritt bedeutete. Vielmehr sollte dieser Vertrag mit London und Paris Österreich Einfluß auf Kriegsziele und Friedensschluß verschaffen; denn die von Rußland eingenommene Haltung eines Schutzherrn bzw. Befreiers der Balkanslawen stellte auf weitere Sicht auch eine Bedrohung des habsburgischen Vielvölkerstaates dar. Die maßgebenden Politiker in Wien waren nicht bereit, auf die Möglichkeit der Einflußnahme an der unteren Donau zu verzichten, »denn« – so meinte Kaiser Franz Joseph I. – »im Orient liegt unsere Zukunft«.
Buol bemühte sich auch um die Unterstützung des »Deutschen Bundes«. Die Mittelstaaten unter bayerischer Führung lehnten jedoch ein

Eintreten für die österreichischen Balkaninteressen nachdrücklich ab; für sie war nicht die Herrschaft über Konstantinopel entscheidend, sondern viel bedrohlicher erschien ihnen die französische Politik unter Napoleon III. in Mitteleuropa.

In Berlin waren die Ansichten geteilt, auf welche Seite man sich stellen sollte; die schließlich gewahrte preußische Neutralität entsprang somit nicht einem klaren politischen Kalkül, sondern eher einem Mangel an Entschlußkraft. Im Frühjahr 1854 war Preußen ein auf drei Jahre befristetes Bündnis mit Österreich eingegangen, in dem es sich zum Beistand verpflichtete, falls Österreich angegriffen werde. Doch als nach dem Abschluß des Vertrages zwischen Österreich und den Westmächten Buol in Frankfurt die Mobilisierung der halben Bundesstreitmacht beantragte, erlitt seine antirussische Politik eine Niederlage, an der der preußische Gesandte Otto v. Bismarck mitgewirkt hatte. Trotzdem errang Österreich auf dem Balkan einen Teilerfolg; durch Truppenkonzentrationen in Galizien übte es Druck auf Rußland aus, so daß dieses die Donaufürstentümer räumte.

Nicht zuletzt aus finanziellen Gründen wurden aber die militärischen Maßnahmen Österreichs bald wieder rückgängig gemacht, was wiederum in Paris und London große Verärgerung hervorrief.

Schwächung Österreichs – Beweglichkeit für Preußen

Der Ausgang des Krimkrieges, den Rußland nach der Besetzung Sewastopols beenden mußte, beeinflußte die außenpolitische Situation der deutschen Staaten nachhaltig. Vor allem hatte sich die Lage Österreichs folgenschwer verschlechtert. Auf dem Balkan war die Rivalität mit Rußland unverhüllt zutage getreten, wodurch sich der Einfluß des Panslawismus auf die russische Politik noch verstärkte, was das Verhältnis zu Österreich mehr und mehr belasten mußte. Buols Bündnis mit England und Frankreich (die »Revolution in den außenpolitischen Beziehungen Österreichs«) hatte in Petersburg größte Empörung hervorgerufen, während die Westmächte von der Haltung Wiens keineswegs befriedigt waren, da es schließlich doch nicht in den Krieg eingetreten war, so daß sich das Habsburgerreich 1856 fast völlig isoliert sah.

Rußlands Feindschaft war derart angewachsen, daß die zaristische Regierung nun von einer Zusammenarbeit mit dem aus Gründen der »Legitimität« (siehe *K Seite 21*) ursprünglich abgelehnten Napoleon III. nicht länger zurückschreckte. Dieser hatte es verstanden, die konservative Allianz der Ostmächte zu sprengen und seinen Handlungsspiel-

raum beträchtlich zu erweitern. Während der »Pariser Friedenskonferenz« 1856 kam es bereits zu politischen und wirtschaftlichen Absprachen mit Rußland; de facto gab Zar Alexander II. (1855–1881) Frankreich freie Hand für eine antiösterreichische Politik in Italien.
Günstiger als für die Donaumonarchie gestaltete sich die Situation Preußens, da es bei den Mittelstaaten an Einfluß und Ansehen gewonnen hatte und seine Beziehungen zu Rußland nicht kompromittiert waren; das Verhältnis zu England und Frankreich war zwar keineswegs herzlich, aber doch korrekt.
Die vom Ausgang des Krimkrieges geschaffene Mächtekonstellation hat zweifellos dazu beigetragen, die Voraussetzungen der deutschen Einigung auf kleindeutscher Basis zu schaffen, da zwischen London und Petersburg fortlaufend weltpolitische Spannungen bestanden, die eine gemeinsame Front gegen die preußische Politik zumindest erheblich erschwerten. Zum anderen war Rußland durch die militärische Niederlage geschwächt, so daß sich sein Druck auf Mitteleuropa zunächst verringerte und es nicht mehr imstande war, wie 1850 den Weg zur deutschen Einheit zu blockieren.
Österreich hatte sich seit langem darum bemüht, seine Position in der deutschen Politik zu verbessern, indem es eine Union mit dem »Deutschen Zollverein« anstrebte; diese scheiterte jedoch am zähen Widerstand Preußens. Es gelang Berlin, das Königreich Hannover und einige kleinere Staaten in Norddeutschland von 1854 an zum Eintritt in den Zollverein zu bewegen, so daß auch auf diesem Felde die Grenzen des Wiener Einflusses sichtbar wurden. Österreich mußte sich damit begnügen, 1853 einen Handelsvertrag mit Preußen einzugehen, dem sich die übrigen Mitglieder des Zollvereins anschlossen. Die Position der Donaumonarchie als europäische Großmacht begann allmählich brüchig zu werden.

Die neue Ära in Preußen

Ende Oktober 1857 übernahm Prinz Wilhelm für seinen schwerkranken Bruder die Stellvertretung bzw. die Regentschaft in Preußen. Die Verachtung, die er für die Kamarilla Friedrich Wilhelms IV. empfand, sowie seine Kontakte zur »Wochenblattpartei« ließen den »Kartätschenprinz« von 1848/49 zur Hoffnung der preußischen Liberalen werden. Wilhelms Äußerungen beim Regierungsantritt verstärkten diese Erwartungen noch. Er verlangte, daß die Regierung den »Forderungen der Deutschen« Rechnung tragen müsse, und erklärte: »In Deutschland muß Preußen moralische Eroberungen machen durch

eine weise Gesetzgebung bei sich, durch Hebung aller sittlichen Elemente und durch Ergreifung von Einigungselementen, wie der Zollverband es ist [. . .]. Die Welt muß wissen, daß Preußen überall das Recht zu schützen bereit ist!« Gewiß war der neue Herrscher entschlossen, verfassungsgemäß zu regieren; andererseits war er von einer konservativen Staatsauffassung und der militärischen Tradition Preußens tief durchdrungen, doch hat man auf liberaler Seite entsprechende Äußerungen des Regenten anfangs überhört.
Die »neue Ära« wurde mit einer Kabinettsumbildung eingeleitet; eine der wichtigsten Persönlichkeiten der »Wochenblattpartei«, Bethmann Hollweg, übernahm das Kultusministerium. Bei Neuwahlen zum Abgeordnetenhaus errangen die Liberalen einen überwältigenden Sieg, so daß sie zusammen mit dem linken Flügel der »Wochenblattpartei« im Parlament die absolute Mehrheit besaßen. Die Voraussetzungen für eine Umgestaltung des Staates in einem liberalen, konstitutionellen Sinne schienen günstig zu sein.
Es gab zunächst tatsächlich einige verheißungsvolle Ansätze zu inneren Reformen, die aber bald von dem sich abzeichnenden Konflikt um die Heeresreform überlagert wurden. Die Auflösung der staatlichen Polizeidirektionen in einigen Städten, eine Verbesserung der Verwaltungsgerichtsbarkeit sowie die Aufhebung der Grundsteuerfreiheit der Rittergüter waren Veränderungen im Sinne des Liberalismus. Der Entwurf einer neuen Kreisordnung und einer veränderten Polizeiverwaltung auf dem Lande hingegen, wodurch die Obrigkeitsrechte der Gutsherren eingeschränkt worden wären, blieb unerledigt.

Italiens und Frankreichs Krieg gegen Österreich 1859: Auch eine Gefahr für Preußen?

Die erste außenpolitische Bewährungsprobe für die Regierung der neuen Ära brachte der italienische »Einigungs-Krieg« von 1859, in dem Piemont-Sardinien und Frankreich als Verbündete in Oberitalien gegen die Habsburgermonarchie auftraten. Für Preußen stellte sich die Frage, wie es sich in diesem Konflikt verhalten sollte. Wilhelm strebte in der deutschen Politik nach dem ersten Rang und hatte die »Schmach von Olmütz« nicht vergessen. Auf der anderen Seite hielt der Regent das österreichische Beistandsverlangen im Rahmen des »Deutschen Bundes« für durchaus berechtigt und übersah die Bedrohung nicht, die von der Forderung Napoleons III. nach »natürlichen Grenzen« ausging. Ähnlich wie wenige Jahre vorher im Krimkrieg schwankte die preußische Politik; schließlich war sie zur Hilfe für

Österreich bereit, jedoch unter der Voraussetzung, daß Kaiser Franz Joseph die Gleichstellung am Bundestag gewährte und Preußen den Oberbefehl über die Bundeskontingente am Rhein überließ, was Berlins Prestige gestärkt hätte. Der Chef des Generalstabes, Moltke, forderte ein Eingreifen gegen Frankreich, um keine neue französische Hegemonie aufkommen zu lassen. Damit befand er sich im Einklang mit dem größten Teil der öffentlichen Meinung, der davon überzeugt war, das linke Rheinufer werde in der Po-Ebene verteidigt, und daher gegen Frankreich Partei nahm.
Preußen mobilisierte schließlich einen großen Teil seiner Armee, doch die Frage ihres Einsatzes stellte sich nicht mehr. Nach den für das nur mangelhaft gerüstete Österreich sehr verlustreichen Schlachten von Magenta und Solferino im Juni 1859 schlossen Kaiser Franz Joseph und Napoleon III. in Villafranca noch im Juli einen Waffenstillstand, wobei der französische Kaiser, vom preußischen Aufmarsch beunruhigt, die Initiative ergriffen hatte. Kaiser Franz Joseph seinerseits war friedensbereit, da er die Verdrängung Österreichs aus Deutschland sowie die Bedrohung der Adriaküsten befürchtete und Napoleon mit der Entfesselung eines Aufstandes in Ungarn drohte. Die Finanzlage der Monarchie war schwierig, aber nicht so kritisch, daß eine Weiterführung des Krieges ausgeschlossen gewesen wäre. Der endgültige Friedensvertrag von Zürich (1859) legte die Abtretung der Lombardei an Frankreich fest, das sie an Piemont-Sardinien weitergab. Dagegen blieb Österreich im Besitze Venetiens, so daß die italienische Nationalbewegung mit dem Ergebnis unzufrieden war.

Das Ende des Neoabsolutismus in Österreich
Reformen im »Februar-Patent«

Die Niederlage in Italien löste wichtige Veränderungen in der österreichischen Innenpolitik aus; denn der seit etwa zehn Jahren praktizierte Neoabsolutismus hatte völlig versagt. Nicht zuletzt altkonservative Kräfte kritisierten das bisherige Regierungssystem heftig.
Die erste Reformphase war jetzt von dem Bestreben gekennzeichnet, den bürokratischen Zentralismus durch eine neue Ordnung abzulösen, die sich auf den Hochadel der verschiedenen Nationalitäten stützen und den Kronländern autonome Rechte verleihen sollte. Der Versuch scheiterte jedoch rasch am entschlossenen Widerstand der Deutschen und Ungarn, der allerdings auf sehr unterschiedliche Motive zurückging.
Einen politschen Neuansatz bedeutete die Ernennung Anton von

Schmerlings zum Staatsminister; er war 1848 einer der führenden großdeutsch gesinnten Politiker der Paulskirche gewesen. Das von ihm mitverfaßte »Februar-Patent« von 1861 sah die Bildung eines Reichsrates aus zwei Kammern vor: in das Abgeordnetenhaus wurden Vertreter der einzelnen Provinziallandtage entsandt; die Mitglieder des Herrenhauses ernannte der Kaiser. Damit war der Weg zum Konstitutionalismus eingeschlagen. Wenn auch die Kompetenzen der parlamentarischen Körperschaften bescheiden blieben, erwarb die neue politische Ordnung Österreichs doch Sympathie unter den Liberalen innerhalb des »Deutschen Bundes«, und dies zu einem Zeitpunkt, als in Preußen zwischen Regierung und Abgeordnetenhaus der Streit um Heeresreform und Budgetrecht ausbrach. Wie zerbrechlich das auf dem »Februar-Patent« beruhende System allerdings war, zeigte sich an der entschiedenen Opposition Ungarns, obwohl man ihm einige Konzessionen eingeräumt hatte; auch Polen, Tschechen und Kroaten boykottierten den Reichsrat, so daß dieser lediglich ein Rumpfparlament darstellte, in dem die Deutsch-Liberalen den Ton angaben.

Neue Impulse in Deutschland
»Nationalverein« und »Realpolitik«

Der italienische Krieg von 1859 hat mittelbar auch der deutschen Nationalbewegung neue Impulse verliehen, die z. B. in der Gründung des »Deutschen Nationalvereins« erkennbar wurden. Ihn trugen nord- und süddeutsche Liberale und gemäßigte Demokraten; er war bestrebt, »der Einigung und freiheitlichen Entwicklung des deutschen Vaterlandes« zu dienen. Das Ziel sah er in einem kleindeutschen Reich auf der Grundlage der Paulskirchenverfassung. Eine Massenvereinigung nach heutigen Maßstäben ist der Verein nicht gewesen; 1862 erreichte er die Höchstzahl von rund 25000 Mitgliedern, unter denen die Angehörigen des »Bildungsbürgertums« dominierten. Im Gegensatz dazu propagierte der 1862 ins Leben gerufene »Deutsche Reformverein« eine großdeutsche Lösung unter Einschluß Österreichs, ohne jemals ein geschlossenes und überzeugendes Konzept vorzulegen. Der regionale Schwerpunkt des Vereins befand sich in den süddeutschen Mittelstaaten.

Das politische Denken der liberal gesinnten Schichten in Deutschland war in den fünfziger Jahren einem deutlichen Wandel unterworfen, der in dem von dem früheren Burschenschafter und Revolutionär von Rochau geprägten Schlagwort der »Realpolitik« seinen besonders markanten Ausdruck gefunden hat. Das Scheitern der Revolution von

Liberalismus
(lat. liber = frei, freiheitlich, ungebunden)

Entstanden als geistige Strömung gegen den Absolutismus aus dem Glauben an die Vernunft und das Recht ihrer freien Entfaltung. Der Liberalismus befürwortet gleichermaßen die freie Entwicklung des Menschen als Individuum, den Fortschritt aus dem freien Spiel der Kräfte, die politische und wirtschaftliche Freiheit. Aus dem Prinzip der Gedankenfreiheit lehnt der Liberalismus obrigkeitliche Vorschriften durch Staat und Institutionen (Kirchen) und kollektive Zwänge ab. Der Liberalismus wurde aus seiner Grundeinstellung weithin zum Träger nationaler Freiheitsbestrebungen. Zu beachten ist, daß der Liberalismus auch in der Wirtschaft das freie Spiel der Kräfte vertritt, was z. B. im Zusammenspiel mit dem Kapitalismus zwar meist Wirtschaftsaufschwung bedeutet, zugleich aber die existenzielle Gefährdung wirtschaftlich und sozial Unterlegener mit sich bringen kann.

1848 sah man auf liberaler Seite nun unter anderem darin begründet, daß man sich im allzu idealistischen Schwung kaum an der Wirklichkeit orientiert und der Macht – im Vergleich zu den Ideen – zu wenig Gewicht beigemessen habe. Dies sollte in Zukunft vermieden, der Sinn für das Realisierbare hingegen geschärft werden. Im Hinblick auf die deutsche Frage formulierte das von Rochau folgendermaßen: »So gewiß die Tatsache nur der Tatsache weicht, so gewiß wird weder ein Prinzip noch eine Idee noch ein Vertrag die zersplitterten deutschen Kräfte einigen, sondern nur eine überlegene Kraft, welche die übrigen verschlingt.« Daß jetzt die Gefahr drohte, sich allzu unkritisch mit den gegebenen Verhältnissen abzufinden und die Macht als solche überzubewerten, liegt auf der Hand. Manche Repräsentanten der Nationalbewegung bemühten sich, auch die Dichtung – wie so oft in Geschichte und Gegenwart – den eigenen Absichten gemäß zu interpretieren. So erhielten zahlreiche Feiern, die man 1859 zu Schillers 100. Geburtstag veranstaltete, einen entschieden politisch-nationalen Akzent.

Der »Heeres- und Verfassungskonflikt« in Preußen

Wenn sich um 1860 eine gewisse Bindung eines großen Teils der national und liberal Gesinnten an Preußen ergeben hatte, so trat bald ein Wandel ein, der hauptsächlich auf den preußischen »Heereskonflikt«

zurückging. Eine Reform der bewaffneten Macht betrachtete Wilhelm I., der 1861 (nach dem Tode Friedrich Wilhelms IV.) zum König (1861–1888) gekrönt worden war, als persönliche und höchst wichtige Aufgabe, um so mehr, als die 1859 durchgeführte Mobilmachung schwerwiegende Mängel der Heeresverfassung hatte offenbar werden lassen.

Das von Wilhelm I. so nachdrücklich geforderte Reformgesetz entwarf Kriegsminister Albrecht Graf von Roon, der es 1860 dem Abgeordnetenhaus vorlegte. Er war neben dem Generaladjutanten Gustav von Alvensleben und dem Chef des Militärkabinetts, Edwin von Manteuffel, der wichtigste Mitarbeiter des Regenten auf militärischem Gebiet. Zunächst war geplant, die bereits seit 1856 wieder gültige dreijährige Dienstzeit erneut gesetzlich zu fixieren. Da die Einwohnerzahl des Landes im Zeitraum von 1817 bis 1857 von 11 auf 18 Millionen angestiegen war, sollte das Feldheer von 40 000 auf 63 000 Mann vermehrt werden. Gleichzeitig war ein zahlenmäßiger Abbau der Landwehr beabsichtigt, vor allem dadurch, daß ihre drei jüngsten Jahrgänge der Reserve der Linientruppen zugeschlagen wurden.

Die Sonderstellung der Landwehr war damit beseitigt, was rein militärtechnisch gewiß vertretbar erschien, aber auch eine politische Konsequenz hatte, denn dies bedeutete einen Bruch mit dem Wehrgesetz von 1814, das der damalige Kriegsminister Boyen aus dem Geist der »Stein-Hardenbergischen Reformen« und der »Befreiungskriege« (siehe Band 8) geschaffen hatte. Im Offizierskorps der Linienregimenter dominierte nämlich eindeutig der Adel, während die Landwehr eine große Zahl bürgerlicher Offiziere aufwies. Die Durchführung der Reform hätte also die soziale Geltung des Bürgertums im Heere nachhaltig getroffen.

Der Krone und ihren wichtigsten militärischen Ratgebern kam es nicht zuletzt darauf an, aus der Armee eine wirksame Waffe gegen den politischen Umsturz zu schmieden, indem man sie parlamentarisch-konstitutionellen Einflüssen und Kontrollen entzog und sie soweit wie möglich an die Person des Herrschers band: »Das Verderbnis der Armee wäre der Ruin aller geordneten gesellschaftlichen Verhältnisse« (von Roon).

Solche politisch-sozialen Erwägungen erklären die Erbitterung, mit der die liberalen Kräfte in Parlament und Presse gegen die Pläne der Regierung Sturm liefen, wobei sich der Streit mehr und mehr auf die dreijährige Dienstzeit zuspitzte. Die Entscheidung hierüber wurde für beide Seiten allmählich zur Prestigefrage.

Zahlreiche altliberale Abgeordnete waren bereit, eine engere Verbindung von Linientruppen und Landwehr zu akzeptieren, um auf diese

Weise Armee und Nation in engere Berührung zu bringen, sollte doch der preußischen Militärmacht bei der Förderung der deutschen Einheit gegebenenfalls eine bedeutende Rolle zufallen; sie verlangten aber den Übergang zur zweijährigen Dienstzeit. Eine Verständigung schien unmöglich, weshalb die Regierung ihren Reformentwurf zurückzog und beim Landtag lediglich die Bewilligung der Kosten für die Neuorganisation beantragte, um die Kampfbereitschaft aufrechtzuerhalten. Dieses »Provisorium«, das bis 1. 7. 1861 befristet war, wurde vom Abgeordnetenhaus fast einstimmig gebilligt und im Frühjahr 1861 verlängert.
Hier wird erkennbar, daß das Parlament die Auseinandersetzung zunächst nicht auf die Spitze treiben wollte und vielleicht mit einer späteren Einigung rechnete. Trotzdem trug die Übereinkunft den Keim für eine weitere Verschärfung des Streites in sich. Der König und seine militärischen Ratgeber beriefen sich mehr und mehr auf den Vorrang des Monarchen in Fragen der militärischen Organisation, auf die dem Abgeordnetenhaus kein Einfluß zustehe. Dem Parlament sollte also lediglich die Genehmigung der notwendigen Finanzmittel zufallen, während die liberale Kammermehrheit darauf beharrte, gerade über die Länge der Dienstzeit mitzuentscheiden, da sie tief in das Leben der Bürger eingreife und deshalb einer gesetzlichen Regelung unter Mitwirkung des Parlaments bedürfe. So wurde aus der Heeresreform eine grundsätzliche Verfassungsfrage, in der beide Seiten glaubten, keinerlei Konzessionen machen zu können.

Wachsende Opposition
Gründung der »Deutschen Fortschrittspartei«

Im Juni 1861 spaltete sich der linke Flügel der Liberalen von der Partei ab und bildete unter der Führung des Freiherrn von Vincke die »Deutsche Fortschrittspartei«; ihr gehörten u. a. prominente Demokraten von 1848 an. Sie nahm in ihr Programm die Forderung nach der Erhaltung der Landwehr und der zweijährigen Dienstzeit auf; selbstverständlich verlangte sie eine Liberalisierung des preußischen Staates und »die strenge und konsequente Verwirklichung des verfassungsmäßigen Rechtsstaats«. Schließlich setzte sich die Partei für eine Reform des »Deutschen Bundes« im kleindeutschen Sinne ein.
Die Fortschrittspartei errang bei den Wahlen zum Abgeordnetenhaus im Dezember 1861 einen spektakulären Erfolg: sie gewann 110 Sitze und wurde damit zur stärksten Fraktion; zusammen mit dem linken Zentrum besaß sie sogar die Mehrheit.

Während die »Fortschrittspartei« ein parlamentarisches Regierungssystem anstrebte, lehnte es der König nachdrücklich ab, sich zum »Sklaven des Parlaments« machen zu lassen. Die unverändert vorgelegte Heeresreform wies das Abgeordnetenhaus zurück. Ein deutliches Signal für die verschärfte Situation war der Rücktritt der liberalen Kabinettsmitglieder im März 1862. Auch die Auflösung der Kammer und die daraufhin durchgeführten Neuwahlen brachten keine Lösung im Sinne des Monarchen, da die Mandate der »Fortschrittspartei« – trotz massiver Wahlbeeinflussung durch die Regierung – weiter zunahmen und die Konservativen nur noch über 11 Abgeordnete (von 352) verfügten.

Die Lücke in der Verfassung? Bismarck wird Ministerpräsident

So wurde der Staatshaushalt für 1863 vom Parlament nicht verabschiedet, weshalb man von konservativer Seite die Ansicht äußerte, daß die Regierung in diesem Falle die Geschäfte auf der Basis des letzten genehmigten Etats weiterzuführen habe. Es handelte sich um die sogenannte »Lückentheorie«, die auf die Staatslehre des hochkonservativen Juristen und Politikers J. Stahl zurückging. Sie besagt, die Verfassung weise eine Lücke in dem Falle auf, daß sich Krone, Abgeordnetenhaus und Herrenhaus über das Budget nicht einigen könnten; dann liege die Entscheidungskompetenz beim Monarchen, da er die Konstitution erlassen habe. Wilhelm I. war entschlossen, abzudanken, falls er keinen Minister fand, der bereit war, sich die – juristisch gesehen recht kühne – »Lückentheorie« zu eigen zu machen. In dieser Lage war der Herrscher bereit – gewissermaßen als letzten Ausweg –, den besonders von Roon geförderten Gesandten in Paris, Otto von Bismarck (* 1815, † 1898), zum Ministerpräsidenten zu ernennen. Wie ein liberaler Kritiker formulierte, galt er als »der schärfste und letzte Bolzen der Reaktion von Gottes Gnaden«; auch am Hofe und in konservativen Kreisen besaß Bismarck nur wenige Anhänger. Königin Augusta z. B. bezeichnete ihn als »frivol und anmaßend« und warnte vor seiner Ernennung. Wilhelm I. hatte sich nur schweren Herzens zu diesem Schritt entschlossen, denn Bismarck schien auch ihm »flatterhaft« zu sein.
Der neue Ministerpräsident trat sein Amt in der Absicht an, den Konflikt mit dem Abgeordnetenhaus zu entschärfen; er versuchte, die Liberalen mit einem Appell an ihr Nationalgefühl zu gewinnen, und deutete Kompromißbereitschaft in der Frage der zweijährigen Dienstzeit an, doch konnte Bismarck die Kluft zwischen Krone und Parlament

OTTO FÜRST VON BISMARCK-SCHÖNHAUSEN (* 1815, † 1898)

Der »Eiserne Kanzler«, der mit Eisen und Blut die Nation zusammenschweißt – die Nachwelt, als Nation eher zerrissen, hat ihm Denkmäler aus Granit gesetzt. Nur verstanden hat sie damit das Eigenwillige seiner Persönlichkeit nicht: »toller« Bismarck und frommer Pietist, eher »Stockpruße« als Nationalist, reaktionärer Junker und Revolutionär, zaudernder Verhandlungstaktiker und zupakkender Pragmatiker. Die Vielseitigkeit garantierte Erfolg, die politischen Gegebenheiten wirkten begünstigend.
Kurz nach seiner Entlassung als Kanzler durch Kaiser Wilhelm II. (1890) orakelte er: »Zwanzig Jahre nach meinem Abgang wird wieder ein Niederbruch kommen, wenn so weiterregiert wird.« Der Erste Weltkrieg bestätigte seine Urteilskraft. Daß zwischen 1871 und 1914 Friede herrschte in Europa – man muß es seiner wendigen Diplomatie zuschreiben, seinen geschickten Aktivitäten als »ehrlicher Makler«. Abwarten, Abwiegeln, Zögern sind Signaturen seiner Politik nach 1871, hektische Aktivität, bewußtes Hindrängen auf Krise, Konflikt und Entscheidung bestimmten dagegen die Jahre zuvor. Dabei überall Widersprüchliches: der monarchistische Vertreter des ancien régime drängt Österreich aus dem Deutschen Bund, der erklärte Gegner von Liberalismus und Nationalismus schwingt sich auf die Woge der deutschen Nationalstaatsbewegung, etabliert Kaiser, Reich und einen frei gewählten Reichstag.
Als Reichskanzler und Außenminister (1871–1890) vergiftete er mit harter, undemokratischer Pressionspolitik und Denunziation gegenüber Sozialdemokratie, Zentrum und Liberalismus das innenpolitische Klima.
Aufgrund seiner Machtfülle »König Bismarck I.« tituliert, stand er Arbeiterparteien, Gewerkschaften, Lohnkämpfen, Wirtschaftskrisen, Technisierung und Modernisierung hilflos und feindselig gegenüber: ein Nachfahr Metternichscher Geheimpolitik, unfähig, mit demokratischen Einrichtungen umzugehen. *(M. S.)*

nicht überbrücken. Die Regierung machte sich nun offiziell die »Lükkentheorie« zu eigen, wobei sie dem Abgeordnetenhaus zusicherte, zu einem geeigneten Zeitpunkt die »nachträgliche Genehmigung« für das Budget einzuholen. Das Jahr 1863 war von harten Kampfmaßnahmen der Regierung gekennzeichnet: das Parlament wurde erneut aufgelöst, und die Exekutive erhielt sehr weitreichende Rechte zur Pressezensur, so daß es nicht überrascht, wenn der Berliner Bankier Bleichröder feststellte: »Das gegenwärtige Ministerium ist in einer Art mißliebig, wie selten eines in Preußen war.«
Dieser rigorose Kurs kostete Preußen zweifellos viele Sympathien innerhalb der deutschen Nationalbewegung. Die Erwartungen mancher ihrer Anhänger wandten sich stärker Österreich zu, das ja seit 1861 Verfassungsstaat geworden war und somit für die liberal Gesinnten kein Schreckbild mehr darstellte.

Handelsverträge
Einfluß der Wirtschaft auf die Politik

Mit den politischen Vorgängen war die wirtschaftliche Entwicklung eng verknüpft. Ende März 1862, also noch vor Bismarcks Amtsantritt, hatte die preußische Regierung einen Handelsvertrag mit Frankreich abgeschlossen, der den Verzicht auf Schutzzölle und damit den Übergang zum Freihandel bedeutete. Bereits 1860 war ein entsprechendes Abkommen zwischen England und Frankreich getroffen worden, so daß Preußen Anschluß an eine westeuropäische Freihandelszone gewonnen hatte. Ein Großteil der adligen und bürgerlichen Gutsbesitzer, vor allem die am Getreideexport nach England interessierten, begrüßten diesen Schritt, während das Echo in Kreisen der Industrie nicht einhellig positiv ausfiel, da zahlreiche Eisen- und Textilindustrielle die außerpreußische Konkurrenz fürchteten. Für die Regierung bedeutete der Vertrag auch ein außenpolitisches Druckmittel Österreich gegenüber, dessen Industrie der preußischen unterlegen war und das deshalb auf Schutzzölle nicht verzichten konnte. Berlin hoffte, mit Hilfe wirtschaftlicher Maßnahmen Österreich zu Konzessionen in der Bundesreform zu veranlassen.
Doch die preußische Regierung hatte sich verrechnet; sie hatte das Abkommen mit Frankreich geschlossen, ohne die übrigen Mitglieder des Zollvereins zu konsultieren. Diese forderte Berlin erst nachträglich auf, dem Vertrag beizutreten, ein Verfahren, das verständlichen Ärger auslöste, denn vor allem Bayern, Württemberg und Sachsen legten Wert auf eine Zolleinigung mit Österreich.

KARL MARX

»Die Philosophen haben die Welt nur verschieden interpretiert, *es kömmt darauf an, sie zu verändern.« Mit dieser radikalen Forderung kritisierte der junge, 1818 geborene Marx Hegel und seine Schüler. Er selbst, 1883 in London gestorben, erlebte es nicht mehr, daß seine eigene Philosophie, der wissenschaftliche Sozialismus, Teile der Welt in Bewegung setzte: Die großen europäischen Arbeiterparteien legten seine Erkenntnisse ihren Programmen zugrunde, Millionen Arbeitern schenkte seine Geschichtsprophetie von der gerechten und friedlichen Gesellschaft politische Perspektive und Hoffnung, den russischen Revolutionären diente sie als letzte Rechtfertigung. Alle Geisteswissenschaftler profitierten von ihm – auch wenn sie meist vergeblich versuchten, ihn zu widerlegen. Das Bürgertum von Besitz und Bildung fühlte sich von ihm in seinen Privilegien bedroht, verhängte Ausweisung, Geldstrafen, führte Prozesse wegen »Aufreizung zur Rebellion«, verbot, kritisierte und verfälschte seine Schriften.*

Er selbst war ein leidenschaftlicher Arbeiter: Philosophie, Jurisprudenz, Nationalökonomie, Frühsozialismus, Religionsgeschichte und Literatur bewiesen ihm, daß politische Ungleichheit nur durch revolutionäre Veränderung der bestehenden Besitzverhältnisse abgeschafft werden kann. Daß die Geschichte eine Geschichte der Klassenkämpfe sei, war Resultat seiner intensiven historischen Forschungen. Zeitlebens kreisten seine Gedanken um die Frage, wie der Mensch sich von Unterdrückung befreien kann, um ein humanes, menschenwürdiges Dasein zu führen. Der heute »real existierende Sozialismus« hat mit Marx' Utopie nichts gemein, denn sein »Kommunismus« garantiert allen Menschen Selbstverwirklichung und individuelles Glück – ohne *staatliche Zwangsmaßnahmen.* *(M. S.)*

Sicherung der deutschen Wirtschaft.
Karikatur »Schutz der deutschen Arbeit« (bezogen auf die neuen Schutzzölle) in den »Fliegenden Blättern«, 1848.

Wachsende Spannungen Wien–Berlin

Die Regierungen in München und Stuttgart kritisierten heftig die Einführung des Freihandels, der in diesen Ländern auch bei liberalen Unternehmern weithin auf Ablehnung stieß. So hatte die Regierung in Wien nicht allzu viel Mühe, die meisten Mittel- und Kleinstaaten in eine antipreußische Frontstellung zu bringen. Allerdings lösten sich Bayern und Württemberg bald wieder von der österreichischen Linie und versuchten, die Selbständigkeit der Mittelstaaten stärker herauszustreichen. Im Herbst 1864 schließlich mußten die süddeutschen Länder unter dem Druck Berlins ihren Widerstand aufgeben und sich dem preußisch-französischen Handelsvertrag anschließen, wobei aber auch der ungewöhnliche wirtschaftliche Aufschwung Preußens in diesen Jahren eine gewisse werbende Kraft entfaltete. Somit hat das Abkommen zwischen Paris und Berlin den Graben zwischen Österreich und den Zollvereinsstaaten erheblich vertieft. Wiener Pläne einer mitteleuropäischen Zoll- und Wirtschaftsunion waren gescheitert.

Die divergierenden politischen Interessen Berlins und Wiens traten besonders klar bei Gesprächen Bismarcks mit dem österreichischen Botschafter Karolyi im Dezember 1862 hervor. Der Ministerpräsident sagte offen, daß der Krieg unvermeidlich sei, wenn Österreich weiterhin an dem Ziel seiner Vormachtstellung in Mitteleuropa festhalte. Als Alternative schlug Bismarck eine Abgrenzung der Einflußsphären im »Deutschen Bund« vor. Wien solle das Schwergewicht seiner Politik nicht mehr in Deutschland suchen und Ungarn ein stärkeres Gewicht innerhalb der Reichsorganisation zugestehen. Als Gegenleistung könne Preußen dann die Donaumonarchie bei der Wahrung vitaler Interessen in Italien und auf dem Balkan unterstützen. Das Bild, das Bismarck hier entwarf, ähnelte in manchen Punkten der politischen Konstellation, die nach 1867 bzw. 1879 Wirklichkeit wurde.

Der polnische Aufstand 1863 – Bismarck paktiert mit Rußland

In Polen kam es im Januar 1863 zu großen Demonstrationen gegen die russische Herrschaft, was zu blutigen Zusammenstößen mit Truppen führte. Die öffentliche Meinung besonders in Frankreich, aber auch in Deutschland und England ergriff zum Teil leidenschaftlich Partei für die Polen.

Zur Empörung der Liberalen stellte sich Bismarck auf die Seite Rußlands, was sich in einem Abkommen niederschlug, in dem sich Berlin und Petersburg für den Notfall Truppenhilfe gegen die Aufständischen zusicherten. Zwei Motive leiteten den Ministerpräsidenten: Er wollte nationalstaatliche Bestrebungen Polens unter allen Umständen unterdrücken, da er in ihnen eine akute Gefährdung der preußischen Provinzen Westpreußen und Posen, auf längere Sicht auch Ostpreußens und Schlesiens sah. Zum anderen kämpfte er gegen ein sich abzeichnendes französisch-russisches Bündnis. Napoleon III. betrachtete sich als Schutzherrn nationalrevolutionärer Bestrebungen – in Polen ebenso wie einige Jahre früher in Italien. Was Bismarck alarmierte, war die Tatsache, daß es auch in Petersburg eine Gruppe einflußreicher Politiker um den Reichskanzler Gortschakow gab, die in einer liberalen Polenpolitik den geeigneten Ansatzpunkt für eine russisch-französische Zusammenarbeit sah. Eine solche Kombination aber mußte jede Hoffnung auf eine größere Machtstellung Preußens und die Lösung der deutschen Frage in seinem Sinne illusorisch werden lassen.

Die mit Rußland abgeschlossene Konvention sollte daher die konservativen Hofkreise in Petersburg stärken, die mehr einer Kooperation mit Preußen zuneigten. Bismarck erreichte sein Ziel: Er hatte das Vertrauen Alexanders II. gewonnen. Wenn auch in den folgenden Jahren keineswegs ständige Harmonie herrschte, war doch zunächst die Gefahr einer Allianz zwischen Rußland und Frankreich gebannt, so daß sich Preußen eine gewisse Bewegungsfreiheit wahren konnte. Diesen Erfolg mußte allerdings Bismarck mit noch größerer Unpopularität in liberalen und nationalen Kreisen bezahlen, die er eigentlich für Preußen gewinnen wollte. Österreich hatte – zusammen mit England und Frankreich – von Petersburg die Autonomie Polens verlangt, was ihm viele Sympathien in Deutschland eintrug und seine Position in der Nationalbewegung stärkte.

Österreichische Bemühungen um eine Bundesreform

Wien versuchte daher die Gunst der Stunde zu nutzen, um eine Reform des »Deutschen Bundes« seinen Interessen gemäß herbeizuführen. Der österreichische Vorschlag sah ein Fürstendirektorium unter dem Vorsitz des Kaisers und ein Parlament aus 300 Delegierten der Landtage vor, dem allerdings lediglich beratende Funktion eingeräumt wurde. Über diesen Plan sollte ein Kongreß der deutschen Bundesfürsten in Frankfurt a. M. entscheiden. Bismarck setzte durch, daß König Wilhelm I. dem Treffen fernblieb. Damit war der Fürstentag genau genommen bereits gescheitert. Die dort gefaßten Beschlüsse wollte Bismarck nur bei Annahme folgender Bedingungen akzeptieren: 1. Wechsel im Bundesvorsitz zwischen Österreich und Preußen (»Alternat«), 2. Vetorecht der beiden Großmächte bei Kriegserklärungen des Bundes, 3. Einrichtung einer aus direkter Wahl hervorgegangenen »Nationalvertretung«. Damit suchte Preußen Anhänger bei der Nationalbewegung zu gewinnen. Es lag auf der Hand, daß die letztgenannte Bedingung für Österreich unannehmbar war, da sie für die Vielvölkermonarchie die Gefahr innerer Erschütterungen in sich barg. Die Reform des Bundes war wieder einmal am österreichisch-preußischen Gegensatz gescheitert.

Der »Deutsch-Dänische Krieg« 1864

Im Zusammenhang mit der Revolution von 1848 hatte die provisorische Regierung von Schleswig und Holstein Bundestruppen ins Land gerufen, um die Abtrennung der Elbherzogtümer von Dänemark durchzusetzen (siehe Seite 182/193). Preußische Verbände, die im Auf-

trag des Bundes den Kampf führten, waren militärisch durchaus erfolgreich gewesen und bis Jütland vorgedrungen, was allerdings England und Rußland auf den Plan rief. Beide zwangen aus machtpolitisch-strategischem Interesse am »Bosporus der Ostsee« mit einer Interventionsdrohung die Regierung in Berlin zum Abschluß des Waffenstillstands von Malmö (August 1848), der den Rückzug der preußischen Truppen aus den Herzogtümern festlegte.
Die Verhandlungen über den zukünftigen Status von Schleswig und Holstein zogen sich bis 1852 hin. Das in diesem Jahr abgeschlossene »Londoner Protokoll«, welches die fünf Großmächte sowie Schweden und Dänemark unterzeichneten, bestimmte, daß das Thronfolgerecht des Hauses Glücksburg, dessen Regierungsantritt sich in Dänemark abzeichnete, auch für Schleswig und Holstein gelten sollte. Der dort eigentlich erbberechtigte Herzog von Augustenburg verzichtete gegen eine Entschädigung auf seine Ansprüche. Dänemark versicherte seinerseits, Zusammengehörigkeit und Selbständigkeit der Herzogtümer nicht anzutasten. Doch es zeigte sich bald, daß damit nur eine vorläufige Lösung des Problems erreicht worden war, mit der sich sowohl der deutsche als auch der dänische Nationalismus nicht zufriedengeben wollte. In Kopenhagen gewann die nationalliberale Strömung der »Eiderdänen« zunehmend an Einfluß, was in der 1863 vorgelegten Verfassung offenbar wurde, die für Dänemark und Schleswig, nicht aber für Holstein galt. Diese setzte der neue König aus der Glücksburger Linie, Christian IX., kurz nach seiner Thronbesteigung in Kraft. Damit aber hatte er gegen die Rechtsgrundlage des »Londoner Protokolls« verstoßen, das unter der Voraussetzung zustande gekommen war, die Herzogtümer nicht voneinander zu trennen.
Das Vorgehen Dänemarks stieß auf den leidenschaftlichen Protest nicht nur der Deutschen in Schleswig und Holstein, sondern der gesamten Nationalbewegung, vor allem des »Nationalvereins«, dessen Ziel es war, die beiden Territorien endgültig von Dänemark zu lösen. Eine Möglichkeit hierzu bot sich dadurch, daß Erbprinz Friedrich von Augustenburg sich an den Verzicht seines Vaters nicht mehr gebunden fühlte und sich von einer Versammlung der Landstände in Schleswig und Holstein zum neuen Herzog wählen ließ.
Wichtiger als die Erregung der Öffentlichkeit war für den weiteren Verlauf der Krise natürlich die Haltung der Großmächte. Bismarcks eigentliches Ziel bestand von Anfang an darin, die Herzogtümer zu annektieren, sie zumindest politisch und wirtschaftlich eng an Preußen zu binden. Er unternahm alle Anstrengungen, die Zahl der Mittelstaaten nicht anwachsen zu lassen, da diese meist einen österreich-freundlichen Standpunkt einnahmen. Offiziell berief sich die preußische Re-

Die Fotografie im Dienst der Kriegsberichterstattung.
Das frühe Fotodokument zeigt die Düppeler Schanze V. während des »Deutsch-Dänischen Krieges« 1864.

gierung – im Unterschied zur Nationalbewegung – auf die Rechtsbasis des »Londoner Protokolls«, was ihr in der Öffentlichkeit scharfe Kritik eintrug. Der Vorteil bestand jedoch darin, daß sie auf diese Weise leichter Interventionen der Großmächte abwehren konnte. Überdies war so eine diplomatische Zusammenarbeit mit Österreich möglich, das selbstverständlich einen alleinigen Erfolg Preußens nicht hinnehmen wollte.

Im Januar 1864 richteten Preußen und Österreich ein Ultimatum an die dänische Regierung, in dem sie die Aufhebung der eiderdänischen Verfassung forderten. Dänemark lehnte ab, da es – vergeblich – auf englische Hilfe hoffte. Das Londoner Kabinett wünschte wohl ein Verbleiben der umstrittenen Territorien bei Dänemark, verzichtete aber auf militärische Maßnahmen, da es keine Aktionseinheit mit Frankreich und Rußland herstellen konnte. In dem nun beginnenden Krieg stand also Dänemark alleine. Österreichs und Preußens Truppen gewannen mehr und mehr die Oberhand. Nach der Besetzung Jütlands und der Insel Alsen sah sich Dänemark gezwungen, um Frieden zu bitten. Es mußte im Friedensvertrag von Wien (Oktober 1864) endgültig auf die Herzogtümer Schleswig, Holstein und Lauenburg zugunsten Preußens und Österreichs verzichten. (Bemerkenswerterweise war der »Deutsche Bund« im Friedensvertrag überhaupt nicht erwähnt.) Vorläufig wurden diese Gebiete durch ein preußisch-österreichisches Kondominium verwaltet, das von Anfang an die Gefahr ständiger Konflikte in sich barg. Auch das Haus Augustenburg gab seine Bemühungen um die Herzogswürde noch nicht auf.

Die Absicht Preußens, Schleswig und Holstein zu annektieren, trat bald immer deutlicher hervor, wodurch Österreich in eine außerordentlich schwierige Lage geriet. Mit der »Konvention von Gastein« (1865) gelang es noch einmal, die Spannungen zu mildern; Österreich regierte in Zukunft Holstein, Preußen Schleswig; Lauenburg fiel gegen eine finanzielle Entschädigung an Preußen.

Der Sieg über Dänemark hat Preußens außenpolitisches Prestige zweifellos erheblich gesteigert. Auch die deutsche Nationalbewegung durfte im Gewinn der Elbherzogtümer einen bedeutenden Erfolg für die eigenen Ziele sehen. Auf der innenpolitischen Szene trat aber in Preußen noch kein Umschwung ein, obwohl einige führende Persönlichkeiten der »Fortschrittspartei«, etwa der Demokrat Franz Waldeck, in einigen Punkten mit dem außenpolitischen Konzept Bismarcks übereinstimmten, so in dem Ziel, Schleswig und Holstein Preußen einzugliedern. Manche Liberale wie der Bankier Mevissen und Georg von Siemens traten aus wirtschaftlichen Überlegungen für die Annexion dieser Territorien ein. All dies änderte aber nichts an der inneren Situation Preußens: Der außenpolitische Erfolg der Regierung konnte die starren Fronten nicht aufweichen.

Der »Deutsche Krieg« von 1866: Das Ende des »Deutschen Bundes«

Trotz des Abkommens von Gastein, in der deutschen Öffentlichkeit oft als »Kuhhandel« kritisiert, der gerade Österreich viele Sympathien der Mittelstaaten kostete, blieb die Zukunft der Elbherzogtümer ein brisantes Problem. Obwohl das Habsburgerreich hier auf einem Nebenschauplatz engagiert war, weit abseits von seiner eigentlichen Interessensphäre, konnte es auf seine Rechte nördlich der Elbe nicht einfach verzichten, ohne einen für seine deutsche Politik katastrophalen Prestigeverlust hinzunehmen. Wenn trotz der kurzen Atempause des Sommers 1865 das Verhältnis zwischen Berlin und Wien rasch auf eine kriegerische Entscheidung zutrieb, dann ist als ausschlaggebender

Faktor hierfür die Rivalität beider Staaten innerhalb des »Deutschen Bundes«, der aus dem 18. Jahrhundert überkommene »Dualismus« zu nennen. Die auf Machterweiterung angelegte Politik Berlins (nicht nur Bismarcks) strebte nach Gleichberechtigung am »Bundestag« und Vorherrschaft nördlich der »Mainlinie«. Österreich jedoch war keineswegs geneigt, irgendwelche Positionen aufzugeben und einer Koexistenz mit Preußen zu den von Bismarck wiederholt genannten Bedingungen zuzustimmen.
Im Vergleich zu dieser grundsätzlichen Konkurrenz bildeten die ständigen Streitigkeiten in Schleswig und Holstein, die nach Gastein wiederauflebten, lediglich Ereignisse im Vordergrund. Um die preußische Neigung zur Annexion der Elbherzogtümer zu bremsen und das Ansehen des Habsburgerreiches bei den Mittelstaaten wieder zu heben, begünstigte oder duldete die österreichische Verwaltung in Holstein erneut die augustenburgische Propaganda, was Preußen als eine Verletzung des Gasteiner Vertrages auslegte. Sowohl in Wien als auch in Berlin faßte man Ende Februar 1866 den Entschluß, zwar nicht unmittelbar auf eine militärische Entscheidung hinzuarbeiten, aber vor dem Gegenspieler nicht mehr zurückzuweichen, auch wenn dies Krieg bedeutete.
Preußen hatte durch die Heeresreform seine Armee erheblich verstärkt und modernisiert; aber auch die österreichischen Truppen stellten trotz aller Mängel im einzelnen noch immer eine bedeutende und – wie viele Zeitgenossen glaubten – zumindest eine gleichwertige, wenn nicht überlegene militärische Macht dar. Aus finanziellen, verkehrstechnischen und geographischen Gründen gestalteten sich jedoch militärische Maßnahmen wie die Mobilmachung schwieriger als in Preußen, das z. B. über ein erheblich dichteres Eisenbahnnetz verfügte. Die Donaumonarchie mußte also mit entsprechenden Vorbereitungen frühzeitig beginnen, was Preußen als »Beweis« für aggressive Absichten wertete: »Der Staat, der die Gefahr des Angriffs über sich schweben fühlt, ist in einem unlösbaren Dilemma. Verhält er sich still, so ist er dem ersten Stoß rettungslos preisgegeben und muß den Ruhm der Friedfertigkeit mit schwerer Niederlage bezahlen. Trifft er Vorkehrungen zu seiner Verteidigung, so ruft der wachsame Gegner laut in die Welt hinaus, er werde durch diese Maßregel bedroht«, wie der Historiker Erich Eyck schreibt.
Unmittelbar nach der entscheidenden Sitzung des preußischen Kronrates am 28. 2. 1866 begann Bismarck diplomatische Maßnahmen zu treffen, um Preußens Situation im Kriegsfall so günstig wie möglich zu gestalten. Nach dem Mißerfolg in der dänischen Frage war die Neigung Englands gering, erneut unmittelbar in kontinentale Fragen ein-

***Gewalttätiger Protest gegen Bismarcks Politik.** Die harsche Innenpolitik Bismarcks und die auf einen Krieg mit Österreich hinarbeitende Außenpolitik lösten am 5. Mai 1866 das Attentat des Studenten Cohen-Blind aus.*

zugreifen. Um die Freundschaft Rußlands hatte sich Bismarck seit 1863 besonders bemüht; außerdem war man in Petersburg auf die Donaumonarchie wegen ihrer Politik im Krimkrieg nach wie vor sehr schlecht zu sprechen. Schließlich nahm in Rußland die innenpolitische Entwicklung die Aufmerksamkeit stark in Anspruch. Trotzdem blieb bei der zaristischen Regierung die Neigung groß, bei mitteleuropäischen Entscheidungen mitzureden, so daß sich hieraus für Bismarcks Konzept gewisse Unsicherheiten ergaben.

Bismarck konzentrierte sich deshalb bei seinen Bemühungen vor allem auf Frankreich und Italien. Napoleon III. fühlte sich sowieso aus innen- und außenpolitischen Gründen gedrängt, bei größeren Gewichtsverschiebungen innerhalb des »Deutschen Bundes« mitzuwirken. So schürte er die Spannungen zwischen Preußen und Österreich, um sie für den Ausbau seiner eigenen Machtstellung zu nutzen. Ihm schwebte dabei eine vor der Öffentlichkeit eindrucksvolle Schiedsrichterrolle zwischen Berlin und Wien vor, die er sich unter Umständen mit territorialen Kompensationen am linken Rheinufer honorieren lassen wollte.

Der preußische Ministerpräsident verstand es, Napoleon hinzuhalten, in ihm die Hoffnung auf Mitsprache und Landzuwachs zu erwecken, ohne aber eine bindende Zusage zu geben.
Am 8. 4. 1866 schloß Bismarck ein Kriegsbündnis mit Italien ab, das sich vom Kampf gegen Österreich den Gewinn Venetiens erhoffte. Das Abkommen war auf drei Monate befristet, wobei es der preußischen Regierung überlassen blieb, den Termin des Kriegsbeginns festzulegen. Österreich drohte so ein Zweifrontenkrieg, der zu einer Aufsplitterung der Kräfte führen mußte.

Diplomatische Vorgeplänkel

Bereits einen Tag nach dem Abschluß der Allianz mit Italien stellte Preußen im »Bundestag« den Antrag, »eine aus direkten Wahlen und allgemeinem Stimmrecht der ganzen Nation hervorgehende Versammlung« einzuberufen, womit Bismarck auf das Konzept des Jahres 1863 zurückgriff. Damals wie jetzt war eine nationale Volksvertretung für die Donaumonarchie inakzeptabel, aber auch wichtige Mittelstaaten wie Bayern, Sachsen und Hessen-Darmstadt hegten dagegen erhebli-

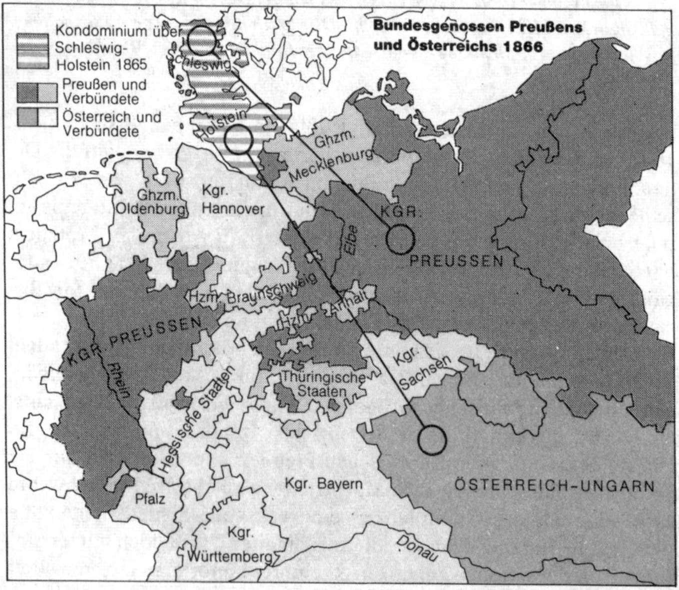

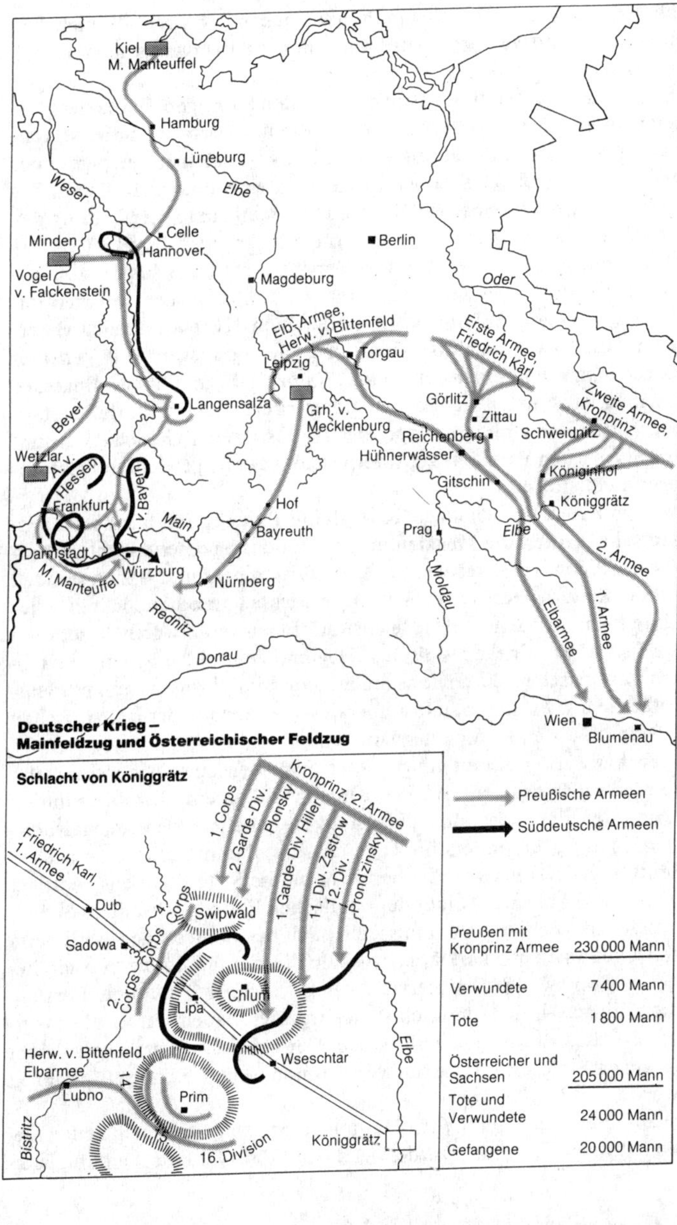

Preußen mit Kronprinz Armee	230 000 Mann
Verwundete	7 400 Mann
Tote	1 800 Mann
Österreicher und Sachsen	205 000 Mann
Tote und Verwundete	24 000 Mann
Gefangene	20 000 Mann

che Bedenken. Die Liberalen in Preußen ließen sich ebenfalls nicht beeindrucken und verharrten in Opposition zu Bismarcks Person und Politik.

Österreichs Gegenaktion bestand darin, den künftigen Status der Elbherzogtümer der Entscheidung des »Bundestages« zu unterwerfen, was die preußische Regierung als Bruch des »Gasteiner Vertrages« bezeichnete, so daß sie Truppen in Holstein einrücken ließ. Die in die Defensive gedrängte österreichische Diplomatie unter der Leitung des Grafen Mensdorff vermochte nun die Forderungen Frankreichs auf Mitentscheidung und territorialen Gewinn nicht mehr zu parieren, zumal Paris im Falle der Weigerung mit militärischer Intervention drohte. In einem Abkommen mit Napoleon III. erklärte sich Österreich daher bereit, auch bei siegreichem Kriegsausgang auf Venetien zu verzichten und einem »neuen [...] unabhängigen Staat« links des Rheins zuzustimmen, der de facto unter französischem Einfluß gestanden hätte. Dafür billigte Napoleon III. Österreich Gebietserwerbungen auf Kosten Preußens zu, sofern sie das Gleichgewicht in Deutschland nicht störten.

In dem nun ausbrechenden Krieg hatte Preußen nur kleinere norddeutsche Staaten wie Mecklenburg als Bundesgenossen; wichtige Länder wie Hannover, Sachsen, Bayern, Württemberg und Baden standen auf der Seite des Kaisers in Wien. Dafür waren natürlich nicht in erster Linie Erinnerungen an alte Reichstraditionen verantwortlich, sondern die Furcht vor einer preußischen Hegemonie und die Möglichkeit eines französischen Eingreifens in Süddeutschland zugunsten Preußens. Außerdem erwartete man fast überall – z. B. auch in der französischen Generalität – einen Sieg der Donaumonarchie.

Man hat häufig darauf hingewiesen, daß der Zusammenschluß der süddeutschen Staaten und Preußens im Zollverein, dem bekanntlich Österreich nicht angehörte, überhaupt die zunehmende wirtschaftliche Verflechtung, besonders im Zuge des Eisenbahnbaus, die deutschen Mittel- und Kleinstaaten immer mehr an die Seite Preußens gedrängt hätten. Aber für den Ablauf der politischen Ereignisse ist diese ökonomische Entwicklung nicht ausschließlich bestimmend gewesen; denn sonst ließe sich nicht erklären, weshalb die meisten Zollvereinsmitglieder im Sommer 1866 militärisch – ähnlich wie 1863 auf dem Fürstentag politisch – für Österreich Partei ergriffen haben – trotz aller wirtschaftlichen Bindungen an Preußen. Der politische Kurs ist also nicht in erster Linie und nicht nur von ökonomischen Faktoren festgelegt worden.

Während in der öffentlichen Meinung die Furcht vor einem neuen Siebenjährigen Krieg laut wurde, fiel die militärische Entscheidung überraschend schnell. Das ausschlaggebende Ereignis war die Schlacht bei Königgrätz in Böhmen, wo drei preußische Armeen, die getrennt aufmarschiert waren, zum Kampf gegen die Masse des österreichischen Heeres zusammengefaßt wurden. Die Schlacht endete mit einem großen Sieg für Preußen. Gegen Italien blieben Heer und Flotte der Donaumonarchie zwar siegreich, doch waren diese Erfolge politisch bedeutungslos, denn die Abtretung Venetiens war ja bereits vertraglich fixiert.

Ursachen der österreichischen Niederlage

Wenn man nach den Ursachen der Niederlage der Donaumonarchie forscht, so ist einmal zu erwähnen, daß Wien und seine Verbündeten sich nicht auf einen gemeinsamen Feldzugsplan hatten einigen können. Außerdem verhinderten in Österreich der Geldmangel, aber auch nationale Probleme des Vielvölkerstaates eine volle Entfaltung der militärischen Kraft. Für die bayerische Armee waren jahrelang die notwendigen Finanzmittel nicht bewilligt worden, so daß z.B. größere Manöver nicht hatten durchgeführt werden können. Schließlich sind die Fähigkeiten des preußischen Generalstabschefs Helmuth von Moltke (* 1800, † 1891) hervorzuheben, dessen Stärke in einer exakten Aufmarschplanung, der Koordination der verschiedenen Operationen und der Nutzung der modernen Technik, besonders der Eisenbahn, bestand.
Schon vor der Schlacht von Königgrätz hatte Zar Alexander II. versucht, England und Frankreich für ein gemeinsames diplomatisches Vorgehen gegen Preußen zu gewinnen, doch da er sich dabei auf die »Wiener Kongreßakte« berief, lehnte Napoleon III. ab, der ja danach strebte, das 1815 geschaffene Ordnungssystem aufzuheben. Für Frankreich waren jene Zugeständnisse, die ihm Österreich vor Kriegsausbruch eingeräumt hatte, jetzt – nach dem Sieg Preußens – natürlich hinfällig. Der französische Kaiser versuchte dennoch, die ersehnte Funktion des Schiedsrichters zu übernehmen, und verlangte zeitweilig als Kompensation für die preußischen Erfolge die bayerische Pfalz und hessische Gebiete links des Rheins. Bismarck mußte sein ganzes diplomatisches Geschick aufwenden, um derartige Forderungen abzuwehren, ohne die Regierung in Paris allzu sehr zu verärgern. Um weiteren Interventionsversuchen einen Riegel vorzuschieben, bemühte sich der Ministerpräsident, den Krieg rasch zum Abschluß zu bringen; dies wollte er dadurch erleichtern, daß er von Österreich und seinen süddeutschen Verbündeten keine Landabtretung verlangte. König Wil-

Die Nikolsburger Verhandlungen 1866
Bericht des Kronprinzen Friedrich Wilhelm

24. Juli: [. . .] Wir sind infolge der Unterhandlungen und der Erfolge faktisch in dem Besitz Norddeutschlands bis an den Main. Es gilt also, jetzt klug zu sein, die Vorteile nicht aus der Hand zu lassen, sollte es auf Formalien ankommen und aufzupassen. Sobald es zum geregelten Waffenstillstand kommt, haben wir die Macht in Deutschland. Sachsen wird nicht annektiert, der König Johann muß aber politisch-militärisch Verzicht leisten auf seine Machtstellung und wird also ohnmächtig. Dies können wir zulassen, denn das Heft behalten wir in Händen. Hannover, Kurhessen, Oberhessen (darmstädtisch) ein Teil Nassau wird von uns pure annektiert. Ich muß dies gegenwärtig verlangen, ich – der ich sonst immer gegen Annexionen war!! Aber die deutschen Verhältnisse bringen es einmal mit sich, und heute heißt es: »Festhalten, was sich dir bietet«, und zwar ganz, ohne alle Rücksicht und Großmut. Den treu zu uns haltenden Fürsten sind Konventionen [. . .] aufzuerlegen, ohne ihnen im übrigen ein Haar ihrer Macht zu krümmen innerhalb ihrer Landesgrenzen. Allerdings sehe ich für Schleswig-Holstein unter den heutigen Verhältnissen keine andere Möglichkeit, als daß auch jene Länder preußisch werden. [. . .]
Österreich will Kriegskontributionen zahlen. [. . .] Wir sagen: die Hälfte von der auf 90 Millionen berechneten Kriegsgelderausgabe, [. . . es] verzichtet auf seinen Entschädigungsanteil vom schleswig-holsteinischen Kriege, macht 15 Millionen. Bleiben also 30 Millionen übrig zu zahlen, die wir in Silber verlangen. Der König will eventualiter Österreich-Schlesien als Äquivalent; ich dagegen finde unsere Machtstellung in Deutschland inklusive Annexionen genügen, um nicht gleichgültige Ländereien Österreichs zu verlangen, die uns wenig nützen. Über diese Frage gab es heftige Stunden, wobei fabelhafterweise ich Bismarck gegen des Königs Forderungen nach territorialen Abtretungen von Seiten Österreichs unterstützte. Seine Majestät verlangte, daß man in Preußen sagen könne, daß wir Österreich auch ins Fleisch geschnitten und es am eigenen Besitz gezüchtigt hätten. Solcher Fragen wegen aber etwa den blutigen Krieg wieder aufzunehmen, statt den so günstigen Frieden anzunehmen, kann ich nicht gutheißen. Denn Österreich verzichtet auf seine Machtstellung in Norddeutschland [. . .]. Das ist in meinen Augen die Eroberung, die mehr wiegt als ein Stückchen österreichischer Provinzen. Und so wird es auch heute oder morgen werden, denn meine Ansicht wirkt jetzt entscheidend im königlichen Hauptquartier. Seltsamer Gegensatz! Ich muß oft auf Bismarcks Seite treten, um dem wirklich Zeitgemäßen seiner Ansichten seiner Majestät gegenüber Gewicht zu verschaffen. Die Zeit aber ist derartig, daß, um zum großen Ziele zu gelangen, Partei- oder Personalrücksichten zurücktreten müssen, wenn es gilt, dem Großen und Ganzen des Vaterlandes Nutzen, Heil und Stärke zu verschaffen.

Aus: Kaiser Friedrich III. Tagebücher 1848–1866. Hrsg. v. H. O. Meisner. Leipzig 1929, S. 471 ff.

helm I. widersprach dieser Absicht hartnäckig und gab erst nach schweren Auseinandersetzungen nach, in denen Bismarck vom Kronprinzen Unterstützung erhalten hatte.

Der »Friede von Prag« – Umgestaltung Mitteleuropas

So wurde bereits am 23. 8. 1866 der »Friede von Prag« geschlossen. Österreich mußte zustimmen, daß die deutschen Verhältnisse ohne seine Mitwirkung neu gestaltet wurden. In Norddeutschland nahm Preußen umfangreiche Annexionen vor: Die Monarchen von Hannover, Kurhessen und Nassau wurden entthront, ihre Territorien an Preußen angeschlossen. Damit verfügte dieses über ein zusammenhängendes Staatsgebiet von Königsberg bis Saarbrücken. Ferner verzichtete Österreich zugunsten Preußens auf seine Rechte in den Elbherzogtümern, so daß auch sie dem preußischen Staat angegliedert werden konnten – ebenso wie die bisherige Freie Stadt Frankfurt.

Preußen und die kleineren Staaten nördlich des Mains schlossen sich zum »Norddeutschen Bund« zusammen. Österreich selbst blieb von Landabtretungen (außer Venetien) verschont und mußte nur eine relativ geringe Kriegsentschädigung zahlen. Die Mäßigung des Siegers der Donaumonarchie gegenüber erleichterte in späteren Jahren die politische Zusammenarbeit und den Abschluß eines Bündnisses.

Der »Prager Friede« bedeutete eine tiefgreifende Veränderung Mitteleuropas. Der »Deutsche Bund«, der noch an manche Tradition des Heiligen Römischen Reiches angeknüpft und einen wesentlichen Bestandteil der Ordnung des »Wiener Kongresses« gebildet hatte, war endgültig aufgelöst, Österreichs Vormachtstellung in Mitteleuropa gebrochen. Da der Kaiserstaat nunmehr aus dem deutschen Staatsleben hinausgedrängt war, ergaben sich für ihn erhebliche innenpolitische Veränderungen. Deutlich sichtbar wurde dies im Ausgleich mit Ungarn 1867, der die Magyaren zu gleichberechtigten Partnern machte. Es entstand jetzt die österreichisch-ungarische Doppelmonarchie, in der eine Personalunion sowie das gemeinsame Heer und die zentral geführte Außen- und Finanzpolitik die beiden Reichshälften zusammenhielten. Das Parlament des Gesamtstaates bildeten die »Delegationen«, die allerdings indirekt, von den Abgeordnetenhäusern der beiden Reichshälften und aus ihrem Kreis, gewählt wurden.

Der »Vertrag von Prag« schloß eine »nationale Verbindung« des Norddeutschen Bundes mit den süddeutschen Staaten nicht aus, doch sollte dabei deren »international unabhängige Existenz« nicht angetastet werden. Bismarck erkannte die »Mainlinie« als Grenze für den

Krieg und Frieden mit Österreich. *Politische Spannungen um den Besitz von Schleswig-Holstein nutzt Bismarck, um in einem Krieg mit Österreich die Frage der Vormacht in Deutschland zu entscheiden. Unten: Sächsische Artillerie im Feldzug 1866 – Oben: Friedens-Vorverhandlungen Bismarcks und Wilhelms I. in Nikolsburg (26. 7. 1866).*

preußischen Einfluß vor allem mit Rücksicht auf Frankreich an; im geheimen wurde allerdings diese Linie schon im Spätsommer 1866 überschritten, und zwar durch die »Schutz- und Trutzbündnisse« zwischen Preußen und den vier süddeutschen Staaten, die sich von den französischen Gebietsforderungen bedroht fühlten. In diesen Abkommen garantierten sich die Vertragspartner die Integrität ihrer Staatsgebiete und versprachen, einander im Kriegsfalle mit ihrer vollen Streitmacht zu unterstützen. Die Bündnisse zogen eine Neuordnung der süddeutschen Heere preußischem Muster gemäß nach sich, was allerdings in Teilen von Parlament, Presse und Öffentlichkeit zu heftigen Protesten gegen den »preußischen Militarismus« führte.

Entstehung des »Norddeutschen Bundes«
Gewandelte preußische Innenpolitik

In Norddeutschland hatte Preußen eine starke Vorherrschaft errungen. Sie fand auch ihren Niederschlag in der am 1. 7. 1867 in Kraft getretenen Verfassung des neugeschaffenen »Norddeutschen Bundes«, an deren Ausarbeitung Bismarck wesentlichen Anteil hatte. Den Entwurf gestaltete der Norddeutsche Reichstag in einigen Punkten um (z. B. bei dem Budgetrecht des Parlaments und der Verantwortlichkeit des Kanzlers). Da diese Verfassung als Grundlage der Konstitution des Kaiserreiches diente, soll sie in dessen Zusammenhang dargestellt werden.

Unter dem Eindruck der kriegerischen Auseinandersetzung mit Österreich kam es in der preußischen Innenpolitik zu einem Stimmungsumschwung. Bei Neuwahlen zum Landtag gewannen die Konservativen mehr als 100 Sitze hinzu; einen Zuwachs an Mandaten konnten auch die Altliberalen verzeichnen, so daß die »Fortschrittspartei« ihre Mehrheit einbüßte. Bismarck drängte nun darauf, den Konflikt mit dem Parlament beizulegen, und brachte deshalb die »Indemnitätsvorlage« (von lat.: indemnitas = Schadlosigkeit, Straflosigkeit) ein, in der die Regierung um nachträgliche Billigung der Staatsausgaben und Entlastung für die Haushaltsführung der letzten Jahre bat. Damit wurde de facto das Budgetrecht der Volksversammlung anerkannt. Bismarck bekannte sich hier zum Konstitutionalismus – anders als zahlreiche Hochkonservative.

Innerhalb der »Fortschrittspartei« löste der Schritt der Regierung eine lebhafte Diskussion aus. Manche Abgeordnete, unter ihnen der berühmte Mediziner Virchow, lehnten ihn aus prinzipiellen Überlegungen ab; sie scheuten das Odium, sich vom Sieger »korrumpieren« zu

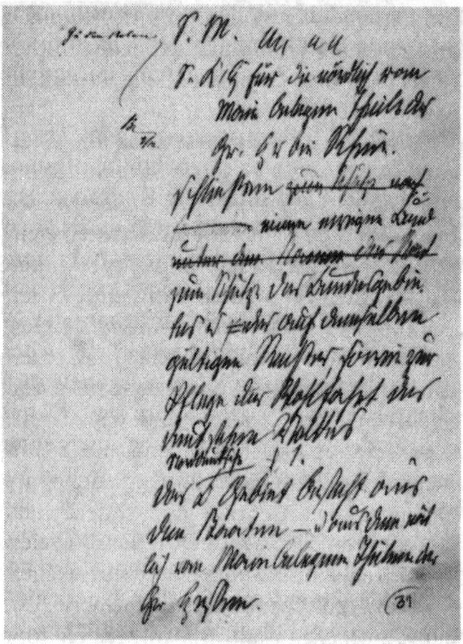

Auf dem Weg zur Einigung Deutschlands unter preußischer Vorherrschaft. *Oben: Der »Norddeutsche Bund«. Empfang der zur Konferenz zusammengetretenen norddeutschen Minister bei Wilhelm I. von Preußen. Holzstich von 1868. Links: Bismarcks eigenhändiger Entwurf zur Präambel der Verfassung des »Norddeutschen Bundes«.*

lassen und einem Verfassungsbruch gleichsam nachträglich zuzustimmen. Eine andere Gruppe hingegen fürchtete, bei weiterem Verharren in bedingungsloser Opposition jeden Einfluß auf den Gang der Politik zu verlieren. Die Entstehung des »Norddeutschen Bundes« begrüßten diese Liberalen als »ersten Anfang einer wahren Einigung des deutschen Vaterlandes«, als eine wichtige Etappe auf dem Weg zur nationalen Einheit. Einer der prominentesten Wortführer der »Fortschrittspartei«, Max von Forckenbeck, begründete sein Eintreten für die »Indemnitätsvorlage« folgendermaßen: »Das Votum [. . .] war schwer. Es war aber nicht nur eine politische Notwendigkeit, sondern auch gut für die Verfassung. Das Budgetrecht hat nochmals eine Bestätigung [. . .] im Gesetze erhalten [. . .]. Ob ich morgen wiedergewählt werde, weiß ich nicht. Es kümmert mich wenig, da ich mir jedenfalls bewußt bin, im Interesse des Landes gehandelt zu haben.«

Wegen dieser Frage kam es zur Spaltung der »Fortschrittspartei«. Etwa die Hälfte ihrer Abgeordneten schloß sich unter der Führung Rudolf von Bennigsens zur »Nationalliberalen Partei« zusammen, welche Bismarck vor allem außenpolitisch unterstützte. Einer ihrer führenden Repräsentanten, Johannes von Miquel, beschrieb seinen Standpunkt mit folgenden Worten: »So besteht die einfache Aufgabe des nächsten Parlaments darin, die nationalen Elemente zu sammeln, die partikularistische Reaktion zu überwinden und die Regierung in ihrem Bestreben, einen einheitlichen und kräftigen norddeutschen Staat aufzurichten, nach Kräften zu unterstützen. [. . .] Politiker haben heute weniger als je zu fragen, was wünschenswert, als was erreichbar ist. [. . .]«

Auch auf seiten der Konservativen zeichneten sich einschneidende Veränderungen ab. Viele von ihnen, an der Spitze Ludwig von Gerlach, machten aus ihrer Abneigung gegen Bismarcks antiösterreichische Politik kein Hehl. Die Absetzung regierender Fürsten bezeichnete Gerlach als »gottlos«. Er und seine Freunde sahen darin eine folgenschwere Verletzung des »Legitimitätsprinzips« (siehe *K Seite 21*). Das »Indemnitätsgesetz« war den Hochkonservativen gleichfalls nicht willkommen, sondern sie wollten die Gunst der Stunde dazu benutzen, die Kompetenzen des Parlaments zu beschneiden. Von den Konservativen spaltete sich die »Freikonservative Vereinigung« ab, die sich innen- und außenpolitisch rückhaltlos zu Bismarcks Kurs bekannte. Schließlich nahm der Landtag mit großer Mehrheit die »Indemnitätsvorlage« an, womit der Verfassungskonflikt beendet war. Das Problem einer Beschränkung der königlichen Kommandogewalt wurde nicht mehr aufgegriffen, die Heeresreform galt als vollendete Tatsache. Das Jahr 1866 hat somit nicht nur die Machtverhältnisse in Mitteleuropa verändert, sondern auch zu einer tiefgreifenden Wandlung der preußischen Innenpolitik und der Parteien geführt.

Die deutsche Politik 1866–1870

Der Sieger von 1866 hatte die süddeutschen Staaten schonend behandelt, was ihren späteren Beitritt zum »Norddeutschen Bund« erleichtern sollte. Diese Verbindung forderte vor allem das »Bürgertum von Besitz und Bildung«, welches sich meist zum Liberalismus bekannte. Große Teile des Adels und der Geistlichkeit sowie der Landbevölkerung Süddeutschlands dachten hingegen eher partikularistisch oder vertraten großdeutsche Vorstellungen.
Um der Einigungsbewegung neue Impulse zu verleihen, griff Bismarck auf den Gedanken zurück, ein Parlament des Zollvereins zu schaffen, dem ja die süddeutschen Staaten angehörten. Die Wahlen fanden im Februar und März 1868 statt, und zwar nur im Süden, da den Norden die schon gewählten Mitglieder des »Norddeutschen Reichstages« repräsentierten. Die Abstimmung wurde nach dem allgemeinen und gleichen Wahlrecht durchgeführt – entsprechend dem Modus des »Norddeutschen Bundes«. Das Ergebnis brachte für die Anhänger eines kleindeutschen Reiches eine herbe Enttäuschung: Der Süden entsandte 91 Abgeordnete in das Parlament des Zollvereins, von denen lediglich 26 kleindeutsch gesinnt waren. Eine schwäbische Zeitung wertete das Resultat als den »deutschen Protest unsrer Bevölkerungen gegen die Verpreußung [...]«. »Steuer zahlen [...] Soldat sein [...] Maul halten« – so hatte eine griffige Wahlparole der Preußengegner in Württemberg gelautet. Anders als Bismarck erwartet hatte, war das ›Zollparlament‹ für eine konsequente Einigungspolitik ungeeignet. Er richtete sich nun auf längere Fristen ein: »Wir können die Uhr vorstellen, die Zeit geht deshalb aber nicht rascher, und die Fähigkeit zu warten, während die Verhältnisse sich entwickeln, ist eine Vorbedingung praktischer Politik.« Die Bemühungen um eine nationalstaatliche Einigung befanden sich offenbar in einer Phase der Stagnation.
Der britische Nationalökonom John Maynard Keynes hat 1919 die These formuliert, das Deutsche Reich sei weniger durch »Eisen und Blut« als durch »Eisen und Kohle« geschaffen worden. Gewiß war das »politische Übergewicht Preußens« nicht »zuletzt das Resultat seiner durch Bevölkerungswachstum, agrarische Modernisierung und industriellen Aufschwung bewirkten wirtschaftlichen Machtsteigerung«, wie der Historiker Egmont Zechlin es formuliert. Und natürlich

wird man die bedeutsame Vorarbeit, die der Zollverein und die wirtschaftliche Entwicklung überhaupt für die politische Einigung geleistet haben, nicht gering einschätzen dürfen. Andererseits aber vermochte die zunehmende ökonomische Verflechtung das Erlahmen des nationalen Elans nicht zu verhindern. Sie hat also nicht etwa einen Automatismus in Gang gesetzt, der notwendigerweise zum kleindeutschen Staat führen mußte. Schließlich ist ein großdeutsches Reich nicht primär daran gescheitert, daß Preußen engere Beziehungen Österreichs zum Zollverein zu hintertreiben wußte; bedeutsamer ist vielmehr gewesen, daß sich die übrigen europäischen Staaten mit einem Großreich von Hamburg bis Triest schwerlich abgefunden hätten.

Der »Deutsch-Französische Krieg« von 1870/71

Da Frankreich im Sommer 1866 ohne territorialen Gewinn geblieben war, richtete Napoleon III. nun sein Augenmerk auf den Erwerb Luxemburgs. Diese Absicht scheiterte jedoch am Widerstand der preußischen Regierung, aber auch der öffentlichen Meinung Deutschlands. Nach dieser Enttäuschung leitete Napoleon eine Neuorientierung seiner Außenpolitik ein: statt der Kooperation mit Preußen suchte er nun ein Zusammengehen mit Österreich, wo es einflußreiche Kreise (etwa um den Erzherzog Albrecht) gab, die einer Revanche für Königgrätz nicht unbedingt abgeneigt waren. Trotzdem ließ sich die Wiener Politik – seit 1866 unter der Leitung des früheren sächsischen Ministerpräsidenten Ferdinand Graf Beust – nicht ohne weiteres vor den Karren einer antipreußischen Politik spannen, die bei den Deutschen der Donaumonarchie höchst unpopulär gewesen wäre. Auch die Ungarn lehnten Bemühungen ab, Österreich wieder stärker im Bereich des ehemaligen »Deutschen Bundes« zu verankern, weil sie dann um ihre 1867 erhaltenen Vorrechte fürchten mußten. Beust war stärker an einer gegen Rußland gerichteten Allianz interessiert, welche die österreichische Balkanpolitik abgesichert hätte: »Die nächste Gefahr droht Österreich von Rußland her, und die Verständigung [. . .] über die gesamte östliche Frage dominiert alles übrige. Frankreich muß entweder entschieden gegen die russische Politik der Türkei und Österreich gegenüber auftreten oder uns sichere Garantien gegen die russischen Übergriffe durch ein gemeinsames Abkommen mit Rußland gewähren.«

Vor einer derart weitgehenden Festlegung scheute aber Napoleon III. zurück, da sie ihm kaum greifbare Vorteile geboten hätte. Ein Hauptziel seiner Politik bestand jetzt darin, ein Ausgreifen Preußens über die

Deutsch-Französischer Krieg 1870/71

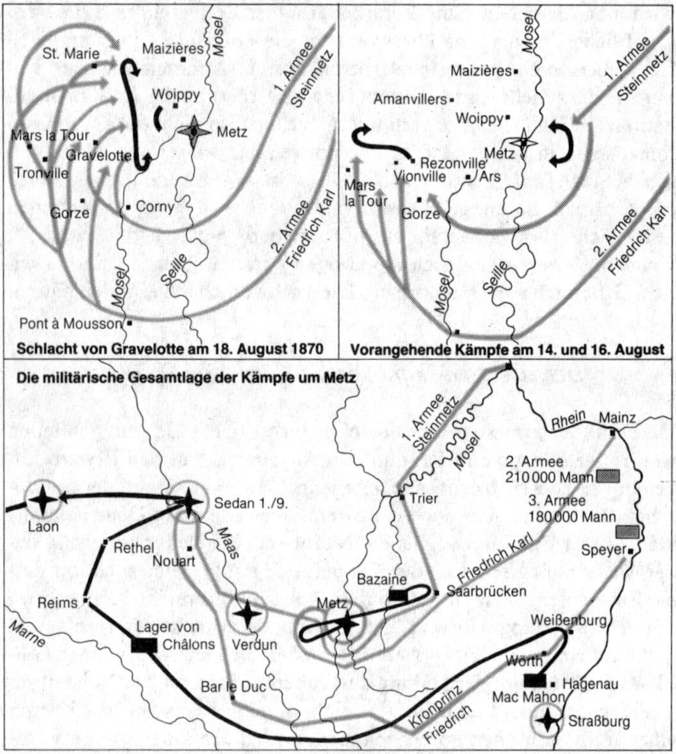

Mainlinie unter allen Umständen zu verhindern. Eine weitere außenpolitische Niederlage konnte seinem Regime gefährlich werden. Die nationale Einigung Deutschlands blockierten also nicht nur innenpolitische Widerstände in Süddeutschland.
Die Situation wurde dadurch verschärft, daß seit Anfang 1870 Paris und Wien Verhandlungen mit dem Ziel eines Militärbündnisses führten. Im Zusammenhang dieser bereits zugespitzten Lage ist die Kandidatur des Erbprinzen Leopold aus der katholischen Linie Hohenzollern-Sigmaringen für den spanischen Thron zu sehen, der 1868 durch den Sturz der Königin Isabella vakant geworden war. Bereits 1869 war deswegen der spanische Marschall Prim an die Familie Hohenzollern-Sigmaringen herangetreten. Im Februar 1870 informierte Prim offiziell den preußischen König als das Oberhaupt der gesamten Dynastie der Hohenzollern. Bismarck bemühte sich nachdrücklich darum, Leopold

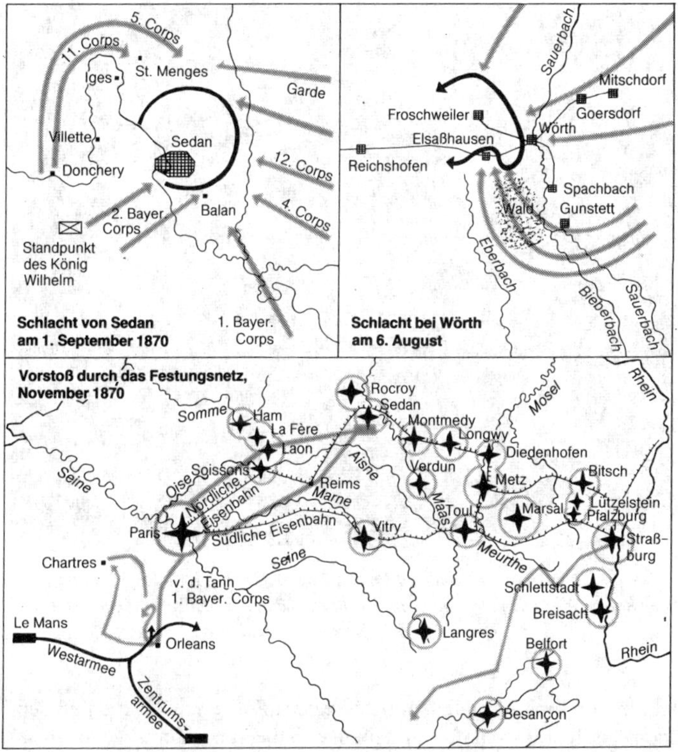

zur Annahme der Kandidatur und König Wilhelm I. zu deren Genehmigung zu bewegen. Er versprach sich davon politische und wirtschaftliche Vorteile für Preußen und eine Verbesserung der außenpolitischen Situation des »Norddeutschen Bundes«.
Als die Kandidatur in Paris bekannt wurde, schlug die dortige Regierung sofort einen harten Kurs ein. Es ging ihr von Anfang an nicht nur darum, die Königswahl Leopolds zu verhindern, sondern ihr wichtigstes Bestreben war es, Preußen eine politische Demütigung zuzufügen. Unter dem Eindruck der Proteste Frankreichs zog schließlich Leopold seine Zusage an Spanien zurück. Die französische Politik hatte insofern einen sichtbaren diplomatischen Erfolg zu verzeichnen, wollte sich aber damit noch nicht zufriedengeben, sondern verlangte zusätzlich vom preußischen König die ausdrückliche Garantie, in Zukunft diese Kandidatur nicht mehr zu genehmigen. Wilhelm I., der sich zur

Der verhängnisvolle Tag von Bad Ems. *König Wilhelm I. und der französische Botschafter Graf Benedetti am 13. Juli 1870 auf der Kurpromenade von Bad Ems. Zeitgenössischer Holzstich.*

Kur in Bad Ems aufhielt, lehnte diese neue Forderung ab und ließ dem französischen Botschafter mitteilen, er habe ihm »nichts weiter zu sagen«. Das Telegramm, das diesen Vorfall schilderte (die berühmte »Emser Depesche«), kürzte Bismarck so, daß die Abweisung des französischen Verlangens noch schärfer hervortrat. Am 19. 7. 1870 erklärte Frankreich den Krieg an Preußen, denn Napoleon wollte auch den geringsten Anschein eines Zurückweichens vermeiden, da er um seine ohnehin schon recht prekäre innenpolitische Position fürchtete. Soweit erkennbar, hat allerdings nicht erst die »Emser Depesche« die französische Regierung veranlaßt, zu den Waffen zu greifen, sondern ihr Entschluß zum Kriege stand für den Fall fest, daß König Wilhelm I. die gewünschte Erklärung verweigerte. Keine Seite hat den bewaffneten Konflikt langfristig vorbereitet; beide Kontrahenten wichen ihm aber auch nicht aus, da es galt, das Prestige einer Großmacht zu wahren. Die Forderung Frankreichs nach einer zusätzlichen Garantie isolierte das Land politisch, da die europäische Öffentlichkeit und die Regierungen dafür kein Verständnis aufbrachten.

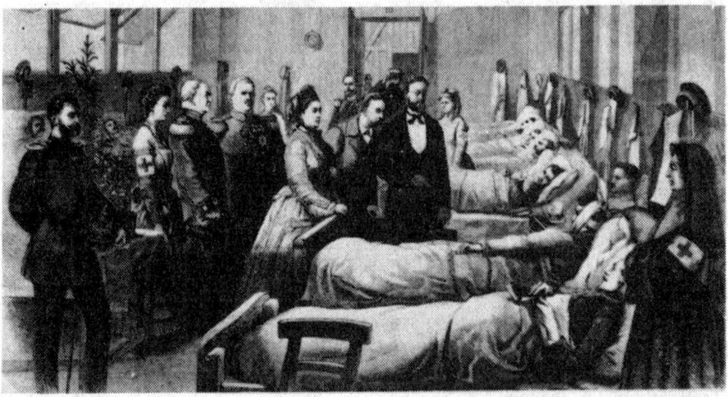

Der Krieg mit Frankreich. *Das Prestigedenken Frankreichs und Preußens nach dem Emser Eklat führt nur eine Woche später zur Kriegserklärung Frankreichs und zum Einmarsch deutscher Truppen in Frankreich. Oben: Preußische Truppen stürmen die Ortschaft Plancenoit. Mitte: Kronprinzessin Victoria besucht das Baracken-Lazarett auf der Pfingstwiese in Frankfurt am Main. Rechts: Bismarck im Gespräch mit dem bei Sedan gefangenen Kaiser der Franzosen, Napoleon III. Gemälde von Wilhelm von Camphausen, 1878.*

Text der Zeit

Die Emser Depesche von 1870
Nach Otto von Bismarck

[Bismarck lädt am 13. Juli General Moltke und General Roon, den preußischen Kriegsminister, zu einem Essen]: Während der Unterhaltung wurde mir gemeldet, daß ein Ziffertelegramm, wenn ich mich recht erinnere von ungefähr zweihundert Gruppen, aus Ems, von dem Geheimrat Abeken unterzeichnet, in der Übersetzung begriffen sei. Nachdem mir die Entzifferung überbracht war, welche ergab, daß Abeken das Telegramm auf Befehl Sr. Majestät [König Wilhelm I. v. Preußen] redigiert und unterzeichnet hatte, las ich dasselbe meinen Gästen vor, deren Niedergeschlagenheit so tief wurde, daß sie Speise und Trank verschmähten. Bei wiederholter Prüfung des Aktenstücks verweilte ich bei der einen Auftrag involvierenden Ermächtigung Sr. Majestät, die neue Forderung Benedettis und ihre Zurückweisung sogleich sowohl unsern Gesandten als der Presse mitzuteilen. Ich stellte an Moltke einige Fragen in Bezug auf das Maß seines Vertrauens auf den Stand unsrer Rüstung, respektive auf die Zeit, deren dieselbe bei der überraschend aufgetauchten Kriegsgefahr noch bedürfen würde. Er antwortete, daß er, wenn Krieg werden sollte, von einem Aufschub des Ausbruchs für uns keinen Vorteil erwarte; selbst wenn wir zunächst nicht stark genug sein sollten, sofort alle linksrheinischen Landesteile gegen französische Invasion zu decken, so würde unsere Kriegsbereitschaft die französische sehr bald überholen, während in einer spätern Periode dieser Vorteil sich abschwächen würde. [. . .]
In dieser Überzeugung machte ich von der mir durch Abeken übermittelten königlichen Ermächtigung Gebrauch, den Inhalt des Telegramms zu veröffentlichen, und reduzierte in Gegenwart meiner beiden Tischgäste das Telegramm durch Streichungen, ohne ein Wort hinzuzusetzen oder zu ändern, auf die nachstehende Fassung: »Nachdem die Nachricht von der Entsagung des Erbprinzen von Hohenzollern der kaiserlich französischen Regierung von der königlich spanischen amtlich mitgeteilt worden sind, hat der französische Botschafter in Ems an Se. Majestät den König noch die Forderung gestellt, ihn zu autorisieren, daß er nach Paris telegraphiere, daß Se. Majestät der König sich für alle Zukunft verpflichte, niemals wieder seine Zustimmung zu geben, wenn die Hohenzollern auf ihre Kandidatur wieder zurückkommen sollten. Se. Majestät der König hat es daraufhin abgelehnt, den französischen Botschafter nochmals zu empfangen, und demselben durch den Adjutanten vom Dienst sagen lassen, daß Se. Majestät dem Botschafter nichts weiter mitzuteilen habe.«
Der Unterschied in der Wirkung des gekürzten Textes der Emser Depesche im Vergleich mit der, welche das Original hervorgerufen hätte, war kein Ergebnis stärkerer Worte, sondern der Form, welche diese Kundgebung als eine abschließende erscheinen ließ. [. . .]
Nachdem ich meinen beiden Gästen die konzentrierte Redaktion vorgelesen hatte, bemerkte Moltke: »So hat das einen anderen Klang, vorher klang es wie Schamade [Signal zur Kapitulation] jetzt wie Fanfare in Antwort auf eine Herausforderung.« Ich erläuterte: »Wenn ich diesen Text [. . .] sofort nicht nur an die

Zeitungen, sondern telegraphisch an alle unsere Gesandtschaften mitteile, so wird er vor Mitternacht in Paris bekannt sein und dort nicht nur wegen des Inhalts, sondern auch wegen der Art der Verbreitung den Eindruck des roten Tuches auf den gallischen Stier machen. Schlagen müssen wir, wenn wir nicht die Rolle des Geschlagenen auf uns nehmen wollen, [...] es ist wichtig, daß wir die Angegriffenen seien, und die gallische Überhebung und Reizbarkeit wird uns dazu machen.« [...]

Diese meine Auseinandersetzung erzeugte bei den beiden Generalen einen Umschlag zur freudigen Stimmung, dessen Lebhaftigkeit mich überraschte. Sie hatten plötzlich die Lust zu essen und zu trinken wiedergefunden und sprachen in heiterer Laune. Roon sagte: »Der alte Gott lebt noch und wird uns nicht in Schande verkommen lassen.« Moltke trat so weit aus seiner gleichmütigen Passivität heraus, daß er sich, mit freudigem Blick gegen die Zimmerdecke und mit Verzicht auf seine sonstige Gemessenheit in Worten, mit der Hand vor die Brust schlug und sagte: »Wenn ich das noch erlebe, in solchem Kriege unsre Heere zu führen, so mag gleich nachher ›die alte Carcasse‹ der Teufel holen.« Er war damals hinfälliger als später und hatte Zweifel, ob er die Strapazen des Feldzugs überleben werde.

Aus: »Gedanken und Erinnerungen« von Otto von Bismarck. Bd. II, Kap. 22.

Der Kampf war von Anfang an ein Nationalkrieg, an dem sich auch die vier Südstaaten beteiligten, da sie, unterstützt von der Mehrheit der öffentlichen Meinung, den Bündnisfall als gegeben betrachteten. Die herausragende militärische Persönlichkeit war – wie 1866 – Moltke; der Aufmarsch der deutschen Armeen vollzog sich rascher als auf seiten des Gegners, was die Erfolge in den ersten Grenzschlachten erklärt. Ein wichtiges militärisches und politisches Ereignis stellte die Kapitulation Sedans am 2. 9. 1870 dar, bei der auch Napoleon III. in Gefangenschaft geriet; ihm wies man Schloß Wilhelmshöhe bei Kassel als Aufenthaltsort zu. In Paris wurde jetzt die Republik ausgerufen. Bismarck bemühte sich nun um ein baldiges Ende des Krieges, da er mit Interventionen von englischer und russischer Seite rechnen mußte, doch die von der neuen französischen Regierung ausgehobenen Heere leisteten erbitterten Widerstand. Den Friedensschluß hat gewiß die deutsche Absicht erschwert, Elsaß-Lothringen dem neu entstehenden Reich anzugliedern. Diese Forderung erhoben verschiedene Presseorgane bereits wenige Tage nach Kriegsbeginn. Auch Bismarck verlangte die Abtretung der beiden Provinzen, wobei für ihn vor allem Sicherheitserwägungen ausschlaggebend waren, nicht zuletzt im Hinblick auf die Südstaaten. Die Gegnerschaft Frankreichs, die sich aus dieser Abtretung ergeben mußte, nahm er in Kauf, da er davon überzeugt war, der westliche Nachbar werde auf jeden Fall auch bei weitgehender Schonung nach Revanche streben: »Man hat uns schon Sadowa [Schlacht von Königgrätz 1866] nicht verziehen und wird unsere jetzigen Siege noch weniger verzeihen, mögen wir beim Frieden noch so großmütig sein.« Dagegen spielten wirtschaftliche Motive beim Entschluß zur Annexion keine Rolle.
Schließlich konnte am 26. 2. 1871 mit der republikanischen Regierung der »Vorfriede von Versailles« abgeschlossen werden, welchem der definitive »Friede von Frankfurt« am 10. 5. 1871 folgte. Frankreich verpflichtete sich, eine Kriegsentschädigung von 5 Milliarden Franc zu entrichten, und mußte das Elsaß sowie Teile Lothringens mit der Festung Metz abtreten. Diese Eroberung bedeutete außenpolitisch eine schwere Hypothek für das Deutsche Reich und brachte auch innenpolitische Belastungen mit sich.

Die Gründung des Deutschen Reiches und seine Verfassung

Während der Krieg noch andauerte, trat am 1. 1. 1871 die modifizierte Konstitution des »Norddeutschen Bundes« auch für Hessen-Darmstadt, Baden, Württemberg und Bayern (hier am 1. 2.) in Kraft. Lang-

wierige Verhandlungen waren mit diesen Staaten vorausgegangen, um sie zum Eintritt in den Bund zu bewegen. Der Kanzler bemühte sich, die süddeutschen Regierungen durch Entgegenkommen zu gewinnen, wenn er auch am Fundament der Verfassung des »Norddeutschen Bundes« unbeirrt festhielt. Schließlich konnten im November 1870 die entsprechenden Verträge mit den vier Staaten abgeschlossen werden.
Die Spitze des »Norddeutschen Bundes« hatte lediglich die Bezeichnung »Bundespräsidium« getragen; Bismarck setzte sich dafür ein, sie durch den Titel »Kaiser« zu ersetzen, um so der Nationalbewegung entgegenzukommen. Der bayerische König Ludwig II. war jedoch erst nach langem Zögern bereit, auf seine Souveränität zu verzichten. Andererseits legten die deutschen Monarchen großen Wert darauf, mit ihrem Angebot des Kaisertitels an Wilhelm I. dem »Norddeutschen Reichstag« zuvorzukommen, um zu demonstrieren, daß es sich bei dem neuen Reich primär um ein Fürstenbündnis handelte.
Nachdem schließlich Ludwig II. als wichtigster Bundesfürst in einem Brief Wilhelm I. die Kaiserwürde angetragen hatte, beschloß der »Norddeutsche Reichstag« am 10. 12. 1870, den Bund in »Reich« umzubenennen und das Bundespräsidium mit dem Kaisertitel auszustatten, der – jedenfalls äußerlich – an eine alte Tradition anknüpfte. Das Parlament richtete an König Wilhelm eine entsprechende Adresse: »Vereint mit den Fürsten Deutschlands naht der Norddeutsche Reichstag mit der Bitte, daß es Ew. Majestät gefallen möge, durch Annahme der deutschen Kaiserkrone das Einigungswerk zu weihen.«
Den Schlußpunkt bildete die bekannte Zeremonie am 18. 1. 1871 im Spiegelsaal von Versailles, bei der Bismarck eine Proklamation Wilhelms verlas, in der dieser bekanntgab, er sei dem »Rufe der verbündeten deutschen Fürsten und Städte« gefolgt und habe die »Deutsche Kaiserwürde« angenommen. Der dabei anwesende Personenkreis – Fürsten, Diplomaten, hohe Offiziere und Hofbeamte – verdeutlichte, daß die Reichsgründung nicht ein Werk der Volkssouveränität darstellte, sondern in erster Linie von dynastisch-militärischen Kräften verwirklicht worden war und daß der militärische Sieg das Fundament der Einigung bildete. Sosehr auch diese Selbstdarstellung des Fürstenstaates in Versailles das Bild des Kaiserreiches bestimmt hat, so wird man im Hinblick auf die Schaffung des kleindeutschen Nationalstaates nicht nur von Anpassung und Unterwerfung des Bürgertums unter die monarchisch-aristokratischen Gewalten sprechen können. Sicherlich dachte Bismarck (als Exponent der preußischen Führungsschichten) seinem ganzen Werdegang zufolge in preußischen Kategorien; gewiß ging es ihm zunächst um eine Machtsteigerung Preußens. Und trotzdem war er von der Nationalidee, die damals hauptsächlich von

Text der Zeit

Streit um die Kaiserproklamation (18. 1. 1871)
Darstellung des Großherzogs Friedrich von Baden

Bismarck sagte mir, da er vernommen habe, daß ich nach der Proklamation das Hoch ausbringe, so erachte er sich verpflichtet, mich in Kenntnis zu setzen, daß der König den Titel Deutscher Kaiser sanktioniert habe und er mich daher bitte, diese Bezeichnung bei meinem Ausspruch berücksichtigen zu wollen. Ich erwiderte dem Bundeskanzler, daß der König mir sogar den Wunsch ausgesprochen habe, Kaiser von Deutschland zu sagen; ich sei daher in einer sehr unangenehmen Lage, da ich nur das tun wolle, was endgültig beschlossen worden sei, und doch aufgefordert werde, das Gegenteil auszusprechen. Der Bundeskanzler war ganz außer sich vor Ärger und klagte über den König und über die Unmöglichkeit, auf solche Art Geschäfte zu machen, und besonders, wenn es sich um große Staatsaktionen handle wie heute. Er schloß damit zu sagen: wenn der König befohlen hat, so habe ich nichts mehr zu sagen und ich muß es Ihrem Ermessen überlassen, das zu tun, was dieser schwierigen Lage entspricht. Ich erwiderte [...], ich wollte den König von der Lage unterrichten und ihm die Bedenken des Bundeskanzlers mitteilen. So schieden wir, und die Züge des Grafen Bismarck verrieten mir eine von den tiefen Erregungen, in denen er sogar dem unzweideutigsten und aufrichtigsten Ausspruch mißtraut.

Wenige Minuten nachher hörte man Kommandoworte, die Wachen präsentierten, es öffneten sich die dichten Reihen, und der König trat ein. Er war gekleidet in die Uniform des ersten Garderegiments zu Fuß und trug alle militärischen Orden und Ehrenzeichen Europas. Noch selten sah ich den König so ergriffen, daß er den Eindruck machte, tiefgebeugt zu sein. Er war rasch die große Marmortreppe hinangestiegen und trat so atemlos in den Saal der Fürsten, daß, mit der inneren Bewegung vereint, er Mühe hatte, eine kurze Ansprache an uns alle zu richten. [...] Ich benutzte einen freien Augenblick, ihm die vorhin bezeichnete Lage zu schildern und hob hervor [...], daß es mir ratsam erscheine, bei diesem feierlichen Akt nur die Ausdrücke zu gebrauchen, welche streng den gegebenen Bestimmungen entsprächen. [...] Der König war sehr ungehalten darüber und äußerte sich in heftigen Ausdrücken über Graf Bismarck. Ich suchte ihn dadurch zu beruhigen, daß ich ihm vorschlug, ich wolle das Hoch so ausbringen, daß weder die eine noch die andere Bezeichnung gebraucht werde; worauf der König etwas unwillig erwiderte: »Du kannst das machen, wie Du willst, ich werde mich später doch nur so nennen, wie ich es will, nicht wie Bismarck es bestimmen will.« Nun war ich wieder auf mich selbst angewiesen, da der König sich abwendete und uns aufforderte, ihm in den großen Saal zu folgen. Da ich dem König mit dem Kronprinzen folgte, so machte ich letzterem den Vorschlag, nur Kaiser Wilhelm zu sagen, womit er einverstanden war.

Aus den Aufzeichnungen des Großherzogs Friedrich von Baden (* 1826, † 1907) bei O. Lorenz: »Kaiser Wilhelm und die Begründung des Reichs«, 1902.

Schreiben König Ludwigs II. von Bayern an König Wilhelm I. von Preußen, 1870

Nach dem Beitritt Süddeutschlands zu dem deutschen Verfassungsbündnis werden die Eurer Majestät übertragenen Präsidialrechte über alle deutschen Staaten sich erstrecken. Ich habe mich zu deren Vereinigung in einer Hand in der Überzeugung bereiterklärt, daß dadurch den Gesamtinteressen des deutschen Vaterlandes und seiner verbündeten Fürsten entsprochen werde, zugleich aber auch in dem Vertrauen, daß die dem Bundespräsidium nach der Verfassung zustehenden Rechte durch Wiederherstellung eines Deutschen Reichs und der deutschen Kaiserwürde als Rechte bezeichnet werden, welche Eure Majestät im Namen des gesamten deutschen Vaterlandes auf Grund der Einigung seiner Fürsten ausüben. Ich habe mich daher an die deutschen Fürsten mit dem Vorschlag gewendet, gemeinschaftlich mit mir bei Eurer Majestät in Anregung zu bringen, daß die Ausübung der Präsidialrechte des Bundes mit Führung des Titels eines deutschen Kaisers verbunden werde. Sobald mir Eure Majestät und die verbündeten Fürsten Ihre Willensmeinung kundgegeben haben, würde ich meine Regierung beauftragen, das Weitere zur Erzielung der entsprechenden Vereinbarung einzuleiten. [. . .]

Nach: Stenographische Berichte des Reichstages des »Norddeutschen Bundes«, Sitzung vom 5. Dezember 1870.

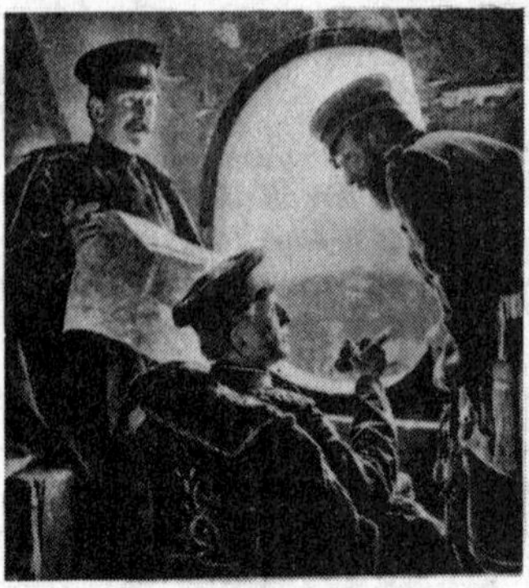

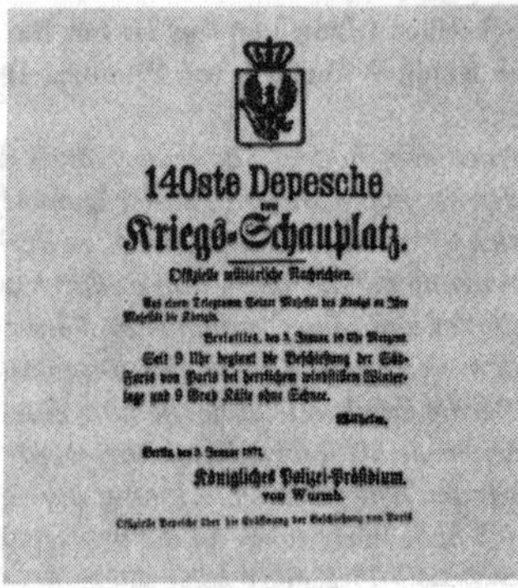

140ste Depesche

Kriegs-Schauplatz.

Offizielle militärische Nachrichten.

Wilhelm.

Königliches Polizei-Präsidium.
von Wurmb.

***Das bittere Ende für Frankreich – Belagerung von Paris.** Oben links: Der Mann, dessen Feldherrengeschick den Krieg entschied: Generalstabschef Graf Helmuth von Moltke beobachtet die Beschießung von Paris. Gemälde (Ausschnitt) von Ferdinand Graf von Harrach. –*
Oben rechts: Offizielle Depesche über die Beschießung von Paris.
Unten: König Wilhelm, Bismarck und Moltke beobachten ein Gefecht im Vorfeld der französischen Hauptstadt.

***Im Herzen Frankreichs.** Einzug deutscher Truppen in Paris am 1. März 1871 – Ende eines Krieges, der bittere Wunden schlug und das deutsch-französische Verhältnis unnötig vergiftete. Zeitgenössischer Holzschnitt.*

liberalen bürgerlichen Schichten verfochten wurde, beeinflußt und mußte auf sie Rücksicht nehmen. Die kleindeutsche Reichsgründung kam also den Zielen und Interessen des Liberalismus entgegen: »Daß die Zustimmung weithin uneingeschränkt gewesen ist, daran ist kein Zweifel möglich« (Theodor Schieder). Skepsis und Zurückhaltung zeigten sich zunächst mehr auf der Rechten des politischen Spektrums: Die Haltung der Konservativen in Preußen und der »Patriotenpartei« in Bayern, aber auch das Bedauern Wilhelms I. vor der Kaiserproklamation, »den preußischen Titel verdrängt zu sehen«, sind Hinweise darauf.

Kaiser – Reichsregierung – »Bundesrat« – »Reichstag«

Die Verfassung des Reiches baute auf jener des »Norddeutschen Bundes« auf, welche durch Verträge mit den süddeutschen Staaten modifiziert worden war. Das Kaiserreich war eine konstitutionelle Monar-

Start ins neue Kaiserreich. *Erste Reichstagssitzung nach der Reichsgründung 1871 im provisorischen Reichstagsgebäude der ehemaligen Porzellanmanufaktur Leipziger Str. 4 in Berlin. Holzschnitt von C. Wilberg.*

chie, die man damals nicht selten als spezifisch deutsche Verfassungsform betrachtete – im Unterschied zu den parlamentarisch regierten Westmächten und dem autokratisch beherrschten Rußland. Charakteristisch war ferner die bundesstaatliche Ordnung, zu der sich 22 Monarchien und 3 Freie Städte zusammengefunden hatten. Das »Reichsland« Elsaß-Lothringen regierte ein kaiserlicher Statthalter; es erhielt erst 1911 eine Verfassung, die es dem Status der Bundesstaaten zumindest annäherte.

Grundsätzlich galt, daß »Reichsgesetze den Landesgesetzen vorangehen«. Die Kompetenzen der Reichsgewalt erstreckten sich auf die Außenpolitik, das Militär (das allerdings aus Kontingenten der Einzelstaaten bestand), die Zoll- und Handelsgesetzgebung sowie das Post- und Verkehrswesen. Die süddeutschen Staaten hatten sich gewisse »Reservatrechte« ausbedungen, die für Bayern am weitesten gingen: so blieb z. B. das bayerische Heer im Frieden unter dem Kommando des Königs von Bayern. Außerdem behielt das Land u. a. eine eigene Post- und Eisenbahnverwaltung.

Der preußische König war immer zugleich »Deutscher Kaiser«. Seine Machtbefugnisse waren weitreichend: so führte er den Oberbefehl über Heer und Flotte. Er vertrat das Reich völkerrechtlich und war daher berechtigt, mit dem Ausland Verträge abzuschließen. Für Kriegserklärungen benötigte er die Zustimmung des »Bundesrates«, es sei denn, das Bundesgebiet wurde Opfer eines Angriffs. Außerdem ernannte und entließ der Kaiser die Reichsbeamten einschließlich des Reichskanzlers, wobei er nicht auf die Zustimmung von Bundesrat und Reichstag angewiesen war. Dem Reichskanzler stand der »Vorsitz im Bundesrate« und die »Leitung der Geschäfte« zu. Alle Verfügungen des Kaisers (von Ausnahmen im militärischen Bereich abgesehen) bedurften der Gegenzeichnung des Kanzlers, der damit die Verantwortung übernahm. Diese war allerdings nicht näher definiert und bedeutete nicht, daß er bei Abstimmungsniederlagen zurücktreten mußte. Das Parlament besaß also – anders als heute – nicht die Möglichkeit, ihn zu stürzen. Von rund dreieinhalb Jahren abgesehen, war der Reichskanzler bis zur Revolution 1918 immer zugleich preußischer Ministerpräsident.

Eine besonders bedeutsame Rolle im Verfassungsleben spielte der »Bundesrat«. Seine Mitglieder wurden von den Länderregierungen ernannt, wobei die Zahl der Vertreter sich nach der Größe der Staaten richtete; so verfügte z. B. Preußen über 17, Bayern über sechs Stimmen (von insgesamt 58); Verfassungsänderungen waren bereits bei 14 Gegenstimmen abgelehnt. Reichsgesetze konnten ohne Ausnahme nur dann in Kraft treten, wenn der »Bundesrat« zugestimmt hatte. Auch der Kaiser war bei Auflösung des »Reichstages« und bei Kriegserklärungen auf das Votum dieses Verfassungsorgans angewiesen. Die Vertretung der Bundesstaaten spielte im Kaiserreich eine wesentlich größere Rolle als heute in der Bundesrepublik oder gar zur Zeit der Weimarer Republik; das föderalistische Moment war also weit deutlicher ausgeprägt.

Neben dem Kaiser repräsentierte vor allem der »Reichstag« die Einheit des Bundesstaates. Er ging aus allgemeinen, gleichen, direkten und geheimen Wahlen hervor: dieser Modus bedeutete einen erheblichen Fortschritt im Vergleich zum Wahlrecht der meisten Bundesstaaten (besonders Preußens), aber auch im internationalen Vergleich schnitt Deutschland in dieser Hinsicht gut ab (England z. B. kannte damals das allgemeine Wahlrecht noch nicht). Die Verfassung war in diesem Punkt weiter gegangen, als es selbst manchem Linksliberalen vertretbar erschien. Die Kompetenzen des Parlaments bestanden im Budgetrecht, in der Legislative und in der Gesetzesinitiative. Keinen Einfluß besaß die Volksvertretung auf die personelle Zusammensetzung

Stichworte zur Zeit der »Reaktion« und »Neuordnung«

Stillstand und Fortschritt: Sowohl Preußen als auch Österreich versuchen in dieser Phase nach den unruhigen Jahren der Revolution ihre Staaten fest in den Griff zu bekommen, wobei Österreich stärker als Preußen absolutistische Züge annimmt. Erst militärische Niederlagen leiten eine Reformphase ein. Wirtschaftsinteressen sorgen in Preußen für eine gewisse Weiterentwicklung.

Preußisch-Österreichischer Dualismus und preußisches Vorherrschaftsstreben: Preußen und Österreich bleiben vorerst die führenden Staaten des »Deutschen Bundes«, aber Preußen nutzt geschickt die außenpolitischen Schwierigkeiten Österreichs, seine eigene Stellung auszubauen. Ausspielung wirtschaftlicher Interessen und Annäherung an Rußland (Polenaufstände) drängen Österreich ins Abseits.

Balancepolitik und Kriege: Preußen unter Bismarck gelingt es, die Großmächte Rußland, England und Frankreich zum Stillhalten in mitteleuropäischen Fragen zu veranlassen oder ihre gegenteiligen Interessen gegeneinander einzusetzen. Der Sieg im »Deutsch-Dänischen Krieg« über Dänemark hebt Preußens Prestige, und der Sieg im »Deutschen Krieg« über Österreich sichert ihm die Vorherrschaft und beendet den »Deutschen Bund«. Durch Annexion Hannovers, Kurhessens und Nassaus wird Preußen zum zusammenhängenden Flächenstaat.

»Norddeutscher Bund«, »Zollverein« und Krieg gegen Frankreich: Mit dem »Norddeutschen Bund« und ›Parlamentswahlen‹ für den Zollverein kann Bismarck wirtschaftliche und politische Interessen zu einer neuen Kraft für die weitere Vereinigung Deutschlands unter preußischer Vorherrschaft vereinen. Der Krieg gegen Frankreich setzt nationale Emotionen und ein neues Zusammengehörigkeitsgefühl, die Grundlage des Bismarckschen Kaiserreichs, frei. Proklamation des Kaiserreichs am 18. 1. 1871 in Versailles.

Zentralistisch geführter Bundesstaat: Überordnung der Reichsgesetze über die Gesetze der Bundesstaaten, zentrale Gewalt in der Außenpolitik, im Militärwesen (Ausnahme Bayern), in der Zoll-, Handels-, Post- und Verkehrsgesetzgebung. Starke Kanzlerstellung, Verabschiedung von Reichsgesetzen nur bei Zustimmung der Bundesstaaten. Volksvertretung (Reichstag) gewählt, Mitsprache jedoch nur im Finanzbereich und in der Gesetzgebung, nicht bei der Zusammensetzung der Regierung, in der Außenpolitik und bei Kriegserklärungen.

Militär, Wirtschaft, Industrie: Das starke Heer Preußens, die Rohstoffe und Energien des Ruhrgebiets und Schlesiens, die sich schnell entwikkelnde Industrie dieser Gebiete, entfalteter Handel mit den deutschen Staaten und dem Ausland, die Vorherrschaft Preußens bestimmen die Entwicklung Deutschlands.

der Reichsleitung, die Außenpolitik (hier hatte der Reichstag nur das Recht des Einspruchs) und auf eventuelle Kriegserklärungen. Diese Beschränkungen kritisierten die Liberalen bereits im »Norddeutschen Reichstag«, besaßen aber nicht die Macht, eine Änderung herbeizuführen. Auch die bis 1878 relativ enge Kooperation der Reichsleitung mit den Nationalliberalen brachte hier keinen Wandel.
Ob sich das Deutsche Reich in späterer Zeit trotzdem auf dem Weg zur Parlamentarisierung befand, ist unter den Historikern umstritten. In den Jahren vor dem Ersten Weltkrieg und dann erneut ab 1917 sind jedenfalls Indizien erkennbar, die auf ein allmählich wachsendes Gewicht der Volksvertretung hindeuten. Das Bemühen um die Ausdehnung der Kompetenzen des »Reichstages« gehörte zu den wichtigsten Themen der innenpolitischen Auseinandersetzung im Kaiserreich.

Literatur

Böhme, Helmut: Deutschlands Weg zur Großmacht, Studien zum Verhältnis von Wirtschaft und Staat während der Reichsgründungszeit 1848–1881, Köln/Berlin 1966

Böhme, Helmut (Hrsg.): Die Reichsgründung, München 1967 (= dtv dokumente, Bd. 428)

Brandt, Harm Hinrich: Die Finanzen des österreichischen Neoabsolutismus. Finanzen, Wirtschaft und Politik Österreichs 1848–1860, 2 Bde.; Göttingen 1978

Eyck, Erich: Bismarck. Leben und Werk, 3 Bde.; Erlenbach/Zürich 1941

Gall, Lothar: Bismarck. Der weiße Revolutionär, Frankfurt a. M./Berlin 1980

Heffter, Heinrich: Die deutsche Selbstverwaltung im 19. Jahrhundert, Stuttgart 1969

Kolb, Eberhard: Der Kriegsausbruch 1870. Politische Entscheidungsprozesse und Verantwortlichkeiten in der Julikrise 1870, Göttingen 1970

Lutz, Heinrich: Österreich-Ungarn und die Gründung des Deutschen Reiches. Europäische Entscheidungen, Frankfurt a. M./Berlin 1979

Schieder, Theodor/Deuerlein, Ernst: Reichsgründung 1870/71, Tatsachen, Kontroversen, Interpretationen, Stuttgart 1970

Stern, Fritz: Gold und Eisen. Bismarck und sein Bankier Bleichröder, Frankfurt a. M./Berlin 1977

Zechlin, Egmont: Die Reichsgründung, Frankfurt a. M./Berlin 1967 (= Ullstein Buch, Nr. 3840)

GERHARD SCHATT

Auswanderung und Auswandererschicksale

Motive und Ursachen der Wanderung – Auswanderungsziele – Wie viele Deutsche wanderten aus? – Rückwirkungen der Auswanderung – Bedeutende Auswanderer.

Soweit wir in der Geschichte zurückschauen, finden wir Wanderungen einzelner Menschen und ganzer Völker, die ständig nicht nur die politischen Grenzen verschoben, sondern auch ganze Kulturen neu entstehen oder auch verschwinden ließen. Etwas einseitig pointiert, könnte man weite Teile der Geschichte als eine Geschichte von Wanderungen bezeichnen.

Auch im 17. und 18. Jahrhundert finden wir erhebliche Bevölkerungsverschiebungen. Sie wurden durch wirtschaftliche und religiöse Bedingungen gesteuert wie z. B. die Vertreibung der Protestanten aus Böhmen nach 1621 oder die Auswanderung der protestantischen Salzburger nach Preußen. Sollen wir diese Bewegungen aber als Auswanderung bezeichnen? Als die Salzburger nach Preußen zogen, verließen sie das Territorium des dortigen Erzbischofs und siedelten sich auf dem Gebiet des Königs von Preußen an – aber wanderten sie deshalb aus? Sie blieben ja im Reich! Grenzen sind etwas Relatives, wie wir heute am Problem der Staatsbürgerschaft bei jenen Deutschen sehen, die aus der DDR in die Bundesrepublik Deutschland kommen.

Wir werden die Wanderungen zwischen den deutschen Bundesstaaten, die im Zuge der industriellen Revolution und ihrer wirtschaftlichen Schwerpunktverlagerung zustande kamen, im folgenden nicht behandeln, sondern uns auf jene Menschen beschränken, die das Reich verließen, um für immer anderswo zu leben. Damit fallen auch die zahlreichen deutschen Gastarbeiter und die Emigranten aus unserer Betrachtung heraus, die in der Zeit der »Restauration« oder der »Sozialistengesetze« ihre Heimat verließen, in der festen Absicht, zum frühest möglichen Zeitpunkt heimzukehren. Es bleiben aber auch jene Deutschen außer Betracht, die gegen Ende des Jahrhunderts in die neu gewonnenen Kolonien gingen.

Ursache der Auswanderung: soziale Not.
Obdachlose vor einem Asyl der Reichshauptstadt Berlin.
Holzschnitt nach einer Zeichnung von E. Hosang, 1886.

Soziale und wirtschaftliche Ursachen

Für uns ist die freie Wahl des Wohnortes ein selbstverständliches Grundrecht, doch im 18. Jahrhundert waren die meisten Menschen in ihrer Bewegungsfreiheit drastisch eingeschränkt. Einmal waren die meisten Bauern an die Scholle gebunden und konnten sie nur mit der Zustimmung des Grundherrn verlassen, der daran jedoch kein Interesse hatte, da die Bauern für ihn im Rahmen der Frondienste wertvolle Arbeitskräfte waren. Zum anderen verhinderte die merkantilistische (siehe Band 6 und 8) Politik nach Möglichkeit die Auswanderung, da man in einer großen Zahl von Arbeitskräften eine Hauptvoraussetzung niedriger Löhne, damit einer leistungsfähigen Exportwirtschaft und fürstlicher Macht sah. Bevor Auswanderer Deutschland in größerer Zahl verlassen konnten, mußte also die Leibeigenschaft abgeschafft und die merkantilistische Politik zugunsten des Freihandels aufgegeben werden. Dies war im großen und ganzen mit den zwanziger Jahren des vorigen Jahrhunderts erreicht. Warum sollte aber jemand aus

Deutschland auswandern wollen? Um diese Frage beantworten zu können, müssen wir uns nochmals mit den politisch-sozialen Reformen des 18./19. Jahrhunderts befassen.
Manufakturen und erste Industriebetriebe traten um die Wende zum 19. Jahrhundert mit dem Handwerk in immer stärkeren Wettbewerb. Außerdem drängten die Erzeugnisse der englischen Industrie, die während der Kontinentalsperre einen erheblichen technischen Vorsprung erreicht hatte und sich auf billige überseeische Rohstoffe und günstige Verkehrslage stützen konnte, auf die Märkte Europas. Vielfach vermochten es die dem mittelalterlichen Nahrungsideal verhafteten und bisher durch die Zünfte vor Wettbewerb geschützten Handwerksmeister nicht, sich dem modernen kapitalistischen Geist schnell genug anzupassen. Auch fehlte ihnen oft das nötige Kapital. Die »Bauernbefreiung« (siehe Band 8) hob die Bindung der Bauern an den Boden auf. Viele Bauern konnten aber die mit dieser ›Befreiung‹ verbundenen wirtschaftlichen Lasten nicht verkraften, denn sie bekamen ja ihre Freiheit nicht umsonst. Zugleich drückten ausländische Billigimporte und der wachsende Wettbewerb der technisch fortschrittlicheren deutschen Großgrundbesitzer die Preise, und so mußte mancher Bauer aufgeben.
Da die Aufnahmefähigkeit der Industrie für frei werdende Arbeitskräfte nicht schnell genug wuchs, entstand in den Städten und auf dem Land ein Überangebot an Arbeitskräften, das die Löhne lange auf das Existenzminimum drückte. In ihm bildete sich ein erhebliches Auswandererpotential, denn einmal war die soziale Lage in Deutschland objektiv schlecht, und außerdem waren die Verlockungen der Ferne und des Neuanfangs immer schon groß, zumal auch noch die wildesten Gerüchte zu kursieren begannen, wie schnell man jenseits des Horizonts reich werden könne. Unzufriedenheit mit den politischen Verhältnissen kam dazu, und auch religiöse Motive spielten eine Rolle.

›Bevölkerungsexplosion‹

Zur noch geringen Aufnahmefähigkeit der jungen Industrie kam das Bevölkerungswachstum infolge der verbesserten gesundheitlichen Verhältnisse (bessere Ernährung, Schutzimpfungen, Eindämmung des Kindbettfiebers). Im Gebiet der Bundesrepublik stieg die Bevölkerungsdichte je Quadratkilometer von 50,1 im Jahr 1800 über 72,7 (1850) auf 115,7 im Jahr 1900. Geistige Unruhe begleitete den sozialen Wandel. Auch die aus ihr stammende Abenteuerlust der jungen Generation dürfen wir nicht unterschätzen. Dazu kamen Wirrköpfe und schwarze Schafe, die sich zu Hause nicht einordnen wollten und im Neuanfang in der Ferne eine Chance sahen. So haben wir ein breites Spektrum verschiedenster Motive, die einen Deutschen zum Auswandern veranlassen konnten. Sie bestimmten zum Teil auch die Struktur der Auswanderer, denn es waren vor allem junge und aktive Menschen, die den Sprung wagten, daneben aber Angehörige jener Schichten, die durch politische und soziale Umwälzungen betroffen waren.

Wie viele wanderten aus?

Genaue Zahlen haben wir erst ab 1874, als das »Statistische Reichsamt« sie systematisch zu erfassen begann. Für die frühen Jahre sind wir vielfach auf Schätzungen angewiesen, da die Statistiken der deutschen Kleinstaaten unzuverlässig sind oder nicht exakt zwischen Binnenwanderungen innerhalb des Reiches und Auswanderungen unterscheiden.

Am Anfang des Jahrhunderts waren die Zahlen noch niedrig. Sie dürften 1815–1829 zwischen 5000 und 12 000 pro Jahr gelegen haben. Von 1830–1843 stiegen sie schon auf 22 000–40 000 im Jahr an, um dann zwischen 1844 und 1854 auf durchschnittlich 115 000 pro Jahr emporzuschnellen. Die Zahlen stiegen in dem Maße, in dem der Eisenbahnbau die überseeischen Kontinentalmassen, vor allem in Nordamerika, für die Besiedlung öffnete, sie an den Welthandel anschloß und außerdem in dem gleichen Maße, in dem Dampfschiffe den Transport von Menschen und Gütern beschleunigten, verbilligten und risikoloser machten. Das gilt vor allem für die zweite Hälfte des Jahrhunderts. Wirtschaftskrisen und die politischen Spannungen um 1848 sowie während der Reichseinigungsphase und der Sozialistengesetze (1878–1890) haben die Entwicklung beschleunigt. Einen Höhepunkt erreichte die Auswanderung von 1860 bis 1870. Sie wurde dann durch den »Gründerkrach« (1873; siehe Band 10) nochmals verstärkt und hielt bis nach der Jahrhundertwende unvermindert an, da das Hauptzielgebiet USA sich stürmisch entwickelte. Insgesamt verließen von 1815 bis 1914 schätzungsweise sechs bis achteinhalb Millionen Deutsche ihre Heimat (1871 hatte das Reich 41 Millionen Einwohner).

Traumland Amerika

Es gab kein Siedlungsgebiet in der ganzen Welt, an dessen Erschließung Deutsche keinen Anteil hatten. Australien und der Balkan zogen im 19. Jahrhundert deutsche Siedler ebenso an wie Südafrika und Südamerika, vor allem Brasilien, wo es heute noch eine ganze Reihe deutschsprachiger Gemeinden gibt, z. B. Blumenau. Allerdings setzte in den lateinamerikanischen Ländern das Klima Grenzen. Bedeutende Auswandererzahlen nahm nur Brasilien auf (mehrere Hunderttausend – die Angaben gehen sehr weit auseinander) und daneben Argentinien (100 000–200 000).

Besonders soll noch die Auswanderung nach Palästina erwähnt werden. Wiewohl sie zahlenmäßig völlig unbedeutend war (2000–2500 Menschen), hatte sie politisch doch erhebliche Folgen. Es handelte sich um Wallfahrer, die im Heiligen Land blieben, um Missionare und um religiöse Schwärmer und Sektierer, vor allem pietistische Templer aus Schwaben, die seit den sechziger Jahren nach Palästina gingen, um zu missionieren und an den Heiligen Stätten ein gottgefälliges Leben zu führen. Sie verfolgten nicht die geringsten politischen Ambitionen, doch wurden sie von den Engländern von Anfang an mit Mißtrauen beobachtet. Dies besonders, seit Kaiser Wilhelm II. sich in die Orientpolitik mischte. Man sah in ihnen das Instrument eines deutschen imperialen Aufbaus im Nahen Osten, der die englischen Weltreichspläne zu durchkreuzen drohte. So lieferte ein winziger Seitenzweig der deutschen Auswanderung eines der vielen Mosaiksteinchen in der Vorgeschichte des Ersten Weltkrieges.

Das gelobte Land der Deutschen aber war Nordamerika. Schon 1637 waren zwei schwedische Schiffe mit Deutschen dorthin abgegangen. Sie sollten ein Siedlungsprojekt Gustav Adolfs verwirklichen.

1657–1664 zogen deutsche Gruppen auf holländisches Werben nach Neu-Amsterdam (New York), 1684 finden wir deutsche Siedlungstä-

Auswanderung 1820-1914

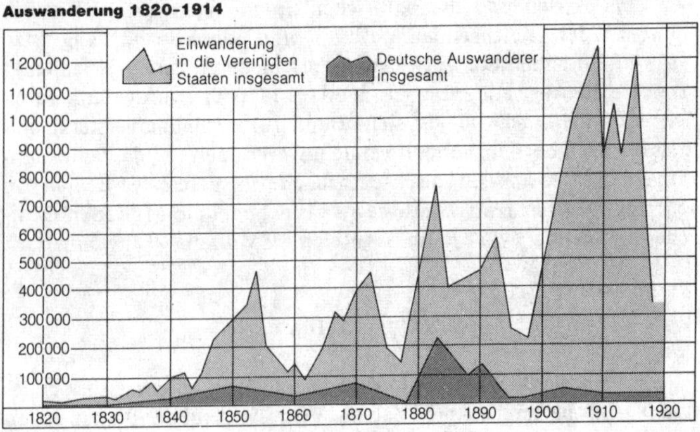

Häfen des Elends und der Hoffnung. *Vor allem politische Gründe veranlaßten nach der 48er Revolution viele Deutsche, die Grenzen zu überschreiten. Oben: Auswanderer in Friedrichshafen. Stahlstich, Mitte des 19. Jahrhunderts. – Unten: Von existenzieller Not getrieben: Auswandererschiff. Holzstich nach einer Zeichnung von E. Knut, 1874.*

***Die neue Heimat.** Während nach 1848 viele Auswanderer in Europa blieben, wurden um die Jahrhundertwende Nord- und Südamerika zu wichtigen Aufnahmeländern. Auswanderer in Brasilien. Stich von J. M. Rugendas.*

tigkeit in Maryland und 1694 in Philadelphia. Nach der Verwüstung der Pfalz durch die Franzosen zogen zeitweise größere deutsche Gruppen nach Nordamerika. Während der Kolonialkriege gegen Frankeich kam manch deutscher Soldat als englischer Söldner nach Nordamerika und blieb dort. Vor 1800 waren es keine großen Zahlen. Erst ab 1815 wuchsen sie an, bis es ab der Mitte des 19. Jahrhunderts zu richtiggehenden Massenauswanderungen nach den USA kam. Zwischen 6 und 8 Millionen Deutsche wanderten in die USA aus, davon alleine etwa 3 Millionen in den Jahren 1871–1910. Dabei sind nur Auswanderer aus dem Reichsgebiet in den Grenzen von 1871 erfaßt. In Kanada

ließen sich weitere 300 000–400 000 Deutsche nieder. Etwa 90–96 Prozent unserer Auswanderer zogen nach Nordamerika.
Daraus ergibt sich die Frage, wieso gerade jene Region eine so große Anziehungskraft ausübte. Da ist einmal die Gunst des Klimas vor allem im nördlichen Teil des Subkontinents. Die Reise nach Nordamerika war verhältnismäßig kurz und billig. Die wirtschaftlichen Verflechtungen Nordamerikas mit Europa waren besonders eng, die Ausstattung mit Bodenschätzen gut. Die wirtschaftliche Entwicklung verlief entsprechend stürmisch und bot viele Chancen. Weitgehende politische und völlige religiöse Freiheit machten die USA anziehender als manches andere Zielgebiet, und schließlich kam es zu einem Selbstverstärkungsprozeß, denn dort, wo schon viele Landsleute oder Verwandte waren, zog man lieber hin als in die völlige Fremde.

Auswanderungspolitik und Auswanderervereine

Die Massenauswanderung vollzog sich unorganisiert. Versuche einer systematischen Auswanderungspolitik blieben in den Ansätzen stekken. Wer seinen Wehrdienst abgeleistet und alle privaten und Steuerschulden bezahlt hatte, konnte gehen. Es gab keine staatlichen Einrichtungen, die sich um die Auswanderungswilligen kümmerten. Dies blieb Geschäftemachern überlassen, die oft mit falschen Versprechungen lockten und die Auswanderer in der Fremde ihrem Schicksal überließen, sobald sie die Unkundigen geschröpft hatten. Es gab auch keine geeigneten Schiffskapazitäten für den Transport so großer Menschenmassen, viele Auswanderer hätten auch gar keine angemessene Beförderung bezahlen können, und so kam es auf dem Weg in die erhoffte goldene Zukunft oft zu menschenunwürdigen Verhältnissen. Allerdings hat eine nationalistische Kritik, die in der Auswanderung ein Unglück sah, weil sie die Bevölkerung in der Heimat und damit die Zahl der Wehrfähigen senkte, in ihrer Gegenpropaganda oft stark übertrieben.
Trotzdem, die Verhältnisse waren manchmal schlimm genug. Abhilfe versuchten private Einrichtungen. Ihr Ziel war vor allem, die Auswanderer zu beraten. So entstand 1843 in Düsseldorf ein erster Hilfsverein, 1848 folgten ihm andere in Dresden, Leipzig und Frankfurt am Main, ab 1849 gab es Versuche zur Bildung solcher Vereine auf nationaler Ebene. Mit Ausnahme einer lokalen Organisation in Frankfurt am Main blieben sie aber ohne große Wirkung. Das gilt auch für die Versuche wohlhabend gewordener Deutscher in den Einwanderungsländern, Hilfsvereine für ihre neu ankommenden Landsleute zu gründen.

Ab der Mitte des Jahrhunderts versuchten wenigstens Hamburg und Bremen als Haupteinschiffungshäfen, die größten Mißstände abzustellen, indem sie Beratungsstellen einrichteten und Werbeagenturen, Gastwirte und Reedereien scharfen Bestimmungen unterwarfen.
So vollzog sich also die Auswanderung weitgehend regellos und mit manch unerfreulichen Begleiterscheinungen. Wir dürfen aber nicht übersehen, daß sie auch deshalb ein so großes Volumen annahm, weil die Berichte der früher Ausgewanderten über ihre neue Heimat in der Mehrzahl durchaus positiv waren.

Die Wirkungen der Auswanderung für die alte Heimat

Der Abzug so vieler Menschen hatte positive und negative Seiten. Die Heimat verlor junge und aktive Kräfte und mit ihnen viel Kapital, denn nicht alle Auswanderer waren mittellos. Andererseits entstanden Verbindungen in die dynamische Neue Welt, und außerdem milderte der Abstrom überflüssiger Arbeitskräfte die soziale Lage. Zu beachten ist auch, daß von den in die USA Ausgewanderten etwa ein Drittel zurückkam, aus Argentinien fast die Hälfte. Teilweise waren es jene, die im Ausland nicht Fuß fassen konnten, es kamen aber auch Erfolgreiche zurück und mit ihnen Kapital, vor allem aber neue Ideen. Werfen wir ein Blick auf Schicksal und Bedeutung zweier deutscher Auswanderer, die manchen der oben erwähnten Punkte illustrieren.
Carl Schurz (* 1829 in Liblar bei Köln, † 1906 in New York) flüchtete 1849 nach dem Scheitern der Revolution ins Ausland und ging 1852 nach den USA. Dort schloß er sich Lincoln an und hatte wesentlichen Anteil an dessen Wahlsieg 1860. Er wurde Gesandter der USA in Madrid (1861), im Bürgerkrieg Divisionskommandant in der Unionsarmee und 1877–1881 Innenminister. In diesem Amt war er wesentlich an den Reformen beteiligt, die dem Staat sein heutiges Gesicht gaben. Die zu seinem Gedächtnis 1930 gegründete Carl Schurz Memorial Foundation hat nach dem Zweiten Weltkrieg viel zum Ausgleich zwischen Deutschland und den USA beigetragen.
Friedrich List (* 1789 in Reutlingen, † 1846 in Kufstein) verfocht als

Literatur

Martin, Werner: Die fernen Söhne – Deutsche Wanderung und Siedlung in aller Welt, Hamburg 1944

Professor in Tübingen und Abgeordneter der Württembergischen Kammer liberale Ideale, wurde deshalb zu Festungshaft verurteilt und durfte 1822 nach den USA auswandern. 1830 kehrte er als amerikanischer Konsul zurück. In den USA hatte er die Vorzüge großer Wirtschaftsräume erkannt und setzte sich deshalb in Deutschland für Eisenbahnbau, Zollverein und Erziehungszölle ein.
Diese beiden Namen mögen stellvertretend für all jene Deutschen stehen, die als Auswanderer für ihre neue Heimat und als Rückwanderer für ihre alte Großes geleistet haben.

Allgemeine Literaturhinweise

Die folgende Übersicht bringt einige wesentliche Standardwerke zur deutschen Geschichte in der ersten Hälfte des 19. Jahrhunderts, die ihrerseits wieder auf Spezialliteratur verweisen.

Aretin, Karl Otmar von: Vom Deutschen Reich zum Deutschen Bund, Göttingen 1980. – Gute Einführung mit reichen Literaturhinweisen.

Bergeron, L. – Furet, F. – Koselleck, R.: Das Zeitalter der europäischen Revolution 1780–1848, Frankfurt 1969 = FWG 26. – Behandelt die deutsche Geschichte im gesamteuropäischen Zusammenhang.

Böhme, Helmut (Hrsg.): Probleme der Reichsgründungszeit, Köln–Berlin 1968

Buchheim, Karl: Deutsche Kultur zwischen 1830 und 1970, Frankfurt 1966 = Handbuch d. Kulturgesch. I,7

Engelsing, Rolf: Sozial- und Wirtschaftsgeschichte Deutschlands, Göttingen 1967

Eyck, Erich: Bismarck. Leben und Werk. 3 Bde., Erlenbach–Zürich 1941–1944. – Ein immer noch grundlegendes Werk.

Gall, Lothar: Bismarck. Der weiße Revolutionär, Frankfurt–Berlin 1980. – Die modernste Bismarck-Biographie.

Grundmann, Herbert (Hrsg.): Gebhardt. Handbuch der deutschen Geschichte. Bd. 3, Suttgart 1970

Herzfeld, Hans: Die moderne Welt. Bd. 1: 1789–1890, Braunschweig 1966. – Ausgezeichnete Übersicht.

Köllmann, Wolfgang: Bevölkerung in der industriellen Revolution. Studien zur Bevölkerungsgeschichte Deutschlands, Göttingen 1974

Mann, Golo: Deutsche Geschichte des 19. und 20. Jahrhunderts, Frankfurt 1958. – Lesenswerte Darstellung besonders für historisch interessierte Laien.

Mayer, F. M. - Kaindl, R. F. – Pirchegger, H.: Geschichte und Kulturleben Österreichs von 1792 bis zum Staatsvertrag von 1955, Wien 1965

Mottek, Hans: Wirtschaftsgeschichte Deutschlands, Bd. 2: Von der Französischen Revolution bis zur Bismarckschen Reichsgründung, Berlin 1974

Palmade, Guy: Das bürgerliche Zeitalter, Frankfurt 1974 = FWG 27. – Schließt sich an den oben genannten Band von Bergeron-Furet an.

Pöls, Werner: Deutsche Sozialgeschichte. Bd. 1: 1815–1870. – Ebenso instruktive wie farbige Quellensammlung.

Schnabel, Franz: Deutsche Geschichte im 19. Jahrhundert, Freiburg 1959. – Grundlegendes modernes Werk zur Geschichte des 19. Jahrhunderts.

Schönbrunn, Günter (Hrsg.): Das bürgerliche Zeitalter 1815–1914, München 1980. – Umfassende Quellensammlung.

Treitschke, Heinrich v.: Deutsche Geschichte im 19. Jahrhundert. 5 Bde. Erstmals 1879–94, dann immer wieder in Neuausgaben. – Auch heute noch trotz aller nationalistischer Einseitigkeit ein lesenswertes »klassisches« Standardwerk von großer Darstellungskraft.

Wehler, Hans-Ullrich: Das Deutsche Kaiserreich 1871–1918, Göttingen 1981

Zorn, Wolfgang (Hrsg.): Handbuch der deutschen Wirtschafts- und Sozialgeschichte, Bd. 2: Das 19. und 20. Jahrhundert, Stuttgart 1976

Sach- und Namensregister

Kursiv gesetzte Ziffern verweisen auf Abbildungen

ABBILDUNGSNACHWEIS

ADN-Zentralbild, Ost-Berlin (1); Archiv für Kunst und Geschichte, Berlin (4); Berlin Museum, Berlin – Bartsch (1); Bildarchiv Preußischer Kulturbesitz; Berlin (19); Dr. Hellmuth Günther Dahms, Tübingen (1); Deutsche Fotothek, Dresden (1); Deutsches Museum, München (3); Freies Deutsches Hochstift, Frankfurt (1); Archiv Gerstenberg, Frankfurt (11); Hamburger Kunsthalle (2); Historisches Archiv der Friedr. Krupp GmbH, Essen (1); Historisches Museum der Stadt Wien (1); Inst. für Hochschulkunde, Würzburg (1), Kunsthistorisches Museum, Wien (1); Landesbildstelle Rheinland, Düsseldorf (1); LEXIKOTHEK Verlag GmbH, Gütersloh (16); Bildarchiv Foto Marburg, Marburg (1); Österreichische Nationalbibliothek, Wien (11); Stadtarchiv Frankfurt (1); Stadtarchiv München (1); Städt. Kunstsammlungen, Augsburg (1); Städt. Reiss-Museum, Mannheim (1); Ullstein Bilderdienst, Berlin (3); Zeitbildarchiv Maiwald, Garmisch-Partenkirchen (3); Zentralbibliothek Zürich (1).